K. A. Varnhagen von Ense

Ausgewählte Schriften

K. A. Varnhagen von Ense

Ausgewählte Schriften

ISBN/EAN: 9783741167317

Manufactured in Europe, USA, Canada, Australia, Japa

Cover: Foto ©Andreas Hilbeck / pixelio.de

Manufactured and distributed by brebook publishing software (www.brebook.com)

K. A. Varnhagen von Ense

Ausgewählte Schriften

Ausgewählte Schriften
von
K. A. Varnhagen von Ense.

Zehnter Band.

Zweite Abtheilung:
Biographische Denkmale.

Vierter Theil.

Leipzig:
F. A. Brockhaus.
1872.

Biographische Denkmale.

Von

K. A. Varnhagen von Ense.

Dritte vermehrte Auflage.

Vierter Theil.

Paul Flemming. Freiherr Friedrich von Canitz. Johann von Besser.
Königin Sophie Charlotte von Preußen.

Leipzig:
F. A. Brockhaus.
1872.

Inhalt.

	Seite
Paul Flemming	1
Freiherr Friedrich von Canitz	117
Johann von Besser	169
Königin Sophie Charlotte von Preußen	239
Nachweisung der gebrauchten Hülfsmittel	390

Paul Flemming.

Varnhagen von Ense. X.

Frische Kraft in glücklicher Natur und entschiedenem Talent haben wenig deutsche Dichter schöner aufzuweisen, reizenden Stoff der Persönlichkeit und Umgebung bieten wenige reicher dar, als Paul Flemming, dessen Leben und Dichten uns hier zu betrachten vorliegt. Er wurde geboren im Jahr 1609 am 5. Oktober zu Hartenstein, einer kleinen Stadt an der Mulde im Voigtlande. Sein Vater war daselbst lutherischer Prediger, angesehen durch geistliches Amt und bürgerlichen Ehrenstand, von namhafter Wohlhabenheit. Seine Mutter scheint früh gestorben; doch die liebevolle Sorgfalt einer Stiefmutter machte diesen Verlust ihm weniger empfinden. In seinen Gedichten erwähnt er, neben dem alten Vater und der frommen Mutter, auch lieber Schwestern, aber keines Bruders, und erscheint demnach als einziger Sohn des Hauses. Mehr ist uns von seiner Familie nicht bekannt. Der Vater vertauschte, noch während des Sohnes Kindheit, den Aufenthalt von Hartenstein mit dem von Wechselburg, einem gleichfalls an der Mulde gelegenen Ort, wo er sein Predigtamt in neuer, wahrscheinlich besserer Stelle fortsetzte. Beiden Orten blieb das heimathliche Gefühl erster Jugend in des Dichters Herzen zugewandt; mit einem Jubelliede begrüßte er späterhin das Wiedersehen von Wechselburg, wo ihm in ländlichem Glück ein freudiger Aufenthalt beschieden dünkte, und in weiten Fernen Asiens rief er die Vorstellung seines Hartensteins, wo „der edle Muldenfluß in bergigten Gebüschen so sanfte geht, und wo der Knabe so oft lustig in der Fluth geschwommen", sehnsüchtig vor seine Seele. Wir dürfen annehmen, daß seiner Jugend kein Vortheil guten Beispiels und angemessenen Unterrichts gefehlt habe, sein

1*

Gang der Entwickelung war im voraus geebnet, Umgebung und Hülfsmittel mit Sinn und Neigung in förderlicher Uebereinstimmung. Wir sehen oft, und in Deutschland vorzugsweise häufig, daß höhere Gaben und Kräfte in verkümmerter Lage und verkehrter Richtung, unter unsäglichen Drangsalen und Mühen, aus tiefster Armuth und Niedrigkeit siegreich emporringen, und ein durchkämpftes Leben doch zuletzt mit herrlichem Gewinne krönen, ein Anblick, der das Herz rührt und stärkt mit innigster Erhebung und Zuversicht; allein es giebt andre Lebensgebilde, in welchen Beruf und Verdienst, mit ursprünglichem Glück im Bunde, unserm Blicke noch weit größere Befriedigung gewähren. Unermeßlich sind die Vorzüge einer im Schutz äußeren Wohlstandes, im Bewußtsein gesicherter Zukunft begonnenen Laufbahn, die, mit rechtzeitiger Darbietung aller Hülfsmittel, unter lauter Fördernissen, gradezu auf ihr Ziel führt, und durch keine Versagungen und Hemmungen nöthigt, dem äußeren Fortkommen auf traurigen Umwegen und in schwankendem Wechsel, wenn auch nur für einige Zeit, das innere Streben aufzuopfern; ein Unterschied, der, trotz aller später etwa scheinbar sich herstellenden Gleichheit, zwei wesentlich verschiedene Klassen von Menschenleben bedingt. In diesem Sinne haben wir Flemming glücklich zu preisen, daß seine Jugend auf solche Weise begünstigt war, wodurch sein Dasein in eigenster Schönheit und Frische sich unverkümmert entfalten durfte.

Nachdem seine guten Anlagen in häuslicher Pflege weit genug gediehen, bezog er die Fürstenschule zu Meißen, in schöner Gegend eine gesegnete Anstalt gelehrten Unterrichts. Auch diesem Aufenthalte, den ernsteren Spielen und Beschäftigungen dieser reiferen Jugend, hatte Flemming nur dankbare Empfindung, nur liebevolles Gedenken zu widmen, ungetrübt von Mißbetrachtung und Bedauern. Hier nährte sich sein reger Geist besonders mit dem Studium der Alten; den Dichtern und Weltweisen der Griechen und Römer wurde er innig vertraut; in der Ausübung der lateinischen Dichtkunst erlangte er gründliche Fertigkeit. Aber auch in deutscher Dichtung, für welche sein lebhafter Sinn schon in frühster Kindheit erweckt war, muß er auf der Schule sich glücklich hervorgethan haben, und der erste Kranz, der ihm später, wie er sich ausdrückt, an der Mulde, etwa bei einem Besuchsaufenthalt in Wechselburg, zuerkannt worden, mag ihm schon hier durch anerkennende Lehrer und bewundernde Mitschüler vorbereitet gewesen sein. Begeisterndes Muster und Vorbild war dem dichterischen Jüngling der damals im vaterländischen Gesange mächtig strahlende Martin Opitz von Boberfeld, auch in den Folgezeiten noch als Wiederhersteller der deutschen Dichtkunst mit Recht anerkannt. Opitz, im Jahre 1597 geboren, und also zwölf Jahre älter als Flemming, stand in der Blüthe des Wirkens, und ärntete aus dem weiten Kreise des Vaterlandes den Preis der Bewunderung, welchen, nach einer Zeit schlechter Verwilderung in Kunst und Sprache, seine in beiden ungewohnte Kraft und Fülle wohl verdienten. Ihm nachzueifern war der höchste Reiz, ihn zu übertreffen durfte niemand hoffen. Flemming sagt in einem Gedicht, er möchte anstimmen:

„Ein Lied, das jeder ehrt, und kaum der dritte kann,
Das mich mein Opitz lehrt, der Preis der ersten Sänger,
Die redlich Deutsch verstehn." —

Diese Verehrung für den Meister und Lehrer verkündet sich noch in vielen andern Gedichten, und bleibt auch dieselbe, nachdem Flemming in aufrichtigem Bewußtsein sich längst an jenes Seite gestellt fühlen mußte. Daß er Opitz seinen Lehrer nennt, bezieht sich nur auf dessen Schriften; es findet sich keine Spur, daß Beide einander persönlich gekannt haben.

Nach beendigten Schuljahren ging Flemming um das Jahr 1628 auf die Universität nach Leipzig. Sein lebhafter Geist, sein regsam nach den Mannigfaltigkeiten der Welt begehrender Sinn, abgeneigt dem in strenge Formen eingezwängten Studium der Theologie, wandte sich zu dem der Arzneikunde welche mit allen Wissenschaften und mit Welt und Leben stets in freiester Verbindung erschien. An seinem Eifer und Fleiß in dem erwählten Fach ist nicht zu zweifeln, er gedenkt desselben stets in guten Ehren, und blieb der Medizinen, seinem zweiten Heiligthum, wie er sich ausdrückt, bis an sein Lebensende getreu. Aber ihn freute, den Gott der Heilkunst auch als den Gott der Lieder zu verehren, und der doppelten Eigenschaft Phöbus Apollons in doppeltem Dienste zu huldigen. Unter fortwährendem Studium der Alten, bei ernsterem Eindringen in die Wissenschaften, und in aller reichen Lebensfülle akademischer Jahre entfalteten sich schnell die Schwingen seiner Dichtung, und erhoben durch ungewöhnliches Gelingen den Namen des studirenden Jünglings frühe schon zur ehrenden Berühmtheit. Hier an der Parthe, bemerkt er, habe er den zweiten Kranz empfangen, während auch ein dritter Lorbeerkranz für sein Haupt schon halbgeflochten war. Was es mit diesen Kränzen für nähere Bewandtniß habe, ist unbekannt; doch findet sich aus dieser Zeit die Andeutung, daß der Fürst, nämlich der Kurfürst von Sachsen, für Flemming's Gedichte günstigen Antheil bezeigt. Unser Dichter wurde in Leipzig Magister der freien Künste, auch erhielt er noch daselbst die Würde eines Kaiserlichen gekrönten Poeten, welche die Kaiserlichen Pfalzgrafen zu verleihen ermächtigt waren, vielleicht ist auf diese Auszeichnungen hier angespielt. Flemming's Gesänge indeß, noch zwischen lateinischer und deutscher Sprache nach Umständen und Laune wechselnd, waren zuerst, wie auch in der Folge, hauptsächlich Gelegenheitsgedichte, die Vorgänge des kleinen und großen Lebens nach Gebühr verherrlichend. Von eignen Empfindungen des Dichters tritt zuerst die Freundschaft hervor; aber auch die Liebe stellt sich ohne Säumen ein. Die angenehmen Verhältnisse der Universitätsfreunde zeigen sich im reichsten Glanze; doch nicht ohne Schmerz ist dieser jugendliche Verkehr, denn auch früher Tod betritt den schönen Kreis, und ein geliebter Freund, welcher Daphnis genannt wird, bleibt für die Nachlebenden ein Gegenstand langer Trauer. Aber die Jugend überträgt jeden Verlust, für den das fortschreitende Leben noch stets Ersatz hat. Der Kreis der Freunde erweitert sich, ihre Herzen glühen lebhafter. Nicht Flemming allein dichtet, ihm antwortet manches dichterische Gemüth. Ein Schlesier, Gottfried Wilhelm Herfeld, besingt in wackern Zeilen den Namenstag Flemming's, „seines werthen Freundes und liebsten Stubengesellen," die Namen Martin Christenius, Georg Gloger, dessen Disputation und bald auch frühen Tod er besingt, Tycho von Jessen aus

Flensburg, Otto Heinrich von Roseritz aus Meißen, sind in Flemming's Gedichtesammlung durch ihre eignen wie durch seine Lieder aufbewahrt. Er selbst erscheint in diesem Umgang überaus liebenswürdig, von reichstem Gemüth, beseeltester Einbildungskraft, überschwänglichster Empfindung; die Frische und Wärme, mit welchen er das freudige Freundesleben ausbrükt, strömt heutiges Tages dem Leser seiner Lieder noch unmerklich ein. Ein Frühlingsgedicht, das in 61 Strophen eines seiner besten Freunde Geburtstag besingt, mag durch folgende Stellen davon Zeugniß geben. Der Dichter ist vor Tag aufgestanden, statt aber, gleich dem Freunde, sich dem gewohnten Fleiße hinzugeben, hebt er an:

„Sind wir itzt nicht in dem Maien,
In der besten Jahreszeit,
Da man alles sich sieht freuen,
Was sich reget weit und breit,
Da die stolze Welt sich putzt,
Und in jungem Schmucke stutzt?"

Dann kommt die Aufforderung, der süßen Lieblichkeit sich zu bequemen, die Blicher zu lassen, des gelehrten Strebens geringen Ertrag, des zweifelhaften Nachruhms eitle Lockung einzusehen. Aber indem er mahnt, vor allem zu leben, während man im Leben sei, warnt er sogleich, deßhalb nun nicht jeder Freude zu folgen, da auch Rohheit und selbst Schande sich unter diesem Schein darbieten; er bekennt frei:

„Was für Freuden mir behagen,
Sind von schnöden Lüsten weit.
Worzu mich die Sinnen tragen,
Ist vergönnte Fröhlichkeit,
Was ist ehrbar, was gerühmt,
Was bedachte Weisen ziemt,

Was die müde Seele speiset,
Und den lassen Leib ergetzt,
Was zum höchsten Gut uns weiset,
Und in sanften Wohlstand setzt,
Ich, du, der, und alle wir
Sind von deßentwegen hier."

Zu solchen edlen Freuden führt er seinen Freund zunächst in das Rosenthal, den lieblichen Lustort bei Leipzig, und giebt in raschen, kräftigen Strophen die theils zarten, theils derben Naturbilder, die sich dort dem Blick eröffnen; von dem Thau, von der Morgenröthe, von der Nachtigall:

> „Und itzt ist vor zweten Stunden,
> Als es noch war tiefe Nacht,
> Eh' es jemand hat empfunden,
> Schon die Nachtigall erwacht,
> Welche denn verführet schon
> Manchen lieben süßen Ton.
>
> Nun begrüßen auch die andern,
> Die kein Nest mehr halten mag,
> Und durch freie Lüfte wandern,
> Durch ihr Lied den jungen Tag;
> Keines will vom andern ein
> In der Kunst getrieben sein."

Hierauf singt er von der Buhlschaft in der jungen Blätter Schatten, an den sanften Ufern, von den ausverschämten Fröschen, von dem Treiben des Fischers, Feldmanns und Gärtners, von den Rindern, Ziegen und Lämmern auf der Weide. Dann aber leutt er ein:

> „Hast du der Lust satt gepflogen,
> Wohl, so lege dich mit mir
> Unter den gewölbten Bogen
> Dieser hohen Linden hier,
> Da denn solche sanfte Rast
> Uns benimmt der Glieder Last.
>
> Was die Vögel tirisiren,
> Das hallt wieder durch die Kluft.
> Was wir hier für Reden führen,
> Das verschweigt die stille Luft.
> Und da werd' ich melden viel,
> Das ich itzt nur denken will."

Der verlorene Freund schwebt vor seiner Seele:

> „Daphnis werd' ich erstlich klagen,
> Daphnis, meinen andern mich,
> Und was er mir macht für Plagen,
> Seit er mir entrissen sich.

Seit er sich von mir gewandt,
Bin ich selbst mir unbekannt."

Er fährt in Beschreibung seines Leides fort, und sagt dann zu dem gegenwärtigen Freunde:

„Dieses alles wirst du hören,
Und mich ansehn unverwandt,
Drauf dich sehnlich zu mir kehren,
Dar mir bieten deine Hand,
Und mit feuriger Begier
Diese Worte sagen mir."

Nun läßt er den Freund selber reden, dessen Wort sogleich zündet, und die feurige Antwort empfängt:

„„Hast du etwas vor verloren,
Suche selbigs nur in mir!"" —
Ich, als wär' ich neugeboren,
Werde wenden mich zu dir,
Sprechend: Lieber, geh' es ein,
Du, du sollst mein Daphnis sein!

Linde du, und ihr, ihr Wiesen,
Ihr, ihr sollet Zeugen sein,
Daß ich diesen Meinen, diesen,
Gleich als meinen Daphnis mein'!
Ich bin deine. Meine du.
Ganze Gegend, höre zu!

Den zu höherem Bunde Geweihten führt er sodann neuen Lustörtern zu, nach Gohlis, Schönfeld, Pfaffendorf, wo im Wechsel der Vergnügungen und Spiele, die namentlich aufgezählt und zum Theil in derben Zügen bezeichnet werden, auch andre Freunde noch hinzukommen, und das Fest in Lust und Freude, bei mäßigem Trunk und Abendmahl, bis zum folgenden Morgen fortgesetzt wird. Einige Zeilen des Gedichts deuten auf bevorstehende Entfernung aus dem Vaterlande, auf die Absicht in die Fremde zu reisen, daher dasselbe schon der letzten Zeit des akademischen Aufenthalts angehören mag.

Dem Reize weiblicher Schönheit und Huld scheint sein Herz zuerst durch ein Mädchen erschlossen, die er unter dem Namen Rubelle besingt:

„Rubelle, die ich pflag mehr als mich selbst zu lieben,
Rubelle, von Gestalt und Sitten hochbenamt;"

sie starb an der Pest, ließ aber in dem Dichter ein theures
Andenken zurück, das in seiner Seele lebendig fortwirkte,
ohne jedoch den immer frischen Quell neuer Neigungen in
ihm festzuhalten. Er berühmt sich sogleich:

„Die weiße Balthie, um die zu einem Schwane
Zeus itzt auch würde noch, fing mich mit ihrer Zier."

Ein schönes Sonett ist demselben Namen zugeeignet. Darauf
wurde ihm eine Roxolane hold, welcher das Beiwort „die
lange" den schönen schlanken Wuchs bezeichnen muß. Aber
auch eine Albia, deren Bild ihm auf der weiten Reise später
die Vorstellung der Heimkehr versüßt, kommt noch aus dieser
Zeit vor, und wer weiß, wie manche noch der vielen erdich-
teten Namen, welchen er die, — zweifelsohne minder zahlreichen, — Gegenstände seiner Liebesneigung unterlegt, die
oft selber mehr in Dichtung als in Wirklichkeit bestehen
mochte, wenigstens durch ihre Beziehungen hieher gehören!
Seine Liebe, wie sehr auch sinnliches Feuer in ihrem Ausdruck walten mag, ist vor allem dichterisch, und ihre Gluth,
so vielen Gestalten zugewendet, vielleicht im Wesen nicht
unterschieden von derjenigen, welche Petrarca, nicht minder
feurig, stets an denselben Namen der Einen Laura knüpft.
Der größte Sonettendichter Italiens mag hier auch in andrer
Hinsicht zur Vergleichung genannt sein. Die Sonette Flemming's haben, was Lieblichkeit, Anmuth, Maß, Zartheit und
Fülle betrifft, keinen anderen nachzustehen, wenngleich in
damaliger Sprache und Versart uns Späteren manche Härte
fühlbar wird. Wer dürfte folgendem Sonett die größte
Schönheit absprechen?

„Du sagst mir dies und das, von dir, von mir, und dem,
Was einst der Zweck soll sein nach diesen langen Plagen.
Jetzt hast du dieses da, dort jenes hören sagen,
Und frag' ich denn darnach, so weißt du nicht von wem.

O Schöne, wär' ich dir von Herzen angenehm,
Ich weiß, du wolltest nicht nach fremden Mähren fragen,

Die, wie sie mich bei dir, so dich bei mir verklagen;
Ich aber halte mich auf allen Fall bequem.

Stell deinen Zweifel ab, und laß die Leute lügen;
Es wird zu seiner Zeit sich alles müssen fügen.
Laß deinen starken Trost mein festes Herze sein,

Wie meinem deines ist. Und wenn ich bin geschieden,
So laß dies Einige dich sprechen stets zufrieden:
Mein Herze steht bei Ja, wenn alles schwört auf Nein.".

Oder diesem andern:

„Willkommen, süßer Gast, du Balsam meiner Wunden!
Wo kömmst du itzund her? Mein Schatz, umfange mich!
Was hältst du mich doch auf? Warum versteckst du dich?
Wo bist du? komm doch her, ei komm doch her von Stunden!

Ach, wie zu rechter Zeit hast du dich hergefunden!
Wie? ist sie wieder weg? Was täuscht sie mich und sich?
Dort ist sie. Aber was? Wie ist mir? Schlummer' ich?
Sie war es aber doch. Wie? Ist sie denn verschwunden?

Ach melde doch ein Wort! Hier bin ich. Wo bist du?
St! nein! Ich höre nichts. Wie geht es denn hier zu?
Sie stunde ja vor mir. Ich bin ja nicht verrückt.

Ach nein, itzt find' ich mich! Sie war es leibhaft nicht. –
Es war ihr Wiederschein in meiner Augen Licht,
In welche sich ihr Bild, das schöne, hat gedrücket."

Und von dieser Art sind viele, in mannigfachem Wechsel von Inhalt und Wendung. Auch in lateinischen Gedichten feierte Flemming die Geliebte; eine kleine Sammlung erschien unter dem Titel: „Rubella, seu suaviorum liber", im Jahre 1631 zu Leipzig im Druck; sie ist aber für unsre Betrachtung nicht erheblich.

Während Flemming die glücklichen Universitätsjahre in Studien, Dichtkunst und Jugendgenuß friedlich hinbrachte, war in dem deutschen Vaterlande schon längst ein verderbliches Kriegesfeuer ringsher entzündet, dessen Flammen furchtbar hin und her wogten, und bald kein deutsches Land verschont ließen. Die Gräuel des dreißigjährigen Krieges wütheten seit dem Jahre 1618 in wechselnden Niederlagen und Vortheilen der beiden streitenden Religionspartheien, und auch Sachsen wurde von den Kriegsheeren des Kaisers und seiner Gegner mehrmals heimgesucht. Das Ungewitter der Zeitläufte zog öfters gegen Leipzig heran, und erschütterte den Ruhestand des gewerbefleißigen, wohlhabenden Bürgerthums, des friedlichen, blühenden Musensitzes. Flemming, aufgeweckt durch so nahe Kriegsereignisse, wandte den Sinn lebhaft auf die Angelegenheiten des Vaterlandes. Er fühlte früh den Jammer, welchen Zwietracht und Haß in zerstörender Wuth über die deutschen Völker brachten. Der protestantischen Kirche in frommer Gesinnung ergeben, und als Landsmann zunächst den Sachsen angeschlossen, fand er sich in beider Beziehung von selbst auf die Seite derjenigen Parthei gestellt, welche gegen die Alleinmacht des Kaisers und der katholischen Kirche im deutschen Reiche für die Glaubensfreiheit die Waffen führte. Sein glühender Eifer wurde auch bei diesem Anlaß zu Gesängen. In das Stammbuch seines Freundes Christenius schrieb er neben ein Abbild der Stadt Stralsund heftige Zeilen gegen den Kaiserlichen Feldherrn Albrecht von Wallenstein, dessen grimmige Wuth in wiederholten Stürmen an jener Festung gescheitert war. In vielen Stellen seiner Lieder spricht der Schmerz über die wilde Zerrüttung sich rührend aus, in andern sucht er, wie sich selbst, so die Freunde, zu ausharrender Kraft, zu tröstlicher Hoffnung aufzurichten. Inzwischen landete Gustav Adolf, König von Schweden, im Juni 1630 mit einer auserlesenen Heerschaar an der deutschen Küste, und erschien den fast überall schon unterliegenden Protestanten als ersehnter Retter. Die Kaiserlichen Generale wichen vor ihm zurück; Pommern, Brandenburg und Sachsen nahmen sein Bündniß an; zwar fiel noch am 10. Mai des folgenden Jahres die Stadt Magdeburg der ungezügelten Wuth der Kaiserlichen Kriegsvölker, welche der Graf von Tilly anführte, nach harter Belagerung zum schrecklichsten Opfer, und auch Sachsen mußte alles Unheil feindlicher Gewalt furchtbar erfahren, aber schon am 7. September desselben Jahres erfocht Gustav Adolf bei Leipzig selbst einen großen Sieg über die Kaiserlichen, und alles protestantische Land athmete frohlockend aus

Unterbrückung und Angst empor. Heißen Antheil nahm
Flemming an diesem großen Ereigniß, das gleichsam unter
seinen Augen Statt fand. Als bald nachher Gustav Adolfs
Gemahlin, die Königin Maria Eleonore, der Heldenbahn
ihres Gatten folgend, in Leipzig eintraf, dichtete Flemming
ihr im Namen der Bürger ein Lied des Willkommens, worin
seine Gesinnung hell und laut sich ausspricht. Nachdem er
die Fürstin angeredet, und ihr ein Lied angekündigt, wendet
er sich zu der Frage:

„Was doch aber soll ich spielen,
Was doch soll ich heben an?
Wie vor deinem Herren fielen
So viel hunderttausend Mann?
Wie von Kriegern, wie von Rossen
Blutgefüllte Bäche flossen?

Wie der Elben breiter Rücken
Sich vor ihm gezogen ein?
Wie sich vor ihm knechtlich bücken
Der bezwungne Main und Rhein?
Wie sich ihre stolzen Wellen
Ihm zu Dienste müssen stellen?"

Doch seine Muse verzagt sich diesmal so hohen Dingen, er
will jetzt nur die Königin begrüßen, und die Herrlichkeit
preisen, welche durch ihre Gegenwart auch der Natur sich
mittheilt. Dann gedenkt er der theuren Stadt:

„Leipzig rühmet sich der Ehren,
Die du ihm hast angethan;
Daß du ein hier wollen kehren,
Und den Ort selbst sehen an;
Den Ort, da dein Held sich wagte,
Und den Feind zu Felde jagte."

Er wünscht, daß der König sich bald hier mit der Königin
zusammen finden möge, aber er weiß, daß noch nicht alles
gethan ist, seine Hoffnungen nehmen den kühnsten Flug;

„Doch verzeug noch, Königinne,
Bis er ganz den Feind zerschmeißt,
Bis die Donau ihm zu Sinne,
Bis die Tiber ihm recht fleußt,

Das denn, hat es Gott versehen,
Ich' als balde kann geschehen."

Bis dahin möge die Fürstin, schließt er, in Leipzig verweilen; niemand könne ihr vergelten, was ihr König für Sachsen noch thun werde, aber alles, was Meißen vermöge, solle ihr zu Diensten angeboten sein.

Doch solch glänzende Hoffnungen erfüllten sich keineswegs. Gustav Adolf erfocht noch manchen Sieg, aber auch die Kaiserlichen Waffen, auf's neue dem furchtbaren Wallenstein vertraut, erschienen verstärkt im Feld, und abermals zogen die Ereignisse den Schauplatz der Verwüstung nach Sachsen. Wiederum in Leipzigs Nähe, bei Lützen, kam es den 6. November 1632 zwischen den Heeren zur blutigen Entscheidung, die Kaiserlichen verloren die Schlacht, und wichen fliehend aus dem Lande, aber Gustav Adolf fand im Siege zugleich den Heldentod. Dieser zweiten Errettung, wiewohl durch solchen Verlust getrübt, sang Flemming ein freudiges Danklied, welches anhebt:

„Billig ist's, daß wir uns freuen,
Und mit lautem Jauchzen schreien;
Lob sei Gott und seiner Macht!
Der die stolzen Feinde beuget,
Und mit seiner Allmacht zeuget,
Daß er uns noch nimmt in Acht.

Zweimal kamen sie gezogen,
Zweimal sind sie auch geflogen,
Nicht ohn' mächtigen Verlust.
Schreit, ihr Jungen, ruft, ihr Alten,
Zweimal hat das Feld behalten
Gott und unser Held August."

August hier anstatt Gustav. Er ruft den Helden wiederholt an, der aus so weiter Ferne gekommen, für seine Glaubensbrüder zu streiten, der auch im Sterben gesiegt, und dessen Geist noch immer den Schaaren zum Siege voranschreiten wird. Doch indem der Dichter die schöne Stadt und ihre frommen Bürger wegen ihrer Rettung glücklich preist, und nochmals des gefallenen Retters erwähnt, gedenkt er der nahen

Weihnachtszeit, und eines andern Retters, der jedes Vertrauen rechtfertigt:

> „Ist schon unser Heiland blieben,
> Gott hat einen schon verschrieben,
> Der ihn rächen kann und soll,
> Ihn, und uns, und alle Frommen.
> Kömmt er? Ja. Er ist schon kommen.
> Gläubige, gehabt euch wohl!"

Ein Gedicht auf die Geburt Christi schließt an das vorstehende sich unmittelbar an; nachdem der Dichter, in süßen, lebhaften Ausbrüchen, das segenvolle Ereigniß gefeiert, wendet er sich zu der Betrachtung des weltlichen Jammerzustandes zurück, und fleht:

> „Kleiner Gast, doch auch zugleiche
> Großer Wirth der weiten Welt,
> Gieb doch künftig unserm Reiche,
> Daß es sich zufrieden stellt,
> Daß doch mit dem alten Jahre
> Hin auch alle Plage fahre.
>
> Segne künftig unsre Linden,
> Unsre halbgestorbne Stadt,
> Daß ich möge wiederfinden,
> Was der Krieg verderbet hat,
> Reinige die faulen Lüfte,
> Die so schwanger sein mit Gifte!"

Die ansteckenden Krankheiten, welche im Gefolge der Schlachten und Heerzüge ganzen Länderstrecken verbleiben, gingen damals leicht noch in wirkliche Pest über; Stadt und Land waren durch sie verödet, vielleicht ward auch in dieser Zeit die geliebte Rubella dahingerafft.

Der Gesichtskreis war bald wieder umnachtet, die Ereignisse schwankten in verworrenen Kämpfen hin und her, im Sturme der rohen Kriegsgewalten verschwand Zweck und Ziel. Verwüstung und Grausamkeit machten jede Schaar zur feindlichen. Teutschland schien in blinder Wuth unter eignen und fremden Schwertern verbluten zu müssen; aller Orten tobte der Krieg, und nirgends erschien den unglückseligen Völkern ein Hoffnungsschimmer des von allen umsonst versuchten Friedens. Um diese Schreckenszeit des dreißigjährigen Krieges, durch welchen die Macht und Größe Deutschlands gebrochen worden, und von dessen Drangsalen einst blühende Landschaften und Städte bis auf die neuesten Zeiten sich nicht zu erholen vermocht, in ganzer Fülle zu schauen, ist es nöthig in das Einzelne der Vorgänge einzugehen, wie sie uns in dem merkwürdigen Roman, den unter dem Namen „der abentheuerliche Simplicissimus" ein Kampfgenosse jener Zeit herausgegeben, in unmittelbaren Lebensschilderungen aufbewahrt sind. Dann erst begreifen wir recht die tiefe Zerrüttung und den trostlosen Schmerz, in welchen ein Gefühl, wie Flemming's, bei dem Anblicke des Vaterlandes mehr und mehr versinken mußte. In der That mußte dieser Anblick dem Jünglinge, der nur Edles dachte und Schönes wollte, das Herz zerreißen; jedes Verhältniß stand fortwährend unabwendbarer Schmach und gränzenlosem Jammer ausgesetzt, unaufhörlich erneute sich die Angst und Sorge für Angehörige und Freunde, alles war geplündert, erschöpft, das bürgerliche Leben im Stocken, jede Bahn gestört, aller Boden unter den Füßen wankte. Wir finden in Flemming's Gedichten, welche dieser Zeit, allen Zeichen nach, angehören, eine bittre Schwermuth und bittre Verstimmung. Noch in manchen Liedern trauert er um Gustav Adolf, in dessen letzter Schlacht die nachfolgenden Ereignisse allmählig weniger seinen Sieg, und desto mehr seinen Tod empfinden ließen. Doch wendet sich die Theilnahme des Dichters, über die streitenden Partheien hinaus, entschiedener auf das gemeinsame Schicksal des Vaterlandes, er wünscht nicht sowohl der Seinigen Uebergewicht, als das Ende des allgemeinen Jammers, die Versöhnung der blutigen Zwietracht, das Bedürfniß Aller, den theuren Frieden. Also ruft er flehend zu dem Erbarmer:

„Kann es sein, so gieb uns Rast,
Der du alles kannst und hast.
Friedensfürst bist du genannt,
Bring' du uns in Friedensstand!

Und ihr Feinde, gebt es zu,
Setzet euch mit uns in Ruh,

> Daß wir bei der letzten Zeit
> Stehn in sichrer Einigkeit!"

In einem Gedichte, worin Germania redend eingeführt wird, läßt er sie zwar rühmen:

> „Aus Sachsen sind ihr Viel, die noch im Lobe schweben,
> Die mir so manchesmal erleichtert meinen Schmerz.
> Das hohe Brandenburg, das muß ich ewig preisen,
> Wie auch die schöne Pfalz von wegen ihrer Treu';
> An Hessen hab' ich Trost; die tapfern Thaten weisen,
> Was Lüneburg verdient, was Anhalt würdig sei;
> Das frische Mecklenburg, das weitbelobte Baden,
> Das theure Würtemberg, sind alten Lobes voll; —"

Und ferner:

> „Ach meine, seht doch an die starken Niederländer,
> Ihr' obwohl kleines Land beschämt die ganze Welt,
> Sie führen Thaten aus, durch ihrer Bündniß Bänder,
> Die über Hoffen sind." —

Allein, wie sehr Germania diese, die protestantischen Vorkämpfer, für ihre liebsten Söhne und für den Grund und Stein ihrer Hoffnung erklärt, so versäumt sie doch nicht, auch des Kaisers mit Ehrfurcht zu gedenken, und ruft jenen zu:

> — „Klagt auch von meinetwegen
> Mein großes Herzeleid dem hohen Ferdinand,
> Als dem ich anvertraut mein liebes Volk zu pflegen,
> Ja, der beschützen soll mich, Zepter, Kron' und Land.
> Sagt ihm, er wolle doch nur dies bei ihm gedenken,
> Wie ich ohn' alle Schuld erstarb in solcher Pein,
> Er woll' ihm doch durch euch das Herze lassen lenken,
> Und als ein treuer Sohn mir Mutter gnädig sein!"

Diese schon dem Partheiwesen entrückte Vaterlandsliebe verschwistert sich mit seiner Frömmigkeit, und für die Leiden, denen auf Erden keine Hülfe sich zeigt, sucht er in höheren Gebieten den Trost der Hoffnung, oder die Kraft der Ergebung und Geduld. Seine Frömmigkeit ist ein edler christlicher Sinn, eine herzliche Andacht, von regem Gefühl und hohen Gedanken getragen, rein, heiter, stark, wie sein ganzes Wesen, ohne Wirrniß und Aberglauben. Der dichterische Gehalt der heiligen Schrift zog ihn frühzeitig an. Im Jahre 1631 erschien von ihm zu Leipzig: „Davids, des hebräischen Königs und Propheten Bußpsalmen, und Manasse, des Königs Juda, Gebet, als er zu Babel gefangen war. Durch Paul Flemmingen in deutsche Reime gebracht." Die kleine Schrift ist der Gräfin Katharina von Schönburg durch ein treffliches Sonett gewidmet. Das Jahr darauf gab er ebendaselbst sein schönes „Klagegedicht über das unschuldigste Leiden und Tod unsers Erlösers Jesu Christi", in Druck, dem Professor der Dichtkunst in Wittenberg, August Buchner, durch lateinische Verse zugeeignet. Diese und andre seiner geistlichen Gedichte zeichnen sich durch Fülle und Lebhaftigkeit der Bilder und Empfindungen aus. Als froher Jüngling schon ist Flemming mit dem Ernste des Lebens erfüllt, und so auch mit dem Bilde des Todes wohlvertraut. In den Taumel seiner Fröhlichkeit, in das Entzücken seiner Weltbetrachtung, mischt sich diese ernste Vorstellung; er schaut sie ruhig an, er weiß das Leben zu schätzen, aber auch aller Eitelkeit zu entsagen. So beginnt ein Lied:

> „Hier ist nichts, denn finstre Nacht,
> Blinde Schatten, schwarze Höhlen,
> Da die eingescharrten Seelen
> Kaum nicht werden umgebracht.
> O die dreimal armen Seelen,
> Die sich also müssen quälen!"

Aller Genuß, ja selbst der Ruhm in Kunst und Wissenschaft, für welchen das stolze Herz sonst leidenschaftlich glüht, die Namen der größten Weisen und Dichter, schwinden seinem Blicke dahin, und er schließt mit den schönen Strophen:

> „Weisheit ist nicht, wie ihr denkt,
> Eine Kunst, die so zu lernen,
> Weisheit kommt her aus den Sternen.
> Sie ist's, die der Himmel schenkt,
> Und in solche Seelen senket,
> Die sich vor zu ihm gelenket.
>
> Vater, der du Aller bist,
> Doch um so viel mehr der Deinen,
> Laß mir dein Licht, Selbstlicht, scheinen!
> Scheide Wahrheit von der List,

Paul Flemming.

So wird aller Weisen Wissen
Meiner Einfalt weichen müssen."

In einem anderen Gedichte heißt es:

„Könnt' ich ein' jede Kunst, wär' aller Reichthum meine,
Hätt' ich der Ehren Thron zu eigen ganz alleine,
Ging' alles mir nach Lust, und wüßt' ich keine Zeit,
Die mich von Jugend auf nicht herzlich hätt' erfreut,
Ja wüßt' ich, welches doch noch keinem ist gegeben,
Daß ich auch keinen Tod auf Erden sollt' erleben, —
Ganz Alles hätt' ich ganz: was wäre dieses Alles?
Ein Alles auf den Schein, ein Konterfei des Schalles,
Des Schatten liebliches Bild, Verblendung des Gesichts,
Ein Schlauch an Leere voll, mit einem Worte, Nichts!"

Diesen Zeilen schließen wir andre an, obwohl nicht aus demselben Gedicht:

„Mein Alles und mein Nichts, mein Leben, meinen Tod,
Das hab' ich bei mir selbst. Hilfst du, so hat's nicht Noth.
Ich will, ich mag, ich soll, ich kann mir selbst nicht rathen;
Dich will ich's lassen thun; du hast bei dir die Thaten.
Die Wünsche thu' ich nur. Ich lasse mich ganz dir.
Ich will nicht meine sein. Nimm mich nur, gieb dich mir."

Aber nicht immer konnte solche Stimmung herrschen, die Macht der Welt befiel mit aller irdischen Bedrängniß den für die Welt begabten Sinn, und auch in ihrem Gebiete suchte er, wo nicht Trost, doch Betäubung. So lautet ein Lied Flemming's vom Jahre 1632 an einen guten Freund:

„Laß der Zeit nur ihren Willen,
Und vergönn' ihr ihren Lauf.
Sie wird selbst sich müssen stillen,
Wenn wir nichts nicht geben drauf.
Meistes Elend wird verschmerzet,
Wenn man's nicht zu sehr beherzet.

Ist es heute trübes Wetter,
Morgen wird es heiter sein,
Stimmen doch die großen Götter
Stets an Lust nicht überein.

> Und wer weiß, wie lang' er bleibet,
> Der uns itzo so vertreibet."

Und zum Schlusse:

> „Unterdessen sei der deine.
> Brich nicht ab der ersten Kost,
> Labe Dich mit altem Weine,
> Und versuch den jungen Most.
> Laß uns einen Rausch noch laufen,
> Ehe denn wir müssen laufen!"

Wir haben nunmehr die Poesie Flemming's nach ihren Hauptbestandtheilen sich entwickeln sehn; allein ihre höchste Bedeutung lag noch in ferneren Schicksalen und Wendungen des Lebens ihr beschieden. Der Zustand in Sachsen wurde je länger je trostloser. Zum drittenmale wurde das Land ein Opfer der Kriegsverwüstung; der Gram überwältigte Flemming's Herz, er fand seines Bleibens dort nicht mehr. Die Kreise der Nächsten und Freunde waren zerstört, manche von diesen durch Tod entrissen, viele durch Kriegsgetümmel entfernt, oder zu Grunde gerichtet. Die bisherige Freude und Aussicht des Lebens war für Flemming erloschen. In dieser unglücklichen Zeit bestand er großen inneren Kampf. In vergeblichem Harren sah er die Tage nutzlos schwinden; er wünschte die Heimath für einige Zeit zu verlassen, die Fremde zog seinen Blick an, aber ihn schmerzte zugleich, von dem theuren Vaterlande und den lieben Seinen in solcher Noth zu scheiden. Endlich doch mußte der Entschluß zur Reise kommen, ihn scheint zuletzt mehr die Macht der Umstände als freier Wille bestimmt zu haben. In dieser Unruhe schreibt Flemming an seinen vertrautesten Freund voll banger Wehmuth nach einem gehabten Traume:

> „Muß ich den langen Tag gleich nichts nicht thun als klagen,
> Und mich vom Morgen an bis an den Abend schlagen
> Mit der und jener Angst, die mir auch manche Nacht
> Durch Kummer, Furcht und Pein dem Tage gleiche macht
> In wachender Begier; so pfleget doch zuweilen
> Die Sorgen meiner Qual der Schlaf zu übereilen,

Wie selten es auch kömmt, und kehrt mir meinen Schmerz
In ein gewolltest Spiel und lächerlichen Scherz,
Als wie mir's heute ging. Du weißt, um was ich traure,
Was, auf die Thränen auch, ich oft bei dir bedaure.
Du weißt es neben mir. Heut ist der vierte Tag,
Daß ich für Leide nicht für Leute gehen mag.
Ich zwinge mich in mir, und kann mich doch nicht beugen,
Wie sehr ich wider mich mich führe selbst zum Zeugen.
Es ist kein andrer Rath. Ich muß mich geben drein.
Man fragt nicht, ob ich will. Es muß vertragen sein.
Dies weiß ich mehr als wohl, und gleichwohl führ' ich Klagen,
Als ob ich mich der Noth des Glückes könnt' entschlagen.
Umsonst ist's was ich thu'! Und thu' ich noch so sehr!
Denn mein Verhängniß will's. Was darf ich wollen mehr?"

Das Abwarten dieser Zeitläufte erschöpft seine Gedulb, er sieht nichts Gutes dabei herauskommen:

„Was nutzet uns dies Thun, als nur zu unserm Schaden!
Judeß dreht Klotho hart an unsrem schwachen Faden,
An dem dies Leben hängt. Die Jugend, die wird alt.
Die Schönheit schwindet hin. Wir werden ungestalt.
Wir sind an Mangel reich. Vergessen, das wir wissen.
Wer will wohl dermaleinst uns alte Jungen küssen?
Uns kluge Thoren ehr'n? Freund, auf, und laß uns gehn!
Auf! es ist hohe Zeit, dem Uebel zu entstehn."

Weiterhin sagt er:

„Soll uns gerathen sein, so muß ein ander Land,
Ein andrer Stand forthin uns füllen unsre Hand."

Hierauf verbündet er sich zur innigsten Genossenschaft mit seinem Freunde, sie wollen zusammen in die weite Welt ziehen; er ruft ihm zu:

„Sei herzig, wie du bist, und laß dich das vergnügen,
Daß unsre Geister sich so wohl zusammenfügen. —
Du bist mir ähnlich ganz. Mein Wollen ist dein Rath,
Auf nein, als wie auf ja, dein Wille meine That.
— — Mich hat zu dir getragen
Die stille Neigung selbst, die die Gemüther lenkt,
Und gleiche Regungen in gleiche Seelen senkt.

Es ist was Himmlisches in unserm jedren Blute,
Das seine Göttlichkeit beweiset in dem Muthe."

Zuletzt verheißt er ihm:

„Mein Bund soll mit dir sein, so lange man wird wissen,
Daß sich ein Flemming hab' auf solch ein Thun beflissen,
Das seine Deutschen rühmt, und ihre Sprach' erhebt,
Das mit der Ewigkeit auch in die Wette lebt."

Aus einem anderen Gedicht ersehen wir, daß dieser Freund Hartmann Grahmann war, ein junger Arzt aus Stadt-Ilm, der in Leipzig seine Studien fortsetzte, und Flemming's Geschick forthin mit dem seinigen verband. In diesem letzteren Gedichte spricht Flemming von seinem Weggehn so:

— — „Ich trug für manchen Sieg
Schon manchen Lorbeerkranz. Als aber gleich der Krieg,
Erbarm es Gott, der Krieg, mit welchem wir uns Deutschen
Von so viel Jahren her nun ganz zu Tode peitschen,
Mein Meißen drittens traf, so gab ich mich der Flucht,
Die niemand schelten kann, und ich mir oft gesucht.
Ganz einem Vogel gleich, der flügg' ist auszufliegen,
Und gleichwohl noch nicht traut, schaut, wenn er Luft kann
  kriegen,
Die Aeltern da sind aus, der Habicht ohngefähr
Setzt auf das bloße Nest aus freien Lüften her;
Die Noth erweckt den Muth. Er reißt sich aus den Nöthen,
Fleugt hier und da umher, und traut sich sichern Stätten.
Mein Bleiben war nicht mehr. Zudem war dies mein Rath,
Was gilt bei uns ein Mann, der nicht gereiset hat?
Ich gab mich in die Welt, da ich zur guten Stunde
Dich, Bruder, und mit dir ein gutes Mittel funde,
In Anfgang einen Zug." — —

Welche Verhältnisse den Freunden, da Noth und Unruhe sie am höchsten bedrängten, sich als Ausweg und Zukunft eröffneten, werden wir sogleich ersehen.

Herzog Friedrich, regierender Herr zu Schleswig-Holstein, war bisher zwar in dem allgemeinen Unheil vor allen Fürsten Deutschlands noch am meisten mit Land und Leuten verschont geblieben, doch sah er schmerzlich die Wehen eines

Krieges, der in seinem Fortgange die Sache des Vaterlandes mehr und mehr verschwinden, und in den kämpfenden Partheien selbst nur noch blinde Werkzeuge fremder Selbstsucht erkennen ließ. Nicht berufen, an diesen Ereignissen kriegerischen Antheil zu nehmen, begnügte sich der Herzog, den wechselnden Umständen staatsklug nachzugeben, und jedes Aeußerste zu vermeiden. Gesinnung und Glauben stellten ihn auf die Seite der Protestanten, aber das Verhältniß zu Dänemark, dessen Nachbarschaft auch im freundlichen Anschein oftmals drückend wurde, ließ ihn nicht ungern auch die Sache des Kaisers im Vortheil sehen. Der Herzog war weder Krieger noch Staatsmann genug, um in dieser Lage bedeutend aufzutreten; allein er hatte Geist und Einbildungskraft, welche weit über die Gränzen seines kleinen Landes hinausstrebten. Alles Merkwürdige und Außerordentliche zog ihn an, er sammelte Kunstwerke und Seltenheiten, erwarb mancherlei Kenntnisse; das alte Testament im hebräischen Grundtexte lesen zu können, war ihm eine nicht geringe Freude; er versuchte sich in allerlei Thätigkeit; mit Kaiser Ferdinand dem Zweiten und andern Fürsten und bedeutenden Personen unterhielt er eigenhändigen Briefwechsel; er legte kunstvolle Gärten an, gab der Stadt Tönningen neue Festungswerke, und gründete an der Eider eine neue Stadt nach seinem Namen, die er zum Stapelplatze des persischen und ostindischen Handels zu erheben dachte. Seine weitaussehenden Plane, den Welthandel, dessen Ertrag man in Hollands wachsenden Reichthümern nicht ohne Neid vor Augen hatte, wenigstens zum Theil an Holstein zu bringen, verschwisterten sich mit andern Gedanken, welche den Vortheil Holsteins mit den wichtigsten Zwecken für Deutschland in Verbindung setzten. Eine ruhmvolle Ausführung wünschte er der Welt zu zeigen, und dazu schien die Gelegenheit am günstigsten dargeboten in einer Gesandtschaft, welche von Holstein durch Rußland nach Persien ziehen sollte. Die Handelsabsichten für Holstein konnten auf diesem Wege am sichersten erfüllt werden, allein auch den politischen Angelegenheiten Deutschlands war damit eine hülfreiche Lenkung zugedacht. Dieser letztere Gesichtspunkt wurde besonders festgehalten, in Flemming's Gedichten ist er der einzige, unter welchem die Gesandtschaftsreise erscheint, der Handelsabsichten wird nicht erwähnt. Er schildert den Herzog Friedrich als einen fürsorgenden Vaterlandsfreund:

>„Der, da Europa selbst ihr' eigne Brust durchstach,
>Und ihren schönen Leib gleich wie zu Stücken brach,
>So ernstlich war bedacht, alleine von so Vielen,
>Woher ein Mittel doch wohl wäre zu erzielen,
>Das für der Mutter Fall, die schon zu Boden sank,
>Und nun ihr eigen Blut als für ein Labsal trank,
>Recht werth und kräftig sei. Er sah in's Nah' und Weite,
>Zu Hause war kein Rath, kein Landsmann war zur Seite.
>Ob, sprach er, unsre Welt nichts für die Wunden hat,
>So weiß doch Asien, der kranken Schwester Rath.
>Bald hieß er Boten gehn in Clams ferne Gränzen,
>Um diesen harten Bruch hinwieder zu ergänzen."

Man sah bereits Persien zur Bekämpfung der Türken aufgeregt, dem deutschen Kaiser dadurch freie Hand gegeben, seine Macht und Aufmerksamkeit ganz auf das Friedenswerk in Deutschland zu richten, und alsdann die vereinten deutschen Waffen gleichfalls gegen die Türken zu wenden; ja die ganze Christenheit sollte sich zu einem Kreuzzuge gegen ihren Erbfeind verbinden, und siegreich bis Konstantinopel vordringen. Flemming sagt in diesem Sinne:

>„Nunmehr bricht die Zeit heran,
>Daß du, Christ, dich eins sollst rächen,
>Und dem seine Kräfte brechen,
>Der dir alles Leid thut an,
>Der so oft dein Blut geleckt,
>Und mit bloßem Namen schrecket.
>
>Däucht mich's, oder seh' ich's schon,
>Wie die lauten Feldposaunen,
>Und die donnernden Karthaunen
>Unternringen ihren Ton,
>Daß des Bosphors seine Wellen
>Furchtsam sich als Steine stellen?
>
>Unsre Donau fleußt uns vor,
>Leitet mit erfreuten Wellen

    Unsre tapfern Bundsgesellen
    Bis fast vor des Hundes Thor.
    Byzanz, du sollst unser heißen,
    Eh' daß du dich denkst zu schmeißen."

Die Deutschen sollen dazu vereinigt sein:

    „Landsmann, Deutscher, thu' alsbann,
    Was du bist an dir gewohnet,
    Es gilt hier nicht, daß man schonet.
    Itzund hast du deinen Mann.
    Vor, und itzt noch, schlägst du Blinder
    Auf dich selbst und deine Kinder."

In vielen andern Stellen wird dieses große Unternehmen, diese zu Deutschlands Heil übernommene Mühe und Arbeit, nach Gebühr gepriesen, und dem Fürsten wie den Gesandten zu hohen Ehren angerechnet. Wir lassen billig dahingestellt, wie weit politische Träume hier über politische Wahrscheinlichkeit hinausgegangen, doch ergiebt sich aus mehreren Anzeigen, daß bei solchem Vorhaben der deutsche Kaiser sowohl als der König von Spanien nicht ohne Antheil geblieben, welche denn auch, in Bezug auf Holland, dem holsteinischen Handelsbestreben nur günstig sein konnten. Dieses letztere, bezweckend, neue Handelswege zwischen dem Norden von Europa und dem Orient vermittelst Rußlands aufzuschließen, mußte sich auch den Schweden genehm zeigen, deren Küstenländer am baltischen Meere dabei gewinnreiche Betheiligung zu erwarten hatten. So vereinigten sich hier die widerstreitendsten politischen Beziehungen in demselben Unternehmen, das nach verschiedenen Seiten ein verschiedenes Antlitz wandte. Im Schutze des geheimnißvollen Dunkels, welches den diplomatischen Dingen zu Gute kommt, blieben die Widersprüche einstweilen verdeckt, und wenn die eigentliche Bewandtniß der Sache den Fremden nicht sogleich ganz klar wurde, so war vielleicht der Herzog Friedrich selbst in diesem Betracht auch nicht ganz sicher; ihn befriedigte, ein großes Werk vorzuhaben, an welches glänzende Vorstellungen und erwünschte Thätigkeit geknüpft waren. Mit großem Ernst und Eifer betrieb er die Anstalten für die beschlossene Gesandtschaft.

Neben den politischen und kaufmännischen Absichten mußte einem Sinne, wie dem seinigen, auch wissenschaftlicher Gewinn vorschweben, und er war demnach bedacht, seine Gesandtschaft auch mit unterrichteten und aufgeweckten Köpfen wohl auszustatten. Der Ruf seines Vorhabens verbreitete sich alsbald, und erscholl auch in Sachsen; brauchbare Männer verschiedenen Standes und Gewerbes erhielten Anträge. Adam Olearius, von Aschersleben gebürtig, in mancherlei Wissenschaften, besonders aber in der Mathematik ausgezeichnet, vertauschte sein philosophisches Lehramt in Leipzig mit holsteinischen Staatsdiensten. Wahrscheinlich durch ihn veranlaßt, folgten auch die Freunde Hartmann Grahmann und Flemming dem vielversprechenden Anerbieten. Für die jugendliche Einbildungskraft mußte die weite Reise nach Persien, unter so glänzenden und begünstigten Verhältnissen, ungemeinen Reiz haben; allein auch manches Bedenken durfte sich einstellen. Man konnte sich nicht verhehlen, daß die Unternehmung auch Ungemach und Noth und Gefahren aller Art zu gewärtigen habe, daß eine lange Reihe von Jahren darüber hingehen, daß die Rückkehr ungewiß und das Schicksal der Angehörigen inzwischen im zerrütteten Vaterlande jedem Zufall überlassen sei. In diesen Betrachtungen mochte der Grund des inneren Kampfes liegen, dessen Flemming erwähnt, jedoch blieb es bei dem ersten Entschluß. Der alte Vater, der durch den Krieg einen Theil seines Vermögens eingebüßt, wollte den Sohn nicht hindern, sein besseres Glück in der Welt aufzusuchen; schwerer gab die Mutter ihre Einwilligung; sie liebte den Stiefsohn wie ein eignes Kind, und Flemming gedenkt noch spät des schmerzlichen Augenblicks:

> „Ich sehe noch die Angst des fürchtenden Geschlechts,
> Als, Mutter, ich vor euch mit halber Freude trat,
> Und, um zu reisen aus, gewollten Urlaub bat,
> Den ich euch fast zwang ab. —
> Verzeiht mir's, Selige, hab' ich euch da betrübt,
> Und etwas Fremdes mehr, als euren Wunsch geliebt!"

Inzwischen kam die Zeit der Abreise heran. Grahmann war zum Leibarzt der Gesandten ersehen, Flemming, der

schon im Jahre 1631 die akademische Würde eines Magisters
der freien Künste empfangen, aber sein ärztliches Studium
noch nicht vollendet hatte, wurde in der Eigenschaft eines
Hofjunkers und Truchseß bei der Gesandtschaft angestellt.
Sein Entschluß, Deutschland zu verlassen, fand manchen
Tadel. Indem er sich freute, den Anblick der Kriegeszer-
rüttung zu meiden, und dafür den der Wunder des Orients
einzutauschen, konnte er doch nicht zugeben, daß man ihn
der Gleichgültigkeit gegen das Vaterland beschuldigte. In
einem Gedicht an Martin Christenius sagt er gegen diesen
Vorwurf:

„Mutter Deutschland, und auch ihr,
Vater, Mutter, Schwestern, Freunde,
Mein! erlaubet dies doch mir,
Daß ihr mehr wünscht eurem Feinde,
Daß ich fremder Länder Zier
Unserm Meißen setze für!"

Er verspricht, seine Poesie solle auch in der Ferne zu der
Seinen Lust und Ehre gedeihen, den Ruhm der deutschen
Sprache bei Fremden ausbreiten, und deren Herrlichkeit in
reichen Bildern zurückführen. Gegen Ende des Sommers
1633 fanden sich die Berufenen in Gottorff ein. In diese
Zeit ungefähr fällt ein Gedicht Flemming's, durch welches
er bei dem großen Reisevorhaben sich und die Seinen der
Fürsorge Gottes empfiehlt, und sich in dessen Fügungen
mit frommer Zuversicht ergiebt. Das Lied steht noch jetzt
in vielen protestantischen Gesangbüchern; der Anfang heißt:

„In allen meinen Thaten,
Laß ich den Höchsten rathen,
Der alles kann und hat,
Er muß zu allen Dingen,
Soll's anders wohl gelingen,
Selbst geben Rath und That."

Er ist auch auf den Tod gefaßt, wenn es Gott will, der
die rechte Zeit ja weiß, allein sein Inneres hegt daneben
heitre Lebensaussicht:

„Gefällt es seiner Güte,
Und sagt mir mein Gemüthe
Nicht was Vergebliches zu,
So werd' ich Gott noch preisen,
Mit manchen schönen Weisen
Daheim in meiner Ruh.

Indeß wird er den Meinen
Mit Segen auch erscheinen,
Ihr Schutz wie meiner sein,
Wird beiderseits gewähren,
Was unser Wunsch und Zähren
Ihn bitten überein."

Mit solchen Empfindungen schied Flemming aus dem Vaterlande; doch seine freudigen Hoffnungen und heißen Wünsche erfüllten sich nur zum Theil.

Das große Unternehmen des Herzogs von Holstein theilte sich in mehrere gesonderte Ausführungen. Zuerst war es nöthig, den schwedischen Hof zu gewinnen, und der Mitwirkung desselben sicher zu sein. Hierauf mußte an den Zar von Moskau, Michael Feodorowitsch, Schwager des Herzogs, eine Sendung geschehn, um bei demselben das weitere Vorhaben günstig einzuleiten, und für die Gesandtschaft nach Persien den freien Durchzug durch sein Reich anzusprechen. Erst wenn dieses gelungen, und der Weg auf solche Weise eröffnet war, konnte die Hauptsendung nach Persien vor sich gehn. Mit Schweden, wo die holsteinischen Vorschläge gutes Gehör fanden, war bald ein erwünschtes Einverständniß zu Stande gebracht. Die Sendung nach Moskau wurde dann eiligst angeordnet. Zu Gesandten wurden ernannt Philipp Kruse, Lizenziat der Rechte, von Eisleben gebürtig, und Otto Brüggemann, von Hamburg. Jener, schon reiferen Alters, hatte alle Eigenschaften eines kenntnißreichen, klugen, wohlberedten Unterhändlers, wie er zur Anrichtung eines so schwierigen und in mancherlei diplomatischen Verwickelungen befangenen Geschäfts erforderlich war; allein da weiterhin die Reise, wegen der Gegenden und Völker, durch welche sie führte, und wegen der Gefahren und Zufälle, die ihr zu Wasser und zu Lande drohten, mehr und mehr den Karakter eines gerüsteten, fast kriegerischen Zuges annehmen mußte, so hatte man bei der Wahl Brüggemann's hauptsächlich die Eigenschaften berücksichtigt, durch welche derselbe als ein' erfahrner, in Krieg und Frieden schon weit herumgekommener Thatmensch, für solche Verhältnisse besonders tüchtig erschien. In den Aufträgen und Verrichtungen war jedoch keine Sonderung festgesetzt, sie blieben für Beide ungetheilt gemeinsam. Als Gesandtschaftsrath war ihnen der schon genannte Olearius beigegeben, welchem wir eine wohlverfaßte Beschreibung der ganzen Reise zu danken haben, Hartmann Grahmann als Arzt, Albrecht von Mandelsloh als Stallmeister, Christoph von Uechtritz als Kammerherr, unser Flemming nebst den Patriziern Hieronymus Imhoff aus Nürnberg und Hans Grünewald aus Danzig, und noch einigen Andern, als Hofjunker und Truchseße, zu deren Amt unter andern auch gehörte, bei Gastmahlen die Speisen vorzulegen, ferner ein Schiffer Michael Korbes aus Lübeck, der auf der Wolga und dem kaspischen Meere gebraucht werden sollte; diese, nebst einer zahlreichen Dienerschaft, im Ganzen ein Gefolge von vierunddreißig Personen, schloßen sich dem Zuge glänzend an. Auch ein Arzt, welchen der Zar aus Teutschland, nach des Herzogs von Holstein Wahl und Fürsorge, zu seinem Leibarzt berufen hatte, reiste mit. Die Gesandten gingen am 22. Oktober 1633 von Gottorff ab, vereinigten ihre sämmtliche Gesellschaft in Hamburg, und zogen von da, nachdem alles vollständig und bestens geordnet war, über Lübeck nach Travemünde, wo sie am 9. November zu Schiffe gingen. Eine von Wind und Wetter beschleunigte Seefahrt brachte sie ohne sonderliche Gefährde nach Riga, wo sie schon am 14. November glücklich anlangten.

Hier wurde die Gesandtschaft von dem schwedischen Gouverneur und seinen Offizieren sehr wohl empfangen, von dem Rathe der Stadt mit Lebensmitteln und anderem Nothwendigen beschenkt; mußte aber fünf Wochen daselbst liegen bleiben, um Frost und Schlittenbahn abzuwarten, da die morastige Gegend in dieser Jahreszeit sonst schwerlich ein Fortkommen gestattete. Am 14. Dezember endlich konnte die Reise vor sich gehn, eine Menge von Schlitten wurden herbeigeschafft, aber ein erstes Ungemach zeigte sich darin, daß jeder im Schlitten sitzend sein Pferd selbst leiten mußte, welches die meisten erst auf ihre Gefahr zu lernen hatten. Nach einer beschwerlichen, neuntägigen, durch häufiges Umwerfen gestörten Fahrt, wobei doch größeres Unglück verhütet blieb, erreichten sie die Stadt Dorpat, wo die im vorhergehenden Jahre gestiftete hohe Schule noch wenig Leben hatte, es waren Professoren genug, aber wenig mehr als ein Dutzend Studenten dort. Nach der Feier des Weihnachtsfestes ging die Reise nach Narva fort, wo man am 3. Januar 1634 ankam. Der Winter bot noch immer die besten Wege, allein die holsteinischen Gesandten sollten zur Weiterreise nach Moskau hier erst die schwedischen abwarten, welche der Hof von Stockholm in der nämlichen Angelegenheit an den Zar zu schicken versprochen hatte. Diese beeilten sich aber nicht, man mußte 22 Wochen lang auf sie warten, unter vielfachem Ueberdruß, den alle Vergnügungen, welchen man sich in Stadt und Umgegend ergab, nicht entfernen konnten, und unter zahllosen Händeln und Schlägereien, die unaufhörlich zwischen den Leuten der Gesandten und den Soldaten der Besatzung zu schlichten waren. Die Lebensmittel wurden endlich selten, und da sich die Ankunft der schwedischen Gesandten immer noch verzögerte, inzwischen jedoch die Ernennung des Gouverneurs von Reval zum Haupte der Sendung bekannt wurde, so begaben die holsteinischen Gesandten sich mit zwölf Personen einstweilen nach dieser Stadt, während das übrige Gefolge sich ferner in Narva bequemen mußte. Unser Flemming aber erfuhr die Begünstigung, schon am 28. Februar, bei noch gutem Wetter, mit einigen Leuten, den Handpferden und dem Gepäck nach Groß-Maugart vorausgesandt zu werden; mit ihm reiste zugleich des Zars Leibarzt, der dann ohne Aufenthalt zu seiner Bestimmung weiterging. In dieser ansehnlichen Stadt, wo deutsche Bildung und Sitte, während früherer Handelsblüthe reich hieher verpflanzt, und russisches Volksleben, ursprünglich dem Boden angehörend, theils getrennt, theils gemischt bestanden, konnte der Dichter, den bisher die Reise wenig angeregt zu haben scheint, wieder freier zu den Eingebungen der Muse sich er-

heben. Er überschaut seine Lage, das in die Ferne gerückte
Vaterland, das noch entlegnere Ziel der betretenen Bahn.
Er überläßt sich tröstlicher Betrachtung, indem er sich selber
anredet:

— — „So sei ein wenig deine,
Mein Flemming, weil du kannst: Du hast noch dieses Eine
Von allem, was du hattst, dich, den dir niemand nimmt;
Wiewohl noch Mancher itzt auch um sich selbsten kömmt,
Des Andren mehr als sein! Ist alles denn verloren,
So lass' es, wo es ist. Es wird noch stets geboren,
Das so geht wieder hin. Das blinde Glücke scherzt;
Verwechselt Gab' und Raub. Was ist es, das dich schmerzt?
Fürwahr, ein großes Nichts. Du bist ja noch derselbe.
Lebst sichrer als zuvor. Kannst du nicht an der Elbe
Und Mulde sicher sein, so such' ein' andre Statt,
Die mit geringrer Lust auch wen'ger Sorge hat."

Er nimmt sich den Weisen zum Vorbild, der sein Verhängniß aufnimmt, wie es ihm geboten wird, auch traurend froh
und in Armuth reich sein kann. Daher will er nicht zurück-
blicken, sondern genießend um sich her schauen, und muthig
vorwärts trachten:

„Des alten Vatern Noth, der frommen Mutter Leid,
Der lieben Schwestern Angst, so vieler Freunde Neid,
Setz' itzt ein wenig aus. Thu, was der Himmel heißet.
Nimm der Bequemheit wahr, eh sie sich dir entreißet.
Zeuch in die Mitternacht, in das entlegne Land,
Das mancher tadelt mehr, als das ihm ist bekannt.
Thu was dir noch vergönnt der Frühling deiner Jahre.
Laß sagen, was man will, erfahre du das Wahre.
Dem traut man, was man sieht. Und hoffe dies darbei,
Daß in der Barbarei auch was zu finden sei,
Das nicht barbarisch ist. — Wohlan, ich bin vergnüget,
Es hat mich nicht gereut, daß ich mich her verfüget."

Auch die Reise war ja bisher glücklich:

„Ich bin wohl kommen an, hier, wo Kalisto steht,
Und Atlas, der mir nun fast auf der Scheitel geht.
Der Belt der war mir gut. Die Düna floß mir linde,
Die Nau die war mein Freund, ich ging mit gutem Winde,

> Wo Wind vonnöthen war. Die Wolchda ſeh' ich nun,
> Die mich um ihren Raub läßt nach Begehren ruhu."

Er kann nicht vorbei, ohne das Geſchick des Volkes zu prei=
ſen, das hier vor ſeinen Augen in Armuth und Niedrigkeit,
aber zugleich in harmloſer Unſchuld und im unverkümmerten
Glück eines ſichern Naturzuſtandes lebt. In ſtarken Zügen
führt er dieſe Anſchauung eines ſaturniſchen Zeitalters aus,
welche wir an jenen Zuſtänden wohl zuletzt geſucht hätten,
der Dichter aber gewiß in Wahrheit mit ihnen verknüpft gefunden. Sein Wohlgefallen an dem Lande und deſſen Be=
wohnern bezeigt er noch in einem andern Gedicht, worin er
das Schickſal des Ovidius, der in ſolche Fremde verbannt,
auch dort den Ruhm ſeiner Lieder ausbreitete, willig über=
nehmen möchte:

> „Ich wollt', als wie ich vor bei meiner Muld' und Saa-
> len,
> Um euren Oby thun. In den begrünten Thalen
> Des Dnieper wohnhaft ſein, und eures Landes Zier
> Auf mein' und euer' Art den Wäldern ſingen für.
> Ich weiß, ich wär' euch lieb!" — —

Auch hatte er das Glück einen Muſenfreund, einen Liebhaber
insbeſondere der deutſchen Dichtkunſt, dort anzutreffen in
Heinrich Nienburg, deutſchem Oberdolmetſcher des Zars.
Mit dieſem Freunde verlebte er glückliche Tage. Indeß
wandte Sehnen und Dichten ſich oftmals auch nach den in
Narva zurückgebliebenen Reiſegefährten hin. Er wünſcht,
daß ihre Verzögerung bald aufhören möge, jetzt gleich, da
der Frühling ſchon erblüht, und die goldne Sonne höhere
Kraft gewinnt. Ein Lied an Grahmann, „den beſten ſeiner
beſten Freunde", ſpricht die ſchmerzlichſte Ungeduld aus.

Endlich in der Mitte des Mai's, nachdem die ſchwediſchen
Geſandten allmählig in Narva ſich eingefunden, reiſten auch
die holſteiniſchen von Reval dahin zurück. Nach neuen Zö=
gerungen begaben ſie ſich am Ende des Monats vereinigt
auf den Weg, fanden aber in Nöteburg neuen Aufenthalt,
und harrten hier der Ankunft eines ruſſiſchen Priſtaff oder

Schaffners, der an der Gränze die Gesandten aufzunehmen und für ihre Weiterreise Sorge zu tragen hatte. Gegen Ende des Juni kam ein solcher mit der gewöhnlichen Bedeckung Strelitzen von Groß-Naugart an, der aber fürerst nur die schwedischen Gesandten allein abholen sollte. Die völkerrechtlichen Beziehungen wurden von den Russen noch ganz in asiatischer Art behandelt, argwöhnisch, langsam, prunkvoll und umständlich. Aller Verkehr geschah durch Dolmetscher. Die Gesandten mußten kostbare Geschenke darbringen, dagegen wurden sie während der Dauer ihrer Sendung von dem Zar mit großem Aufwand freigehalten. Um die Ceremonien an der Gränze mitanzusehn, begleitete Olearius die Schweden dahin; die Sorgfalt, auch im Kleinsten sich nichts zu vergeben, vielmehr allerlei Vorzüge durch Trotz oder List an sich zu bringen, und den Gegentheil möglichst zu bedrücken, ging bis zum Lächerlichen. Als nach drei Wochen die Holsteiner endlich am 20. Juli nachgeholt wurden, fanden sie jedoch leichteren Zugang, man nahm es mit ihnen, da sie nicht, wie die Schweden, unmittelbare Gränznachbarn waren, weniger genau. Sie schifften auf sieben Booten über den See Ladoga, und sodann, nicht ohne überstandene Gefahr, auf dem Flusse Wolchba vollends nach Groß-Naugart, wo sie am 28. Juli anlangten. Flemming und die andern Vorausgesandten, die hier über vier Monate sehnend geharrt, waren den Ankommenden auf einem Boote eine Meile weit freudigst entgegengeschifft. In Groß-Naugart, wurde vier Tage verweilt, darauf aber die Reise ernstlich fortgesetzt, erst noch zu Schiff, dann fernerhin zu Pferde, voran Zeug und Geräthe auf fünfzig Karren. Unterwegs begegneten ihnen viele deutsche Offiziere und Soldaten, die nach geendigtem Kriege vor Smolensk aus Rußland wieder heimzogen. Unter manchen Beschwerden gelangte die Gesandtschaft über Torfok und Twer endlich am 13. August in die Nähe von Moskau, und hielt daselbst am folgenden Tag ihren feierlichen Einzug. Damit an dem abgemessenen Orte des ersten Zusammenkommens weder die zum Empfange befehligten vornehmen Russen, noch hinwieder die holsteinischen Gesandten in den Fall kämen zu warten, so wurde sorgsam ein gleichzeitiges Eintreffen veranstaltet, indem zahlreiche Boten zu Pferde hin und her sprengten, um den einen Zug nach Maßgabe des andern bald langsamer, bald schneller, bald wieder langsamer fortrücken zu lassen. Unter großem Prunk und Zudrang ritten sie in die Stadt, wo sie, weil kurz vorher in einer großen Feuersbrunst nebst 5000 Häusern auch der Gesandtenhof abgebrannt war, zwei hölzerne Bürgerhäuser zur Wohnung erhielten, und sogleich nach Landesart reichlich verpflegt wurden. Bis sie vor den Zar gekommen, durften sie jedoch nicht ausgehen.

Der feierliche Anstritt der Gesandtschaft zur öffentlichen Audienz bei dem Zar geschah am 19. August mit großem Prunk; die Geschenke, als Pferde, Pferdezeug, kostbares Geräth, künstliches Uhrwerk, Spiegel und ein Fernglas, wurden zur Schau getragen; hin und her reitende Boten ordneten abermals den Zug bald geschwinder, bald langsamer, je nachdem der Zar oder die Gesandten dem Saale näher waren. Der Zar Michael Feodorowitsch empfing die Gesandtschaft sehr gnädig, und ließ nicht nur die Gesandten selbst, sondern auch, aus besonderer Huld, die Hauptpersonen ihres Gefolges zum Handkusse gelangen, wie denn auch Flemming Theil an dieser Ehre hatte, welche doch durch den Umstand, daß unmittelbar nachher, vor Aller Augen, der Zar seine Hände reinzuwaschen pflegte, eine nicht ganz befriedigende Nebenbeziehung bekam. Die Gesandtschaft wurde an diesem Tage von der Tafel des Zars außergewöhnlich gespeist, und durfte nunmehr auch überall in der Stadt frei verkehren. Hierauf wurde mit den Bojaren oder Ministern des Zars in wiederholten geheimen Audienzen das Geschäft verhandelt, woran auch die schwedischen Gesandten Theil nahmen. Die holsteinischen Anträge, hauptsächlich dahin lautend, den persischen Seidenhandel über Rußland und Liefland, mit großem Gewinn der Zwischenländer, nach Holstein zu lenken, fanden anfangs große Schwierigkeiten. Die Russen trugen mancherlei Verdacht und Argwohn gegen die Schweden, welche mit den Tataren und mit den Persern politische Verbindungen beabsichtigen konnten, deren Folgen für Rußland nachtheilig werden mußten. Der neue Handelsweg konnte auch den

schon bestehenden Verkehr der Russen mit Persien und den
gewinnreichen Handel über Archangel mit den Holländern auf
mancherlei Art gefährden. Die Schweden ihrerseits waren
gegen die Holsteiner mißtrauisch, welchen sie außer den offenbaren noch geheime Absichten beimaßen, und suchten daher
die eigne Sache möglichst unabhängig von der holsteinischen
anzuordnen, wobei hauptsächlich Arend Spiering, ein der
Handelsverhältnisse überaus kundiger Mann, den, weil er
später nachgeschickt wurde, die Russen anfangs durchaus nicht
als Gesandten erkennen wollten, den thätigsten Eifer zeigte.
Inzwischen, da die Holsteiner in alle, von den Russen absichtlich überspannte Forderungen zu deren eignem Erstaunen
willigten, und ihnen von dem zu hoffenden Gewinn fast
mehr, als überhaupt zu hoffen war, zugestanden, so nahm
der Zar-ferner keinen Anstand, seinem Schwager, dem Herzoge von Holstein zu gestatten, was bisher Kaiser, Päbste
und Könige vergebens nachgesucht, den Durchzug nämlich
durch das innere Rußland für eine Gesandtschaft nach Persien, jedoch mit der ausdrücklichen Vorkehrung, daß weder
mit den Tataren eine nähere Verbindung gesucht, noch in
dem holsteinischen Gefolge ein geborner Schwede mitgenommen würde; ihrerseits in eignem Namen Gesandte nach Persien mitzusenden, war den Schweden ohnehin nicht gelegen,
sie wollten die großen Kosten nicht auf's Ungewisse wagen,
sondern diese Auslagen füglich den Holsteinern überlassen.
Nachdem alles vorläufig abgemacht worden, traten zuvörderst
die schwedischen Gesandten die Rückreise an, sodann auch die
holsteinischen, welche dem Herzoge den Bericht von ihrem
bisherigen Erfolge zu bringen eilten. Sie hatten am 16. Dezember mit gewöhnlicher Feierlichkeit ihre letzte öffentliche
Audienz bei dem Zar, und reisten am 24. zu Schlitten von
Moskau nach Narva zurück. Der Schiffer Corbes aber
ging mit sechs Personen sogleich in entgegengesetzter Richtung
voraus nach Nisen-Naugart, um daselbst auf der Wolga zur
bevorstehenden Weiterfahrt ein Schiff zu bauen. Von Flemming's Treiben und Dichten während dieses ersten Aufenthalts in Moskau haben wir wenig Spuren. An neuen und
merkwürdigen Anschauungen fehlte es nicht; zu den eigen-

thümlichen Bildern der russischen Hauptstadt gesellte sich der noch frembere Reiz türkischer und tatarischer Anblicke, wie sie der Einzug und Aufenthalt prachtvoller Gesandtschaften zeigte, von welchen die türkische nicht ohne entgegenwirkende Absicht mit der holsteinischen dort zusammentraf. Aber Flemming's Dichtung schweigt uns diesmal ungewöhnlich, wie bereit und fertig sie auch sonst jede Darbietung des Tages in Trauer und Freude zu heiterer Betrachtung aufnimmt. Ob Geschäfte ihn gestört, ob Krankheit ihn gehindert, oder vielleicht Neigung ihn zu Gedichten befeuert, die nur eben des Merkmals dieser Zeit und Oertlichkeit ermangeln, ist nicht zu bestimmen.

Am 5. Januar 1635 traf die Reisegesellschaft nach rascher Fahrt über Groß-Naugart wieder in Narva, und fünf Tage darauf wohlbehalten in Reval ein, von wo die Gesandten nach dreiwöchentlichem Aufenthalt ihren Weg, weil das baltische Meer wegen des Winters nicht mehr zu beschiffen war, zu Lande fortsetzten, von wenigen Personen begleitet, indem es gerathener dünkte, den größten Theil des Gefolges in Reval zurückzulassen und daselbst in die Kost zu verdingen. Im Anfange des Februar gelangten sie nach Riga, wo sich zur weiteren Rückreise ein Franzose, Karl Talleyrand, der sich Fürst von Chales und Marquis und Baron von andern Herrschaften nannte, an sie anschloß. Dieser Mann war vor mehreren Jahren als Gesandter des Fürsten von Siebenbürgen an den türkischen Kaiser und an den Zar von Moskau abgeschickt worden, als aber der Fürst von Siebenbürgen bald nachher gestorben, und Talleyrand ohne amtliche Verhältnisse in Moskau geblieben war, beschuldigte ihn sein Gefährte Jakob Ronchelle heimlich bei dem Patriarchen verrätherischer Absichten, worauf ihn der Zar gefangen setzen und nach Sibirien wegführen ließ; erst nach drei Jahren, als der Patriarch inzwischen gestorben, kam Ronchelle's Arglist an den Tag, und Talleyrand wurde aus der Verbannung zurückgeholt und auf freien Fuß gesetzt; er kehrte jetzt lustig und guter Dinge heim, über sein Unglück leicht getröstet, und bereichert mit einigen tausend Versen der Aeneis, deren vier erste Bücher er zum Zeitvertreib fertig auswendig gelernt hatte. Seine Geschichte durfte in den Gemüthern derer, welche sich auf ähnlichem Zuge begriffen und vielleicht schon durch manches Unheimliche berührt fanden, nachdenkliche Eindrücke hinterlassen. Inzwischen ging die Reise über Mitau, Memel und Königsberg nach Danzig fort, wo die Gesandten während einer fast dreiwöchentlichen Rast von Rath und Bürgern herrlich bewirthet und beschenkt wurden. Ueber Stettin und Rostock gelangten sie endlich am 6. April nach Gottorff, wo sie darauf dem Herzoge ihren Bericht ablegten, und sogleich den weiteren Verfolg der Sache zu berathen hatten. Flemming unterdessen war mit den übrigen Gefährten in Reval zurückgeblieben, und fand in dieser reichen, lebhaften Stadt alsbald den angenehmsten Umgang. Würdige Gelehrte, wackre Kaufleute von Welt und Bildung, heitre Musenfreunde und liebenswürdige Frauenzimmer, ließen in ihrem Kreise den jungen Dichter nichts vermissen, was ihm der beste heimische Boden nur je hätte tragen können. Sein heitrer, lebhafter Sinn, sein trefflicher Karakter und sein herrliches Talent erwarben ihm die Liebe edler Freunde und die Huld schöner Frauen. Auch stand seine Dichtkunst hier schnell in reicher Blüthe. Rainer Brockmann, Professor der griechischen Sprache, und Timotheus Polus, innige Freunde Flemming's, erweisen sich auch als dichterische Genossen, und wechseln glückliche Verse mit ihm, ja sogar junge Frauenzimmer wissen den liebenswürdigen Fremden mit Reimzeilen anzubinden; so ausgezeichneter geistigen Bildung durfte Reval sich damals rühmen! Auch preist Flemming diese weitherrschende Macht der deutschen Sprache und des deutschen Gesanges, die nun schon jeden Kampf bestehen können, und die durch ihn noch weiter, in bisher nicht gekannte Länder bringen sollen! Die raschen Erzeugnisse seiner allzeit fertigen Kunst sind allen Anlässen des Tages dargebracht; auch der Entfernten gedenkt sein Lied; insonderheit des geliebten Grahmann, und der Geburts- und Namenstag der Gesandten geht nicht unbesungen vorüber. Ohne Zweifel ist auch ein großer Theil der Liebesgedichte, sowohl der Lieder als der Sonette, während dieses Aufenthalts entstanden, der unter den Anwandlungen unstäten Wohlgefallens auch den Reim ernster Neigung schon pflegen mochte. Inzwischen war zu Gottorff die Gesandtschaft für ihre nunmehrige Bestimmung nach Persien auf's neue glänzend ausgerüstet, und das Gefolge bis auf zweiundneunzig Personen vermehrt worden. Als höhere Beamte waren, außer den schon früher genannten, darin begriffen: ein Marschall, ein Hof- und Küchenmeister, ein Hofprediger, ein russischer Oberdolmetscher, mehrere Kammerpagen; hierauf, eine Stufe niedriger, mehrere andre Pagen und Kammerdiener, zwei Feldtrompeter, mehrere Musikanten, Wundärzte, ferner Silberdiener, Schreiber, türkische und persische Dolmetscher, Trabanten und Lakaien, und eine große Zahl geringere Diener und Jungen, sogar ein Hundejunge. Die Gesellschaft war aus allen Gegenden Deutschlands, aus Schottland, Frankreich, Holland, Liefland, ja aus der Tatarei und Armenien gemischt. Der Herzog Friedrich wandte freudig die größten Kosten auf, um den fremden Völkern gleich durch das Aeußere eine hohe Meinung von dem Lande und Fürsten zu geben, welchen die Botschaft angehörte. Prächtige Geschenke wurden angeschafft, Kleinodien, kunstreiches Geräth und werthvolle Seltenheiten. Auch die politischen Beziehungen kamen in neue Erwägung, und Olearius mußte nach Brabant reisen, um dort mit dem Kardinal Infanten nähere Verabredung zu halten. Auf der Rückreise wurde Olearius heftig krank, genas aber zu Hamburg in des Gesandten Brüggemann Hause bei guter Pflege bald wieder. Dieser Gesandte, der sich in seiner Würde gefiel, und auch daheim, wie unterwegs, darin prangen wollte, bezeigte sich freigebig und leutselig gegen das sämmtliche Gefolge, und löschte so manchen unangenehmen Eindruck wieder aus, den er auf der früheren Reise durch auffahrendes und eigenwilliges Wesen seinen Gefährten hin und wieder verursacht hatte. Dem Gesandten Kruse, dessen feine Bildung und sanfte Gemüthsart sich nie verläugnete, war schon früher jeder Sinn zugethan. So brach denn unter frohem, versprechenden Anschein die Gesellschaft von Hamburg auf, und begab sich am 27. Oktober in Travemünde zu Schiffe. Allein kaum waren sie in See, so überfiel sie ein heftiger

Sturm, der Allen den Untergang drohte. Schon hatten Olearius und Grahmann verabredet, einander in die Arme zu schließen, und so auch im Tode vereint zu bleiben, als in der höchsten Noth an der schwedischen Küste Rettung erschien. Hier aber gingen, durch einen verdrießlichen Zufall, die Schatullen der Gesandten mit dem Schiffsboote, worin die Ueberfahrt an's Land geschehen sollte, in den Wellen verloren; sie wurden zwar später aufgefischt, allein die Beglaubigungsschreiben waren ganz verdorben, und deßhalb mußten zwei Leute sofort von Calmar nach Gottorff zurückreisen, um neue zu holen. Indeß ging man wieder unter Segel, allein bald erhob sich ein neuer Sturm, und dauerte mit steigender Gewalt so heftig fort, daß nach mehreren Tagen und Nächten unausgesetzter Todesgefahr am 9. November im finnischen Meerbusen bei der Insel Hoheland das Schiff endlich scheiterte. Die Menschen und viele Sachen wurden noch glücklich an's Land gerettet, das Schiff aber darauf völlig von den Wellen zertrümmert. Nachdem die Gesandten, nicht ohne Gefahr, auf Fischerbooten nach dem Festland übergesetzt, verweilten sie zuerst drei Wochen in Kunda, dem nur zwei Meilen vom Strande gelegenen Gute Johann Möller's, eines angesehenen Einwohners von Reval, und begaben sich am 2. Dezember endlich in diese Stadt, wohin Uechtritz gleich von Hoheland vorausgeschickt worden, ihre glückliche Rettung und baldige Ankunft zu melden. Hier hatte man ihretwegen schon in großer Angst geschwebt, ja sie bereits im Schiffbruche verloren geglaubt, und bezeigte jetzt nur um so freudigere Theilnahme; in den Kirchen und im Gymnasium wurden öffentliche Danksagungen gehalten, und die ganze Stadt feierte gleichsam ein Fest. Flemming insbesondere hatte schon seine besten Freunde betrauert, und genoß nun um so herrlicher ihres Wiedersehens. In einem Wechselgesang ließ er Sirenen und Satyrn die Ankunft der Geretteten auf Hoheland dankend preisen. An Kruse und Grahmann richtete er besondere Glückwünsche in Sonetten. Die Gesandten beschlossen, in Reval das Eintreffen der neuen Beglaubigungsschreiben abzuwarten, und einstweilen den Hofjunker Hans Arpenbeck, russischen Oberdolmetscher, nach

Moskau abzufertigen, um ihr gehabtes Unglück und ihr dadurch verlängertes Außenbleiben dem Zar zu melden. Noch drei Monate dauerte der Aufenthalt in Reval, und Flemming blieb demnach im Ganzen über ein Jahr daselbst. Diese Zeit verging in den angenehmsten Verhältnissen, aus welchen zum Theil dauerhafte Bande wurden. Kruse, der einige Zeit vorher seine erste Gattin durch den Tod verloren hatte, verlobte sich mit Maria Möller, einer Tochter des erwähnten Besitzers von Kunda, Olearius warb um deren Schwester, Grahmann und Arpenbeck verlobten sich gleichfalls mit angesehenen Bürgertöchtern von Reval, und Flemming selbst erwählte ohne Zweifel schon damals in Anna Niehusen dort die Geliebte, die er später als Gattin heimzuführen dachte. Ein Sonett an den Steinbruch zu Reval giebt jedoch zu erkennen, daß ihr Herz nicht sogleich zu seinen Hoffnungen stimmte:

„Du Zaum des frechen Belts, dem deine starke Brust
Sich männlich setzet vor, daß sich die Wellen brechen,
Und in sich umgewandt sich an sich müssen rächen,
Und lehr'n den schwachen Zorn in leichten Sand und Wust;

Der du dem Lande Schutz, der Stadt Zier geben mußt,
Der Stadt, so jenseit ist so reich an süßen Bächen,
Hier an gesalzner See, an Höhen und an Flächen,
Darinnen Harris wohnt, die Seele meiner Lust.

Ich ginge zu dir ein, du Lustberg der Sirenen,
Mich meiner Liebesangst ein wenig zu entwöhnen,
So giebst du mir an dir mehr Anlaß noch darzu!

Du bist zwar harte wohl, doch kann dich Eisen zwingen;
So lange müh' ich mich, Ihr ist nichts abzubringen;
Ihr festes Herze muß noch härter sein als du!"

Während aber die Tage solchergestalt in glückliche Fülle dahinflossen, mischte von andrer Seite sich herbe Störung ein. Zwischen den Kaufdienern der reichen Handelsstadt und den Leuten der Gesandtschaft war häufiger Muthwill und Streit, so daß nicht selten arge Raufereien vorfielen, und endlich sogar Brüggemann's Kammerdiener, ein Franzose und sonst ein stiller und frommer Mensch, nachts in einem Tumult erschlagen wurde, ohne daß der Thäter ausfindig zu machen war. Die Gesandten waren nun zwar beflissen, durch feste Satzungen und wiederholte Mahnung ihr Gefolge zu strenger Ordnung anzuhalten, allein die ungestüme Weise, mit welcher Brüggemann sein Ansehen handhabte, gab nur Anlaß zu neuen Verdrießlichkeiten und Verstimmungen, die sich immer unseliger über die ganze Reise verbreiteten.

Nachdem die neuen Beglaubigungsschreiben aus Gottorff angelangt, und auch Arpenbeck aus Moskau zurückgekommen war, konnte zum Ausgang des Februar 1636 endlich die Abreise von Reval angetreten werden; das Gepäck ging auf dreißig Schlitten voran, die Gesandten selbst folgten am 2. März mit den übrigen Völkern nach, sprachen nochmals in Kunda ein, und reisten dann über Narva ohne Aufenthalt, da auch an der russischen Gränze schon alles zu ihrer Aufnahme bereit war, weiter nach Groß-Naugart, wo sie am 11. eintrafen. Unterwegs beriefen die Gesandten, oder eigentlich Brüggemann, dessen Einfälle sich mehr und mehr geltend machten, die Vornehmsten des Gefolges, und ermahnten sie, jeder solle seines Amts und Dienstes mit größtem Eifer und sorgsamster Ehrerbietung warten, damit die Russen eine desto größere Meinung von der Würde der Gesandten faßten, welches die Ermahnten willig verhießen, und nur daneben baten, man möchte hinwieder auch ihnen nach Stand und Gebühr mit Glimpf begegnen, und nicht Einen wie den Andern ohne Unterschied, wie schon vorgekommen, anfahren und beschimpfen, welches dann auch zugesagt wurde. Am 16. März ging es von Groß-Naugart mit hundertneinund= zwanzig Pferden zu Schlitten nach Moskau fort, wo man am 29. feierlich einzog. In der öffentlichen Audienz bei dem Zar führte Kruse das Wort, in den darauf erfolgenden ge= heimen Audienzen aber wurden die Geschäfte von beiden Ge= sandten gemeinschaftlich besorgt. Doch hiebei ließ es Brügge= mann nicht bewenden, sein unruhiger Sinn machte sich immer etwas besonders zu schaffen, und so gerieth er hier auf den Einfall, hinter dem Rücken Kruse's bei den Bojaren eine geheime Audienz für sich allein zu begehren, die ihm auch zugestanden wurde; in dieser, und einer nachfolgenden zweiten, knüpfte er Verhandlungen an, zu welchen er weder Auftrag noch Befugniß hatte; er wollte sich durch solches Benehmen eine geheimnißvolle höhere Wichtigkeit geben, stellte damit aber das ganze Geschäft verfänglich bloß, und versetzte die Gefährten, welchen seine Schritte leicht bekannt wurden, in Mißtrauen und Unruhe, deren Rückwirkung auf ihn selbst nicht ausblieb. Nach dreimonatlichem Aufenthalt in Moskau wurden die Gesandten, diesmal ohne öffentliche Abschiedsaudienz, da sie den Zar auf dem Rückwege noch wiedersehn sollten, zur Weiterreise entlassen. Sie nahmen in Moskau achtundzwanzig Soldaten nebst drei Offizieren, größtentheils Schotten oder Deutsche, und einige russische Knechte in Dienst, und sandten diese mit den metallenen Geschützen, die aus Deutschland mitgebracht worden, und mit einigen in Moskau angekauften Steinstücken, nebst dem übrigen Geräth und Gepäck am 24. Juni nach Nisen-Naugart voraus, sie selbst folgten am 26. nach. Ein Kaiserlicher Paß des Zars gab ihnen freien Durchzug nach Persien, und verstattete ihnen, jedoch für ihr eigen Geld, überall Lebensmittel und andre Bedürfnisse einzukaufen, auch die zu ihrem Fortkommen nöthige Mannschaft zu miethen; ein Pristaff oder Schaffner wurde ihnen bis Astrachan mitgegeben, um die Vollziehung der Befehle des Zars zu sichern, jedoch war es nicht überflüssig, die russischen Befehlshaber der Zwischenorte auch durch Geschenke für die Förderung der Reise anzuspornen. An die Stadt Moskau dichtete Flemming, dessen Lieder jetzt in reicher Fülle strömten, zum Abschiede folgendes Sonett:

„Prinzessin deines Reichs, die Holstein Muhme nennt,
Du wahre Freundin du, durch welcher Gunst wir wagen,
Was Fürsten ward versagt und Kön'gen abgeschlagen,
Den Weg nach Aufgang zu. Wir haben nun erkennt,

Wie sehr dein freundlichs Herz in unsrer Liebe brennt;
Die Treue wollen wir mit uns nach Osten tragen,
Und bei der Wiederkunft in unsern Landen sagen:
Das Bündniß ist gemacht, das keine Zeit zertrennt.

Des frommen Himmels Gunst, die müsse dich erfreuen,
Und alles, was du thust, nach Wunsche dir gedeihen,
Kein Mars und kein Vulkan dir überlästig sein!

'Nimm itzo dies Sonett. Komm' ich mit Glücke wieder,
So will ich deinen Preis erhöhn durch stärkre Lieder,
Daß deiner Wolgen Schall auch hören soll mein Rhein!"

Unfern der Stadt, bei dem Kloster Simana, wohin man sich zu Pferde begeben, geschah die Einschiffung auf der Moskwa, mittelst deren die Fahrt in die Oka, und darauf von dieser in die Wolga überging. Die Ufer zeigten sich abwechselnd bald waldig mit schönen Bäumen, bald angebaut und durch Dörfer belebt. Auf dem Wege durch die Gegend der Mordwinen-Tataren war man nicht ohne Besorgniß wegen räuberischen Anfalls, der doch glücklicherweise unversucht blieb. Am 11. Juli, nachdem man viele Dörfer selbiges Tages vorübergeschifft, gelangte man endlich abends nach Nisen-Naugart, zunächst dem Einströmen der Oka in die Wolga, von Moskau in grader Richtung schon hundert Meilen, mit den Umwegen des Wasserlaufs aber hundertfünfzig entfernt. Man fuhr jedoch nicht in die Stadt, sondern sogleich an das Schiff, genannt Friedrich, welches der Schiffer Cordes mit russischen Zimmerleuten daselbst aus föhrenen Dielen für die Weiterreise erbaut hatte. Dasselbe war mit drei Masten und vierundzwanzig Rudern versehn, und hatte bei einer Länge von hundertzwanzig Fuß in vielen abgetheilten Kammern genugsamen Raum für so viele Menschen und Vorräthe, für Kanonen, Granaten, Gewehr und Schießbedarf aller Art. Wegen der vielen Sandbänke und Untiefen in der Wolga hatte dasselbe jedoch nur flachen Boden. Eine Schaluppe, während der Fahrt zur Leichterung des Schiffes dienlich, sollte während des Aufenthalts der Gesandtschaft am persischen Hofe zur Untersuchung des kaspischen Meeres gebraucht werden. Bei der Rechnungslegung der Schiffbauten kamen Betrügereien an den Tag, wegen welcher die russische Behörde den schuldig befundenen Schmidt an die Gesandten unbedingt, selbst wenn es an's Leben ginge, zur Bestrafung überließ; doch wurde er, ein schon siebzigjähriger Greis, zuletzt begnadigt. Bis zum Ausgange des Juli verweilte die Reisegesellschaft in Nisen-Naugart, brach aber sodann, weil der Strom sehr zu fallen anfing, am 30. Juli bei ungünstigem Wetter eiligst auf, um nicht das noch übrige Fahrwasser zu verlieren; doch schon gleich im Anfange blieb das Schiff mehrmals auf dem seichten Grunde festsitzen. Clearius hielt am folgenden Tage eine Ermahnungsrede an das Gefolge, indem er den erlittenen Schiffbruch zurückrief, und die Gemüther im Dank und Vertrauen zu Gott für die Weiterfahrt bestärkte; diese Rede veranlaßte später vor Astrachan unsern Flemming zu einem Gedicht an Olearius, worin er den eindringlichen Inhalt derselben zum Theil wiederholte. Mit Nisen-Naugart ließ man die letzte protestantische Gemeinde dieser Gegenden, meistens Deutsche und Schotten, die in des Zars Kriegsdiensten standen, so wie mehr und mehr die Spuren europäischer Völkerweise zurück. Der russische Woiwode oder Statthalter warnte vor den Räuberanfällen der an der Wolga streifenden Kosacken, gegen welche man zum Kampfe bereit sein müsse; doch meinte er, der Name der Deutschen, deren Tapferkeit in Rußland durch die dem Zar geleisteten Dienste genug bekannt geworden, würde sie wohl abschrecken. Indeß trafen Cruse und Brüggemann in dieser Hinsicht gute Anstalt, und ordneten die gesammte Mannschaft, unter ihrer Beider und des Marschalls Hermann von Staden getheilter Anführung, wobei jedoch jene durch Mandelsloh und Olearius sich meist vertreten ließen, in drei Rotten, welche abwechselnd zur Wache befehligt wurden. Diese zog jedesmal mit Trommelschlag nach Kriegsmanier auf, und hielt besonders die Posten auf dem Vor- und Hinterkastell des Schiffes allezeit stark besetzt. So oft man eine Stadt oder sonst bewohnten Ort vorbeifuhr, wurde sie durch Trompetenschall und Abfeuerung eines Geschützes begrüßt. Am 6. August schifften die Reisenden die Stadt Wasiligorod vorüber; die Uferanwohner brachten Lebensmittel zum Verkauf: Die Tscheremissen-Tataren zeigten sich in bewaffneten Haufen, bald drohend, bald furchtsam. Uebrigens sah man von Nisen-Naugart bis Kasan zu beiden Seiten fast nur Gebüsch und Wald, und eine Strecke vor Kasan am rechten Ufer kahle

Kreide- und Sandberge. Während die Reisenden sich mehr und mehr dieser Wildniß übergaben, und mit den Beschwerden der unbekannten Schiffahrt kämpften, wurden sie unerwartet durch Briefe vom Mai aus Deutschland erfreut, die ihnen von Moskau nachgesandt worden. Die Schwierigkeiten der Fahrt störten aber diese Freude bald wieder. Der Steuermann war unkundig; das Schiff kam häufig auf den Grund und mußte mit unendlicher Arbeit mehrmals durch Zurückwinden wieder flott gemacht werden, auch blieb dasselbe mehrere Stunden an vorragendem Uferwalde hängen. Olearius und Mandelsloh stiegen hier aus, um sich im Grünen zu erfreuen und Waldfrüchte zu lesen, inzwischen erhob sich ein frischer Wind, das Schiff kam vorwärts, und vergebens suchten jene längs des Ufers demselben nachzukommen; als sie endlich ein Boot gewahrten, welches stromauf gegen sie anruderte, glaubten sie anfangs, es seien Kosaken, entdeckten aber bald zu ihrer Freude, daß Kruse dasselbe für sie abgeschickt, und gelangten so glücklich wieder zu den Genossen. Endlich am 13. August abends erreichten sie die Stadt Kasan; hier trafen sie eine persische und tscherkassische Karavane noch an, welche um wenige Tage früher von Moskau abgegangen war, bei derselben befand sich ein persischer Kaufmann, der in Moskau als Gesandter gewesen, und ein tatarischer Fürst Mussal aus Tscherkassien, der von dem Zar die übliche Belehnung mit seinen Ländern empfangen hatte. Das Schiff blieb den nächsten Tag vor Anker, und sollte auch noch den darauf folgenden liegen bleiben, weßhalb denn Olearius und Mandelsloh sich guter Dinge aufmachten, um die Stadt zu besehen und manches einzukaufen. Doch Brüggemann, den Gefährten jede Ausbeute mißgönnend, die nicht auch seinem Sinn und Antheil gemäß waren, befahl unvermuthet, während jene sich in Kasan harmlos umsahen, die Anker zu lichten und abzufahren. Bürger von Kasan, die vom Ufer zur Stadt wiederkehrten, benachrichtigten die Zurückgelassenen, welche darauf zu Wagen längs des Ufers nachfuhren, und erst auf den Abend, mit dem Boote des Pristaff, wieder an das Schiff kamen. Eine Gemüthsart aber, die mit Absicht als bösen Streich verüben mochte, was schon als zufälliges Begegniß nur hülfreiche Theilnahme fordern durfte, mußte bald für immer die Aussichten einer Reise trüben, deren ganzes Geschick nun schon unabänderlich bedingt war!

Die Ufer der Wolga wurden nun stets öder, die Räuberzüge der Kosacken machten diese Gegend unbewohnbar. Am 18. August gelangten die Reisenden, nachdem sie den Abend vorher den Zusammenfluß des großen Stromes Kama mit der Wolga erreicht hatten, nach Telus oder Deutuscha, von welcher Stadt bis nach Astrachan nun ferner kein Dorf mehr zu sehen war. Sie wurden hier erschreckt durch die Nachricht, daß weiterhin bis zum kaspischen Meer über breitausend Kosacken ihrer warteten, von welchen als Kundschafter eben in der Nähe gegen siebzig Reiter sich am Strande gezeigt hätten. Unter diesen Umständen mußte man auf jeden Fall gefaßt sein; ein blinder Lärm wurde absichtlich angestellt, um die Bereitschaft und Herzhaftigkeit der Leute zu erproben, und es ergab sich, daß man von ihnen das Beste hoffen durfte. Während mit großen Beschwerden, gegen widrigen Wind und zwischen öfteren Untiefen, die Fahrt langsam weiterging, trafen Nachrichten von dem holsteinischen Faktor aus Moskau, dann Briefe aus Nisen-Naugart mit der Anzeige ein, daß unter der Schiffsmannschaft selbst vier Kosacken wären, und dreihundert andre am Ufer im Hinterhalte lägen, weßhalb die Wachsamkeit auf dem Schiffe noch vermehrt wurde. Als Bewaffnete am Ufer sich zeigten, wurde ein Boot zu ihrer Erkundung ausgesandt; es zeigte sich, daß die vermeinten Kosacken vielmehr Strelitzen waren, weil aber die holsteinischen Soldaten am Strande zur Einziehung genauen Berichts etwas verweilten, schöpfte Brüggemann alsbald Verdacht, rief das zurückkehrende Boot auf Pistolenschußweite an, und da die Antwort, des Windes wegen, nicht deutlich zu vernehmen war, wollte er sogleich eine Kanone darauf abfeuern lassen, welches jedoch Kruse noch glücklich hinderte. Unter mehrmals erneuten Anzeigen und Besorgnissen feindlichen Anfalls gelangte man am 28. August vor Samara, am 1. September bei Saratoff vorüber, einigen Strusen oder großen Kähnen begegnend, welche mühsam stromaufwärts fuhren. Nachts blieb das Schiff immer vor Anker liegen, und die Mannschaft hielt sorgsam Wacht. Als nach Sonnenuntergang am Strande zehn Kosacken bemerkt wurden, welche den Strom hinauf ritten, sandte Brüggemann ihnen schnell auf einem Boot acht Musketiere nach, allein jene zogen ihr Boot an's Land und versteckten sich im Busch, und die Soldaten kamen erst in finstrer Nacht zurück; der Marschall von Staden ereiferte sich hierüber, indem er es sehr unrecht und gefährlich fand, die Leute zur Nacht auf solchen Anschlag auszuschicken, bei welchem sie nutzlos jedem Unfall preisgegeben würden, ohne daß man ihnen beizustehen vermöchte, Brüggemann aber fuhr sehr ungehalten auf, und behauptete trotzig seinen Sinn. Am 3. September traf das Schiff mit der aus sechzehn großen und sechs kleinen Fahrzeugen bestehenden persischen Karabane zusammen, von der es bisher durch widrige Winde getrennt gewesen; die Vereinigung wurde durch Trompeten und Trommeln, durch Aufziehen der Flaggen und Losbrennen des Gewehrs gefeiert; man durfte in dieser Stärke nunmehr beiderseits den Kosacken schon besser Trotz bieten. Am 6. September gelangte man vor die Stadt Zariza, von welcher bis zum kaspischen Meere nur wildes, sandiges Land übrig war.

Brüggemann fühlte wohl, in welches Mißverhältniß er sich zu seinen Gefährten gebracht hatte, und wollte sich daher seines Ansehns neu versichern, aber auch hier ging er mit Uebertreibung und Seltsamkeit zu Werke. Wir wollen Olearius hier einmal mit seinen eignen Worten erzählen lassen: „Brüggemann", so berichtet er, „forderte die Völker des Komitats vor sich, hielt ihnen vor, wie daß er von Ein- und Andern starke Muthmaßung hätte, als konspirirten sie heimlich wider ihn, daher er denn, wann's die Noth erfordern sollte, sich wenig Gutes zu ihnen zu versehen haben würde, welches er gleichwohl nicht, sondern viel ein Besseres verhoffte, ja auch wegen seiner schweren Amtverwaltung und Vorsorge vor sie, so er täglich trüge, verdient hätte. Begehrte derowegen von der Musikanten-Trabanten- und Lakaientafel das juramentum fidelitatis durch einen körperlichen Eid geleistet zu haben, welches, wiewohl sie sich gegen solcher Beschuldigung ganz fremde erklärten, und ohne das vermöge ihrer Bestallung zur Treue saltsam verobligiret zu sein vermeinten, sie gerne leisteten, mit Bitte, daß der Gesandte hingegen nicht, wie bisher geschehen, alsbald, oft ohne gegebene Ursache, auf jeglichen ohne Unterscheid mit ehrenrührigen und verkleinerlichen Worten herausfahren wollte, sie wollten hingegen, wenn sie nur ein gut Wort bekämen, nicht alleine ihm treu und hold sein, sondern auch aus Liebe gegen ihn im Nothfall ihr Leben lassen. Es würde den Völkern auch solche Bitte zu gewähren zwar versprochen, aber 2c." Durch dieses „2c." giebt Olearius hinreichend an, was weiter zu sagen wäre, ohne daß grade er, der kluge, bescheidene Mann, es sagen möchte. Wegen der Kosacken konnte man noch keineswegs ruhig sein; ältere, und daneben auch ganz neuerliche, Räuberanfälle mußten warnend vor Augen schweben. Am 11. September in der Nacht, da grade Brüggemann in seiner Reihe die Wacht hielte, trieb ein großer Kahn bei dem Schiffe still vorüber; jener besann sich nicht, ließ auf der Stelle aus fünfzehn Muskelen Feuer darauf geben, und schon sollte dies auch aus einer Kanone geschehn, als die Schiffer, aus dem Schlaf emporgeschreckt, noch zu rechter Zeit sich als russische Salzführer auswiesen. Am 13. September in der Frühe, als die gewöhnliche Betstunde gehalten, und der eingeführten Textfolge nach von der Erkundung des Landes Kanaan und dessen herrlichen Früchten gesprochen worden, erschienen im zutreffenden Augenblicke zwei Kähne von Astrachan mit prächtigen Weintrauben, Melonen und Pfirsichen, deren die Schiffsgesellschaft reichlich einkaufte. Gegen einige Kosacken, welche zum Vorschein kamen, wurde im Stiel abgefeuert. Nachdem das Schiff am 14. noch einen heftigen Sturm bestanden, ankerte dasselbe am 15. nachmittags endlich vor Astrachan, und begrüßte die Stadt aus allem Geschütz.

Wir haben bisher und werden noch fernerhin ganze Abschnitte von Flemming's Leben nur in den Ereignissen erzählen können, denen er beigewohnt. In der That sind die Schicksale dieses Reisezuges nunmehr sein eigentliches Leben, und zugleich seine ganze Dichtung. Mit frischquellendem Gesang ergreift er jedes Begegniß, feiert er die festlichen Tage der Gefährten, begrüßt er die neuen Ströme,

Berge und Städte, die sich dem Anblick darbieten. Der Dichter erscheint hier wirklich in einer höheren Sendung; wie ein guter Geist waltet er unter den Genossen, die rohe Gegenwart in edleres Dasein erhebend, inmitten der Gefahren und Drangsale den guten Muth auffrischend, jedes werthe Verhältniß in freundlicher Sitte pflegend, und den Kreis des Zusammenlebens durch jede schöne Erinnerung und Hoffnung erweiternd. Auch hatte er das Glück, eine seltne Gemeinde dichterischer Freunde um sich her versammelt zu sehn; Kruse, Olearius, Grahmann, Mandelsloh, Uechtritz, Imhoff, Bernulli und andre Geist- und Sinnverwandte fühlten den hohen Werth eines solchen Begleiters und seiner Gaben, welche Olearius auch zum Theil in seine Reisebeschreibung aufgenommen hat, zur Freude noch jedes späten Lesers, dem dort der heitre Dichter stets willkommen entgegentritt. Allein Flemming, indem er die volle Seele den reichen Gegenständen dichterisch zuwendet, bald die Wolga und deren wechselndes Ufer, bald das eigne Schiff und die persische Karavane, dann den Sturm, und wieder die Trauben und Pfirsiche von Astrachan besingt, vermag der verstimmenden Einwirkung nicht zu entgehn, welche der ganzen Gesellschaft durch die launenhafte Gewaltsamkeit eines ihrer Häupter allgemein verhängt ist. Oft bricht aus Flemming's Reisegedichten inmitten der heitersten Eindrücke plötzlich eine tiefe Schwermuth, ja herber Unmuth und Verdruß hervor, die sich nur auf jene Verhältnisse deuten lassen. Solche Verstimmung verräth zum Beispiel der Trost, den er sich selber durch folgendes Sonett zurufen will:

„Sei dennoch unverzagt. Gieb dennoch unverloren.
Weich keinem Glücke nicht. Steh höher als der Neid.
Vergnüge dich an dir, und acht' es für kein Leid,
Hat sich gleich wider dich Glück, Ort und Zeit verschworen.

Was dich betrübt und labt, halt' alles für erkoren.
Nimm dein Verhängniß an. Laß alles unbereut.
Thu, was gethan sein muß, und eh man dir's gebeut.
Was du noch hoffen kannst, das wird noch stets geboren.

Was klagt, was lobt man doch? Sein Unglück und sein
 Glücke
Ist ihm ein jeder selbst. Schau alle Sachen an.
Dies alles ist in dir, laß deinen eitlen Wahn,

Und eh du förder gehst, so geh' in dich zurücke.
Wer sein selbst Meister ist, und sich beherrschen kann,
Dem ist die weite Welt und alles unterthan."

Oder wenn seine Wehmuth, zu dem Vaterlande reuig zurück-
gewandt, dieses also anredet:

„Ja, Mutter, es ist wahr. Ich habe diese Zeit,
Die Jugend mehr als faul und übel angewendet,
Ich hab' es nicht gethan, wie ich mich dir verpfändet.
So lange bin ich aus, und denke noch so weit.

Ach, Mutter, zürne nicht; es ist mir mehr als leid,
Der Vorwitz, dieser Muth, hat mich zu sehr verblendet,
Nun hab ich allzu weit von dir, Trost, abgeländet,
Und kann es ändern nicht, wie hoch es mich auch reut.

Ich bin ein schwaches Boot, an's große Schiff gehangen,
Muß folgen, wie und wann und wo man denkt hinaus;
Ich will gleich oder nicht, es wird nichts anders draus.

Indessen meine nicht, o du mein schwer Verlangen,
Ich denke nicht auf dich, und was mir Frommen bringt!
Der wohnet überall, der nach der Tugend ringt."

Und es ist das heiterste Gemüth, welches in begünstigtem
Antheil an großen, seltnen Lebenswegen, deren Reiz und Erfolg ihm ein ungetrübtes Glück verheißen durften, solch ver-
fehltes zu beklagen findet!

In Astrachan, der Hauptstadt des von Tataren bewohnten
Landes Nagaja, war alles schon ganz asiatischer Art. Luft
und Boden mit ihren reichen Früchten gaben den Süden
kund, dessen Ueppigkeit sich mehr und mehr entfalten sollte.
Der bedeutende Handel versammelte hier ein buntes Gemisch
naher und entfernter Völker des Morgenlandes. Selbst das
Christenthum begann hier neben dem Glauben an Muhammed
abzunehmen. Die russischen Behörden, die persischen Kaufleute, der Fürst Mussal und andre tatarische Häupter, wett-

eiferten in Zuvorkommenheit gegen die Holsteiner, deren
Unternehmen hier nur günstig erscheinen konnte. Man beschenkte sich gegenseitig, und wechselte festliche Besuche und
prunkvolle Gastereien, bei welchen rauschende Musik und Abfeuerung des Geschützes nicht fehlen durften. Olearius erzählt,
daß man bei den Persern zum Schlusse der Mahlzeit aus
Schalen von Porzellan ein heißes schwarzes Wasser, welches
sie Kahawe nennten, zu trinken bekam. In Astrachan war
damals ein vielfaches Zusammentreffen biplomatischer Personen sehr verschiedener Art. Ein armenischer Erzbischof,
der als persischer Gesandter in Polen gewesen war, und ein
Predigermönch, der als polnischer Gesandter jenen nach
Persien begleiten sollte, waren seit fünf Monaten fast als
Gefangene zurückgehalten, und harrten ungeduldig auf die
Erlaubniß zur Fortsetzung ihrer Reise. Des persischen Gesandten, der mit der Karabane aus Moskau heimkehrte, ist
schon gedacht worden. Ein russischer Gesandter, Alexei Sawinowitsch, bereitete sich zur Abreise nach Persien, um daselbst die Verrichtungen der holsteinischen Gesandtschaft zu
beobachten. Auch ein tatarischer Gesandter aus der Krimm
war auf dem Zuge nach Persien begriffen hier anwesend.
In solcher Umgebung, deren Verkehr die Russen aufmerksam
bewachten, wurde Brüggemann's undiplomatisches Wesen
bald anstößig. Er ließ sich wider die Türken, die zwar der
Perser aber nicht der Russen Feinde waren, in so bedenklichen
und unnützen Reden aus, daß selbst die Perser ihn aufzu-
hören baten, damit sie vor den Russen darüber nicht in
Ungelegenheit kämen. Von Europäern fand sich hier noch
ein merkwürdiger Mönch, ein geborner Oesterreicher, der als
Knabe von Soldaten mit nach Rußland geschleppt und dort
zum griechischen Glauben angehalten worden, darauf in einem
Kloster bei Astrachan untergekommen war, und durch An-
pflanzung eines Weinstocks aus Persien in dieser Gegend den
ersten Grund zu dem alsbald so gedeihlichen Weinbau gelegt hatte. Der Mann war schon hundert und sechs Jahr
alt, konnte nur noch wenige deutsche Worte reden, nahm
aber seine deutschen Landsleute freundlichst auf, und nachdem
er sich mit Branntewein gütlich gethan, hob der Greis, um

seine Rüstigkeit zu zeigen, vor ihnen zu tanzen an, zwar
mit bebenden Füßen, doch ungestützt. Während einerseits die
Tage in angenehmer Zerstreuung hingingen, wurden andrer-
seits die nöthigen Zurüstungen zur Weiterreise nicht verabsäumt; die Vorräthe waren größtentheils erschöpft, und die
Leute daher mit Brotbacken, Bierbrauen und Einschlachten
vollauf beschäftigt. Als Clearius, wegen einiger Verhandlungen, mit zweien Begleitern in die Kanzlei des Statthalters
geschickt wurde, mußte er hier die verdrießlichsten Klagen über
Brüggemann hören, daß derselbe den russischen Pristaff, der
bisher die Gesandtschaft auf der Wolga begleitet, stets
unanständig behandelt, ja mit den ärgsten Schimpfworten
gescholten habe, welches nicht ungeahndet bleiben könne.
Indeß wollten die Russen, welche wohl einsahen, wie sehr
jener Mann den Seinigen selbst eine Qual war, diese nicht
für seine Ungebühr leiden lassen, sondern waren ihnen nach
wie vor zu jeder Hülfe willig. Nachdem die neuen Vorräthe
auf das Schiff gebracht worden, auch ein russischer Steuermann für die gefahrvolle Einfahrt in das kaspische Meer,
und einige nagaische Tataren mit einer Schute zur Leichterung
des Schiffes angenommen worden, ging am 10. Oktober
mittags die Reise von Astrachan weiter die Wolga hinab.
Flemming nahm von der Stadt, wo er mit seinen Freunden
durch drei Wochen genug Lust gehabt, in schönen Versen
Abschied; er ruft ihr zu:

„Der Himmel ist dir Freund, der dieses dein Gefilde
Mit reicher Fruchtbarkeit so hat gemachet milde.
Du machst, daß fast mein Sinn sein Vaterland vergißt,
Mit dem du liegst gleich hoch, und gleiche fruchtbar bist;
Nur daß du's nicht auch bist! Ich danke deiner Floren,
In welcher Kräuter Schooß ich oftmals mich verloren,
Und manchen langen Tag mir habe kurz gemacht,
Das ich nicht ward gewahr, als bis es war vollbracht."

Allein seine Empfindungen bleiben getheilt zwischen der Lust
der Gegenwart, der Sehnsucht nach dem Vaterlande, und
dem mißmuthigen Gestörtsein, dem sich nicht entfliehen läßt.
Ein Gedicht aus dieser Zeit auf den Namenstag seines
Freundes Imhoff hebt an:

„Gönnt Gott inkünftig uns das liebliche Gefilde,
Daß unser Deutschland uns sieht kommen wohl zurücke,
Das liebe Vaterland, das, wie man sagen will,
Des Leides und der Angst noch weiß noch hat kein Ziel,
Weil Mars noch drinnen ras't, — —
Dann wird uns eine Lust das zu erwähnen sein,
Was ohne Reu' und Leid uns itzt kaum fället ein!"

Er fordert den Freund auf, den Tag in der Stadt zu feiern:

— — „Wir woll'n dir gerne folgen
In die berühmte Stadt der weitgepreisten Wolgen,
Sie mein' ich, Astrachan, die Königliche Stadt,
Die viel an voller Lust wie unser Deutschland hat."

Warum er diesen Vorschlag thut, giebt er deutlich genug an:

„Zu Schiffe schickt sich's nicht, daß wir von ganzem Herzen
Nach unsrer schönen Art an solchen Festen scherzen.
Wir wollen an das Land in unser Lusthaus gehn;
Da laß die Tafel denn für uns gedecket stehn.
Frei muß ein Herze sein, das recht sich will erfreuen;
Es ist sich nicht gut froh, wenn man schon was muß scheuen.
Gönnst du uns volle Lust, so gönn' uns einen Plan,
Den man beschleichen nicht, auch nicht behorchen kann:"

Diese letzteren Andeutungen sind unzweifelhaft gegen Brüggemann und seine argwöhnischen Spähereien gemeint. Schwer-
müthiger noch empfindet und äußert er, wie es um ihn steht,
in einem Gedicht an Olearius, wo er sagt, daß es zum
Dichten freundlicher Aufmunterung und zwangloser Freiheit
bedürfe, und wie wenig er daher jetzo zu leisten vermöge,
darauf aber fortfährt:

„Mein Wunsch ist größer nicht, als ich, bin und mein
Stand.
Ich nehm' es willig an, was mir wird zuerkannt
Von meines Glückes Hand, das sich noch schlecht erweiset,
Wie weit ich ihm nun bin, wie lange nachgereiset;
Nun meine Jugend mir in ihrer Blüthe stirbt,
Und mit der Aernte selbst die Hoffnung mir verdirbt!"

Doch sein reines Bewußtsein hält ihn noch aufrecht; und
mit edlem Stolze rühmt er von sich selbst:

„Ich fürchte meinen Gott, und ehre meinen Herren,
Der mir nächst ihm gebeut. Gewöhnt, mich nicht zu sperren,
Was er mir auch befiehlt. Auf seinen Dienst bereit,
Auch ehe was zu thun, als er mir's noch gebeut.
Ich bin von Jugend an in Sanftmuth auferzogen.
Von mir ist niemand noch belogen noch betrogen.
Viel Wesens mach' ich nicht. Läßt man mir meinen Glimpf,
So müßte mir's sein leid, zu bringen einen Schimpf
Auf diesen oder den. Ich aber will nur schweigen,
Und mich auf allen Fall mir ähnlich stets erzeigen.
Ich kehre mich nicht dran, was jener von mir zeugt,
Der mündlich mich hat lieb, und herzlich doch betreugt,
Ein freundgestalter Feind. Mein redliches Verhalten
Wird zeugen, wer ich bin, bei Jungen und bei Alten.
Mein Sinn ist ohne Falsch, in stiller Einfalt klug,
Kann dem auch nicht sein gram, zu dem er wohl hat Fug!
Inmittelst will ich mich nur selbst zufrieden sprechen."

Gegen Olearius, nach den Gesandten selbst der wichtigste Mann, auf welchem die Hauptlast der Geschäftsführung ruhte, hatte Brüggemann besonderen Ingrimm gefaßt; er hoffte nicht, denselben je zu seinem blinden Anhänger zu gewinnen; da er aber sich eine Parthei zu machen strebte, so suchte er wenigstens die Freunde von jenem abzuziehen, und bald mit Troß, bald mit verstellter Liebkosung, wodurch denn das ganze Gefolge in eine Unzahl Mißverhältnisse verstrickt wurde, wie deren Flemming in obigen Zeilen andeutet.

Die neue Fahrt hatte gleich anfangs große Widerwärtigkeiten, der Wind war entgegen, und bei häufigen Untiefen das Schiff wiederholt auf dem Schlickgrunde fest; zu den zwölf Meilen von Astrachan bis zur Mündung der Wolga brauchte man neun Tage. Beide Seiten des Stromes und eine Menge von zwischenliegenden Inseln waren weithin mit hohem Schilf überwachsen, in diesem grünen Gewirre, von dicken Nebeln umlagert, war nicht leicht ein sicheres Fahrwasser zu verfolgen, das Schiff mußte wiederholt geleichtert, und wenn dies nicht genügte, mit ungeheurer Arbeit ganze Strecken zurückgezogen werden. In diesen hülflosen Zuständen mußte man noch die Angriffe der Kosacken fürchten. Dabei zeigte sich Brüggemann wieder ganz in seiner Art,

und ließ auf ein russisches Fahrzeug, das nachts im Nebel
vorüberfuhr, sofort ein Geschütz abfeuern; die Russen aber
schimpften, und meinten, jene sollten ihren Muth für die
Kosacken sparen, die im kaspischen Meer auf sie warteten.
Bald nachher trieb ein Sturm aus der See das Wasser
hoch empor; das Schiff mußte fünf Tage still vor Anker
liegen; als der Sturm nachließ, und die Fahrt weiterging,
blieb es alsbald wieder auf dem Schlick festsitzen. Am 28.
Oktober kamen der Fürst Mussal, persische Kaufleute, und
ein russischer Oberst, welcher fünfhundert Strelitzen zur Besatzung nach der Stadt Terki führte, mit ihren Schiffen
nachgefahren, und die Holsteiner benutzten diese Gelegenheit,
um einen tüchtigeren Lootsen zu erlangen, da der bisherige
offenbar untauglich war. Ein persischer Kaufmann, der
Schiffahrt wohlkundig, überließ sein eigen Schiff und Güter
seinen Leuten, und vertrat auf dem holsteinischen, von bloßer
Gutmüthigkeit bewogen, die Stelle des Steuermannes. Die
Fahrt ging nun glücklich in See vorwärts, und am 1. November frühmorgens wurde vor Terki geankert, nachdem in
der Nacht einige hundert Kosacken noch zuletzt wirklich einen
Anschlag auszuführen gesucht, aber mit ihren Booten aus
Irrthum an die Schiffe des Fürsten Mussal und der Strelitzen gerathen waren, von welchen sie indeß, als sie merkten,
daß es nicht die Deutschen wären, sogleich abgelassen. In
Terki, der letzten Stadt des russischen Gebiets, waren der
russische Statthalter und der Fürst Mussal nebst dessen Mutter freundlichst bemüht, die Fremden zu bewirthen und zu
beschenken. Ein nächtlicher Aufruhr der Bootsleute gegen
den Schiffer Cordes verursachte einige Störung, wurde aber
sogleich gedämpft, und am Tage, nach gehaltenem Gericht,
in den Anstiftern mit Einkerkerung gestraft. Wegen der
Weiterreise wurde berathschlagt, ob sie zu Lande oder ferner
zu Schiff geschehen sollte, und nach eingezogenen Erkundigungen das letztere beschlossen. Der kurze Aufenthalt gab
Flemmingen, welcher auch der beschwerlichen Schiffahrt beim
Ausflusse der Wolga zwei Sonette gewidmet, zu mehreren
Gedichten Anlaß. In einer Elegie an sein Vaterland
gedenkt er der heimischen Mulde, in deren Fluth er oft ge-

schwommen, und seiner fernen Liebesneigungen; er sagt vergleichend:

„Zwar es verstattet mir das kaspische Gestade,
Daß ich um seinen Strand mag ungehindert gehn;
Auch bittet mich zur Zeit zu ihrem schönen Bade
Auf Urlaub des Hyrkans manch afische Siren';
Ich bin den Nymphen lieb, den weichen Zirkassinnen,
Dieweil ich ihnen fremd und nicht zu häßlich bin,
Und ob einander wir schon nicht verstehen können,
So kann ihr Auge doch mich günstig nach sich ziehn."

Aber dieser Sinnenreiz kann ihn nur locken, nicht befriedigen:

„Was aber soll ich so und auf der Flucht nur lieben?
Kupido wird durch nichts als Stätigkeit vergnügt!"

Und so wendet er sein Herz in hoffendem Vertrauen dem schöneren Glücke zu, das ihm, wenn er das Ende dieses Laufes erlebt hat, eine geliebte Landsmännin bringen wird.
Am 10. November wurden die Anker gelichtet, und die Richtung nach Derbent genommen. Einem persischen Fahrzeuge, welches mißtrauend das Weite suchte, ließ Brüggemann nachsetzen, die Mannschaft in's Gewehr treten, und ein Geschütz abfeuern, worauf die Perser unverzüglich die Segel strichen. Es fand sich, daß das Fahrzeug Obst geladen hatte, und in dem geängsteten Führer zeigte sich der Bruder eben des persischen Kauffahrers, der so großmüthig als Steuermann die Holsteiner begleitete. Der Wind war günstig, und man erblickte bald im Südwesten das hohe Gebirge Kaukasus. Allein am 12. mußte man, weil der Wind umsetzte, den ganzen Tag vor Anker liegen, und als abends die Fahrt wieder mit besserem Winde weiterging, erhob sich ein fliegender Sturm, welcher in der Nacht ein von den Russen erkauftes Boot, dann das Schiffsboot, und zuletzt die Schaluppe, welche alle am Tau nachschleppten und voll Wasser schlugen, losriß und zertrümmerte. Das Schiff selbst gerieth in große Gefahr, zwischen den hohen und kurzen Wellen bengte es sich wie eine Schlange; es war langgebaut und nur von Föhren, und drohte jeden Augenblick

aus den Fugen zu gehn; vor dem beständigen Krachen und
Knarren des ganzen Gebäudes konnte man unten im Raum
sein eignes Wort kaum hören; das eindringende Wasser
mußte mit unaufhörlicher Arbeit ausgepumpt und ausge-
schöpft werden. Man sah den Untergang stets vor Augen,
und auch der persische Steuermann wünschte jetzt auf seinem
eignen Schiffe zu sein. Am folgenden Morgen sah man
Derbent in der Nähe, vermochte aber nicht dahin zu gelangen, sondern trieb mit dem heftigen Winde längs der
Küste weiter, bis man endlich nachmittags bei dem Dorfe
Niasabath oder Nisawai, zehn Meilen hinter Derbent, ankern
konnte. Doch blieben die Wellen noch sehr ungestüm, das
Schiff wurde fortwährend hart beschädigt, und zuletzt völlig
leck. So kam unter Noth und Anstrengung der dritte Tag
heran. Der Sturm ließ etwas nach, aber man hatte kein
Boot um an's Land zu fahren, man that vergebens wiederholte Nothschüsse. Schon dachte man ein Floß anzufer-
tigen, als endlich zwei Boote mit Leuten aus dem Dorfe
Niasabath ankamen; sie riethen, der augenblicklichen Stille
nicht zu trauen, nahmen daher die Gesandten und ihre werth-
vollsten Sachen nebst einigen Dienern und Soldaten gleich
mit, und versprachen in einer zweiten Ueberfahrt die Zurückgebliebenen nachzuholen. Schon aber begann es heftig aus
Süden zu wehen, und das neue Unwetter wurde schnell zum
furchtbarsten Sturm. Das Schiff, geleichtert, und von den
Wellen hin und her geschleudert, drohte in der Mitte ent-
zweizubrechen, die Anker schleppten, und rissen zuletzt, der
Hauptmast brach in drei Stücke, und ging mit furchtbarem
Krachen über Bord, heftig darauf von den Wellen gegen
die Schiffswände angeworfen. Die Bootsleute, welche während des breitägigen Sturms wenig Nahrung genossen, und
immer gewacht und gearbeitet hatten, sahen all ihre Anstrengungen umsonst, und den Tod unvermeidlich. Der Marschall und der Hofmeister waren noch auf dem Schiffe, ferner Olearius, Flemming und Uechtritz, zu wenig begünstigt
von Brüggemann, um gleich unter den Ersten mit an's Land
genommen zu werden; sie mußten jeden nächsten Augenblick
auf ihren Untergang gefaßt sein. Olearius und Flemming

banden sich jeder ein paar leere Branntweinfäßchen an den
Hals, und setzten sich auf das Verdeck, hoffend bei Zertrüm-
merung des Schiffes lebendig oder todt noch an's Land zu
treiben. Vom Ufer konnte keine Hülfe kommen; man sah
hier mit größtem Jammer die Gefahr der Nothleidenden,
und Kruse sparte keine Mühe noch Anstrengung, etwas zu
ihrer Rettung zu bewirken, ja Brüggemann, auch hier seiner
ungestümen Art getreu, trieb die eignen Leute mit gezogenem
Degen in's Wasser, daß sie die Boote der Perser wieder in
die See bringen halfen, aber alles war umsonst gegen die
fortdauernde Wuth des Sturms. In solcher Angst und
Noth harrten die Hülflosen bis nachmittags, da zwar der
Wind etwas nachließ, aber die See fortwährend hochging,
und auf den Abend neuer Sturm zu fürchten blieb. Ver-
zweifelnd an jeder andern Rettung wollten die Meisten das
Schiff, welches ohnehin nur noch an einem einzigen Anker
hing, stranden lassen, und Olearius mußte die Schiffer dazu
auffordern; diese widerstrebten aber, sie bedachten die Verantwortung, welche sie dadurch übernehmen, und den traurigen verachteten Zustand, in welchem sie selbst forthin mitgehn würden, wenn sie kein Schiff mehr unter den Füßen
hätten, auch stellten sie vor, daß beim Stranden die Rettung
Aller keineswegs zu verbürgen wäre. Allein nachdem die
Schiffer durch einen förmlichen Revers, welchen der Marschall und die andern Offiziere unterschrieben, außer Verantwortung gestellt, und ihre erneuten Bedenklichkeiten durch die
tobende Ungeduld der Mannschaft beseitigt worden, thaten
der Marschall und Olearius die ersten Hiebe in das Anker-
tau, welches darauf von den Bootsleuten ganz gekappt wurde.
Das Schiff trieb alsbald gegen das Ufer, und lief, weil es
unten flach und ohne Kiel war, ganz gemach, etwa dreißig
Faden vom Lande auf den Sand. Ein Bootsmann brachte
schwimmend ein Tau an's Ufer, das Schiff wurde näher
heran gezogen, und die Geretteten mit freudigster Rührung
und Beeiferung von den Ihrigen empfangen. Auch fand sich,
daß Brüggemann, weit entfernt die Aufopferung des Schiffes
als eine voreilige zu tadeln, schon längst den Schiffern be-
fohlen hatte, das Schiff im Nothfall an den Strand zu

setzen; zwei aus seiner Schreibtafel gerissene Blätter, auf denen er diesen Befehl schriftlich wiederholt, waren nur durch kein Mittel an die Nothleidenden zu bringen gewesen.

Die Reisenden wurden zu Niasabath wohl aufgenommen. Der Sultan von Derbent, in dessen Bezirk das Dorf lag, sandte ihnen Geschenke und Lebensmittel; allein es war nur auf Einen Gesandten gerechnet, und daher auch nur Ein Pferd unter den Geschenken, weßhalb die Ueberbringer, als sie von einem zweiten Gesandten vernahmen, sogleich auch eines für diesen in der Nähe kauften; doch Brüggemann, als er sah, daß das seine nicht so gut war als Kruse's, wollte es durchaus nicht annehmen, so sehr auch die Perser baten, und ihm zu bedenken gaben, wie empfindlich er durch diese Weigerung den Sultan beleidige. Brüggemann wies alles ab, und ließ auch dem Sultan kein Gegengeschenk zurücksenden, woraus eine Verstimmung entstand, deren Nachtheil die ganze Reisegesellschaft zu tragen hatte. Die Gesandten indeß ordneten Boten an den Khan oder Oberstatthalter der Provinz Schirwan nach Schamachie, ihn von ihrer Ankunft zu unterrichten und um Weiterbeförderung anzusprechen. Ein Mehemendar oder Schaffner war schon im voraus für sie bestellt, er nahm Kunde von der Zahl der Personen und der Größe des Gepäcks, und versprach die nöthigen Wagen und Pferde schleunigst herbeizuschaffen. Der Sultan von Derbent wollte aber so viele nicht allein hergeben, und es mußten daher auch von Schamachie deren geholt werden. Hierüber verging fast ein Monat, und weil noch kein Befehl vom Schach von Persien wegen der Verpflegung eingetroffen, auch die Mittel des geringen Dorfes bald erschöpft waren, so mußten die Gesandten unterdeß für ihr eigen Geld alles Nöthige ankaufen. Die Freude, nach so weiter Reise und so großen Gefahren endlich in Persien zu sein, wurde durch Brüggemann's immer zunehmende Unart und Wildheit sehr verdorben. Seine Gegenwart setzte alles in Verwirrung und Unfrieden, man hatte unter seinem Einflusse weder gute Tage, noch ein Gelingen im Ganzen zu hoffen. Schon gleich bei der ersten Berührung mit den Persern zeigten sich die schlimmen Folgen seiner ungeberdigen Störrigkeit, und noch schlimmere waren zu befürchten. In trüben Betrachtungen solcher Art suchten die Freunde, welche schon von Sachsen her innig verbunden waren und stets treulich zusammenhielten, Trost und Erheiterung im Freien. Liebliches grünes Gebüsch, mit Weinstöcken und Granatbäumen zierlich vermischt, von den Krümmungen eines anmuthig rauschenden Baches als Halbinsel umwunden, bot einen reizenden Lustort zum Niederlassen; es war der 1. Dezember, aber das schönste Sommerwetter, und rings dufteten Kräuter und Blumen in üppigster Pracht. Hier durfte sich das Herz ungestört den theuersten Regungen hingeben. Das Andenken der in Deutschland hinterlassenen guten Freunde, stimmte zu wehmüthiger Fröhlichkeit, man feierte ihr Gedächtniß durch ein ländliches Mahl, zu welchem Grahmann einige gesparte Vorräthe geräucherter Sachen und spanischen Weines hergab. Dieses Fest, welches Flemming in einem leider verlorenen Sonett besungen hat, wurde für die Theilnehmenden zu einem Ereigniß, durch die wechselseitige Tröstung und Ermuthigung, welche die Freundschaft gewährte, durch die neue Stärke, welche diese im rückhaltlosen Austausch empfing. Die Freunde kehrten noch oft zu diesem lieblichen Orte zurück, und feierten daselbst ihre harmlosen Feste, deren Genossen sich durch einen eigends gestifteten Orden der Vertraulichkeit noch fester verbinden wollten. Auch die Stiftung dieses Ordens hat Flemming durch ein Sonett verherrlicht, das aber gleichfalls nicht mehr vorhanden ist.

Während diese Freunde den Sinn mit solchem Zeitvertreib ergötzten, wußte Brüggemann's unruhige Geschäftigkeit sich in andrem Thun unnütz auszulassen. Was an Holzwerk, Stangen, Segeln und sonstigen Sachen der Art von dem Schiffe noch an's Land gebracht werden konnte, wollte er, obwohl kein weiterer Gebrauch davon abzusehn war, auf der ferneren Reise bis zur Hauptstadt von Persien mitschleppen, wodurch die Mühen und der Aufwand des Fortkommens ungemein erhöht wurden. Hiemit noch nicht zufrieden, befahl er, weil die metallenen Geschütze keine gehörigen Unterlagen hatten, einige große starke Baumstämme, welche am Strande lagen, zu diesem Behufe zu verwenden; die

Perser baten ihn flehentlich, von diesem Vorhaben abzustehn, der Schach selbst habe die Hölzer zum Schiffbau ferner mit großen Kosten dahin bringen lassen, und solcher Frevel könne die entsetzlichsten Folgen haben, aber alle Vorstellungen, der Perser sowohl als der Seinen, blieben bei dem Tollkopf ohne Wirkung, er ließ die Hölzer ohne weiteres zerhauen, und gewaltige Unterlagsblöcke daraus anfertigen. Unter solchen besorglichen Zeichen kam die Zeit der Weiterreise heran. Zuerst wurde das Gepäck abgeführt, vierzig Kamehle, dreißig mit Ochsen bespannte Wagen, und achtzig Pferde waren dazu erforderlich. Als darauf die Gesandtschaft selbst aufbrechen wollte, waren für vierundneunzig Personen nur noch sechzig Pferde zum Reiten übrig. Die Perser konnten oder wollten nicht mehrere schaffen, wie denn auch, ohne den Eigensinn, durch welchen das Gepäck über alle Gebühr vergrößert war, die Summe der Transportmittel wohl genügt hätte. Jetzt mußte man sich behelfen, und als am 22. Dezember die Gesandten abreisten, ein Theil des Gefolges sich zu Fuß auf den Weg machen. Dieser Zug war ungemein beschwerlich, und als man nach zurückgelegten vier starken Meilen abends in einem Dorfe zum Nachtlager anhielt, ließ Brüggemann den Kaucha oder Vogt von Niasabath, der bis hieher gefolgt war, vor sich fordern, schalt auf den Sultan von Derbent, und klagte heftig, wie ihn so herzlich kränkte, daß er die Völker, die er, weil sie bei ihm leben und sterben müßten, als seine Augen liebte, hätte sehen müssen zu Fuß durch viele Moräste und Bäche so mühsam durchwaten, er würde sich aber unfehlbar bei dem Schach beschweren. Der Vogt erwiederte, der Sultan würde wohl auf die Klage zu antworten wissen, man habe Pferde genug gesandt, aber das Gepäck sei übermäßig, und man sehe nicht, wozu sie die Segel und andre große Beschwernisse, besonders auch die schweren Holzblöcke mitschleppten, ob sie glaubten, der Schach habe kein Holz in seinem Lande? Am folgenden Tage brachte der Mehemendar noch zwanzig Pferde; mit dieser Hülfe, und nachdem durch Zerschlagung einiger nichtswerthen Kisten und Tonnen noch einiges Fuhrwerk frei geworden, konnte man den Weg fortsetzen. Nach einer achttägigen

Reise, die noch Verdruß mit den Fuhrleuten, aber auch den Anblick mancher Merkwürdigkeit brachte, — unter andern des hohen Bergfelsen Barmach, mit den Trümmern einer von Alexander dem Großen, der Sage nach, erbauten, und von Tamerlan zerstörten Feste, welche Olearius mit einigen Freunden bestieg, — gelangte man am 29. Dezember vor Schamachie, wo man aber, weil des Khans Sternbenter den Tag zur Aufnahme von Fremden nicht günstig fand, erst am folgenden Tage feierlich einzog. Der Khan ritt mit prächtiger Begleitung den Gesandten entgegen, reichte ihnen als Deutschen, gegen die persische Sitte, freundlich die Hand, und trank ihnen eine Schale Wein zum Willkommen zu. Bei ihm fand sich auch der vorausgegangene russische Gesandte Alexei Sawinowitsch, der gleichfalls die Ankommenden bestens bewillkommte. Einige Reiterschaaren, 2000 Mann Fußvolk, — meist armenische Christen, — Musik mannigfacher und zum Theil fremdartiger Instrumente, Gesang und Jubelgeschrei der Menge und allerlei Possen des Stocknarren des Khans, mußten den Einzug verherrlichen. Abends war die Stadt mit mehr als 20,000 Lampen prachtvoll erleuchtet.

Unter glänzenden Festlichkeiten und Vergnügungen wurde das Jahr 1637 angetreten. Der Khan that alles, um seine Gäste angenehm zu bewirthen. Sie befanden sich hier ganz in morgenländische Ueppigkeit versetzt, persische Lebensfülle umgab sie von allen Seiten. Gastereien und Jagden wechselten mit anderen Lustbarkeiten ab. Jeder sinnliche Genuß fand reizende Befriedigung. Die verführerischen Persierinnen, deren lockeres Gewerbe bei den Fremden leicht Kundschaft machte, durften auch Flemming's freudige Seele zu begeistertem Lied entflammen. Ein Sonett auf die Freudefrau zu Schamachie wird in der Reihe seiner verlorenen Gedichte mit aufgeführt. Der unmäßige Genuß des hitzigen Weines verursachte unter den Leuten des Gefolges viele Krankheiten, von welchen bei Grahmann's guter Aufsicht und Sorgfalt doch Alle wieder genasen. In solcher Ferne vom Vaterlande erweiterte sich die Landsmannschaft; ein katholischer Mönch Ambrosius dos Anios, von Geburt ein Portugiese aus Lissabon, kam aus dem Augustinerkloster von Tiflis, dem er als

Prior vorstand, eigends nach Schamachie, um die europäischen Gesandten zu besuchen, denen er als ein Mann, der seit siebenundzwanzig Jahren in diesen Ländern gelebt, manches Nützliche mittheilen konnte; die Armenier, deren Feste der Wasserweihung durch Eintauchen des Kreuzes der Khan in Begleitung der Holsteiner beiwohnte, wandten sich sogar voll Zuversicht an diese letztern, um durch deren Fürsprache die bisher vom Khan stets versagte Erlaubniß zum Bau einer Kirche und eines Klosters zu erlangen, welche auch wirklich, auf Olearius gelegenes Anbringen, ertheilt wurde. In Schamachie befand sich auch eine Madresa oder Gymnasium, wo insonderheit Olearius zu näherem Umgang lebhaft einsprach. Mit Hülfe eines Molla oder Lehrers jener Schule, und dessen Freundes, eines Hauptmanns, die ihn täglich besuchten, begann er eifrig persisch zu lernen, und lehrte sie dagegen etwas deutsch. Dies verdroß aber Brüggemann, der einen solchen Gewinn dem wackern Olearius mißgönnte. Eines Tages kam ein persischer Bote, der dem Molla von Seiten des Khans diesen Umgang verbot, den Tag darauf ebenfalls, zum großen Befremden des Molla, denn diese Sendung nicht ganz richtig dünkte. Nach kurzer Zeit erklärte sich die Sache, der persische Dolmetscher Rustan vereinigte sich mit Brüggemann, und warf demselben nunmehr vor, daß er ihn angestiftet, jenes Verbot, als käme es vom Khan, durch einen falschen Boten bestellen zu lassen, damit Olearius an Erlernung der persischen Sprache verhindert würde. Da dieser Kunstgriff vereitelt war, so suchte Brüggemann seiner Gehässigkeit auf andre Weise Rath, und beschäftigte Olearius mit mühsamer und langsamer Arbeit, indem er ihn beauftragte, die zwei Landkarten, welche von der Türkei und von Persien gesondert vorhanden waren, in Eine zusammenzutragen. Doch der fleißige Gelehrte wußte die Studien seiner Neigung auch neben jener Pflichtarbeit fortzusetzen.

Der Aufenthalt in Schamachie verlängerte sich bis zu einem Vierteljahr. Endlich kam vom Schach aus Ispahan der Befehl, auf welchen man so lange gewartet, und nun wurde schleunig alles zur Abreise angeordnet. Die Gesandten hatten für die Beköstigung ihrer Leute manche Bebürfniſſe, weil ſie beſſer zur Hand waren, und der Khan ihnen die Auslage zu erſetzen zugeſagt, für ihr Geld auf dem Markt ankaufen laſſen; die Erſtattung fiel aber ziemlich gering aus, und Brüggemann ließ deßhalb auch hier noch zuletzt ſeinen händelſüchtigen Groll gegen die perſiſchen Behörden hervorbrechen, welche doch von Anfang her die größte Zuvorkommenheit bewieſen hatten. Am 27. März wurden ſechzig beſpannte Wagen und hundertdreißig Reitpferde zur Verfügung der Geſandtſchaft geſtellt, und am 28. früh reiſten die Geſandten in der Stille von Schamachie ab. In der Nacht, die man im freien Felde unter den Wagen gelagert zubringen mußte, kam ein großer Gewitterſturm, in deſſen Getöſe Brüggemann wetteifernd das grobe Geſchütz donnern ließ. Am folgenden Tage gab es neuen Verdruß, denn die Perſer, welchen der ganze Aufzug ohne Noth zahlreich und koſtſpielig dünkte, hatten einige auf Tragbahren gelegte metallene Geſchütze, welche den Pferden zu ſchwer geworden, heimlich zurückgelaſſen; hierüber machte Brüggemann den heilloſeſten Lärm, überhäufte den Mehemendar mit Scheltworten, ſpie gegen ihn aus, wie auch gegen den Khan, nannte ſie Alle Lügner, und ließ dem letztern ſagen, er wolle entweder deſſen Kopf haben, oder ſeinen eignen wiſſen. Erſt wollte er auch mit dem ganzen Zuge liegen bleiben und warten, bis die Geſchütze nachgeſchafft wären, allein da die Kälte und Näſſe zu hart fiel, auch weder Holz noch Nahrung zu bekommen war, ſo wurde doch wieder aufgebrochen, und zwei Meilen weiter in einer Karavanſerai übernachtet. Nachdem die Reiſenden das Gebirge von Schamachie überſtiegen, kamen ſie in der Ebene an den Fluß Kür oder Cyrus, der ſich in das kaspiſche Meer ergießt, gingen am 2. April auf einer Schiffbrücke hinüber, und wurden hier an der Gränze der Provinz Moкan von einem neuen Mehemendar empfangen, welchen der Khan von Ardebil ihnen mit Kamehlen und Pferden und reichlichen Lebensmitteln entgegengeſchickt hatte. Wegen der hohen Berge und tiefen Thäler konnten keine Wagen mehr gebraucht werden, aber durch vierzig Kamehle und dreihundert Pferde war endlich für Sachen und Perſonen überflüſſig geſorgt. Der Weg führte längs des Fluſſes Aras oder Araxes, der sich in den Kûr ergießt, eine Weile aufwärts, und wandte sich dann über eine Haide, wo man nachts in rauhen Schäferhütten schlief, welche der Mehemendar an bestimmten Orten jedesmal aufstellen ließ. Am 5. April war die Haide zurückgelegt, und man kam wieder an felsiges Gebirg, wo Olearius und einige Freunde, unter welchen wir auch Flemming vermuthen dürfen, nach Kräutern ausgehend einen hohen Berg erstiegen, und daselbst eine klare liebliche Quelle aus einer Felskluft sprudelnd fanden, in deren Rinne ein Taschenkrebs, so weit und hoch vom Meerufer entfernt, ihre Verwunderung anregte. „Wir setzten uns", erzählt Olearius weiter, „bei dem Brunnen, gedachten mit sehnlichem Verlangen an unser liebes Vaterland, beklagten unser Glück und Wohlfahrt in Deutschland, welches wir mit dem Rücken ansehen, und täglich unser Verhängniß an so wilden Orten unter den Unchristen gewärtig sein mußten, tranken unsrer guten Freunde in Deutschland Gesundheit in Wasser, und stiegen, weil der Berg steil, nicht ohne Gefahr wieder hinunter." Den folgenden Tag traf sie ein neues Abentheuer. Der Zug kam in ein leeres Dorf; auf den Bericht, daß vor mehreren Monaten die Pest hier alle Einwohner fortgerafft, eilten die Gesandten in's Freie, und lagerten unter einem Zelte, die Uebrigen behalfen sich unter einigen Hütten, welche der Mehemendar noch vor Nacht herbeischaffte. Als Uechtritz etwas verspätet aus dem Dorf auch in das Zelt kam, fuhr ihn Brüggemann so heftig an, als sei er schon von der Pest befallen und wolle nun auch die Andern anstecken, daß jener vor Schrecken alsbald fieberkrank wurde. Olearius und einige Andere blieben deßhalb lieber im Dorfe, machten ein tüchtiges Feuer an, und blieben die ganze Nacht bei gutem Wein und lustigen Gesprächen munter. Eine Karavanserai, welche die nach Schamachie handelnden Indier in diesem Dorfe zu bauen angefangen, war noch nicht bewohnbar. Hierauf geschah ein mühsamer, anstrengender Zug durch hohes Gebirg, bei Wind und Schneegestöber, über ungesunden Boden, von dessen Weide man die Kamehle und Pferde sorgsam abhielt. Am Fuße des Gebirges wurde der Fluß Karasu, der sich in den Aras ergießt, auf einer steinernen Brücke überschritten, und sodann am 8. April in einem Dorfe, nur noch zwei Meilen von Arbebil, das Osterfest durch dreimaliges Geschützfeuer und ordentlichen Gottesdienst gefeiert. Nachmittags kam ein vom Schach selbst abgefertigter neuer Mehemendar, der die Reisenden am folgenden Tage nach Arbebil in der Provinz Abirbeizan geleitete, wo sie mit fast noch größerer Pracht und Ergötzlichkeit, als in Schamachie, von dem Khan aufgenommen und bewirthet wurden.

In Arbebil dauerte wieder der Aufenthalt über zwei Monate. Aus der Gränzfestung Eruan kam ein armenischer Bischof zum Besuch, der seine zahlreichen Glaubensgenossen bei dem Schach empfohlen zu sehn wünschte, dessen Herrschaft übrigens sie der türkischen weit vorzogen. Die Stadt selbst, ein heiliger Ort für die Perser, weil Schich Sefi, der Stifter ihrer Religion, und auch viele ihrer Könige dort prächtig begraben liegen, gewährte den mannigfachsten Reiz üppigen Lebens und merkwürdiger Dinge. Die Gastereien des Khans, die Freudenbezeigungen der Perser bei der Nachricht von der Ermordung des Großherrn durch die Janitscharen in Konstantinopel, die rauschende Feier von Kruse's Geburtstag am 1. Mai, die feierliche Begehung einer Reihe von muhamedanischen Festtagen, Feuerwerke und andre Belustigungen, gaben für Sinn und Einbildungskraft den reichsten Wechsel lebhafter Anregungen. Die Perser zeigten sich durchaus freundlich und zuvorkommend, und nahmen auch von den Besonderheiten der Deutschen gern Kunde, hauptsächlich war ihnen die Musik derselben unterhaltend. Das Volk meinte hin und wieder, die Fremden kämen als Kriegsleute, um unter den Truppen des Schachs gegen die Türken mitzufechten. Der Aufenthalt in Arbebil wurde durch heftige Krankheiten gestört, von welchen mehrere Personen des Gefolges, ja Brüggemann selbst, und am gefährlichsten Grahmann, befallen wurden. Die Nähe des Gebirges verursachte schnellen Wechsel von Hitze und Kälte, woraus leicht bösartige Fieber entstanden. Doch war Brüggemann schon wieder in der Besserung, und auch Grahmann einigermaßen hergestellt, als am 1. Juni ein neuer Mehemendar vom

Schach mit dem Befehl eintraf, die Gesandten binnen vierzig Tagen nach Ispahan zu bringen, weßhalb er den Aufbruch sehr zu beschleunigen wünschte. Brüggemann aber verzögerte denselben noch um acht Tage, weil er die metallenen Kanonen vorher schnell noch mit Gestellen und Rädern versehn wissen wollte, obgleich der Mehemendar versicherte, daß in den hohen Gebirgen, welche ihnen bevorständen, die Fortschaffung solches Fuhrwerks unmöglich sei. Als die Arbeit vollendet, wurde den 11. Juni mit zwölf Kameelen und hundertsiebzig Pferden die Reise angetreten. Das Gepäck mit den sechs metallenen Geschützen und allen Soldaten zog voraus; einen Tag später folgte Brüggemann in einer Sänfte getragen, weil er sich zum Reiten noch zu schwach fühlte, und gleich nach ihm Kruse mit den Uebrigen. Allein schon am Abend, in einem vier Meilen von der Stadt entlegenen Dorfe, holte man das Gepäck ein, und fand die vorausgesandten Kanonen nicht in dem besten Zustande, die Räder waren auf den rauhen Felsenwegen größtentheils unter der Last gebrochen, und es gab kein Mittel sie herzustellen oder zu ersetzen. Der Mehemendar betheuerte, die schweren Stücke könnten für jetzt nicht weiter, doch versprach er, den Befehl vom Schach zu erwirken, daß der Kahn von Ardebil sie nachschaffen sollte. Das mußte denn auch Brüggemann endlich zufrieden sein, nur die zwei kleinsten der metallenen Kanonen und vier Steinstücke wurden auf Kameelen weitergebracht, die andern blieben zurück, nachdem sie vorher, auf Brüggemann's Befehl, in Gegenwart des Mehemendars, der Länge und Dicke nach gemessen, abgezeichnet, und unter Schloß gelegt worden. Unter großen Beschwerden ging die Reise weiter auf das hohe Gebirg Taurus zu; Brüggemann setzte sich wieder zu Pferde, weil die Sänfte kaum fortkonnte. Der Weg zog sich über hohe Bergrücken und durch tiefe Thäler wechselnd hin, eingeengt in Felsklüfte, oder offen längs jäher Abgründe; man mußte sogar absteigen, und die Pferde an der Hand nachführen; mit solcher Anstrengung, in rauher kalter Luft, schleppten die Reisenden sich am 15. Juni bei schon eingetretener Nacht in größter Ermüdung fort, durch das Zurückbleiben des Mehemendars in neue Noth versetzt, denn sie

verloren in der wilden Gebirgsöde die Richtung, und kamen
erst um Mitternacht in ein Dorf. Als am folgenden Tage,
da man Rast hielt, der Mehemendar sich wieder einfand,
fragte man ihn, warum er sich allezeit absondere und so sehr
zurückbleibe? Er aber entschuldigte sich, er thäte es aus
keiner bösen Meinung, sondern nur aus Blödigkeit, indem er
nicht gern wäre, wo so stetiges Fluchen und Schelten, wie
bei dem Gesandten Brüggemann, gehört würde. Das war
denn freilich einleuchtend; übrigens versprach er alles Beste,
und schaffte das Nöthige gern herbei. In einer der nachfolgenden Nächte wurden die Reisenden durch Räuber aufge-
schreckt, welche einen der aufgestellten Wachtsoldaten anfielen
und ausplünderten, aber noch zur rechten Zeit durch die
unvermuthete Erscheinung einiger Nachzügler des Gefolges,
die wegen Krankheit langsam nachgeritten kamen, wieder ver-
scheucht wurden, ohne daß die schnell durch Trompetenstoß
versammelte und sogleich gegen sie ausgeschickte Mannschaft
sie erreichen konnte. Am 20. Juni zog man wieder in der
Ebene, über rothen verbrannten Kiesboden; und wie kurz
vorher von strenger Kälte, so hatte man jetzt von drückender
Hitze auszustehn. Aber nachts kehrte die erstarrendste Kälte
zurück, und in diesem ungewohnten Wechsel mehrte sich die
Zahl der Kranken; Olearius bekam ein hitziges Fieber, Grahmann krankte noch immer, und dabei mußten sie doch unterwegs immer zu Pferde sein. Man zog indeß vor, die Reise
bei Nacht fortzusetzen, und so gelangte man den 22. Juni
mit Sonnenaufgang nach Sultanie, einer großen und merkwürdigen Stadt, und einem vormals, wie der Name besagt,
Königlichen Wohnsitz, aber seit ihrer Verwüstung durch
Tamerlan in Verfall geblieben. Olearius besah hier eine
Büchersammlung; die Bände waren von ungemeiner Größe,
die Buchstaben fingerlang, und sehr schön geschrieben, mit
Schwarz und Gold. Der Statthalter, welcher die Reisenden
schon früher in Senkan, einer kleinen Stadt seines Gebiets,
freundlich aufgenommen, ließ ihnen frische Kamehle und
Pferde geben, und am 25. vor Tag begaben sie sich wieder
auf den Weg. Da jedoch Viele vom Gefolge wegen Krankheit und Mattigkeit sich durchaus nicht mehr zu Pferde halten

konnten, so schaffte der hillfreiche Mehemendar einige Kasten herbei, deren die persischen Frauen sich auf Reisen zu bedienen pflegen; diese Kasten wurden je zwei über ein Kamehl gehängt, und die Kranken hineingelegt; auch Olearius und Brahmann hingen so zu beiden Seiten eines Kamehls, hatten aber nun neben ihrer Krankheit noch ein zwiefaches Leiden mehr, die betäubende Bewegung der hin und her schwankenden Kasten, und den unerträglichen Gestank der vielen zusammengekoppelten Kamehle.

Die Reise ging nun stets bei Nacht weiter, um die Tageshitze zu vermeiden. Am 27. Juni gelangte man nach Kaswin, einer sehr volkreichen, munteren Stadt, gleich den nächstvorhergenannten und den nächstfolgenden Städten in der Provinz Erak gelegen. Hier war kein Khan, sondern nur ein Daruga oder Amtmann die oberste Behörde, und der Empfang war daher minder prächtig, als an früheren Orten, aber doch ausgezeichnet ehrenvoll und fröhlich. Ein anwesender indischer Fürst machte mit seinen Reitern und Lakaien die Einholung mit. Die besten Sängerinnen und Tänzerinnen der Stadt, reich geschmückt mit den kostbarsten Gewändern, mit Perlen und anderem Geschmeide, ritten voran, unverhüllten Gesichts die Fremden dreist begrüßend, und von festlicher Musik begleitet ihre lustigen Gesänge anstimmend. Während des Aufenthalts von sechszehn Tagen, der hier Statt fand, erholte und vergnügte man sich bestens. Am 13. Juli ging es abends wieder fort. Den folgenden Tag erkrankten Kruse und der Prediger, und die Hinfälligkeit nahm unter den noch Gesunden sehr zu; nur Mandelsloh klagte niemals über Schwachheit, sondern war immer frisch und munter, und daher zum Beobachten und Niederschreiben stets aufgelegt. Am 16. Juli gelangte man nach Saba, und nach unerträglicher Hitze durch Sand und Staub am 19. nach Kom, einer lebhaften Stadt voll Gewerb und Verkehr, wo aber durch unmäßigen Genuß der herrlichsten Früchte unter dem Gefolge die rothe Ruhr ausbrach. Man zog am 21. weiter, und kam den 24. früh nach Kaschan, wo der Daruga oder Amtmann die Reisenden in herkömmlicher Art bestens empfing. In dieser übervölkerten Stadt sah man die meisten Müssiggänger und Bettler, wie auch Ungeziefer, besonders Skorpione und Taranteln, vor welchen man sich sehr zu hüten hatte. Die Hitze war außerordentlich, doch den Kranken, die sich hier meist zu erholen anfingen, weniger nachtheilig. Bei herrlichem Mondschein wurde die Reise den 26. abends munter fortgesetzt; am 28. gelangte man zu der kleinen Stadt Natens, bei welcher Schach Abbas auf einem hohen spitzen Berge einen Thurm hatte bauen lassen, zum Andenken, daß er einst hier den Kampf eines Adlers mit einem Falken angesehn, worin der letztere gegen alle Erwartung obgesiegt. Am 29. überstieg man die letzten Berge vor Ispahan, und schon fanden sich aus der Hauptstadt, um die Ankömmlinge in Augenschein zu nehmen, mehrere Perser, wie auch einige holländische Kaufleute ein, letztere gleich den Persern gekleidet, weil sie nicht erkannt sein wollten. Nach genugsamer Rast an noch zweien Lagerorten, zuletzt in einem Königlichen Lusthause, erfolgte am 3. August der Einzug in die Königliche Hauptstadt, mit feierlichem Empfang und unter großem Zulaufe des Volks, jedoch alles dicht umhüllt von unendlichen Staubwolken. Ispahan, in einer Ebene am Flusse Senderut gelegen, der sich in vielen Armen durch die ganze Stadt vertheilt, hatte damals 500,000 Einwohner, und dabei, weil jedes Haus einen oder auch zwei Gärten mit Brunnen und Wasserleitungen hatte, über acht Meilen im Umfang. Erst Schach Abbas der Große hatte von Kaswin den Königlichen Sitz dorthin verlegt, und schon in der kurzen Zeit war die Bevölkerung so stark angewachsen.

Die Gesandtschaft wurde zuerst in einer Vorstadt, wo die reichsten armenischen Kaufleute wohnten, in verschiedenen Häusern einquartiert, und sogleich als Gäste des Schachs herrlich bewirthet. Nach der Mahlzeit kam alsbald der holländische Faktor Oberschie, der sich nicht abweisen ließ, begrüßte die Angekommenen mit grober Zudringlichkeit, lud sich auf einen Trunk bei ihnen ein, und führte überhaupt dreiste und verwegene Reden, sagte, er habe von seinen Vorgesetzten den Befehl, den Holsteinern entgegen zu wirken, wolle jedoch nur der Sachen Feind und der Personen Freund sein. Dieser nicht ganz angenehme Auftritt wurde bald durch einen andern verdrängt, welcher die unglücklichste Wendung nahm. Ein Gesandter der Großmogols aus Indien befand sich mit einem Gefolge von dreihundert Personen, meist Usbeken, seit einiger Zeit in Jspahan; beim Abladen des holsteinischen Gepäcks kam einer der Indier mit einem der Diener des Mehemendars in Streit, an welchem bald Indier und Holsteiner in größerer Zahl Theil nahmen, bis die letztern mit einigen erbeuteten Waffen den. Platz verließen. Die Indier sannen auf blutige Rache, und als am 7. August eine Umquartierung der Holsteiner geschehn sollte, wurde einer ihrer Diener von mehreren Indiern auf dem Wege überfallen, ermordet, und der abgerissene Kopf bei den Haaren emporgeschwungen. Die holsteinischen Gesandten beriefen sogleich zur Sicherheit ihr ganzes Gefolge zu sich, ehe dasselbe aber aus den benachbarten Häusern und Gassen zu ihnen gelangen konnte; hatten die Indier schon die Zugänge besetzt, und schossen mit Pfeilen auf die Herzueilenden; dicht neben Olearius Gesicht flog ein solcher Pfeil, der ihm gegolten, in die Wand. Nun entstand ein förmliches Treffen, die Deutschen richteten Gewehr- und Geschützfeuer auf die andringenden Feinde, Mandelsloh schoß mit der Pistole den vornehmsten Anführer derselben nieder, allein die Indier waren im Vortheil der Zahl und der Oertlichkeit, die Deutschen hatten nach vierstündigem Gefecht fünf Todte und fünfzehn Verwundete, sie mußten den Platz endlich räumen, ihr umherliegendes Gepäck dem stürmenden Feinde zur Plünderung überlassen, und sich mit Durchbrechung der Wand zu den benachbarten Armeniern retten. Der Marschall des Schachs erschien endlich, begleitet von Soldaten und zahlreichen Volkshaufen, und trieb die wüthenden Indier hinweg. Der Schach war sehr aufgebracht, und der indische Gesandte mußte bald nachher Jspahan verlassen. Am folgenden Tag aber, als der Einzug der holsteinischen Gesandtschaft in ihr neues Quartier geschah, war allen Indiern, sowohl den Kaufleuten, deren gegen 12,000 in der Stadt lebten, als den Leuten des Gesandten bei Verlust des Kopfes verboten, sich auf den Straßen, durch welche der Zug mußte, blicken zu lassen. Der durch die Plünderung erlittene Verlust wurde auf 4000

Thaler geschätzt, deren Erstattung der Schach anfangs bewirken wollte, aber gleichwohl in der Folge unterließ.

Die neue Wohnung der Gesandten lag in der Stadt selbst, sie hatte mehrere Gebäude und Lusthäuser, verschiedene Höfe, schöne Spaziergänge längs eines durchfließenden Baches; und in vielen Gemächern und Kammern für das ganze Gefolge genugsamen Raum. Auch für Lebensmittel war überflüssig gesorgt; wenn in der Folge gleichwohl die Tafel schlecht bestellt erschien, und täglich nur einmal, ja zuweilen gar nicht gehörig gespeist wurde, so war hieran Brüggemann schuld, der anfangs zuließ, und zuletzt selbst anordnete, daß die gelieferten Vorräthe zu den Armeniern geschleppt, und in üppigen Gelagen zur Lust von Wenigen vergeudet wurden. Nach Verlauf von acht Tagen gab der Schach den Gesandten die erste Audienz; sie wurden zu Pferde feierlich abgeholt, und nebst dem ganzen Gefolge vor den Schach geführt. Schach Sefi war ein Mann von siebenundzwanzig Jahren, Enkel und Nachfolger Schach Abbas des Großen, von schönem Aeußeren und glücklichen Anlagen, die aber gleich nach seiner Thronbesteigung in blutiger Grausamkeit verdunkelt worden. Er empfing die Gesandten sehr gnädig, hieß sie nebst den Vornehmsten des Gefolges sich niedersetzen, hörte ihr Anbringen von Seiten des Herzogs von Holstein, auf welches er durch den russischen Gesandten schon vorbereitet worden, günstig an, und ließ die überbrachten Geschenke sich wohlgefallen. Nachdem aber die Geschenke des Herzogs überreicht waren, brachte Brüggemann in seinem eignen Namen dem Schach noch besondere dar, eine große künstlich gearbeitete Lichtkrone mit dreißig Armen, schöne Pistolen, prächtige Uhren, und in einem Zettel geschrieben die bei Ardebil zurückgebliebenen metallenen Kanonen, welche den Namen und das Wappen des Herzogs trugen. So auffallend und unberechtigt dieser Schritt war, welcher ganz eigne Absichten in Brüggemann voraussetzen ließ, der offenbar für sich allein die besondere Gunst des Schachs in Anspruch nahm, so wenig sollte für ihn damit gewonnen sein. Schon gleich bei dem Gastmahl, zu welchem der Schach die Gesandten nach der Audienz zurückbehielt, machte Brüggemann sich ge=

gen den Dolmetscher Pater Joseph, einen portugiesischen
Mönch, mit dem er portugiesisch, Kruse aber lateinisch redete,
über die Perser lustig, welches, durch aufgestellte Horcher
dem Schach hinterbracht, diesen nicht eben vortheilhaft stimmen konnte. Bei dem Gastmahl erschienen auch persische
Tänzerinnen, welche jedoch nicht vom Hofe, sondern die vornehmsten Freudenmädchen der Stadt waren, zu deren Pflicht
es gehörte, vor dem Schach zu tanzen; sie waren überaus
geschickt, wurden aber doch von den indischen Tänzerinnen,
welche später bei dem Feste der englischen Kaufleute ihre
Künste sehn ließen, übertroffen. Nachdem die Gesandtschaft
ihre erste Audienz gehabt, empfing sie die Besuche der in
Ispahan lebenden europäischen Landsleute, Engländer, Portu-
giesen, Italiäner und Franzosen, nur die Holländer blieben
weg, deren Benehmen sich entschieden feindlich zeigte; mit den
andern allen pflog man, so lange der Aufenthalt dauerte, gute
Freundschaft. Die spanischen Augustinermönche gaben in
ihrem Kloster am Tage der Geburt Marias den Holsteinern,
und mit ihnen dem russischen Gesandten, dem armenischen
Erzbischof und den englischen Kaufleuten ein Gastmahl, bei
welchem die Glaubensverschiedenheit keine Störung machte,
sondern trefflich bereitete Speisen, und nachher lustige Musik
und heiteres Gespräch in guter Eintracht genossen wurden.
Gleicherweise gaben die Armenier, deren Vorsteher von Brügg-
gemann beschenkt worden war, hierauf die englischen, und zuletzt auch die französischen Kaufleute, den Holsteinern herrliche
Gastereien, welche späterhin von der Gesandtschaft durch ein
glänzendes Fest erwiedert wurden, dem auch der russische
Gesandte und einige italiänische Karmelitermönche beiwohnten;
die Speisen waren nach deutscher Art bereitet, zwei Gänge,
jeder von vierzig Gerichten, nebst vielen Schauessen und
köstlichem Konfekt; die Gesundheiten wurden unter Pauken-
und Trompetenschall und Kanonendonner ausgebracht, so
mußte auch bei dem Ringelrennen, welches nach der Tafel
gehalten wurde, nach jedem Treffen ein Geschütz abgefeuert
werden, wozu Brüggemann von jeher begierig jeden Anlaß
ergriff.

Mittlerweile war in zwei geheimen Audienzen, welche

die Gesandten am 24. August und 19. September bei dem Schach hatten, das diplomatische Geschäft gehörig verhandelt worden, und sowohl die politischen als die kaufmännischen Absichten, welche von holsteinischer Seite dargelegt wurden, schienen dem persischen Interesse sich wohl zu fügen; sie wurden günstig aufgenommen, und vielleicht nur um so mehr, als flürerst in allgemeinen Vorstellungen die Schwierigkeit einzelner bestimmten Ergebnisse verdeckt bleiben konnte. Der Schach behielt die Gesandten jedesmal zur Tafel, während welcher Musik aufgeführt wurde. Er wollte bei dieser Gelegenheit auch die holsteinischen Musikanten hören, daher wurden eine Baßgeige, Pandor und Diskantgeige geholt, deren Spiel ihn fast eine Stunde lang genugsam ergötzte, obgleich ihm die gewohnte persische Musik den Vorzug behielt. Gleiche Neugier bezeigte er wegen der Speisen, welche die Gesandten, wie er vernommen, bei ihrem großen Festmahle hatten auftragen lassen, und es mußten die deutschen Köche verschiedene Torten und Pasteten nebst einigen schönen Schauessen bereiten, welche in den Harem gebracht, dort mit Verwunderung und Lust, sagt Olearius, beschaut, nicht wisse er, ob auch gegessen worden. In dieser Zeit wurde Brüggemann's Benehmen mit jedem Tage unleidlicher. Seine quälende Geschäftigkeit und beleidigende Grobheit verschonte niemanden; er wirthschaftete eigenmächtig mit Geld und Lebensmitteln, und ließ diejenigen, welche er nicht zu seinen Anhängern rechnete, Mangel und Verdruß aller Art empfinden. Dabei gab er sich ohne Scheu den rohesten Lüsten hin, und hielt von den Vorräthen, die zum Unterhalt des Gefolges bestimmt waren, schwelgerische Gelage mit armenischen Buhlerinnen. Sein Beispiel machten sich Andere zu nutz, und die ganze Gesandtschaft war alsbald lauter Verwirrung und Aergerniß. Unter solchen Umständen erhielt oder nahm Olearius den schwierigen Auftrag, dem Gesandten wegen dieses Unwesens Vorstellungen zu machen. Er traf aber den ungelegensten Augenblick, denn als er bei Brüggemann eintrat, wurde dieser in der beschönendsten Vertraulichkeit mit der Armenierin Tulla überrascht, die ihn besonders gefesselt hatte. Brüggemann's Wuth war gränzenlos. Olearius sah keinen Ausweg, als die Ge-

sandtschaft zu verlassen; er flüchtete zu den spanischen
Augustinermönchen, die ihn bestens aufnahmen, und dreizehn
Tage beherbergten; er hatte die Absicht, über Babylon und
Aleppo, und dann weiter über das mittelländische Meer und
Italien seinen Rückweg nach Hause zu nehmen, welchem
Gedanken auch Andere nachhingen, und namentlich Flemming.
Doch Brüggemann, der die Sache erfuhr, betheuerte, es solle
ihm niemand entkommen, und wer es versuche, den werde er auf
dem Wege niedermachen lassen. Nach mancherlei Erwägung
und Vermittelung kehrte Olearius dann auch wieder zum
Gefolge zurück, doch mit geringer Hoffnung, ein besseres
Verhältniß daselbst auf die Dauer bestehn zu sehen.

Ein Schreckensereigniß brachte zu dieser Zeit in die Gemüther neue Angst und Verwirrung. Rudolf Stabler, ein
kunstreicher Uhrmacher aus Zürich, stand seit fünf Jahren
in des Schachs Diensten, und war in eifriger Unterhandlung
um die Erlaubniß zur Heimkehr, die er mit der holsteinischen
Gesandtschaft zu machen wünschte; der Schach aber bot ihm
ansehnliches Geld, falls er noch zwei Jahre bleiben wollte.
Ein Perser, der das Geld schon gezahlt glauben mochte,
brach deßhalb in diebischer Absicht nachts bei Stabler ein,
wurde aber von diesem ertappt, verwundet, und in der Verfolgung auf der Straße niedergeschossen. Sogleich erhoben
die Verwandten des Getödteten heftige Klage vor dem geistlichen Oberrichter, und erlangten das Urtheil, daß der
Schweizer, weil er als ein Ungläubiger einen Rechtgläubigen
umgebracht, ihnen zum Tode auszuliefern sei. Stabler's
Frau war die Schwester jener Tulla, mit welcher Brüggemann
sich für verlobt ausgab, und dieser galt demnach gewissermaßen für jenes Schwager. Doch weder die vereinte Verwendung der Gesandten, noch Brüggemann's besonderes
Anbringen, konnten bei dem Schach ein milderes Urtheil erwirken; die einzige Gnade war, daß dem Unglücklichen, wenn
er, auch nur zum Schein, den persischen Glauben annähme,
das Leben sollte geschenkt werden; allein er wählte lieber
den Tod, indem er sagte, um des Königs Gnade wollte er
nicht Christi Gnade verscherzen. Hierauf wurde er zweimal
hinausgeführt, um durch die Todesangst eine Aenderung seines

Entschlusses zu bewirken, doch er blieb standhaft gegen das
Drohen der Perser, wie bei dem Zureden der Augustinermönche, die ihn, zwar ohne dadurch sein irdisches Leben retten
zu können, zum katholischen Glauben bekehren wollten; zum
drittenmale, als es Ernst wurde, und er den bereitstehenden
Persern zugerufen: „Hauet nur getrost in Christi Namen
zu!" gab er unter den Säbelhieben muthig sein Leben auf.
Brüggemann hatte durch seinen Ungestüm und die aufreizenden
Worte, die er nach Hofe sagen ließ, die Hinrichtung vielleicht
nur beschleunigt. Jetzt hielt er voll Grimm und Aerger
gleich am selbigen Tag ein Ringelrennen, für sich ganz allein,
denn nur seine Aufwärter und der Konstabel waren noch
zugegen, und ließ dabei, seinem Troz und seiner Lust gemäß,
nach jedem Rennen das grobe Geschütz lösen, so daß über
hundert Schüsse gethan wurden. Dieses unaufhörliche Knal-
len war den Seinigen und den Persern gleich verdrießlich.
Stabler's Leiche durfte Brüggemann mit Vergünstigung des
Schachs am Abend vom Richtplatze wegnehmen und darauf
ehrenvoll bestatten lassen. Flemming aber widmete dem Andenken des Unglücklichen folgendes Sonett:

„Dein tapfrer Christenmuth, du werther Schweizer du,
Ist ewig lobenswerth; denn, da du konntest leben,
Hast du dich willig hin in deinen Tod gegeben.
Was deinen Leib bringt um, das ist ein kurzes Nu,

Die Seele flog darvon. Ihr kam kein Säbel zu.
Nun stehst du um dich her die Seraphinen schweben,
Schaust auf dies große Nichts, um welches wir so streben,
Lachst deine Mörder aus, und jauchzest in der Ruh.

Hier ist dein Märtrer-Kranz, du Redlicher, du Treuer,
Den nimm mit in dein Grob. Wir wollen deinen Preiß
Durch die erlöste Welt bei allen machen theuer.

Sein Vaterland soll sein der Erden weiter Kreis.
Wer so, wie du, verdirbt, der bleibet unverdorben;
Lebt, wenn er nicht mehr lebt, und stirbet ungestorben."

Der Schach hatte die Gesandten mit den Vornehmsten
des Gefolges zu einer Jagd einladen lassen. Man ritt vor

die Stadt, und ergötzte sich die ersten Tage im freien Felde
mit Falkenjagd, hierauf aber wurden in einem Thiergarten
Damnthirsche und wilde Esel erlegt. Der Schach selbst
bewies große Geschicklichkeit im Bogenschießen; das Wild und
sein Pferd mußten in vollem Laufe sein, dann schoß er, und
fehlte nie. Gegen die Gesandten bezeigte er sich freundlich
und heiter, doch blieben sie durch das, was sie vor Augen
hatten, genug erinnert, in welchen Extremen hier sich alles
bewege. Das Gefolge des Schachs ritt ohne Rang und
Ordnung durch einander; ein jüngerer Schütze, dem Schach
zufällig nahe, schoß auf dessen Befehl einen Pfeil nach einem
wilden Esel, ein älterer Schütze, jenem den Schuß mißgönnend, schoß eilig auf dasselbe Wild, fehlte aber, und
wurde ausgelacht. Voll Grimm wartete er, bis der Schach
ein wenig voraus war, und führte dann mit dem Säbel
auf den Begünstigten einen Streich, der diesem den Daumen
wegnahm. Der Verwundete eilte klagend zum Schach, der
sogleich befahl, ihm des Thäters Kopf zu bringen, allein auf
geschehene Fürbitte sich mit den Ohren desselben begnügte;
sie wurden sogleich gebracht, aber noch nicht in gehöriger
Vollständigkeit, der Abschneider hatte sich gefällig gezeigt,
und fast die Hälfte sitzen lassen, ungesäumt ritt der Groß-
marschall selber zurück, schnitt mit seinem Messer den Rest
glatt am Kopf hinweg, und nun war alles in Ordnung.
Bei der Mittagstafel machte Brüggemann dem Schach wieder
in eignem Namen ein besonderes Geschenk mit dem Bildnisse
des Herzogs von Holstein in reichbesetztem Gehäuse, dazu
noch anderes Kleinod und einen schönen Spiegel. Der Schach
nahm gegen Abend einige Auserwählte seines Gefolges und
die Gesandten nebst vier der Ihrigen zur Entenjagd in eine
besondere Hütte, die sich nächst dem Wasser befand, vergaß
aber der Jagd bei Wein und Scherz. Mandelsloh, der dem
Schach durch sein rüstiges, jugendliches Wesen gefiel, durfte
ihm eine Schale Wein einschenken und darreichen, küßte ihm,
nachdem derselbe getrunken, nach Landessitte das Knie, und
empfing dafür aus des Schachs eigner Hand einen Apfel,
welches Zeichen besonderer Gnade ihm darauf bei den Hofleuten ein ungemeines Ansehn verschaffte. Ein neuer Auf-

tritt rief die Gedanken schnell wieder in entgegengesetzte
Richtung. Der Hofmeister des Schach, einer seiner Günstlinge, hatte schon einige Stunden wacker eingeschenkt und
mitgetrunken, setzte sich endlich wohlberauscht an der Thür nieder, hier aber machte er solchen Lärm, daß der Schach befahl,
zwei Leute sollten ihn hinaus und zu Pferde bringen; hinaus-
geschleppt wurde er, wollte aber durchaus nicht zu Pferd, und
schalt und fluchte auf seine Führer; der Schach selbst ging
hin, nahm ihn am Arm, und führte ihn zum Pferd, allein
jener widersetzte sich mit harten Worten auch dem Schach,
der endlich, des Zuredens müde, voll Grimm den Säbel
zog und zum Hieb ausholte, da schrie jener erbärmlich, und
glaubte, wie auch die Andern, sein Kopf sei verloren, doch
da ihm der Schach absichtlich Zeit gab, raffte er sich noch
schnell auf's Pferd, und sprengte fort. Der Schach kam
lachend in die Hütte zurück, und begab sich bald zur Ruhe.
Erst mit dem fünften Tage wurde die ganze Lustbarkeit
durch eine Taubenjagd, bei der man auf einem Thurme die
herausfliegenden Tauben mit Stöcken todtschlug, und durch
ein Mahl in einem prächtigen Garten glücklich zu Ende gebracht. Einiges Geflügel, welches der Schach den Gesandten
als Jagdgeschenk nachschickte, nahm Brüggemann vorweg für
sich und seine armenischen Freundinnen. Nach wenigen Tagen
war abermals eine Jagd, aber ohne die Gesandten, denn
der Schach nahm seine Frauen mit, die selbst in ihrer Ver-
hüllung nicht gesehn werden durften, weßhalb auch die Straßen
von Ispahan, durch welche der Zug kam, sorgfältig von
jederman gemieden wurden. Der Schach hatte sich bei dieser
Jagd mit seinen Khanen vertraulich zum Trinken gesetzt,
und in der Fröhlichkeit des Weins den Säbel gezogen und
um den Kopf geschwungen, wozu die Khane vor ihm sangen
und tanzten, welches ihm so wohlgefiel, daß er reichliche Geschenke unter sie vertheilte. Ein bald nachher sich ereignender
Vorgang zeigte neuerdings, wie bedenklich und eigen hier Lust
und Schrecken sich berührten. Der Schach saß abermals
fröhlich beim Trinken mit wenigen Gesellen, und ließ eine
große Schale mit Wein füllen und sie dem Reichskanzler
vorsetzen, daß der sie auf seine Gesundheit leeren sollte. Doch

dieser entschuldigte sich, er liebe den Wein nicht, und vermöchte so viel nicht zu trinken, wenn es auch sein Blut kosten sollte. Der Schach bestand auf seinem Willen, legte seinen Säbel neben die Schale, und drohte fernere Weigerung blutig zu bestrafen, worauf der Kanzler sich zum Trinken entschloß, auch wirklich anfing, und nur um Frist bat, die Züge zu wiederholen; indem aber der Schach das Gesicht abwandte, mit einem Andern zu reden, schlich jener davon und versteckte sich. Dies nahm der Schach übel, doch weil man ihm sagte, der Entwichene sei nicht zu finden, so ließ er es gut sein, und befahl einem Verschnittenen, die Schale auszutrinken, als aber dieser auch sich entschuldigte, war die Geduld erschöpft, er hieb sitzend nach ihm, traf ihn in's Bein, und darauf den Kammerdiener, welcher zu hindern suchte, daß jener nicht völlig zusammengehauen würde, in die Hand. Beide kamen so noch gut davon. Nun stand aber noch immer die volle Schale da, und der Schach, voll Verdruß, daß niemand ihm den Willen thue, rief einen seiner Pagen, einen schönen Knaben, herbei, und fragte ihn, ob er sich wohl der Sache getraue? Der Knabe antwortete, er wisse nicht, was er vermöge, wolle aber sein Bestes thun, kniete darauf nieder, und that wiederholte Züge. Der Schach erlaubte, daß er sich durch einen andern Knaben helfen ließe, und redete ihm freundlich zu; hiedurch und durch den Wein beherzt gemacht, stand der Knabe plötzlich auf, fiel dem Schach um den Hals, küßte ihn, und rief: „Gott laß' unsern König nach meinem Wunsche viel Jahre leben!" Der Schach war darüber so erfreut, daß er beide Knaben mit kostbaren Säbeln aus seinem Schatz beschenkte. Den folgenden Tag dagegen war er ganz niedergeschlagen, und ritt schwermüthig im Garten umher, dem Willen seines Pferdes hingegeben. Die Geschenke machten ihm Kummer, er hatte sich damit übereilt, und wünschte sie wiederzuhaben, ohne es doch sagen zu wollen. Seine Hofleute, als sie merkten, was ihn betrübte, stellten ihn zufrieden, indem sie für eine Summe Geldes die ersehnten Stücke wieder einlösten.

Die holsteinische Gesandtschaft war bereits über ein Vierteljahr in Ispahan, und wiewohl die Vergnügungen und Merkwürdigkeiten des Aufenthalts sich nicht erschöpften, so wurde es doch allmählich Zeit, auch wieder an die Heimkehr zu denken. Der Reichskanzler, derselbe, welcher dem Schach vor kurzem so gut entschlüpft war, gab den Gesandten am 19. November ein prächtiges Fest, bei welchem die persischen Tänzerinnen, die bei dem Schach getanzt, wiederum ihre Kunst und auch jede sonstige Gefälligkeit darboten, wie dies in Persien bei jedem Feste der Gebrauch war. Nach wenigen Tagen war ein zweites, doch minder glänzendes Gastmahl bei dem Reichskanzler, bei welcher Gelegenheit auch das diplomatische Geschäft in einer geheimen Unterredung völlig abgeschlossen wurde. Am 2. Dezember brachte der Mehemendar, welcher die ganze Zeit hindurch bei der Gesandtschaft angestellt geblieben, die Geschenke des Schachs für die Gesandten, nämlich jedem ein Pferd, doch war das für Brüggemann bestimmte nicht gesund, ferner ein persisches Prachtkleid, alsdann seidene und andre Zeuge, endlich Beiden zur Reisezehrung eine Geldsumme von 200 Tumain oder 3333 Thaler, welche Brüggemann allein zu sich nahm, und damit nach Gutdünken schaltete, theils für die Bedürfnisse des Gefolges, theils zu Geschenken für die befreundeten Armenier. Auch die Offiziere des Gefolges erhielten Geschenke an Kleidung und Zeugen, die Geringeren aber nichts. Am folgenden Tage gab der Schach der Gesandtschaft die feierliche Abschiedsaudienz, bei welcher die Holsteiner in der empfangenen persischen Kleidung erschienen, die sie jedoch nur lässig über die Schulter gehangen trugen. Der Schach empfing nach gehaltener Tafel die Rückbeglaubigung der Gesandten, ließ dem Herzoge von Holstein seinen freundlichen Gruß entbieten, und versprach, denselben durch einen eignen Gesandten zu beschicken. In den nächsten Tagen wurden auch zwischen den Gesandten und den vornehmsten Reichs- und Hofbeamten die üblichen Geschenke getauscht. Endlich am 10. Dezember kam der Mehemendar und meldete von Seiten des Schachs, derselbe werde nach Verlauf von acht Tagen eine Reise nach Kaschan machen, und wolle die Gesandten, wenn es diesen beliebte, bis dahin mitnehmen. Man schickte sich demnach zur Reise an. Doch in diesen acht Tagen fand noch mancher

Vorgang Raum. Die Gesandten gaben am 12. ein glänzendes Abschiedsfest, bei welchem, außer den früheren Gästen, auch noch ein spanischer Agent des Vicekönigs von Goa und ein reicher Jude, dessen Handel von Indien nach Konstantinopel ging, zugegen waren. Zu jedem Trinkspruch, wie zu jedem Treffen beim Ringelrennen, ließ Brüggemann mit dem Lärm der Pauken und Trompeten zugleich den Donner der Kanonen schallen; dies wiederholte sich so oft, und das Getöse wurde so gewaltig, daß der Königliche Dolmetscher Pater Joseph fürchtete, der Schach, welcher auf dem Schlosse jeden Schuß hören konnte, würde ergrimmen, und durch irgend ein Schreckniß das Spiel grausam enden; er bat um Christi willen, den Zorn des Wütherichs nicht auf's äußerste zu reizen, und wenigstens seiner, des Dolmetschen, zu schonen, auf welchen der Zorn mitfallen würde. Doch Brüggemann war nicht in der Laune nachzugeben, sondern ließ in seiner Tollheit weiter kanoniren, ohne sich zu kümmern, was daraus entstehn könne. Sein starrköpfiges Wesen stieg bis zur Raserei bei einem andern Vorfalle, der sich gleichfalls in diesen Tagen ereignete. Der Hofjunker Lyon Bernulli hatte, als geborner Brabanter, der Versuchung nicht widerstehn können, seinen niederländischen Landsmann, den holländischen Agenten zu besuchen, und sogar ein Geschenk von ihm angenommen; weil er dies ohne Erlaubniß der Gesandten gethan, so ließ ihn Brüggemann in Eisen setzen, mit der Bestimmung, daß diese Strafe so lange dauern solle, wie der Aufenthalt in Ispahan. Jener, so vieler Mißhandlungen müde und des ganzen Verhältnisses, brach aus der Gefangenschaft, und floh in die Allacapi oder Freistätte des Königlichen Hofes, einen Ort, welchen sogar der Schach nicht zu verletzen wagte. Wirklich lebte damals ein Sultan, der wegen entschiedener Ungnade des Schachs für seinen Kopf zu fürchten hatte, dort unter Zelten schon geraume Zeit unangefochten. Das Gesuch der holsteinischen Gesandten um Auslieferung des Entsprungenen fand also keinen Eingang, das Vorgeben, er habe gestohlen, zeigte sich zugleich unnütz und falsch, denn auch in solchem Falle wurde zwar das Entwendete, nicht aber der Dieb jenem Schutz entrissen. Hier wußte nun Brüggemann seinen Ausbrüchen keine Gränzen, er sagte laut, er wolle den Flüchtling wiederhaben, und müßte er ihn auch im Schoße des Königs todtschießen. Wirklich traf er die verwegensten Anstalten. Nachdem er einen Armenier angestiftet, Bernulli'n unter Vorspiegelung besserer Sicherheit zum Wechsel seines Aufenthalts arglistig zu verlocken, sandte er am späten Abend zwanzig Mann zu Pferd und zu Fuß mit Feuerröhren und brennenden Lunten gegen die Pforte des Königlichen Hofes mit dem Befehl ab, den Geflüchteten lebendig oder todt zu bringen. Kruse widersetzte sich diesem Wahnsinn vergebens, der die Niedermetzelung der ganzen Gesandtschaft zur Folge haben konnte. Allein Brüggemann sah und hörte nicht, und die Mannschaft war ihm zu Willen. Die Truppen rückten trotzig vor, und ließen sich von der persischen Wache nicht zurückweisen, es schien auf einen gewaltsamen Angriff gegen das Königliche Schloß abgesehn, ein unerhörtes Unternehmen abseiten eines Haufens unter dem Schutze des Völkerrechts zugelassener Fremden, welche den mächtigsten König inmitten seiner Hauptstadt, seines Schlosses, seines Volks und seines Heeres, mit den Waffen bedrohten! Den Schach selbst hatte der zunehmende Tumult aus dem Schlaf erweckt, es stand alles in der furchtbarsten Krisis; doch ein glücklicher Stern leuchtete, der orientalische Despot, der jähzornige Wütherich, war diesmal der Gemäßigte und Klügere, er befahl, um Unglück zu verhüten, die Pforte des Hofes abzuschließen, da denn die Perser innerhalb und die Holsteiner draußen durch hohe Mauern genugsam geschieden waren, doch mit dem schweren Uebelstand, daß der Weg zur Freistätte, deren Zuflucht jedem Schutzbedürftigen allzeit offen sein mußte, für diese Nacht versperrt war. Am andern Morgen klagte der Schach höchst unwillig seinen Räthen, er könne vor den Deutschen nicht mehr sicher schlafen, sie oder er müßten aus der Stadt, dem Gesandten Brüggemann aber würde er, wenn nicht der Herzog von Holstein schonende Beachtung verdiente, den Kopf abreißen lassen. Dieser Unhold aber wurde durch den guten Ausgang seiner Tollheiten nur dreister, und suchte sogar die Armenier zur Widersetzlichkeit gegen die Befehle des Schachs aufzuwiegeln, dem dergleichen Umtriebe durch die Vorsicht des Reichskanzlers noch glücklich entzogen wurden.

Vor der Abreise von Ispahan, ereigneten sich noch andre Vorfälle, welche unter den Reisenden große Bewegung machten. Mandelsloh eröffnete den Gesandten, er werde nicht mit zurückkehren, sondern noch weiter im Orient umherreisen, entweder nach Babylon und Jerusalem, oder auch nach Indien, wie es die Umstände darböten. Die Gesandten widersprachen diesem Vorhaben, insonderheit wollte Brüggemann davon nichts hören, allein Mandelsloh legte eine schriftliche Erlaubniß des Herzogs von Holstein und dessen an fremde Machthaber gerichtete Empfehlungsbriefe vor, die er bisher geheim gehalten hatte. Sein Loos erregte den Neid vieler Andern; mit dem Plan einer andern Heimreise war auch Flemming, wie schon erwähnt worden, eifrig beschäftigt, allein die Sache war nicht auszuführen. Er sagt davon in seinem späteren Reisegedicht an Grahmann:

„Ich war gesonnen zwar den Tiger zu beschauen,
Und was Seleukus hier, dort Ktesiphon, erbauen,
Bagdad, ich meine dich; zu sehn den schönen Phrat,
Was er vor Alters weiß von jener großen Stadt.
Mir lag Arabien und Syrien im Sinne:
Haleppo nahm mich ein, ich war wie schon darinne:
Mich däucht', ich liefe schon von Slanderien aus:
Die See um Cypern her und Kandien ward kraus;
Der Wind, der trug mich wohl vor Gräcien vorüber,
Bald war ich um den Po, bald an der heil'gen Tiber,
Bald, strenger Rath', um dich. Mir war das mindste drum,
Daß ich sollt' hinter mich, und so mich kehren um.
Mein Anschlag aber fiel, wie weislich ich ihn faßte,
Wie fleißig ich auf ihn zu Nacht und Tage paßte,
So mußt' ich Andre sehn glückseliger als mich,
Des Andern Schluß ging vor, der meine hinter sich."

Nicht alle fügten sich den herrschenden Umständen, wie Flemming. Als vernommen wurde, daß der Rückweg durch Persien nicht auf dem vorigen Wege, sondern durch die Provinz Kilan gehn sollte, welche von rohem und gewaltthätigem Volke bewohnt sei, schien bei Brüggemann's Gemüthsart die Reise nur zum Untergang und Verderben aus-

schlagen zu können, und noch fünf Personen, der Schiffer
Corbes mit einem Schiffsjungen, der Hochbootsmann, ein
Wundarzt und ein Trabante, wollten lieber ihr Heil für sich
versuchen, machten sich heimlich auf, und flüchteten zu
Vermulli in die Freistätte, um nur sicrerst, bis die Gesandten
abgezogen, in Sicherheit zu sein. Brüggemann's Aerger mußte
sich in leeren Drohungen verzehren. Inzwischen kam, nach
mancherlei Geschäften und Gastereien, und nach manchem
betrübten Abschied von den gehabten Freundinnen, die man
durch Hoffnung baldiger Wiederkehr täuschte, der Tag des
Aufbruchs heran, und Olearius, Grahmann und Flemming
besuchten noch in der Frühe die Freistätte, um von Vermulli
Abschied zu nehmen, und ihn und die Andern zu vermahnen,
daß sie nur ja standhaft bei ihrem Christenthum bleiben, und
sich nicht durch weltlichen Vortheil zum muhamedanischen
Glauben verlocken lassen, sondern dahin sehen sollten, wie sie
bald nach Europa zurückkehrten, welches sie denn auch bestens
zusagten. Abends am 21. Dezember brach die Gesandtschaft
von Ispahan auf, begleitet von ihrem Mehemendar und von
den englischen Kaufleuten, die eine Strecke weit mitritten.
Den folgenden Tag, in einem Dorfe drei Meilen von der
Stadt, empfing man noch die Besuche der Augustinermönche
und andrer Freundgesinnten, auch Mandelsloh's, der die
Nachricht brachte, daß der persische Gesandte, welchen der
Schach nach Holstein bestimmt habe, binnen wenigen Tagen
nachfolgen würde. Der russische Gesandte Alexei Sawinowitsch fand sich ebenfalls hier ein, um sich zur Heimreise
den Holsteinern anzuschließen.

Von dem, was Flemming in Persien gedichtet, sind uns
meist nur noch die Titel übrig. Wir haben unter andern
den Verlust eines Sonetts auf das Ableben Kaiser Ferdinands
des Zweiten zu bedauern; denn es wäre anziehend, die Theilnahme des Dichters, welche so kräftig dem Könige Gustav
Adolph zugestimmt, mit der nun auch für dessen Gegner an-
geregten zu vergleichen. Der Widerspruch, der hierin erscheinen möchte, darf nicht der Gesinnung zugerechnet werden,
er liegt in den Begebenheiten, und es wäre ein Mangel an
innerer Wahrheit und Freiheit, die man doch überall zuerst

verlangen darf, wenn ein Dichter den bedingten, an vergängliche Gestaltungen geknüpften Antheil, dem Wandel jener Gestaltungen zum Trotz, als einen unbedingten festhielte. Der
Deutsche jener Zeiten des dreißigjährigen Krieges war besonders in dem Falle, der auch unseren Tagen nicht fremd geblieben, daß die Geschicke des Vaterlands ihm in unsicherer
Mischung dargeboten, und jede Wahl nicht nur von Umständen, sondern auch von Voraussetzungen abhängig war.
Der Dichter, auch wenn er Parthei nimmt, steht über den
Erscheinungen, und sieht hüben und drüben in dem Wirklichen stets ein höheres Mögliche. Wie hätte Flemming in
der Stellung und dem Streben des Kaisers das nicht erblicken
sollen, was auch auf dieser Seite in höheren Bezügen zu
fassen war? Wir rechnen ihm zum Lobe, was ihm in diesem
Betracht aus geringerem Standpunkte zum Vorwurf gemacht
werden möchte. Für die verlorenen Beschreibungen der Herrlichkeiten von Jspahan geben uns nur einige Zeilen Ersatz,
welche in dem Reisegedicht an Grahmann das Andenken jener
Lebenstage kürzlich festhalten:

„Erinnre, Bruder, dich, wie manche süße Stunden
Uns um den Sanderut mit Freuden sind verschwunden,
Wenn jener um Schiras so in den Jaspis sprang,
Und uns zugleich in Mund und Stirn' und Seele drang."

Warum aber die Freuden des köstlichen Weins von Schiras
hier so ganz besonders erwünscht und beglückend waren, das
ergiebt sich alsbald im unmittelbar Folgenden:

„Inssinn dich gleichfalls auch der Ursach unsrer Freuden,
Die meistens traurig war. Gedachten wir an Leiden,
So dachten wahrlich wir an dich auch, rother Wein,
Als der du einzig uns nicht lässest mühsam sein.
Wenn Sorgen stehen auf, und die und die Gedanken
Sich über dem und dem bald so bald anders zanken,
So ist Eleusius der beste Schiedemann,
Wenn sonst nichts auf der Welt die Geister stillen kann.
So hat uns auch das Haus der Herren Augustiner,
Der Karmeliten Trost, die Gunst der Kapuziner,
Der Englischen Gespräch und der Franzosen Scherz, —
Batavien war feind, — befriedet oft das Herz;

Alexis gleichfalls auch, den wenig seiner Reußen,
Trüg' er ein deutsches Kleid, für Landsmann sollten heißen,
Wie vielmal hat er uns die lange Zeit verkürzt,
Und froh und frei mit uns die Schalen umgestürzt!"

Immer nur als Tröstung erscheinen Freude und Lustbarkeit:

„Bald stillten unsern Sinn die Königliche Jagden,
Bald der Armener Wein, die oftmals uns belagten;
Des großen Kanzlers Mahl; der Gärten theurer Preiß,
Der Bäume Trefflichkeit, der Wasserkünste Fleiß:
Des Königs Schimpf und Ernst; die Weise zu regieren,
Des Adels hoher Staub, das Muster im Turnieren;
So vieler Völker Schaar; so mancher Waaren Wahl,
Und so viel anders mehr in ungezählter Zahl!"

Wobei anzumerken, daß der Ausdruck Betagen soviel als bewirthen heißt, und unter Adel hier nur die Hochgestellten überhaupt gemeint sind.

Im September schon war es in Ispahan ziemlich kalt geworden, dagegen genoß man jetzt, im Dezember, wieder lieblichen warmen Wetters. Dies war um so erwünschter, als in der Gegend, durch welche man zunächst kam, kein Holz zur Feuerung zu finden war. Die Reise konnte noch Annehmlichkeiten genug darbieten, allein derselbe Plagegeist, der schon bisher alles gestört und verbittert, ließ in seinem Wirken nicht nach; ja sein toller Ungestüm, sonst mehr vom Ungefähr und durch Laune bestimmt, begann immer stärker sich in absichtliche Bosheit zu verkehren, und auf strafbare Zwecke zu gehn. Im Bewußtsein, was alles und wie arg er es getrieben, mußte Brüggemann sich durch die nicht abzuweisende Vorstellung des gewissen Ziels, welchem die jetzige Reiserichtung entschieden zuführte, nicht sehr erbaut finden; er konnte sich nicht verhehlen, daß er einer Rechenschaft entgegenging, die ihm desto schwerer fallen müßte, als er zu derselben in seinen Reisegefährten eben so viele Ankläger und Zeugen wider ihn Tag für Tag mitziehen sah. In dieser Verlegenheit ergab er sich dem Troste der Unverbesserlichen, die kurze Frist in alter Weise nur noch ungezügelter zu benutzen, und in der Steigerung der Uebel vielleicht noch die

Hülfe zu finden, welche vom bloßen Innehalten erst in ferner Zukunft, aber für das nahe Vergangene allerdings nicht zu erwarten ist. Sein argwöhnischer Haß blieb am beharrlichsten gegen Olearius und dessen Freunde gewandt, deren zusammenstimmende Gesinnung ihm fast ein Komplot dünken mochte. Am 24. Dezember fiel Olearius Namenstag ein, und Kruse sowohl als andere Freunde nahmen von daher Anlaß, ihn reichlich zu beschenken. Dies war für Brüggemann sogleich ein Zeichen erklärter Feindschaft, und er ließ seine Unzufriedenheit an Allen aus. Den Mehemendar behandelte er in diesen Tagen so ungebührlich und grob, daß dieser durchaus nicht weiter mitgehn, sondern seine Klage vor den Schach bringen wollte, der ganz in der Nähe war, und dessen Reisezelten man am Wege aufgestellt gesehn hatte. In der Stadt Kaschan, wo man am 27. Dezember anlangte, brachte man wegen dieses Vorgangs vier Tage zu, bis endlich Kruse'n gelang, den Mehemendar wieder zu begütigen. Das neue Jahr 1638 wurde unter solchen Mißhelligkeiten, wiewohl feierlich mit Gottesdienst und Geschützfeuer, nicht sehr glückstig angetreten. Am 3. Januar gelangte man nach Kom, von wo man am 5. wieder aufbrach. Den folgenden Tag hatte Brüggemann das Unglück, auf ebnem Felde, ohne sichtbaren Anlaß, mit dem Pferde zu stürzen, und dabei den rechten Arm auszufallen; von der Erschütterung war ihm der Sinn eine Zeitlang wie verwirrt; er saß zwar wieder auf, hielt aber den ganzen Tag die Augen niedergeschlagen, und fragte in seiner plattdeutschen Sprachweise unaufhörlich: „Bin ick gestört? Is de Arm ut dem Lede? Wat was't vor een Peert?" und wiewohl ihm stets geantwortet wurde, wiederholte er dieselben Fragen doch mehrere hundertmal. In Saba, wo man abends eintraf, wurde den andern Tag, bis Brüggemann sich erholt hatte, gerastet. Nach einigen Störungen mit den Bootsleuten, welche gleich der übrigen gemeinen Mannschaft durch Brüggemann sehr verwildert waren, ging die Reise wieder vorwärts. Das Land erhob sich nach den Gebirgen von Kilan hin, und zeigte überall Frost und Schnee. Man begegnete einem polnischen Gesandten, namens Theophilus von Schönberg, der mit einem

Gefolge von zweihundert Personen ausgereist, aber von den
Russen in Smolensk über sechs Monate aufgehalten, und
zuletzt genöthigt worden war, den größten Theil seiner Leute
zurückzuschicken, so daß er jetzt nur fünfundzwanzig Personen
bei sich hatte; dieser gab die gute Nachricht, daß in Astrachan
großer Vorrath von Lebensmitteln für die Holsteiner angelangt, und sie selber dort sehnlichst erwartet wären. Zu dem
Ungemach des Weges und des kalten Wetters gesellte sich
noch thöricht bereitetes; in einem Dorfe, wo Brüggemann
auf der Hinreise dem Kancha oder Vogt das vorgehaltene
Waschwasser, weil es nicht hell genug, in's Gesicht gegossen,
und die Schale an den Kopf geworfen hatte, verweigerte
man die Aufnahme schlechterdings, beßgleichen in einigen folgenden Dörfern. Mit großer Beschwerde gelangte man am
11. Januar nach Kaswin, wo durch den Wechsel der Kamehle, Pferde und Esel ein Aufenthalt von neun Tagen
verursacht wurde.

Die Reise wurde am 20. Januar fortgesetzt; man ließ
Sultanie und Ardebil zur Linken liegen, und nahm den Weg
anfangs über bebaute Hügel, dann aber durch rauhes Gebirg
und zerrissene Felsen, nach der Provinz Kilan. Die Pforten
Hyrlaniens, noch wie zu Alexanders des Großen Zeit Pylä
genannt, gaben den abschreckendsten Anblick; eine steinerne
Brücke, unter ihren hohen Bogen zugleich als Karavanserai
eingerichtet, führte über den Strom Isperat, dann zog sich
der Weg schmal und gefahrvoll am Felsenhange hinauf, zur
Seite senkrecht die schrecklichste Tiefe, in deren Grunde der
Strom seine rauschenden Fluthen wälzte. Mit größter Besorgniß und Beschwerde stieg man den Berg hinan; doch,
kaum war die Höhe überwunden, so stellte sich unerwartet
ein gänzlicher Wechsel dar. Aus dem Winter stieg man in
den Sommer, aus der öden Wildniß in die lachendste Gegend hinab. Ein reiches grünes Thal, vom Isperat oder
Kisilhosein, das ist Goldfluß, durchströmt, gegen Südosten
in offne Ebene ausgehend, anmuthig belebt durch die zwischen
Gärten und Feldern zerstreuten Häuser des lieblichen Fleckens
Rubar, mit schönen Wäldern und allen herrlichsten Früchten
üppigst ausgestattet, dünkte den Augen ein irdisches Paradies.

Die Einwohner waren freundlich, die Weiber schön, und sichtbarer, als im übrigen Persien, sie gingen geschmückt zur Arbeit aus. Man hätte hier gern länger verweilt, blieb aber nur bis zum folgenden Morgen. Flemming, von der Lieblichkeit und Fülle dieser Gegend begeistert, dichtete auf den Flecken Rubar zwei Sonette, von welchen wir das zweite, in ein Stammbuch geschriebene, hiehersetzen:

„Du aller Trefflichkeit des ganzen Perserlandes
In dieser Engen Raum zusammenbrachte Zier,
Groß, seltsam, herrlich, reich: ich neige mich vor dir!
Nimm diesen tiefen Gruß zum Zeichen eines Pfandes

Für deine Gottheit an, die eine gleiches Standes
Hier nicht hat und nicht weiß; sei nur so günstig mir,
Daß ich mich setzen mag an diesem Wasser hier,
Das Gold heißt, und Gold führt im Schutze seines Strandes.

Indem ich Persien nun sage gute Nacht,
Und auf mein Vaterland so schleunig bin bedacht,
So muß ich gleichwohl dir die kleine Zeit vergönnen,

Und froh sein über dir; sobald der Tag erwacht,
So bleibest du zwar hier, ich mache mich von hinnen, —
Doch werd' ich deiner Gunst mich ewiglich entsinnen!"

Die ganze Provinz Kilan gewährte fast gleiche Herrlichkeit; Oelbäume, Weinpflanzungen, Granat- und Feigenbäume wechselten mit Citronen- und Pomeranzenwäldern, weite Strecken hinab war das Erdreich von Gras und Blumen, besonders von Violen, ganz grün und blau überschimmert, und die Luft von Balsamdüften erfüllt. Zahlreiche Bäche strömten von den Bergen den Niederungen zu, deren zu tief liegende morastige Gründe auf einem von Schach Abbas dem Großen durch ganz Kilan geführten Damme gleichwohl bequem zu durchziehen waren. Man erkannte jetzt, daß die Perser wenigstens nicht in übler Meinung die Heimreise durch dieses Land bestimmt hatten. In Rescht, der Hauptstadt von Kilan, gleich Rubar in Gärten und Gebüschen ausgearbeitet und versteckt, und vorzüglich durch reichen Seidenbau berühmt, verweilte man fünf Tage, brach dann am 30. Januar wieder

auf, und gelangte am 1. Februar zum Strande des kaspischen
Meeres. In Tagereisen von vier bis sieben Meilen zog
man längs des Ufers fort, meist dicht am Wasser reitend,
zuweilen auch ganze Strecken durchhin, von Regen- und sogar
Schneewetter heimgesucht, aber von den Khanen und Daruga's überall bestens aufgenommen und bewirthet. Weil man
nicht ohne Besorgniß vor einem räuberischen Einfall der Kosacken war, die vor zwei Jahren selbst die Stadt Rescht
ausgeplündert hatten, so mußte man auf seiner Hut sein,
und die Waffen stets bereit halten. Nach dreitägiger Rast
in Lenkeran, wo die noch zurückgebliebenen Kamehle und
frische Pferde erwartet wurden, ging die Reise am 11. Februar mühsam wieder fort, und am 12. aus Kilan zum
Eingange der mokanischen Haide nach dem Dorfe Elliesdu.

Noch in Kilan selbst waren die anfänglichen heitern
Eindrücke durch Beschwerden und Verdruß alsbald wieder so
sehr verbittert worden, daß Flemming ein Brautlied auf den
Namenstag der Geliebten Arpenbeck's an diesen mit den
schwermüthigsten Betrachtungen einleitet. Er schildert verheißend dem vertrauten Bruder die bevorstehende Heimkunft,
die glückliche Verbindung mit der Geliebten, und die frohe
Rückerinnerung an alles Ausgestandene; aber für sich selbst
will ihm wenig Zuversicht einleuchten:

„Ich zweifle sehr daran, daß ich dann werde leben,
Und dir auch meinen Wunsch mit andern Freunden geben,
Weil dieser schwere Zug mich täglich mürber macht,
Und meinen stärksten Theil schon längst hat umgebracht.
Thut uns die Reise nach, und sagt's uns dann, ihr Brüder,
Wie stark ihr zoget aus, wie schwach ihr kommet wieder!
Wer reich und stark und alt zu werden ihm erkiest,
Der lasse Reisen sein, und bleibe, wo er ist."

Auch der Zustand des Vaterlandes, das nach fünf Jahren,
statt des ersehnten Friedens, noch immer die Kriegsflammen
in sich nährt, betrübt ihn tief. Die Aussicht für ihn selbst
ist nichts weniger als tröstlich:

„Die Angst hat mir vorlängst mein Erbtheil aufgerieben,
Die Mutter umgebracht, nun muß ich mich betrüben,

In was vor Stande wohl der alte Vater sei,
Den dieser mein Verlust mehr als sonst alles reu';
Ich war sein einziger, an den er alles wandte,
Bis daß Apollo mich für seinen Freund erkannte,
Und nach zwei Kränzen mir den dritten flochte schon;
Nun aber ist mit mir ihm aller Trost davon!
So muß ich über das auch dieses mich befahren,
Daß, die bei jener Zeit die besten Freunde waren,
Mich, weil ich nun so lang' und weit von ihnen bin,
Längst der Vergessenheit geopfert haben hin!"

Aber dennoch will er, auf sich und seine Freunde bedacht, durch seine Dichtung über den Tod hinaus frisch und munter wirken, und seinen um die Schatten irrenden Geist wird es noch im Dunkel freuen, wenn künftig am Hochzeittische des Freundes das angefügte Lied erschallen wird! Der Stoff des Unmuths und der Klage war indeß noch lange nicht erschöpft. In dem zuletzt genannten Orte Elliesbu ereignete sich ein Auftritt, der alles menschliche Gefühl empörte. Ein Reitknecht Brüggemann's, in seines Herrn und Meisters Art verfahrend, wollte die Handpferde willkürlich und gewaltsam in ein Haus unterbringen, dessen Eigenthümer, ein Kriegsmann, den Unberechtigten abwies, und das vorderste Pferd mit einem leichten Schlag an den Kopf zurücktrieb. Brüggemann mischte sich heftig in den Streit, und unterstützte die Gewaltthätigkeit seines Dieners, empfing aber dabei einen harten Schlag auf den Arm, der sogleich stark aufschwoll. Die andern Diener fielen darauf den Perser vereint an, und schlugen ihn halbtodt. Brüggemann aber forderte noch besondere Genugthuung von dem Mehemendar. Die Erklärung des geschlagenen Persers, er habe bei dem Benehmen Brüggemann's in ihm unmöglich den Gesandten selbst vermuthen können, mochte diesen noch mehr aufbringen, und als der Mehemendar sagte, er wisse hiebei nichts zu thun, Brüggemann möge selber zusehen; jene Kriegsleute seien freie Männer, und überdies der Unglückliche schon so übel zugerichtet, daß er schwerlich davon kommen werde, so übernahm der Wütherich seine weitere Rache selbst. Er ließ das Haus des Persers völlig ausplündern, darauf am folgenden Morgen durch Trommelschlag alle Mannschaft zusammenrufen und zu Pferde ausrücken, ohne daß selbst Kruse wußte, was er vorhabe; in dieser Verfassung forderte er von dem Mehemendar den Mann ausgeliefert, der gestern den Schlag gethan, er werde nicht von der Stelle weichen, bis er ihn habe. Alle Vorstellungen des Mehemendars, der Mann liege an seinen Wunden schwer darnieder, alles demüthige Flehen andrer Perser, die ihre Häupter wiederholt gegen die Erde schlugen, konnten den Unversöhnlichen nicht erweichen; der drohenden Gewalt mußte endlich willfahrt werden, der Mann wurde auf einer Bettdecke herbeigebracht, gab aber kaum noch ein Lebenszeichen. Brüggemann befahl hierauf einem Armenier, der als türkischer Dolmetscher diente, mit einem starken Prügel auf den Liegenden loszuschlagen; nach dem ersten Streich, auf Arm und Seite im gesuchten Anschein genauer Wiedervergeltung unbarmherzig geführt, zuckte der Unglückliche noch, auf den zweiten, welchen Brüggemann sogleich befahl, aber schon nicht mehr, und lag im Verscheiden: „Das ist recht", sagte Brüggemann, „nun hat er seinen Theil." An den Mehemendar und die andern Perser aber, richtete er noch die unsinnig prahlerische Drohung: „Wird Schach Sefi diesen meinen hier erlittenen Schimpf nicht ferner rächen, so will ich bald stärker wiederkommen, und mich selbst rächen." Dieser schreckliche Vorgang, welchen man später in Brüggemann's eignem Tagebuche mit denselben Umständen erzählt gefunden, verursachte unter den Persern die heftigste Gährung, welche der ganzen Gesandtschaft ein blutiges Ende bringen konnte, dem sie vielleicht nur durch die Anwesenheit des Mehemendars und durch unverweilten Aufbruch entging. Abends brachte der Mehemendar die Nachricht, daß der geschlagene Perser todt sei, und forderte für dessen arm und hülflos hinterbliebene Frau und Kinder von Brüggemann die aus dem Hause geraubte Beute zurück.

Die folgenden Tage ging die Reise über die molanische Haide durch armselige Horden. Der russische Gesandte Alexei verursachte durch wiederholte Schüsse einen falschen Lärm, daß man in Besorgniß eines Anfalls der Perser schnell zu den Waffen griff; allein jener hatte nur Brüggemann in Angst und auf die Probe setzen wollen, und beschönigte nachher die Neckerei durch die schalkische Ausflucht, er habe geglaubt, es sei dessen Geburtstag, und dem zu Ehren habe er feuern lassen. Am 17. Februar kamen die Reisenden über den Fluß Aras, und am 20., nach beschwerlichem Zuge durch das Gebirge, wieder nach Schamachie, wo sie von dem Khan und ihrem ehemaligen Mehemendar, welche der alten Händel gern vergaßen, so wie von den alten Gastfreunden, bei denen sie wieder einkehrten, freundlichst aufgenommen und bestens bewirthet wurden. Olearius sah seine persischen Lehrmeister wieder, die ihn mit Früchten beschenkten, und seine Fortschritte in der persischen Sprache prüfen wollten. In Schamachie verweilte man fünf Wochen, unter Gastereien, Jagden und andern Vergnügungen. Gegen Ende des Aufenthalts traf auch der nach Holstein bestimmte persische Gesandte, Imamkuli Sultan, mit einigem Gefolge ein, und am 30. März reiste man darauf mit einem neuen Mehemendar weiter, und gelangte über hohes Gebirge am 7. April nach Derbent, der uralten, angeblich von Alexander dem Großen gegründeten Stadt, welche als starke Bergfestung zwischen dem Kaukasus und dem kaspischen Meer auf dieser Seite der Schlüssel von Persien ist. Der Sultan war den Reisenden noch von der früheren Zeit her abgeneigt, und ließ ihnen keine Lebensmittel reichen, so daß sie für ihr Geld zehren mußten. Der persische Gesandte, der versprochen hatte sogleich zu folgen, kam nicht in den fünf Tagen, die man hier wartete, und am 13. brach man ohne den Vortheil seiner Begleitung auf. Der Weg führte zunächst durch Dagesthan, eine freie tatarische Landschaft, gegen deren räuberische Bewohner man von allen Seiten gewarnt wurde. Auf eine Bedeckung, die der Sultan zwar verhieß, aber noch nicht bereit hatte, mochte man kaum rechnen; man zog ohne dieselbe in streitfertiger Ordnung kriegsmäßig vorwärts, mit abgetheilter Vorhut und Nachhut; die Waffen hatte man schon früher besichtigt, und einen Bestand von zwei metallenen Kanonen und vier Steinstücken, zweiundfünfzig Musketen und langen Röhren, und neunzehn Paar Pistolen aufgezählt. Die Gefahr war keine eingebildete; der polnische Gesandte Theophilus von Schönberg, dessen früher gedacht worden, wurde in der Folge auf seine

Heimreise mit fast allen seinen Leuten in dieser Gegend todtgeschlagen. Anfangs zeigten sich die Tataren, durch deren Gebiet man kam, freundlich genug; Brüggemann fing aber alsbald Händel an, und wollte einige Leute des Fürsten von Boinal, welche den fremden Aufzug neugierig betrachteten, mit Gewalt wegtreiben, und ihnen mit Pulver unter die Augen schießen lassen; die Tataren sagten, der Boden sei der ihre, und stießen heftige Drohungen aus; sie wurden so feindlich, daß man das frische Wasser sogar nicht ohne Schwierigkeit und Gefahr schöpfen konnte. Den folgenden Tag, am 6. April, entging Clearius kaum der Gefangenschaft, er hatte sich mit einem Begleiter etwas entfernt, und stieß am Strande des kaspischen Meeres auf Tataren, die ihm eifrig nachsetzten, und nur wegen des schon annahenden Zuges wieder von ihm abließen. Man gelangte abends vor die Stadt Tarku, wo im freien Felde ein Lager aufgeschlagen wurde.

Der Fürst von Tarku, Surchoff Khan genannt, lag krank, schickte aber seinen Bruder, die Ankömmlinge freundlich zu begrüßen, und ihnen allen Beistand anzubieten. Sie sandten ihm dagegen den Arzt Grahmann in die Stadt, durch dessen Arzenei er bald genas, und nun seinen guten Willen nur noch eifriger ausdrückte. Man fand hier einen Deutschen, einen Weber aus Oettingen in Würtemberg, der von den Türken im Kriege gefangen, hieher verkauft, und in der Folge beschnitten worden, aber im Herzen noch ein Christ war, indeß die deutsche Sprache fast gänzlich vergessen hatte, und kaum noch das Vaterunser hersagen konnte. Auch zwei tatarische Weiber, welche Milch zum Verkauf brachten, bekannten sich als heimliche Christinnen, sie waren in der Jugend aus Rußland geraubt, doch ihrer Landsleute und Glaubensgenossen stets eingedenk geblieben. Sie gaben die wichtige Nachricht, daß die Tataren mit verderblichen Anschlägen umgingen, die ganze Gesandtschaft niederzumachen, und sich ihrer Schätze zu bemächtigen; Boten der beiden Fürsten, durch deren Gebiet die Deutschen ohne Zoll gegangen, seien schon an Surchoff Khan gelangt, und weiter an den Schemchal, den gewählten Oberfürsten der dagesthanischen Khane, durchgeeilt, um die vereinten Kräfte gegen die Deutschen aufzubieten. Unzweifelhafte Zeichen bestätigten diesen Bericht nur allzusehr. Die Lage war um so schlimmer, als der persische Mehemendar sich auf weitere Begleitung durchaus nicht hatte einlassen wollen, sondern bereits in der Nacht mit Kameelen, Pferden und Leuten ohne Abschied zurückgegangen war. Ueber den Schemchal — von den Holsteinern in Schaffgall verdorben — gingen die schlimmsten Reden; der Ruf seines Vaters, der ein ärgster Räuberheld und Verräther gewesen, war auf ihn übergegangen. Die Gesandten versammelten die Offiziere ihres Gefolges vor dem Lager, um wegen dieser bedenklichen Umstände Rath zu halten. Es konnte nicht fehlen, daß hier einige Vorwürfe gegen Brüggemann laut wurden, dessen Betragen überall Feindschaft aufrege, allein das Uebel war einmal geschehn, und forderte muthigen Entschluß. Rechts vom kaspischen Meer, links von hohen Gebirgen eingeschlossen, und vorn und im Rücken von Feinden bedroht, sah man keinen Ausweg, als sich tapfer durchzuschlagen, oder im Nothfall das Leben theuer zu verkaufen. Aber alles dies ging in Streit und Haber vor, Brüggemann mit seinem Anhang ereiferte sich über alles, was gesagt wurde, und Einer hätte des Andern Tod, sagt Olearius, lieber befördern als abwenden helfen, wenn nicht das eigne Leben dabei in gleicher Gefahr gestanden hätte. Man beschloß endlich, fürder zu ziehen, und wollte für großes Geld Fuhren und Leute miethen, aber der Khan hielt die Gesandten noch auf, indem er sie vor der Hinterlist des Schemchal warnte, und ihnen die Ankunft des persischen Gesandten abzuwarten rieth. Andere warnten sie wieder vor dem Khan, und so blieb man in der Irre, ohne zu wissen, wem zu trauen sei. Man wurde zu Gastereien eingeladen, aber sonst in nichts gefördert. So vergingen Tage und Wochen; es trat Regenwetter ein, man konnte kein Feuer halten, und lag verzweifelt in den nassen Hütten unter Sorgen und Wehklagen. Ein Vorfall zeigte deutlich, mit was für einem Volke man es zu thun habe; ein holsteinischer Soldat, ein Schottländer, wurde abends in der Nähe des Lagers von den Tataren geraubt, und der Khan selbst warnte vor seinen Unterthanen, welche dergleichen Menschenraub und Handel als ein Gewerbe trieben.

Man unterhandelte indeß nach allen Seiten, sandte Bo
nach Derbent, ob der persische Gesandte nicht bald kä
nach Terki an den russischen Woiwoden, ob er nicht s
bedung entgegenschicken wolle, nach dem Flecken Aubre
den Schemchal Sultan Mahmud. Als dieser wiederholt
besten Versicherungen ertheilt, und sogar drei Geißeln gest
hatte, und nachdem aus Derbent die Nachricht gekomm
der persische Gesandte würde vor einem Monat nicht abreis
hat man auf's neue bei Surchoff Khan bringend um F
berung, die denn auch endlich, nach wiederholt empfange:
Geschenken, bewilligt wurde. Nach großen Umständen
den tatarischen Fuhrleuten, welchen der bedungene Lohn
sie anspannten, dreimal erhöht werden mußte, brach
endlich am 12. Mai von Tarku auf, die meiste gering
Mannschaft zu Fuß, weil im letzten Augenblicke die D
leiher für die Reitpferde den Preis übermäßig steigerten.

Noch waren Bedenklichkeiten und Sorgen genug üb
Die tatarischen Fuhrleute ließen sich schwer bei gutem Wil
erhalten; sie spannten einmal alle aus, und wollten f
weil der russische Gesandte einen von ihnen geschlagen ha
Am Flusse Koisu forderten die tatarischen Schiffer einen
gehenren Preis für die Ueberfahrt, und als dieser verweig
wurde, gingen sie auf's andre Ufer zurück, und höhnten fr
lockend der hülflosen Verlegenheit, in welcher die Bedräng
am Flusse harrten. Der Schemchal hielt dabei jenseits
einigen Reitern im Gebüsch. Endlich vereinte man sich d
auf billigere Bedingung, und wurde über den Koisu, so
später über den Acksai übergesetzt, kam auch mit dem Sch
chal zusammen, dem geflichteten Unhold, von welchem n
gegebenen Geschenken man noch leidlich abkam. Brüggem
war diesmal so klug, den Tataren mit listigen Worten e
zuspiegeln, daß man nun alljährlich mit reichen Ge
wiederkommen, und ihnen davon guter Vortheil entst
würde. Doch schlimmer fast, als die Tataren es sein k
ten, blieb er selbst gegen die eignen Reisegefährten gewar
Er hatte sich die Verwahrung und Austheilung aller B
räthe angemaßt, und ließ die Personen, die ihm nicht an
nehm waren, oft bittren Mangel empfinden, während er

seinen Ergebenen im Ueberflusse lebte. Eines Tages waren
Olearius und Flemming ein wenig vorausgeritten, und als
sie wiederkamen, fanden sie Mittagsmahl und Fütterung schon
vorüber, zu denen man ungewöhnlich früh Halt gemacht
hatte; Brüggemann litt nicht, daß ihnen noch das Geringste
gegeben würde, und da sie auch den Tag vorher nichts gegessen hatten, so gruben sie, um nur den Hunger zu stillen,
wilden Knoblauch aus der Erde, der mit hartem Brod und
einem Trunk faulen Wassers ihre ganze Mahlzeit machte.
Nachdem über den Strom Bilstro, von welchem später ein
Arm Namens Kisilar abgeht, mit Fähren gesetzt worden,
befand man sich wieder in Tscherkassien, und gelangte mit
tscherkassischen Fuhrleuten durch öde Haide am 20. Mai nach
Terki, wo man vor der Stadt lagerte, und von dem russischen Woiwoden wohl aufgenommen und reichlich bewirthet
wurde. Flemming pries das neue Glück, welches Allen
erblühte, durch ein freudiges Sonett. In dem erwähnten
Reisegedicht aber heißt es nach dem Ausgang aus Dagesthan:

„Ihr Heiden, gute Nacht! Erkennt einst, wer ihr seid!
Wir setzen nun den Fuß in unsre Christenheit.
Und somit grüßen wir die männlichen Zirkassen,
Die sich, zwar Christen nicht, doch christlich herrschen lassen."

Denn die Einwohner, gleichfalls muhammedanische Tataren
wie die Dagesthaner, waren dem russischen Großfürsten unterthan, und hatten schon russische Kirchen in ihrem Lande.
Man weilte in Terki vierzehn Tage, und bereitete sich zu dem
neuen großen Zuge, der jetzt bevorstand.

Von Terki über die große Haide bis Astrachan hatte man
siebzig Meilen durch weithin unbewohntes, wüstes, dürres
Land, ohne irgend ein Nahrungsmittel, ohne Trinkwasser, der
öde Sand einzig von salzigen Pfützen und großen Morästen
unterbrochen. Am 4. Juni brach man von Terki mit neu-
gedungenen Fuhrleuten zu dieser Fahrt auf. Eine große
Karavane persischer, türkischer, armenischer und andrer Kaufleute gesellten sich dem holsteinischen Zuge, so daß gegen
zweihundert Wagen zusammen kamen. Das Ungemach des

Weges wurde durch Brüggemann's Härte zur höchsten Noth gesteigert. Er hatte nur sich und einige Auserwählte mit Speisen und Getränk bedacht, für die Uebrigen waren nur die spärlichsten, zum Theil verdorbenen Lebensmittel und gar kein Getränk mitgenommen. Nachdem die Reisenden am 5. über den Fluß Kisilar gesetzt; und nun weder Fluß noch Quelle mehr kam, wurde der Wassermangel mit jedem Tage qualvoller. Die große Hitze in Sand und Staub, die Schwüle bei den Morästen und Pfützen, die unendlichen Fliegen, Mücken und Bremsen, waren für Menschen und Thiere ein unsägliches Leid. Erst am 14. Juni, nach den größten Drangsalen, gelangte man unfern von Astrachan zu der Wolga, deren Wasser endlich den Durstigen einen langersehnten frischen Labetrunk gewährte. Flemming schildert sein ausgestandenes Leid und die genossene Erfrischung mit folgenden Zeilen in dem Gedicht an Grahmann:

> — — „Die dritte Nacht brach an,
> Ich hatte weder Mahl, noch Schlaf, noch nichts gethan.
> Die Erde war mein Pfühl, mein Ueberzug der Himmel,
> Der Trunk zerschmelztes Salz, das Essen fauler Schimmel.
> Wie nah hatt' uns doch da nicht gänzlich umgebracht
> Bei Tage Hitz' und Durst, die Mücken bei der Nacht!
> Verzeih mir's, Edian, dem sich der Himmel neiget,
> Ich habe mich noch nie so tief vor dir gebeuget,
> Als vor der Wolgen zwar, als ich ihr Ufer sah,
> Und einen langen Zug that aus der Hand der Rha,
> Aus ihrer süßen Hand! Ich schwöre bei den Schalen,
> Daraus ihr Götter trinkt auf euren besten Mahlen,
> Der schlechte trübe Trunk durchginge mir das Blut,
> Mehr als dem Diespiter sein bester Nektar thut!"

Der Aufenthalt zu Astrachan dauerte fast acht Wochen. Brüggemann trieb während dieser Zeit sein arges Wesen beinah toller als zuvor. Dem Prediger Salomon Petri, dessen scharfe Bußpredigten er auf sich bezog, hatte er schon früher die Amtskleider abreißen lassen, und niemand wagte sie durch andre zu ersetzen; derselbe mußte daher Predigt und Abendmahl zum allgemeinen Aergerniß in Schlafhosen halten. Allein noch schlimmere Tücken sann jener aus. Er

wollte von hier mit wenigen Begleitern allein zu Lande nach
Holstein abreisen, und Kruse'n mit allen Uebrigen zurück=
lassen, die dann sehn könnten, wie sie nachkämen. Doch
Alexei Sawinowitsch, dem er den Anschlag vertraute, rieth
ihm davon ab, und gab den Andern von dem Streich, der
ihnen zugedacht, warnende Nachricht, damit es ihnen nicht
etwa gar erginge, wie dem französischen Gesandten, den sein
Gefährte nach Sibirien befördert hatte. Nach diesem den
Holsteinern erzeigten Dienste reiste Alexei nach Moskau voraus,
aber noch von unterwegs kam die Nachricht seines unglück=
lichen Todes, er hatte in Nisen=Naugart erfahren, daß er in
Ungnade gefallen sei, und wegen einiger in Persien begange=
nen Dinge zur Verantwortung gezogen werden solle, hierüber
außer Fassung hatte er Gift genommen, und so geendet.
Brüggemann seinerseits konnte unmöglich ruhen, und fühlte
wohl, daß er den Angelegenheiten, wenn für ihn nicht alles
verloren sein solle, eine außerordentliche Wendung geben
müsse. Als daher am 25. Juli mit einer russischen Kara=
vane aus Moskau ein Deutscher, Namens Andreas Reußner,
der mit Empfehlungsbriefen des Herzogs von Holstein nach
Persien wollte, in Astrachan eintraf, suchte er diesen für seine
Zwecke zu benutzen. Er zog denselben in's Vertrauen, blen=
dete ihn mit Versprechungen, und nachdem sie zusammen ins=
geheim alles berathen und abgeredet, ging Reußner, statt nach
Persien, am 5. September mit einigen Leuten und den Pfer=
den der Gesandten voraus nach Moskau, und von da nach
Holstein zurück, um dort alles nach Wunsch einzuleiten.
Unterdeß war am 6. August der früher so sehnlichst herbei=
gewünschte persische Gesandte, Imamkuli Sultan, auch in
Astrachan erschienen. Er war ein Mann von siebzig Jah=
ren, aber noch sehr rüstig, so daß er sich auch mit einer
nagaischen Jungfrau versah, die er von ihrem Bruder, einem
tatarischen Fürsten, der grade in Haft saß, für hundertsechs=
undbreißig Thaler zu seinem Weibe erkaufte. Zwei tatarische
Mädchen von zehn und sieben Jahren, welche die Strelitzen
zum Kauf anboten, kaufte Brüggemann für fünfundzwanzig
und sechszehn Thaler, in der guten Absicht, sie der Herzogin
von Holstein zu übergeben, durch deren Fürsorge beide

späterhin christlich unterrichtet und getauft wurden. Während
der Muße in Astrachan, inzwischen Andere sich erholten,
wurde Grahmann von einer heftigen Krankheit befallen; seiner Genesung dichtete Flemming ein schönes Lied. Ueber-
haupt hatte dieser für seine Dichtung hier eine reiche Blüthen-
zeit. Das große Gedicht an Grahmann, worin der Verlauf
und die Merkwürdigkeiten der Reise mit lebhafter Anmuth
geschildert sind, ist in Astrachan verfaßt, und am Tage vor
der Abreise beendigt; wir haben mehrere Stellen daraus
früher mitgetheilt. Auch ein schönes Gedicht an den Herzog
Friedrich von Holstein ist aus dieser Zeit. Aber auch eine
große Trauernachricht sollte den Dichter hier anregen. In
Astrachan erfuhr er den Tod des ersten deutschen Dichters
jener Zeit, des bewunderten und geliebten Martin Opitz von
Boberfeld; vier Sonette bezeugen den Eindruck, welchen diese
Nachricht auf ihn machte, die ihn angstvoll fragen läßt, was
denn nach solchem Verluste dem Vaterlande, von dem er in
fünf Jahren fast nichts gehört, noch übrig sei? Ein edles
Selbstgefühl heißt ihn zwar bei der Trauer der deutschen
Musen sagen:

„Kömmt ein Olivenzweig aus Persien nicht wieder,
So steht ihr Lorbeerwald in seiner letzten Noth."

Aber dennoch bekennt er sich zu schwach, den Abgeschiedenen
würdig zu erheben, dazu bedürfe es, sagt er, eines Opitz
selbst.

Von Astrachan reiste man, von einem russischen Pristaff
begleitet, auf zwei daselbst gekauften großen Kähnen am
7. September ab, und schiffte die Wolga hinauf. Der persische Gesandte kam mit seinem Gefolge auf drei Kähnen
nach. Die Fahrt ging mit Ruderkraft langsam vor sich.
Am 24. September wurde Sariza, am 6. Oktober Saratoff,
und nach überstandenem Sturm und großer Gefahr am 24.
Samara erreicht. Am 4. November fiel Brüggemann's
Namenstag ein, und wurde vor Teins, oder wie Flemming
die Stadt nennt Deutuscha, auf beiden Schiffen mit Abfeuerung des Geschützes gefeiert. Flemming dichtete dem Tag

ein Lied, vielleicht konnte er es nicht ablehnen, vielleicht auch wollte er selbst. Das Gedicht ist merkwürdig durch freie, kühne Lebhaftigkeit, und sichres, mildes Maß. Die Gedanken und Bilder streifen hart an die unseligen Beziehungen und Verhältnisse, welche Allen vor dem Sinne schweben mußten, aber sie lenken jedesmal ein, bevor sie in Vorwurf oder in Schmeichelei überzugehn brauchen, vielmehr wenden sie sich zum Entschuldigen und Versöhnen. So heißt es:

> „Uns soll die verhoffte Zeit
> Zwischen Scherz und Lust verfließen,
> Den Tag wollen wir beschließen
> In vertrauter Einigkeit;
> Und bei Euren reichen Gifften
> Eine neue Freundschaft stiften.
>
> Komus hat den Preis der Kraft,
> Daß er auch den Zorn der Götter
> Stillt und sterbt: und freundlich Wetter
> In der Menschen Herzen schafft,
> Die sich oft um etwas hassen,
> Und bald beßre Sinnen fassen."

Aber auch wird bedeutend ausgesprochen:

> „Tugend ist das höchste Gut;
> Mißgunst, deine tausend Rachen
> Sollen niemand irre machen,
> Der was Redlichs denkt und thut.
> Nichts steht ehrlicher auf Erden,
> Als umsonst getadelt werden.
>
> Blut das regt und legt sich bald,
> Welches wohnt in edlen Adern,
> Schlechtes Volk hat Lust zu hadern.
> Pöbel mißbraucht der Gewalt.
> Fürsten nur und großen Sinnen
> Kömmt es zu, verzeihen können."

Zuletzt bringt die geistreichste Wendung, statt der Gesundheit des Gesandten, die denn doch dem Liede nicht recht anstehn mochte, die des Herzogs von Holstein aus:

"Fangt denn an, Herr, aufzustehn,
Laßt die Schiff' erschall'n, und Trauben
Recht auf Holsteins guten Glauben
Rund um unsre Tafel gehn, —
Bis nicht einen mehr wird dürsten, —
Auf Gesundheit unsres Fürsten!"

worüber denn jeder nur Befriedigung zu empfinden und niemand zu rechten hat. In gleichem Sinne beziehungsreich und mahnend ist ein zweites Gedicht auf denselben Namenstag in dibaltischen Alexandrinern verfaßt. Zwei Tage darauf, am 6. November, gelangte man vor Kasan, wo alsbald wieder böse Händel anfingen. Der Woiwode war unfreundlich gesinnt, auf Anstiften, wie man sagte, der russischen Kaufleute, welche dem holsteinischen Unternehmen überhaupt entgegen waren; er schickte unter andern auf das Schiff Brüggemann's, und ließ fragen, welcher unter ihnen der Gesandte und welcher der Kaufmann wäre? Brüggemann, höchst aufgebracht, machte ein bekanntes Stückchen, zog den Frager beim Arm, und fügte erläuternd hinzu: „Sage dem Woiwoden, ich bin ein Schweintreiber!" Unter allerlei Unannehmlichkeiten mußte man hier fünf Wochen verweilen, weil das Eis auf den Flüssen die Schiffahrt zu hindern anfing, und der Schnee zur Schlittenbahn noch nicht häufig genug gefallen war. Die Holsteiner konnten selbst für schweres Geld ihre Bedürfnisse kaum erlangen, und Brüggemann vermehrte den Verdruß durch die geringe und sparsame Beköstigung, mit der sich Alle, die nicht mit ihm speisten, begnügen mußten.

Am 13. Dezember ging es von Kasan auf sechszig Schlitten weiter, den 21. gelangte man nach Nisen-Naugart, den 29. nach Woladimer, und am 31. nach Rubossa, einem Dorfe acht Meilen vor Moskau, wohin der Pristaff vorausging, um des Zars weitere Befehle zu vernehmen. Brüggemann wurde hier sehr unruhig, und trieb sein Toben und Schelten gegen seine Begleiter auf's äußerste; ohne Veranlassung drohte er Einigen, er werde ihnen, wenn er an die Gränze käme, Nasen und Ohren abschneiden. Er schien keine andre Absicht dabei zu haben, als die Leute so zu schrecken, daß sie davon-

liefen, und dann nie mehr wagten, sich in Gottorff blicken
zu lassen, oder doch nur im nachtheiligsten Scheine dieses
Vergehns dort auftreten könnten. Indeß that ihm niemand
den Gefallen, sondern nach so langem Ausharren dünkte auch
fernere Geduld das Beste. Am 2. Januar 1639 wurde
die Gesandtschaft feierlich nach Moskau eingeholt. Man
fand die mit Reußner abgegangenen Leute und Pferde daselbst
vor, er selbst aber war nach Holstein geeilt. Im Laufe des
Januars hatten die Gesandten beim Zar zwei geheime
Audienzen, in welchen die früheren Verhandlungen wieder
aufgenommen wurden, doch wie sich weiterhin ergab, mit
wenig Erfolg, weil die Russen Forderungen und Bedingungen
machten, in deren Bewilligung die Holsteiner entweder ihre
Unkunde oder doch die übertriebenen Vorstellungen verriethen,
von welchen sie ausgegangen waren. Was Brüggemann,
der auch diesmal wieder eine geheime Audienz für sich allein
verlangte und erhielt, noch insbesondre verwirrt und verdorben
haben mag, sei dahingestellt. Er fand sich in seinen eignen
Geweben so umstrickt, daß er jedes Mittel ansprach, um sich
herauszuhelfen, aber so verblendet schon, daß er nur stets
tiefer hinein gerieth. Wegen eines Erbfalls wünschte Uechtritz
für sich allein nach Deutschland vorauszueilen, aber Brüggemann versagte durchaus seine Zustimmung, bis ihm einfiel,
jenen selbst, dessen Aussagen er fürchtete, zum Werkzeuge
seiner Ränke zu gebrauchen. Er machte demselben die Bedingung, einzig von ihm Briefe nach Deutschland mitzu-
nehmen, die der Andern aber ihm selbst insgeheim abzu-
liefern. Uechtritz, der gern fort wollte, ging mit Kruse zu
Rath, was er dabei thun solle? Man kam überein, er solle
scheinbar in die Sache eingehn. Brüggemann wurde völlig
überlistet, Uechtritz nahm die ächten, inhaltreichen Briefschaften
von Kruse, Olearius und Andern wohlbewahrt mit, und ließ
dem Falschgesinnten unbedeutende, für ihn bereitete, zurück.
Dieser mußte wohl erkennen, daß die wenigen nichtssagenden
Blätter nicht das Ergebniß der tagelangen Arbeit so vieler
Hände, die er mit Schreiben beschäftigt gesehn, sein konnten,
aber da Uechtritz die Ablieferung aus giftigen, von Brüggemann hochgebilligten Gründen, bis zum letzten Augenblicke,

ja erst bis außerhalb der Stadt aufgeschoben hatte, so war er, als jener des gespielten Streichs inne wurde, schon weit voraus in Sicherheit vor aller Rache. Brüggemann wurde hierauf nur noch unleidlicher; doch das Ziel war schon abzusehn, welches seinem Unwesen bevorstand. Auch für die Gesandten kam endlich die Zeit der Abreise; die russischen Soldaten, die mit in Persien gewesen, wurden ausgezahlt und entlassen, der Zar gab am 23. Februar eine öffentliche Abschiedsaudienz, und nachdem der persische Gesandte am 7. März nach Liefland vorausgegangen, reisten auch die Holsteiner, in Begleitung ihres Pristaff, einiger Strelitzen und vieler Deutschen, die sich anschlossen, am 15. März auf guter Schlittenbahn dahin ab. Flemming hatte in Moskau zwar auch einiges gedichtet, hauptsächlich aber seine früheren Gedichte zur Herausgabe zusammengestellt, welche von Gönnern und Freunden mit antheilvollen, glückwünschenden Lobsprüchen lebhaft begehrt wurde.

Ueber Twer, Tarsok und Groß-Naugart gelangte man in schneller Reise glücklich am 24. März über die russische Gränze nach Ingermannland; Grahmann, zu einem vornehmen Kranken in Liefland berufen, wurde nach Reval vorausgesandt, wohin Olearius, von einem Fieber befallen, ihn begleiten durfte. Die Gesandten mit dem übrigen Gefolge kamen den 31. März nach Narva, brachten vom 8. April vier Tage auf dem Hofe Kunda zu, mit dessen Bewohnern, der Familie Möller, die vielfachen Bande der Freundschaft theils schon geknüpft waren, theils noch geknüpft werden sollten, und trafen am 13. in Reval ein, wo sie vom Rathe bestens empfangen wurden. Hier wandte sich Brüggemann's Verfolgung wieder so heftig gegen Olearius, daß dieser endlich davonzugehn beschloß, und gleich am 15. April ein im Hafen segelfertig liegendes Schiff bestieg, durch welches er glücklich nach Gottorff gelangte, wo er am Hofe ruhig die Heimkehr der Andern abwartete. Brüggemann, der mit allen seinen Anschlägen nur immer schlechter fuhr, war jetzt dahin gebracht, daß er nichts mehr zu gewinnen sah als Zeit, in der leeren Hoffnung, daß vielleicht noch etwas zu seinen Gunsten sich ereignen könnte. Er verhinderte demnach den

Aufbruch von Reval drei Monate lang, welche Zeit seine Begleiter denn so gut als möglich in Lust und Freuden zubrachten. Kruse verheirathete sich hier mit Maria Müller, mit welcher er sich während des früheren Aufenthalts verlobt hatte, Grahmann mit Elisabeth Fonnen, einer Rathsherrntochter, Arpenbeck mit Brigitte von Adeu. Flemming aber verlobte sich am 8. Juli mit Anna Niehusen, einer Tochter des Aeltermanns und vornehmen Kaufherrn Heinrich Niehusen, der jüngsten von dreien Schwestern, deren ältere bereits an Salomon Mathias und Nikolaus von Hövel verheirathet waren. Diese Namen werden durch Flemming's Gedichte gefeiert, und darum auch hier genannt. Aus der großen Anzahl der schönsten Liebeslieder und Sonette, in welchen der Dichter seine Empfindungen bald vielen wechselnden Namen, bald auch keinem bestimmten verknüpft, diejenigen alle mit Sicherheit anzugeben, welche eigends der gewählten Braut gewidmet worden, ist jetzt wohl nicht mehr möglich. Doch gehören ohne Zweifel hieher vier Sonette, von welchen das erste, dreien Schwestern gewidmet, dieselben als die Keusche, die Schöne und die Fromme sondernd unterscheidet, worauf drei folgende Sonette, den so Bezeichneten besonders gewidmet, jede einzeln wieder in die Gemeinschaft dieser Beinamen nur herrlicher zurückführt. Noch einige andre Sonette, so wie auch manches reizende Lied, dürfte man am liebsten dieser Zeit zuschreiben wollen.

Nachdem Brüggemann so thöricht als vergebens irgend eine Glückswendung erharrt, durch deren Hülfe er in Gottorff noch vortheilhaft und dreist aufzutreten im Stande wäre, mußte er sich endlich, da nichts anderes übrig blieb, denn doch zur Weiterreise bequemen. Drei Tage nach Flemming's Verlöbniß, am 11. Juli, ging die holsteinische Gesandtschaft, zugleich mit dem persischen und einem russischen Gesandten auf vier Schiffen von Reval unter Segel, gelangte am 23. glücklich nach Travemünde, und von hier zu Lande am 1. August nach Gottorff. Der Herzog, von den wesentlichen Dingen bereits unterrichtet, konnte zwar mit dem Erfolg und der theilweisen Führung des Unternehmens keineswegs ganz befriedigt sein, doch seine Hoffnungen wurden genug belebt, um weitere Plane für die Zukunft vorzubehalten, und die großen Anstrengungen und Kosten durften ihm, als am 8. August der persische und der russische Gesandte in Gottorff feierlich einzogen, durch diese wundervolle Begebenheit schon hinlänglich vergolten dünken.

Flemming verließ Gottorff, und begab sich fürerst nach Hamburg, wo sein Schwager Johann Brandt die Stelle eines Bürgermeisters bekleidete, und auch er selbst sich niederlassen wollte. Aus dieser Zeit findet sich nur ein einziges Gedicht von ihm, worin er gegen einen Freund klagt:

"Rubella die ist todt, Parthenie begraben,
Die theure Basile will anderweit sich laben;
Und mein Herz, Amnien, die seh' ich nicht um mich!"

Daß er unter Amnia die geliebte Braut meint, ergiebt sich aus andern Zeilen. Er reiste hierauf nach Holland, und nahm auf der Universität Leiden mit großem Ruhme die Würde eines Doktors der Arzneiwissenschaft an, kehrte als solcher im Frühjahr 1640 nach Hamburg zurück, und bereitete sich zu seiner bürgerlichen Laufbahn. Seine bevorstehende Heirath, die Herausgabe seiner gesammelten Gedichte, und der Beginn seiner ärztlichen Thätigkeit, durften ihm die heiterste Aussicht auf die nächste Zeit eröffnen. Doch die ausgestandenen Drangsale jenes sechsjährigen Reisezugs, die Anstrengungen und Entbehrungen, die verschiedenen Himmelsstriche und Lebensweisen, selbst der Unmuth und Verdruß, welchem er während des langen Zeitraums ausgesetzt gewesen, hatte seine Gesundheit untergraben. Eine Krankheit, die vielleicht durch geistigen Lebensreiz und gesteigerte Gemüthskraft bis dahin zurückgehalten worden, brach alsbald nach seiner Rückkunft heftig aus, und er fühlte gleich, daß es um ihn gethan sei. Den Tod hatte er stets mit Heiterkeit betrachtet, seine Schrecken in frommen und erhabenen Gedanken ausgelöscht, ihm in Dichtung und im Leben oft muthig in's Auge gesehn. Auch jetzt brachte derselbe ihm weder Schrecken noch Sorge, noch andre Stimmung und Beschäftigung, als die ihm bisher lieb und gewohnt gewesen. Dichtend nahm er Abschied von der Welt in folgender Grabschrift, die seinen ganzen Lebensgehalt noch einmal frisch zusammenfaßte:

„Ich war an Kunst und Gut und Stande groß und reich.
Des Glückes lieber Sohn. Von Aeltern guter Ehren.
Frei; meine. Kunnte mich aus meinen Mitteln nähren.
Mein Schall floh überweit, kein Landsmann sang mir gleich.

Von Reisen hochgepreißt. Für keiner Mühe bleich.
Jung, wachsam, unbesorgt. Man wird mich nennen hören,
Bis daß die letzte Gluth dies alles wird verstören.
Dies, deutsche Klarien, dies Ganze dank' ich euch.

Verzeiht mir's, bin ich's werth, Gott, Vater, Liebste, Freunde,
Ich sag' euch gute Nacht, und trete willig ab,
Sonst alles ist gethan, bis an das schwarze Grab.

Was frei dem Tode steht, das thu' er seinem Feinde.
Was bin ich viel besorgt, den Othem aufzugeben?
An mir ist minder nicht, das lebet, als mein Leben."

Das Sonett ist vom 28. März; nach vier Tagen war er schon dahingerafft. Er starb am 2. April 1640 zu Hamburg, in der Blüthe des Lebens, noch nicht einunddreißig Jahr alt.

Von Flemming's Aeußerem ist uns kein Bild erhalten, wir ersehen nur aus Stellen seiner Gedichte, daß er klein von Person und keineswegs häßlich war, in seinem Wesen freudig und theilnehmend, eine gefällige, willkommene Erscheinung, liebevoll und geliebt in jedem Kreise. Dichterischer und sittlicher Karakter, welche im tiefsten Grunde stets in einanderfließen, sind bei ihm bis in die letzte Aeußerlichkeit des Dichtens und Thuns innig vereint, und ihm fehlt keine der schönen Eigenschaften, welche den wahren Dichter und edlen Menschen auszeichnen. Sein Leben zeigt reine, frische Jugendfülle in klarer, kräftiger Stellung zur Welt; die Dichtung reinigt und erhebt alles was ihn umgiebt, und was er thut. Ein heller, überschauender Geist, ein entschiedener Verstand und unverzagter Muth, leiten seine reiche Einbildungskraft. Er war gereift auf zwiefachen Wegen; zuerst auf dem der wissenschaftlichen Bildung, nicht nur die frühe vertraute Bekanntschaft der alten Griechen und Römer verbindend mit ausreichender Kunde der Neuern, wie er denn aus der italiänischen, französischen und holländischen Sprache manches übersetzt hat, sondern auch den reichen Ertrag damaliger Naturwissenschaft, wie derselbe sich in der Arzneikunde zusammenstellt, lebendig umfassend; der zweite Weg war der einer großen Welterfahrung, erworben inmitten der Zustände und Bewegungen des schrecklichsten Krieges im zerrütteten Vaterlande, und der fremdesten Begegnisse und Anschauungen auf weiter Fahrt zum Orient. Alle Gaben der inneren Gemüthswelt, der Seele und des Herzens, waren ihm in Freundschaft und Liebe und in jeder andern regen Theilnahme zum schönsten Genusse geworden. Mit so reichem Inhalt konnte sein Leben sich früh vollenden, und der frühzeitige Tod dasselbe nur als ein abgeschlossenes hinnehmen, nicht stören. Was hätte er länger leben sollen? Das Geschick ruft seine Begünstigten auf zweierlei Art hinweg, als Jünglinge oder als Greise; den traurigsten Tod, den des mittleren Alters, ihnen ersparend oder umgehend. Der Karakter von Flemming's Dichtung ist gesunde, frische Kraft. In dieser zeichnet er sich vor allen Dichtern seiner Zeit, selbst vor dem sonst ihm so sehr vorgezogenen Opitz aus, und stellt sich darin den besten Dichtern aller Zeiten gleich. Was Wilhelm Müller als Jugendfehler an ihm rügt, ein häufiges Uebernehmen im Fluge, und daher ein plötzliches Sinken und aus dem Tone fallen, ein übertriebenes Auftragen von Glanz und Farben, ein Ueberspannen des Pathos durch wiederholte Ausrufungen der Freude und des Schmerzes, ein übermäßiges Verbildern und Versinnlichen in vergleichenden Darstellungen, und ein Haschen nach jenen Spielen des Witzes, die man von den Italiänern, die es am weitesten damit getrieben haben, concetti nennt, dies alles muß zugestanden werden; trifft aber nicht bloß Flemming allein, sondern seine ganze Zeit, darf in ihm vielleicht insbesondre noch an den Orient erinnern, und hängt überhaupt mit seinen besten Eigenschaften zusammen, die denn doch nicht selten auch ohne solche Beimischung im reinsten Glanze strahlen. Was seine Sprache insbesondere betrifft, so ist sie höchst lebendig, rasch, wallend, üppig, an neuen, kühnen, auch seltsamen, doch meist glücklichen und wohlgefügten Wendungen und Ausdrücken reich; was darin veraltet, und durch veränderten Gebrauch jetzt anstößig ist, darf ihm nicht zum Vorwurf gerechnet werden, wir müssen uns um zweihundert Jahre zurückversetzen, um ihn zu würdigen, und dann werden wir finden, daß er noch weit genug über seine Gegenwart hinaus in die unsrige herüberragt. Wie viel ihm aber auch die deutsche Sprache verdanken möge, so war sie selbst ihm doch schwerlich jemals Gegenstand bestimmter Absicht, er ist nie gesucht und gelehrt in ihrer Behandlung, er bedient sich dessen, was sein Genius in ihr findet und hervorruft, aber nur weil es ihm von selbst so kommt; hierin wie in der hellen, runden, gegenständlichen Art seiner Lieder, der Jünglingsdichtung Goethe's auffallend verwandt.

Flemming's Gedichte wurden nach seinem Tode in der von ihm selbst bereiteten Sammlung durch seinen Schwiegervater Heinrich Niehusen herausgegeben, und erschienen zu Jena im Jahre 1642 in Oktav. Sie sind, nach ihrer Form, in poetische Wälder, Oden, Ueberschriften und Sonette, und diese Abtheilungen, nach dem verschiedenen Inhalt, wieder in besondre Bücher geordnet. Die Zueignung des Ganzen an den Herzog von Holstein, der einzelnen Bücher aber an werthe Gönner und Freunde, hatte der Dichter selbst noch aufgesetzt. Ein angehängtes Verzeichniß nennt eine bedeutende Anzahl, theils auf den Reisen abhanden gekommener, theils noch in Händen guter Freunde befindlicher Gedichte, deren Einhändigung an den Verleger zum Behuf künftiger Ausgaben erbeten wird, welches aber fruchtlos geblieben sein muß, da spätere Abdrücke nur dieses Verzeichniß wiederholen. Eine angekündigte Herausgabe der gesammelten lateinischen Gedichte Flemming's ist unterblieben. Die Bibliothek zu Wolfenbüttel verwahrt eine Anzahl derselben in Flemming's eigner Handschrift. Nur Epigrammata latina antehac non edita gab Olearius in Druck; sie erschienen im Jahre 1649 in Oktav, zugleich in Hamburg und in Amsterdam. Die Ausgabe der deutschen Gedichte Jena 1652 wird für eine der besten gehalten, obwohl sie an Druckfehlern und ungleicher

Wortschreibung ungemein leidet. Zu bemerken ist noch, daß der Name auf dem Titel, sowohl dieser Sammlung, als der früher einzeln erschienenen Gedichte mit zwei M, im Buche selbst aber, so wie auch bei Olearius, überall nur mit Einem M geschrieben ist, doch jene Schreibart ohne Zweifel als die richtigere gelten muß. Durch Auswahl und Auffrischung die Gedichte Flemming's in die neuere Lesewelt wieder einzuführen, ist häufig versucht worden; durch Zachariä, Böhlendorf, Matthisson, Gustav Schwab, und neuerlich am gelungensten durch Wilhelm Müller. Aber wer ihn recht genießen will, darf die Mühe nicht scheuen, ihn in seiner alterthümlichen Gestalt aufzusuchen. Seinem Andenken hat August Wilhelm von Schlegel zwei treffliche Sonette gewidmet, welche hier billig einen Platz finden.

An Flemming.

I.

Der Lorbeer, dem du glühend nachgerungen,
O Flemming! welke niemals deinen Haaren,
Der du durch Schiffbruch, Wüstenei'n, Barbaren,
Fast bis zum Bett der Sonne hingedrungen.

Du ließest, wo kein deutscher Laut erklungen,
Die Fremdlingspoesie sich offenbaren,
Der Länder mehr, als Alexanders Schaaren,
Hat dein Gesang verherrlichend bezwungen.

Du warst der Orpheus jener Argonauten,
Die Deutschland, Friede wünschend, aus der Wolgen
Auf Kaspiens Fluth gesendet zu den Persen.

Doch als auf dich der Heimath Musen schauten,
Und du zurückkamst, ihnen rasch zu folgen,
Da stach der Tod dich neidisch in die Fersen.

II.

Dem frühen Schicksal ist sein Raub entronnen,
Denn Flemming's Lieder werden ewig leben,
Wie kühn sie auch der Kunst Geleis entschweben,
Wie leicht ihr goldner Faden hingesponnen.

Es drängt sich freudig an das Licht der Sonnen
Das herrliche Gemüth, das inn're Streben:
Aufbrausend, wie der edle Saft der Reben,
Ein voller Becher, ein lebend'ger Bronnen.

Das Vaterland, die Drangsal wüster Zeiten,
Der Freunde Freundschaft, der Geliebten Liebe,
Und fremder Länd' und Völker Herrlichkeiten

Besingt er wechselnd mit gleich regem Triebe.
Ob seine Worte Orients Glanz verbreiten,
Ihr Sinn nach deutscher Art gediegen bliebe.

Wir können diesen Abriß nicht beenden, ohne noch vorher die weiteren Schicksale der vornehmsten Gefährten Flemming's mit einem Blicke zu betrachten. Zuvörderst haben wir von Brüggemann Nachricht zu geben. Bis zum Ausbruche seines endlich ihn ereilenden Geschicks übte er in gewohnter Weise Verrath und Arglist. Einem Armenier Gregori, der ihm vertraute, daß er seinen harten Herrn, den persischen Gesandten, verlassen wolle, gab er Beifall und Rath zu seinem Vorhaben, ging aber heimlich zu dem Perser, und gab jenen an, der indeß dem gelegten Fallstricke noch glücklich entging. Nachdem jedoch der persische und der russische Gesandte wieder abgereist waren, wurde gegen Brüggemann eine förmliche Untersuchung eingeleitet. Zuerst kamen die vielfachen und wiederholten Beleidigungen zur Sprache, die er sich, besonders gegen Olearius, erlaubt hatte. Er wurde durch richterlichen Spruch zum öffentlichen Widerrufe seiner Schimpfreden und Verläumdungen verurtheilt. Hierauf aber sollte er Rechnung ablegen von den ihm anvertrauten Geldern, und sich auch wegen andrer Anschuldigungen, die gegen ihn vorgebracht wurden, verantworten. Man sagte von ihm, er habe die holsteinische Angelegenheit überhaupt nur als Nebensache betrieben, und sei nur darauf ausgegangen, für seinen eignen Vortheil eine große Summe Geldes dem Schach von Persien abzulocken, unter der Vorspiegelung, die persischen Truppen auf europäischen Fuß anzuordnen. Man ließ ihm alle Zeit zu seiner Vertheidigung, allein ihm konnte nichts mehr heraushelfen, er wurde überführt, viele Gelder unterschlagen und falsche Rechnung abgelegt, die Herzoglichen Schreiben erbrochen und gefälscht, bei den fremden Höfen unwahre Dinge vorgestellt und seine Vollmacht weit überschritten zu haben; wegen aller dieser Veruntreuungen und Staatsverbrechen wurde er von dem Kriminalgerichte zu Schleswig am 2. Mai 1640 zum Strange verurtheilt, welche Strafe jedoch der Herzog, aus besonderer Gnade, in die des Schwertes verwandelte. Drei Tage darauf, nachdem noch Olearius bei ihm gewesen, und sich mit ihm versöhnt hatte, empfing er auf dem Richtplatze, reuig und bußfertig, jedoch standhaft und entschlossen, den Todesstreich. Man wandte das Distichon auf ihn an:

Disce meo exemplo mandato munere fungi
Et fuge ceu pestem τὴν πολυπραγμοσύνην.

Kruse ging später in schwedische Dienste, wurde unter dem Namen von Krusenstierna in den Adelstand erhoben, und zum Generaldirektor des Handelswesens in Esthland und Ingermannland mit ausgedehnten Vollmachten eingesetzt. Olearius blieb in holsteinischen Diensten, und wurde im Jahre 1643 nochmals nach Moskau gesandt; seine fleißig ausgearbeitete Reisebeschreibung und die mit gründlicher Sprachkenntniß gemachte Uebersetzung des persischen Rosenthals und Baumgartens von Saadi haben ihm bleibenden Ruhm verschafft. Wrahmann wurde des Zars Alexei Michailowitsch Leibarzt, und lebte noch lange Zeit in Moskau, sehr glücklich in seinen Kuren, und mit dem reichsten Einkommen. Mandelsloh, nachdem er tief in Indien eingedrungen, kehrte im fünften Jahre, um Afrika herumschiffend, über England und Holland nach Holstein zurück, ging darauf in französische Kriegsdienste, und starb zu Paris an den Kinderpocken im Jahre 1644 erst achtundzwanzig Jahr alt. Die schätzbare Beschreibung seiner Reise hat Olearius ergänzt und herausgegeben, auch demselben, früherer gegenseitiger Verabredung zufolge, ein poetisches Ehrengedächtniß gesetzt. Uechtritz blieb als Kammerjunker am holsteinischen Hofe zu Gottorf; eine kurze Reisebeschreibung, die er verfaßt, gab gleichfalls Olearius heraus. Imhoff scheint nach Nürnberg zurückgekehrt zu sein, wie schon früher eben dahin der Patrizier Böhmer. Grünewald, Patrizier aus Danzig, der schon früher große Reisen nach Ost- und Westindien ausgeführt hatte, starb noch auf der Heimkehr in Moskau. Der Schiffer Cornelius Clausen ging als Ingenieur in des Zars Dienste, und gab der Stadt Terki in Tscherkassien neue Befestigung. Der Schiffer Cordes, der in Ispahan zurückgeblieben war, starb auf einem englischen Schiffe, auf dem er nach Europa reisen wollte. Was aus Bernulli geworden, finden wir nicht angezeigt. Die große Unternehmung selbst, welche so viele Menschen in Bewegung gesetzt, und so viele Lebens- und Todesgeschicke in weiter Ferne wie in der Nähe bedingt hatte, blieb ohne Frucht; die so mühsam und kostspielig angeknüpften Fäden rissen bald wieder ab, da bei dem zwischen Rußland und Persien schon bestehenden Verkehr für die Holsteiner höchstens der Gewürzhandel mit Indien übrig blieb, und sowohl Russen als Schweden übergroßen Vortheil von dem neuen Handelsbetrieb vorausbegehrten, auch selbst die Perser, nachdem Berichte ihres aus Holstein zurückgekehrten Gesandten, die Macht und Hülfsmittel des Herzogs von Holstein für zu gering hielten, ein so weitaussehendes, großes Geschäft auf die Dauer durchzuführen. Die politischen Plane, welche sich den Handelsabsichten verknüpft hatten, vermochten noch weniger in die Wirklichkeit einzudringen, und verloren sich schnell, ohne eine Spur zu hinterlassen.

Nachtrag.

Der rusische Fürst A. Labanoff ließ in Paris im Jahre 1828 ein Sendschreiben an den damaligen Herausgeber der Zeitschrift le Globe drucken, worin die Angaben über den hier erwähnten Karl von Talleyrand berichtigt wurden. Der Verfasser der Biographie Flemming's antwortete hierauf durch folgenden Brief an denselben Herausgeber Hrn. Dubois.

A M. le rédacteur du Globe.

Berlin, juin 1828.

M. le prince A. Labanoff, dans la lettre qu'il vous a adressée au sujet d'un article sur mes Monumens biographiques, prouve d'une manière irrécusable, que Charles de Talleyrand, dont parle Oléarius dans sa relation du voyage de Moscovie, n'a pas été, comme l'a prétendu cet auteur, ambassadeur du roi de France, mais bien du prince de Transylvanie, et que déjà il avait cessé de l'être, par la mort de ce prince, à l'époque où il fut relégué en Sibérie par le tzar Michel Féodorowitch, auquel on l'avait signalé comme conspirateur contre le salut de l'état. Les recherches aussi heureuses que scrupuleuses de M. le prince Labanoff ne laissent plus subsister à cet égard le moindre doute, et l'erreur d'Oléarius est manifeste. Elle est d'ailleurs facile à expliquer. Talleyrand était français, il avait été agent diplomatique, le roi de France avait intercédé pour lui auprès du tzar, rien de plus naturel que de lui supposer, vû ses antécédens, une mission française, et peut-être lui-même, d'après l'observation très-juste de M. le prince Labanoff, n'était-il pas empressé d'en éloigner l'apparence.

Oléarius a été mon guide principal pour la biographie du poète Flemming, son compagnon de voyage et son ami, et il l'a dû être encore pour ce fait particulier, qui d'ailleurs n'entrait dans mon livre que sous le rapport de l'impression un peu sinistre que dût faire la rencontre du singulier personnage diplomatique sur des voyageurs qui entraient dans un pays, d'où lui-même sortait après une captivité de trois ans. J'avoue franchement que l'autorité d'Oléarius à ce sujet ne m'a point paru affaiblie par l'opinion de Voltaire, qui, dans son histoire de Pierre le Grand, a cherché à le réfuter par un raisonnement plus spécieux que solide. Ce n'est que par la lettre authentique de Louis XIII, publiée aujourd'hui par

M. le prince Labanoff, que l'affaire s'éclaircit complètement, et que chacun des deux auteurs est rectifié pour sa part: Oléarius, pour avoir donné à Talleyrand la qualité d'ambassadeur français, Voltaire, pour avoir soutenu qu'il n'avait eu aucune mission. Reconnaissant le fait comme il est maintenant établi, et sans vouloir en aucune manière discuter ici une question des plus délicates du droit des gens, je me permets seulement d'observer, que l'inviolabilité des agens diplomatiques, telle que paraît l'admettre M. le prince Labanoff, pourrait bien ne pas suffire à fixer le résultat qu'il a en vue. Car, s'il est incontestable, que l'inviolabilité d'un ambassadeur ne s'éteint pas entièrement avec ses fonctions, mais s'étend au-delà, et doit en tout cas lui assurer encore un libre retour dans son pays, de l'autre côté, l'histoire même très-moderne présente plusieurs exemples, où des gouvernemens des plus considérés ont cru être dans leur bon droit en ôtant ce privilège aux ambassadeurs coupables, ou prévenus de trahison. Aussi Oléarius lui-même ne qualifie-t-il nulle part la détention de Talleyrand de violation du droit des gens.

Je ne pense pas, au reste, que l'honneur national soit bien vivement intéressé à repousser des accusations de ce genre, relativement à des faits aussi éloignés, et qui n'ont plus aucune liaison directe avec nous. L'honneur des nations et des gouvernemens repose sur leur marche générale vers le grand but d'un développement physique et moral toujours croissant, et non sur des faits isolés; s'il s'en trouve toujours de ces derniers, qu'on ne saurait justifier, il n'en faut pas moins les mettre à leur place tels qu'ils sont. Chaque génération d'ailleurs n'est responsable que de ce qui lui appartient par elle-même. Sous ce rapport la Russie actuelle n'a rien à envier à l'ancienne Moscovie.

Varnhagen d'Ense.

Freiherr Friedrich von Canitz.

Der Dichter und der Staatsmann, in mancher Hinsicht einander äußerlich entgegengesetzt, stehen gleichwohl in so verwandten inneren Bezügen, daß ihre wirkliche Verbindung stets, für beide mit gleichem Vortheil, in höherem Lebensreiz erscheint. Besonders der diplomatische Beruf, welchem gemeine Naturen meist nur thörichte Klugheit und eitlen Genuß abgewinnen, verbindet in edleren sich gern mit der Pflege schöner Kunst und geistreicher Bildung, dem würdigsten Elemente der Staatsgeselligkeit, als welche jener Beruf in letzter Ansicht doch immer sich darstellen muß. Unter den vielen Beispielen, welche das Vaterland uns von solchen Verbindungen giebt, ist nicht leicht eines berühmter, als das des Dichters, dessen Namen die Ueberschrift nennt, und dessen Ruhm allerdings nicht seinem Talent allein, sondern hauptsächlich der Verbindung, in der es erschien, so günstig entstiegen ist, daß noch jetzt um des Dichters willen wir den sonst vergessenen Staatsmann in ihm zu berücksichtigen haben.

Friedrich Rudolf von Canitz, aus einem altadeligen, in Preußen, Sachsen und Hessen begüterten Geschlecht, wurde geboren zu Berlin den 27. November des Jahres 1654. Sein Vater, zuletzt Hof- und Kammergerichtsrath daselbst, war schon einige Monate vorher gestorben. Seine Mutter, die Tochter des durch treue Ergebenheit und wichtige Dienste seinem Fürsten so werthen Konrad von Burgsdorf, einstigen Oberkammerherrn und Kriegsbefehlshabers des großen Kurfürsten, wurde gleichfalls dem Sohne früh entzogen, indem ihre Jugend und Lebhaftigkeit eines neuen Anhalts bedurften, den sie alsbald in einem zweiten Gatten, dem Obersten von der Golz, gefunden glaubte. Der junge Canitz wurde daher gänzlich der Obhut seiner Großmutter, der verwittweten

Oberkammerherrin von Burgsdorf, anvertraut, und von dieser
würdigen und verständigen Frau mit größter Sorgfalt auferzogen. Der Knabe war von schöner Bildung und gut-
geartetem Wesen, sein aufgeweckter Geist gab sich früh zu
erkennen, und lernte leicht und gern, und alles in ihm verkündigte einen ausgezeichneten Jüngling, der zu den größten
Hoffnungen berechtigte. Mit des großen Kurfürsten Regierung hatte Berlin bereits ein neues Leben begonnen, schon
erblühten hier die Bestrebungen und die Hülfsmittel geistiger
Vorzüge, und Canitz fand in Sprachen und Wissenschaften,
wie in Leibesübungen und Künsten, durch ausgesuchte Lehrer
den fruchtbarsten Unterricht. In seinem siebenzehnten Jahre
schien er reif genug zur Universität, wohin sein lebhafter
Sinn, gleich begierig nach Studien und Weltkenntniß, eifrigst
verlangte. Sein Wunsch wurde erfüllt, und im Jahre 1671
ging er nach Holland, wo er unter guter Aufsicht die Universität Leiden bezog, welche damals in höchstem Rufe stand.
Er machte daselbst gute Fortschritte, blieb aber nicht viel
über ein Jahr, weil das Verlangen seiner Mutter, und insbesondre seiner Großmutter, eine so weite Entfernung nicht
länger zugeben wollte. Er kam nach Berlin zurück, verließ
aber, nach einigem Aufenthalt bei den Seinigen, die Heimat
wieder, um abermals auswärts, doch jetzt mehr in der Nähe,
seine Studien fortzusetzen. Auf der Universität zu Leipzig,
wohin er im Jahre 1673 abging, betrieb er hierauf die
Rechts- und Staatswissenschaften eifrigst, und mit so großem
Fleiß und Erfolg, daß er schon im Herbste des folgenden
Jahres eine historisch-politische Dissertation de cautelis prin-
cipum circa colloquia et congressus mutuos drucken ließ,
und unter dem Vorsitze des berühmten Thomasius öffentlich
vertheidigte; er widmete dieselbe dem brandenburgischen Kurprinzen Karl Aemil, dessen hoffnungsvoller Jugend die seinige sich mit früher Aufmerksamkeit anschloß, allein der Prinz
wurde bald nachher durch ein hitziges Fieber zu Straßburg
in der Blüthe seiner Jahre hinweggerafft.

In Leipzig bildeten sich für Canitz auch die Jugend-
freundschaften, welche neben den Studien meist als ein Haupt-
gewinn von Universitäten her sich über das folgende Leben,

in That ober in Erinnerung, fruchtbar ausbreiten. Ein Herr von Einsiedel, ein junger Pose und dessen Hofmeister Zapfe, waren ihm durch Gemüthsart, Sitten und Neigungen die Nächsten und Vertrautesten. Besonders aber mit dem letzteren, als dem ohne Zweifel Bedeutendsten des kleinen Kreises, schloß er die brüderlichste Freundschaft, welche, gegründet auf die Innigkeit edler Empfindungen, durch die gemeinsame Wendung zur Dichtkunst, und in wetteifernder Ausübung derselben, noch reicher belebt wurde. Schon in seinem Schülerstande, wie Caniz in seiner Satyre von der Poesie selbst berichtet, hob sich „diese Kurzweil des Reimens" an, welche oft seinen Fleiß unterbrach. Als geistige Geschicklichkeit hatte sein Talent gleich zuerst sich angekündigt, und diesen Karakter behielt sein Dichten auch in der Folgezeit, mehr ein anmuthiges Spiel, als ein Ausbruch leidenschaftlichen Dranges, aber deßhalb selbst eine fast unwiderstehliche Leidenschaft. In gleicher Weise scheint es auch mit Zapfe's dichterischer Liebhaberei bestellt gewesen zu sein. Die beiden Freunde förderten sich wechselseitig in ihrer Bahn, indem sie einander ihre Versuche stets mittheilten, und vereint einem Besseren entgegenstrebten, welches sie zunächst in geläutertem Geschmack des Vortrags, des inneren der Bilder und des äußeren der Worte, zu finden hofften; sie unternahmen deßhalb auch gern Uebersetzungen, wobei jene Richtung im ergiebigsten Felde den weitesten Raum hatte. Caniz'ens persönliche Liebenswürdigkeit, welche den Freundeskreis angenehm belebte, seine an witzigen Scherzen und muntren Einfällen reiche Laune, die sich stets in den Schranken eines gleichmäßigen, gefälligen Betragens hielt, gingen auch in seine Dichtung über, und das älteste seiner uns aufbewahrten Gedichte ist eine scherzhafte Lobpreisung Zapfe's, der auf dem Vogelschießen in Zwickau einen Flügel abgeschossen und damit einen Preis gewonnen hatte; was die Zeit damals Ernstliches neben dem Scherze führte, geben folgende Zeilen bedeutend an:

„Fragt uns Einer, ob wir nicht
Etwas Neues wo gehöret?

Was man von Turenne spricht,
Ob er noch die Pfalz verstöret?
Trägt er den Bescheid davon:
Daß wir anders nichts vernommen,
Als daß unser Floridon
Dreißig Gulden jüngst bekommen."

Diese Summe wird denn sogleich, wie billig, für einen Schmaus angesprochen. Auch Einsiedel hatte Theil an dem Gedicht. Inzwischen brachte schon das folgende Jahr 1675 dem heitern akademischen Kreise seine Auflösung. Einsiedel und Bose gingen nach Tübingen, Zapfe nach Jena, um daselbst seine eignen Studien in der Rechtswissenschaft abzuschließen, und Canitz kehrte nach Berlin zurück, um dort seine größeren Reiseplane zur Ausführung zu fördern.

In dem genannten Jahre wurde die Mark Brandenburg von dem unerträglichen Drucke der schwedischen Kriegsvölker, die das ganze Land durchraubten, und die Einwohner grausam zerquälten, durch die unerwartet schnelle Heimkunft des großen Kurfürsten und seiner tapferen Kriegerschaar, durch seinen am 18. Juni erfochtenen Sieg bei Fehrbellin und die darauf erfolgenden raschen Kriegsereignisse, herrlich befreit und einer gedeihlichen Ordnung zurückgegeben. Die zerrütteten Verhältnisse stellten sich allmählig her, das Land erhob sich wieder, und Canitz, den seine erwählte Lebensbahn von unmittelbarer Theilnahme an jenen kriegerischen Thaten zurückhielt, durfte im Schutze so glücklicher Erfolge desto ungestörter seinem persönlichen Zwecke nachgehn. Zwar ungern entließ ihn die Großmutter, nachdem aber die Erlaubniß des Kurfürsten eingegangen war, zufolge welcher nicht nur ihm selbst zu reisen, sondern auch dem Kurfürstlichen Sekretair Weiß ihn als Führer zu begleiten vergönnt wurde, trat er mit diesem noch in demselben Jahre seine Wanderung an. Eine ausführliche Reiseverordnung, von Mutter und Großmutter nach dem verständigen, vorsorglichen Sinne der letzteren eingerichtet und von derselben unterschrieben, wurde dem übrigens schon bewährten Führer bei der Abreise zur Richtschnur mitgegeben. Die Reise ging über Leipzig nach Jena, wo Canitz den geliebten Freund Zapfe zu überraschen meinte, ihn aber wegen zufälliger Abwesenheit verfehlte; er setzte sich aber an dessen Schreibtisch, gab schriftlich von seiner verfehlten Absicht und seinem weiteren Vorhaben dem Freunde Nachricht, und erbat sich, mit einstweiligem zärtlichen Abschied, einen pünktlichen Briefwechsel. Als Zapfe bei seiner Heimkehr dieses hinterlassene Schreiben fand, konnte er sich lange nicht zufrieden geben, die Zuneigung des versäumten Freundes war seinem Herzen so theuer, wie der Ausdruck derselben seinem Verhältnisse ehrenvoll. Canitz indeß reiste über Augsburg und Innsbruck nach Venedig, wo er im November eintraf, und nebst seinem Gefährten gleich an der Feierlichkeit Theil nahm, durch welche die dortige deutsche Landsmannschaft dem neuerwählten Doge Sagredo ihren Glückwunsch öffentlich darbrachte. Von hier ging nach kurzem Aufenthalt die Reise über Padua, Loretto und Spoleto auf sehr beschwerlichen Wegen, wie denn Canitz mit dem Pferde zwischen Felsen und Abgründen lebensgefährlich, doch noch glücklich genug, stürzte, nach Rom, wo eben das vom Pabst ausgeschriebene Jubeljahr ablief. Im Anfange des Jahres 1676 begaben sich die beiden Reisenden auf eine Zeit nach Neapel. Hier geriethen sie nebst einigen andern Fremden auf einem Ausfluge nach Pozzuolo in große Gefahr; ihr Vetturin und Pferdevermiether vergriff sich thätlich an dem Cicerone dieses Ortes, woraus ein heftiger Auflauf entstand, der Pöbel gerieth in Wuth, und griff mit Steinen und Feuergewehr die Fremden so mörderisch an, daß diese nur mit genauer Noth zu Pferde kamen, und in eiliger Flucht dem Untergang entrannen. Schon war Canitz mit allen Andern weit in Sicherheit, als er plötzlich wahrnahm, daß sein Gefährte Weiß noch fehle; ohne sich zu besinnen, sprengte er sogleich, von nur noch Einem begleitet, zurück in die augenscheinlichste Gefahr, um jenen zu retten, der aber glücklicherweise, zwar verspätet aber doch unbeschädigt entkommen, seinem edlen Freunde schon unterwegs begegnete. Von Neapel nach Rom zurückgekehrt, wandte Canitz mit großem Eifer sich auf die Studien; die römischen Alterthümer, die italiänische Sprache und Litteratur, so wie die Landes- und Staatenkunde des neueren Italiens, letztere mit Hülfe handschriftlicher Nachrichten, die insgeheim für ansehnliches Geld ausgegeben wurden, und nach Anleitung des eben damals erschienenen Buches Italia regnante von Gregorio Leti, waren Gegenstände seiner täglichen Beschäftigung. Durch Weiß, dem das Empfehlungsschreiben eines Gelehrten aus Frankreich den Weg eröffnete, wurde er auch mit dem berühmten Jesuiten Athanasius Kircher bekannt, der, aus Fulda gebürtig, die deutschen Landsleute freundlichst aufnahm, ihnen seine merkwürdigen Sammlungen und neusten physikalischen Erfindungen vorzeigte, sie nachgehends noch mit ausgezeichneten Mitgliedern der Gesellschaft Jesu bekannt machte, und ihnen überhaupt alle Freundschaft erwies; der wackere Mann ging so weit, seine wißbegierigen jungen Freunde in verschiedenen Wissenschaften selber zu unterrichten, unter andern auch in der musikalischen Komposition, zu Canitz'ens höchster Befriedigung, dem diese verwandte Kunst auch neue Anregung zum Dichten geben sollte. An Kunstsachen und andern Seltenheiten wurde manches gesammelt; die Merkwürdigkeiten des kirchlichen Roms und des neurömischen Lebens blieben dabei nicht verabsäumt; die Anwesenheit der katholisch gewordenen Königin Christina von Schweden gab dem Karnaval des Jahres 1676 einen besonderen Reiz und Glanz, und nachdem unsre Reisenden den Aufenthalt in Rom mit der Lustbarkeit dieser berauschenden Tage geschlossen, nahmen sie ihren Weg über Siena, Livorno und Lucca nach Florenz, und hierauf über Bologna und Ferrara wieder nach Venedig. Canitz fand überall die ausgezeichnetste Aufnahme, angesehene Empfehlungen führten ihn bei den Vornehmen ein, noch erwünschter eröffneten ihm Kircher's wirksame Schreiben den Zutritt zu allen bedeutenden Gelehrten und andern durch Geist und Kenntnisse merkwürdigen Männern Italiens, mit welchen jener vielseitige und thätige Mann regen Verkehr hatte.

Canitz dachte bei allem, was er sah und was ihm begegnete, treulichst an seinen Freund Zapfe, dem er auch öfters Bericht gab, bald in Versen bald in Prosa, wie Zeit und Laune es mit sich brachte. In einem poetischen Sendschreiben aus Rom beschuldigt er sich zwar großer

Versäumniß, allein er sagt zugleich zu seiner Vertheidigung:

„Hab' ich gleich manche Post mit Müßiggehn verschlichen,
Sind die Gedanken doch als Boten abgeschickt.
Ach, könnten sie den Flug nach meinem Willen lehren,
Wohin mein heißer Wunsch sie eigentlich begehrt,
Du würdest Tag vor Tag die schnelle Zeitung hören:
Sei tausendmal gegrüßt!" —

worauf das Schreiben in Prosa übergeht. Ein anderer Brief vom 6. Mai, worin Canitz aus Venedig seine Reise von Rom bis dahin berichtet, ist sowohl wegen der Zeitumstände, welche darin wiederscheinen, als wegen der persönlichen Züge, die sich daraus ergeben, mittheilenswerth, und lautet wie folgt: „Gleich jetzo, da ich aus dem Schiffe steige, und meine Briefe von dem Kaufmann abholen lasse, wird mir dein angenehmes vom 22. März eingehändiget. Der Kopf schwindelt mir noch etwas von den adriatischen Wellen, sonst solltest du sehen, daß meine Muse auch nicht sogar in dieser heißen Landschaft verschmachtet sei, fahre du aber nur fort, und erwarte künftig von mir etwas bessers. Mein Rückweg von Rom hieher ist über Florenz gegangen, weil ich die Reise von der andern Seite, im vorigen Jahr, allbereit gethan habe. Der Großherzog ist der höflichste Fürst, den man sich einbilden kann, er erinnerte sich, daß ihm von meinem Stiefvater und meiner Mutter, als er durch die Mark Brandenburg gereiset, einige Höflichkeit widerfahren, bezeugte darüber ein großes Vergnügen, und unterredete sich mit mir über eine halbe Stunde von dem Zustande der Kurfürstlichen Waffen, wovon er bessere Nachricht hatte, als ich ihm geben konnte. Am Morgen darauf schickte er mir etliche Bedienten in's Haus, die mich mit fetten Kapaunen und allerhand Federwildpret, großen Würsten, Marzellin-Käsen, Zuckerwerke und andern Leckerbissen, vornehmlich aber mit den herrlichen Weinen, als Verdea, Clairetto, Trebisano und andern dergleichen Arten, wohl auf 8 Tage versahen. Ungeachtet mich dieses ein ziemliches Trinkgeld gekostet, so hätte ich doch doppelt so viel geben, wenn ich wünschte, solches in deiner angenehmen Gesellschaft hätte verzehren können. Wir sind, nach unserm Vorsatze, eben noch zu recht hier angelangt, um dem Feste der Meervermählung mit beizuwohnen, bei welcher öffentlichen Seelust die Pracht der ganzen Stadt am besten zu sehen. Herzog Christian von Gotha, den ich schon zu Rom gekennet, ist nebst seinen Leuten, darunter ein Herr von Watzdorf, Hanstein und Abemann, deßwegen auch hier angekommen, und wohnt mit uns in Einem Hause; wir besehen auch alles zusammen in Gesellschaft. Von des Emanuel Thesaurus Sachen, die du so sehr zu sehen wünschest, habe schon vieles aufgetrieben, darunter seine Ars lapidaria et argutiarum, seine Philosophia moralis, seine Historia regni Italiae, wie auch seine Panegyrici sacri et profani, die doch meist in italiänischer Sprache geschrieben; wenn ich durch Turin gehe, hoffe ich mehr von ihm zu kriegen. Ich verthue viel Geld in Büchern, und kaufe viel akademische Diskurse über die allerseltensten Materien, welche von den klügsten Köpfen durch ganz Italien, in ihren gelehrten Zusammenkünften oder Akademieen öffentlich verlesen, und bisweilen in Druck gegeben werden. Ich bin eine Nacht oder drei in einer Barke auf dem Wasser gelegen, daß mir die Rippen im Leibe davon wehe thun, und hätte schon etliche Sonette zum Lobe dieses Nachtlagers verfertigt, zumal da ich jetzund auch die italiänischen Poeten lese, daraus ich gerne manche schöne Redensart und Erfindung anbrächte, wann ich dich concium et arbitrum otii mei bei mir hätte. Schicke mir künftig deine Briefe nur gleich nach Lyon, doch spare ja kein Papier. Ich habe Rom sehr ungerne verlassen, und wann ich vorhin schon in Frankreich gewesen wäre, hätte mich dieser Ort leicht länger halten können; aber das nützlichste und nöthigste muß vorgehen. Meine Großmutter ist über siebenzig Jahre, sollte sie abgehen, würde mein Reisen entweder gar

geschehen lassen, daß ich hinreiste, sie würde aber selbst auf meine Sicherheit, und daß ich nicht angehalten werden möchte, bedacht sein müssen. Das Gegentheil versichern mich viele Deutsche, die ohne Gefahr sich allda aufgehalten haben. Ich will also in Gottesnamen hinreisen, und dich daselbst mit Verlangen erwarten u. s. w." Dem vergleichenden Betrachter der Zeiten mag bei diesem Einblick in vergangenes Leben nicht entgehen, daß, obgleich Canitz'ens Gedichte von einem Dichter heutiges Tages sich seltsam ausnehmen, und kaum irgend einem jetzigen Anspruche genügen würden, doch der Ausdruck der Lebensbeziehungen, wie sie als menschliches Interesse und persönliches Verhältniß, als innere Gesinnung und äußeres Treiben in seinem Briefe sich darstellen, noch jetzt in fast gleichem Werthe bestehen darf, und wir daher mit desto größerem Bedauern Briefsammlungen und Denkwürdigkeiten, durch welche Leben und Zeit solch bedeutender Personen reichhaltig überliefert sein könnten, in unsrem vaterländischen Besitzthume zu missen haben.

Die Reise ging von Venedig zu Wasser nach Padua, wo Canitz und sein Führer durch die Unkunde des Schiffers abends bei der Ankunft in die größte Gefahr geriethen, und einzeln, an starken Ketten sich anhaltend, mit höchster Anstrengung das hohe Ufer hinaufklettern mußten. Sie kamen hier mit den gelehrtesten Männern aus allen Fächern durch die Hülfe des gelehrten Karl Patin, der einige Jahre zuvor aus Frankreich geflüchtet war, in gute Bekanntschaft, deßgleichen durch dessen Briefe in Verona und Mailand. Nachdem sie noch Genua und darauf Turin besucht, wo sie am Hofe, statt der gezwungenen italiänischen Lebensart, schon die freiere französische Sitte überwiegen fanden, ließen sie sich über den Berg Cenis tragen, und gelangten nach Chambery. Hier ging Weiß nach Lyon voraus, um von dem dortigen Erzbischof, einem Bruder des Marschalls von Villeroi, einen Geleitsbrief zu erwirken; der damalige Krieg zwischen Frankreich und Deutschland machte diese Vorsicht nöthig. Canitz aber begab sich einstweilen nach Genf, wo er Einsiedel und Bose, die von Tübingen kommen sollten, zu sehen hoffte; da sich jedoch ihre Ankunft verzögerte, und bentlichkeit seines Weiterreisens balb gehoben war, so folgte er, nach kurzem, wohlbenutzten Aufenthalt, seinem Freunde nach Lyon, wo der Erzbischof ihn freundlich in Obhut nahm. Sie blieben hier während der schönsten Sommerzeit fast drei Monate, und Canitz benutzte die Gelegenheit, in Gesellschaft mehrerer böhmischen und österreichischen Edelleute sich in Sprachkenntnissen und ritterlichen Leibesübungen, besonders auch im Tanze, fertiger auszubilden. Einsiedel und Bose fanden sich zum achttägigen Besuch von Genf hier ein, und die Zeit verging in angenehmsten Vergnügungen. Das schöne Land und muntere Volk machten auf Canitz den größten Eindruck, französische Lebensart und Bildung entzückten ihn, er glaubte sich in eine höhere Welt versetzt; seinen Freund Zapfe, der schon früher in Paris gewesen und abermals eine Reise nach Frankreich beabsichtigte, bestärkte er eifrigst in diesem Vorhaben, und verhieß ihm den herrlichsten Genuß; er ruft ihm zu; „an's Tageslicht der edlen Freiheit zu kommen und nicht länger in der Nacht zu tappen, die kalten Geister, die in blinder Einfalt sich an Dünsten vergnügen und in der Luft ein grillenvolles Haus bauen, zu verlassen, und am Rhonestrand Sicherheit und freien Umgang zu genießen;" scherzhaft anspielend auf einige Vorgänge, von welchen Zapfe ihm geschrieben hatte, sagt er zuletzt:

„Komm, Freund, weil Frankreich dir in allem alles reicht!
Suchst du ein Feuerwerk? Hier brennen edle Flammen.
Liebst du die Gartenlust? Hier ist ein Paradies.
Bezaubert dich ein Buch? Hier hast du mehr beisammen,
Als kaum den Namen nach man dich noch kennen ließ.
Laß Vers' und Lieder uns hier in die Wette schreiben,
Hier, wo Vernunft und Reim gern bei einander steht."

Im letzten Verse glänzt denn auch die zwischen den angeblichen Todfeinden durch Boileau so wirksam gestiftete, und unaufhörlich wieder gepriesene und empfohlene Eintracht von raison und rime, deren gelungene Kuppelung den Franzosen so lange Zeit für ein Höchstes galt! An Canitz'ens Entzücken indeß hatte Liebesneigung keinen Antheil; denn wiewohl in der Tischgesellschaft, der er sich angeschlossen, acht junge

Frauenzimmer waren, welchen, als den besten Lehrmeisterinnen, er zum Sprechen und Tanzen stets gewärtig sein wollte, so blieb ihm doch aus so lebhaftem Verkehr nur der Titel eines Gleichgültigen und Unempfindlichen, womit er auch ganz wohl zufrieden war. Von Lyon reisten Canitz und Weiß durch die Provence und Languedoc, und kamen über Avignon, Marseille, Nismes, Montpellier und Toulouse nach Bordeaux, nicht ohne gefahrvolle Beschwerden, denn im Gebirge stürzten bei Nacht die Maulthiere mit der Sänfte in ein tiefes Wasser, und auf der Garonne wurde das Schiff plötzlich leck. Von Bordeaux fuhren sie hierauf mit der gewöhnlichen Landkutsche über Blois und Orleans ohne weitern Zufall nach Paris, wo sie gegen Ende des Oktobers wohlbehalten eintrafen.

Auch hier blieb Canitz in seiner gewohnten Weise; er lebte in der großen Welt, besuchte den königlichen Hof zu Saint-Germain, wo besonders der Dauphin ihn gnädig auszeichnete, und nahm an allem Theil, was einem jungen Manne seines Standes eröffnet war; allein vor allem strebte er, sich in Wissenschaften und Künsten zu vervollkommnen; er wandte fortgesetzten Fleiß auf die französische Sprache, lernte daneben mit Eifer spanisch und englisch, bemühte sich um die Bekanntschaft der ausgezeichnetsten Künstler und Gelehrten, und bereicherte seine schon vielseitigen Sachkenntnisse mit vielen neuen, unter andern auch mit denen des Bauwesens. Zu diesen geistigen Anstrengungen gesellte sich noch die körperliche der Reitschule; allein seine Gesundheit litt unter so mannigfachem Andrang, und im Frühjahr 1677 machte er eine ernstliche Krankheit. Anfangs hatte er anderthalb Jahre für Paris bestimmt, in der Meinung aber, daß die dortige Luft ihm nicht bekomme, wollte er jetzt schon nach sechs Monaten diese Hauptstadt verlassen, und nach England hinübergehn, auch durch anderweitige Gründe nunmehr veranlaßt, seine ganze Reise beträchtlich abzukürzen. In seiner Familie hatte sich nämlich eine wichtige Veränderung ereignet. Seine Mutter lebte mit ihrem zweiten Manne, dem General von der Goltz, in heftigem Unfrieden, sie glaubte gegen ihn so gegründete Klage zu haben, daß sie bei dem

Kurfürsten die Ehescheidung nachsuchte und auch alsbald erlangte; allein das Glück ihrer neuen Freiheit konnte der lebhaften und von mancherlei Ansprüchen bewegten Frau nur kurze Zeit genügen, sie dachte an neue Verheirathung, und folgte dabei dem wunderlichsten Einfall. Der Glanz und die Anmuth der französischen Bildung, wie sie von Ludwigs des Vierzehnten Hof in der vereinten Macht der reizendsten Geselligkeit und geistreichsten Litteratur über die ganze Nation ausstrahlte, war auch in andere Länder unwiderstehlich vorgedrungen, und jene große Erscheinung, die wie Zauber wirkte, konnte niemand unergriffen lassen. Wir haben gesehn, mit welchem Entzücken Canitz den Reiz dieser Sittenanmuth empfindet, und ihren schmeichelnden Wogen sich hingiebt. Aber auch in Berlin war diese Anmuth schon nicht fremd mehr, einzelne Vorbilder zeigten dieselbe mit wesentlicheren Eigenschaften in glücklichstem Verein, und die befangensten Vorstellungen durften sich in dieser Richtung entwickeln. Mit gleichem Entzücken wie Canitz, war auch seine Mutter von jenem Reiz ergriffen, und mit launenhafter Schwärmerei sah sie das allgemeine Bild einer nationalen Liebenswürdigkeit lieber gleich als ein persönliches jedes Einzelnen an; sie faßte den Vorsatz, einen Franzosen zu heirathen, und da ein Franzose ihr schon als solcher in ganz bestimmter Vollkommenheit erschien, so kam auf die Wahl nun nicht besonders viel an; die rasche Dame entschloß sich kurz, sie schrieb einem Kommissionair in Paris, dessen Geschmack ihr schon durch häufige Modesendungen erprobt war, er solle ihr von dort nun auch einen Mann schicken, den sie heirathen könne, derselbe müsse jung, hübsch, rüstig, fein und geistvoll, und demnächst auch, wie billig, von Adel sein. Dem für die seltsame Heirathslaune glücklich Angeworbenen, der bald genug von Paris abgeschickt in Berlin bei seiner Bestellerin eintraf, und wiewohl schon ein Mann von fünfzig Jahren und keineswegs hübsch und rüstig, dennoch zum Aufsehn und Lärmen aller Welt wirklich von ihr geheirathet wurde, wollte man kaum jenes letzte Erforderniß zugestehn, man hielt ihn für enen Abentheurer, und seinen Namen Peter von Larrey, Baron von Brunbose für angemaßt. Die ganze vornehme Welt war ärgerlichst erschüttert; das neue Ehepaar wurde die Zielscheibe des bittersten Spottes und Gelächters; der Vorgang kam in der Folge sogar in zwei deutschen Schauspielen auf die Bühne, beide Theile wurden als garstig betrogen vorgestellt. Doch war in der Wirklichkeit jene Ehe nichts weniger als unglücklich; beide Gatten lebten sehr zufrieden mit einander. In welcher Art Canitz von dem Beginnen seiner Mutter getroffen wurde, das grade in die Zeit fiel, da er selbst in Paris war, läßt sich leicht erachten. Er kam in den Fall, über seinen Stiefvater, wie über den fremdesten Menschen, die sonderbarsten Erkundigungen einziehen zu müssen, und durfte noch froh sein, die lächerlichen und verdrießlichen Angaben, die von Berlin her verlauteten, zum Theil widerlegen zu können. Seinem Freunde schrieb er von dieser Sache: „Mein neuer Stiefvater, der andere dieses Namens, soll kraus sein. Er heißt Baron Bruuboc, und ist, wie ich nunmehr von gewisser Hand allhier erfahren, von gutem Hause. Sein Bruder ist der Marquis Larrey, ein Edelmann in der Normandie. Mit der Scheidung ist es wunderlich hergegangen. Meine Großmutter ist mit der neuen Heirath sehr übel zufrieden, ich aber gebe mich nun besser darein, als im Anfange, da ich noch etwas Hoffnung zur Aenderung hatte: Und sehe nun geduldig an, was ich doch nicht mehr ändern kann." Indeß war sein Familienverhältniß dadurch sehr gestört, und er selbst nun ganz an seine Großmutter gewiesen, welche nach einem so großen Ereignisse mancherlei Rücksprache und Anordnung nöthig fand.

Die beiden Freunde reisten von Paris ab, und schifften von Dieppe nach England hinüber. In London besuchten sie sogleich den brandenburgischen Gesandten Freiherrn von Schwerin, welcher sie bei Hof, im diplomatischen Kreise und bei mehreren vornehmen Engländern einführte, und sie auch zu einem Schmause des Lord-Mayor mitnahm. Sie besahen alle Merkwürdigkeiten, eilten aber bald wieder fort, schifften nach den Niederlanden über, und gingen zuerst nach Leiden, wo sie den jüngeren Gronovius und den gelehrten Arzt und Theologen Stenon aus Dänemark als alte Bekannte wiedersahen. Nach einem vierzehntägigen Aufenthalt im Haag eilten sie nach Nimwegen, wo grabe der große Friedenskongreß gehalten wurde, dessen Schluß von jener Stadt den Namen führt. Die Reisenden fanden auch hier bei den brandenburgischen Bevollmächtigten von Somnitz und von Blaspiel die günstigste Aufnahme, und wurden durch deren Vermittelung leicht mit den angesehensten Staatsmännern, die hier aus allen Ländern versammelt waren, persönlich bekannt, welches für Canitz, als seiner künftigen Laufbahn entsprechend, besonderen Werth hatte. Auch knüpfte er während dieses Aufenthalts mit dem brandenburgischen Gesandtschaftsmarschall Eusebius von Brand, welcher leidenschaftlich für deutsche Dichtkunst eingenommen war, und selbst mit Glück sie übte, eine vertraute Freundschaft, die sich durch die Folge stets bewährte. Ueber Kleve wurde darauf die Reise ohne weiteren Aufenthalt bis Berlin fortgesetzt. Hier fand Canitz, dessen Erscheinung den ihm vorausgegangenen Ruf eines trefflich gebildeten und fähigen jungen Mannes glänzend bestätigte, den glücklichsten Empfang, sowohl von Seiten seiner Angehörigen, als auch des Hofes und des Kurfürsten selbst, der ihm sogleich nach schon vorbereiteter Bestimmung, Titel und Rang eines Kammerjunkers an seinem Hof verlieh. In andrer Weise hatte seine Großmutter für ihn gesorgt, indem sie ihr ganzes Vermögen für ihn sichergestellt, dessen bester Theil, nähmlich das Gut Blumberg und ihr Wohnhaus in Berlin, zusammen damals über 70,000 Thaler werth, nebst noch vielen Kostbarkeiten, ihm unmittelbar nach ihrem Tode, das übrige aber, dessen Nießbrauch seiner Mutter überlassen wurde, ihm nach deren Ableben unverkürzt zufallen sollte. Nur das persönliche Verhältniß zu dieser, welche mit ihrem Gatten ein nahgelegenes Gut bewohnte, blieb zu seinem Leidwesen fürerst noch im Trüben, da seine Großmutter ihn wegen der Gefahren, welche sie dort für ihn vorhanden wähnte, anfangs durchaus zurückhielt, und gleich in der nächsten Zeit sein neuer Dienstberuf ihn wieder von Berlin entfernte.

Schon in den nächsten Wochen nach seiner Rückkehr mußte er dem Kurfürsten in's Feld folgen, der seinen Krieg wider die Schweden in Pommern mit allem Nachdruck fortsetzte,

und bereits im Juni dieses Jahres 1677 die Belagerung
von Stettin begonnen hatte. Auch Weiß, in seine Kurfürstliche Bedienung als Kammersekretair wieder eingetreten, war
in seinem Berufe dem Kurfürsten in das Lager vor Stettin
gefolgt, und es dauerte nicht lange, so fand auch Zapfe sich
daselbst ein. Dieser war inzwischen Lizentiat der Rechte
geworden, und jetzt im Begriff, mit einem jungen Herrn von
Müllenheim aus Preußen auf Reisen zu gehn; bis diese Sache
völlig geordnet wäre, wollte er mit dem Freunde zusammen-
sein, der ihn zu seinem Zeltgenossen machte, und in die angesehensten Bekanntschaften seines Kreises ehrenvoll einführte.
Auch Weiß und Zapfe, die hier zuerst einander sahen, wurden
bald Freunde. Die Belagerung indeß zog sich in die Länge,
eine böse Seuche verbreitete sich unter den Kriegsvölkern,
und Canitz und Zapfe, beide von dem Uebel heftig befallen,
mußten nach Berlin zurückgehn. Durch die Luftveränderung
wurde die Genesung bald herbeigeführt; Zapfe'n aber begegnete hier ein Zufall, der in seiner Geringfügigkeit doch zu
merkwürdig ist, um unerwähnt zu bleiben. Ihm träumte
eines Morgens, er habe sich mit einem Federmesser, das er
als eine kunstreiche Arbeit von Paris mitgebracht hatte, gefährlich den Fuß verwundet, und im Schrecken darüber wachte
er auf. Ganz vergnügt, daß nur ein Traum ihn geängstet,
wollte er nach einer Weile aufstehn, aber kaum setzte er den
Fuß nieder, als er sich heftig verwundet fühlte, das Federmesser war in der Nacht, vielleicht durch eine Bewegung des
Halbschlafenden, deren noch aufgefangenes Bewußtsein in den
vollen Schlaf nur als Traum überging, und so zugleich bewahrt und verdüstert blieb, von dem Tische, auf dem es gelegen, herabgefallen, und in einen Pantoffel geschlüpft, wo
denn der Schaden fast unvermeidlich bereitet war. Canitz,
an dem Unfalle, der seinem Freunde viele Wochen zu schaffen
machte, zärtlich theilnehmend, erbat sich das Federmesser zum
Andenken, und erhielt es in Begleitung von Knittelreimen,
da der Scherz in ihrem Verkehr nie sein Recht aufgab.
Uebrigens hielt er den Freund während des ganzen Aufenthalts in Berlin als seinen Gast, führte ihn, als er wieder
hergestellt war, in alle Gesellschaften, besonders aber in das

Haus seiner Großmutter ein, die von dem verständigen und gebildeten Manne bald so gute Meinung hatte, daß sie endlich ihrem Enkel auch erlaubte, was sie bisher nie hatte zugeben wollen, seine Mutter auf dem nahen Gute Dietersdorf in Gesellschaft dieses Freundes zu besuchen, doch fügte sie die strengste Warnung hinzu, in keinem Fall dort über Nacht zu bleiben. Sie wurden aber so freundlich empfangen, und so dringend eingeladen, sowohl von der Mutter, als auch von dem Stiefvater, der sich als ein Mann von Welt und Geist erwies, daß Canitz nicht widerstehn konnte, sondern einwilligte, erst am andern Morgen den Rückweg anzutreten. Die Besorgnisse der Großmutter mußten als grundloser Wahn erscheinen. Man brachte den Tag vergnügt hin, und abends setzte sich Canitz mit seinem Stiefvater vertraulich zum Kaminfeuer, um Tabak zu rauchen, wie sie beide es gewohnt waren. Aber schon bei der ersten Pfeife wurde ihm plötzlich so übel, daß er in die freie Luft verlangte, und mit Zapfe nach dem Garten eilte; hier indeß wurden die Zufälle nur heftiger, und mit den Empfindungen des Unwohlseins erwachten verstärkt alle Vorstellungen des Argwohns, welchen die Großmutter gegen dieses Haus gefaßt, ein Vergiftungsversuch war nur allzuglaublich, die schleunigste Flucht dringend rathsam. Die beiden Freunde eilten sogleich durch die Gartenthür heimlich hinaus, ließen ihre Diener die Reitpferde nachbringen, und ritten ohne Abschied nach Berlin zurück, wo sie bei später Nacht ankamen, als die Großmutter schon sehr in Sorgen um sie gestanden. Unterwegs jedoch hatte sich die aufgeregte Einbildungskraft wieder beruhigt, der üble Zufall dünkte aus mancherlei Ursachen ganz gewöhnlich herzuleiten, der abscheuliche Verdacht erschien durchaus verwerflich. Deßhalb verschwieg Canitz der Großmutter sorgfältigst alles Vorgegangene, schrieb am andern Tage seiner Mutter einen Entschuldigungsbrief über sein heimliches Fortgehn, und da auch späterhin sich niemals eine Spur von bösen Anschlägen zeigte, so behielt er in seiner Seele bald auch nicht das kleinste Mißtrauen mehr zurück, sondern bewies der Mutter unausgesetzt die kindlichste Zuneigung, und auch ihrem Gatten das freundlichste Wohlwollen, welches er in der Folge oftmals mit eigner Aufopferung durch die That bewährte.

Im Genusse der gesellschaftlichen Vergnügungen vergaßen die beiden Freunde nicht ihrer dichterischen Liebhaberei. Die schönen Geister Frankreichs, mit welchen sie beide in Verbindung gekommen, — Zapfe war ehemals in Paris durch den Sprachgelehrten Richelet in den Kreis des Abbé Menage eingeführt und selbst dem Dichter Boileau vortheilhaft bekannt geworden, — gaben solcher Beschäftigung Vorbild und großentheils auch Stoff, denn sehr häufig wurden Uebersetzungen ihrer Werke versucht. Canitz übersetzte unter andern aus dem Mercure galant die Liebesregeln eines unbekannten Verfassers, Zapfe einige Auftritte aus dem Trauerspiel Phädra von Racine, in Versen, die ohne Zweifel für die damalige Bildung von hohem Werthe waren. Doch für Canitz eröffnete sich in dieser Zeit noch eine andre, mächtige Lebensregung. Dem Hause seiner Großmutter gegenüber wohnte das Fräulein Dorothea von Arnim, ein Frauenzimmer von den vortrefflichsten Eigenschaften. Ihr Vater, Erbherr auf Boitzenburg, war früh gestorben, ihre Mutter aber in zweiter Ehe an den Oberhofmarschall Freiherrn von Canstein verheirathet. Sie war nicht regelmäßig schön, aber von höchst einnehmender Gesichtsbildung, mit den ausdrucksvollsten Augen, dabei von hoher schlanker Gestalt, schönem Busen, wohlgefügten Gliedmaßen, und von größter Anmuth in allen ihren Bewegungen. Diesem begünstigten Aeußeren entsprachen die schönsten inneren Vorzüge, die reinste Frömmigkeit und Güte des Herzens, ein edler, freundlicher Sinn, ein lebhafter Verstand und gebildeter Geist. Sie war zwei Jahre jünger als Canitz, und wurde seine erste Liebe. Weiß und Zapfe, welchen er zuerst seine Neigung vertraute, konnten dieselbe nur billigen, sie durfte einer beglückenden Verbindung entgegensehn, für welche sich kaum irgend ein Hinderniß erwarten ließ, denn beiderseits hielten die wünschenswerthesten Verhältnisse einander das Gleichgewicht. Auch erlangte Canitz alsbald die Gewißheit, daß seine Neigung nicht unerwiedert sei. Den Hoffnungen, welche so schön und nah ihrem Ziele schwebten, brachten gleichwohl die Umstände noch manche Zögerung.

Der Krieg gegen die Schweden dauerte fort, und Canitz mußte im nächsten Jahre 1678 dem Kurfürsten abermals nach Pommern folgen, wo dem Feinde die Insel Rügen und die Festung Stralsund siegreich entrissen wurden. Eben so hatte Canitz im Anfange des folgenden Jahres 1679 den Zug nach Preußen mitzumachen, wohin der Kurfürst mitten im Winter mit seinem Hofstaat und Kriegsheer plötzlich aufbrach, um auch dort den von Liefland in seine Staaten eingedrungenen Feind mit glänzendem Erfolge zurückzutreiben. Diese Jahre begünstigten weder die Liebe Canitz'ens, noch trugen sie seinem Dichten sonderliche Frucht. Er entbehrte der Anregung seiner Freunde, — denn auch Zapfe hatte unterdeß neue Reisen angetreten, — und weder die Sehnsucht nach der entfernten, noch die Befriedigung bei der anwesenden Geliebten, scheint ihn zu Gesängen begeistert zu haben, wenigstens findet sich aus dieser Zeit und solchen Stoffes kein Gedicht vor. Durch den zu St. Germain-en-Laye am 29. Juni 1679 mit Frankreich und Schweden geschlossenen Frieden hörten endlich die Kriegsunruhen wieder auf, und Canitz konnte ungestört im vertrauten Kreise seinem innern Hange nachleben. Gleich nach seiner Rückkehr aus dem Felde trat er seine Stelle als Kammerjunker einem Herrn von Mandelsloh ab, wogegen ihm der Kurfürst die Amtshauptmannschaft der beiden Aemter Zossen und Trebbin in der Mittelmark verlieh, auf welche sein erster Stiefvater von der Golz willig zu seinen Gunsten verzichtete. Nachdem diese und andre Angelegenheiten besorgt, und abermals eine geraume Zeit unter Zögerungen verstrichen war, fand endlich im Jahre 1680 seine Verlobung mit der Geliebten Statt, allein die Heirath selbst, nochmals verzögert durch den Tod des Freiherrn von Canstein, erst im Februar 1681.

Einen glücklichen Sommer verlebte Canitz mit seiner Doris auf dem Gute Blumberg. Die zärtlichste und reinste Liebe, erhoben auf dem festen Grunde edlen Gemüthes, genährt mit den schönsten Gaben des Geistes und der Empfindung, machte das Glück beider Gatten. Doris nahm Theil an Canitz'ens dichterischem Treiben, sie würdigte seine Gedichte mit Einsicht, und ihr Wohlgefallen wurde ihm ein

Freiherr Friedrich von Canitz.

muer Antrieb. Zur Störung wurde diesen glücklichen Tagen für einen Augenblick, daß, wie früher seine eigne Mutter, nun auch seine Schwiegermutter auf den Gedanken kam, sich zum drittenmal zu verheirathen; doch konnte dies nur vorübergehend einwirken. Größere Veränderung mußte ein anderer, wiewohl an sich glücklicher und auch erwünschter Vorgang herbeiführen, daß nämlich der Kurfürst, welcher schon früher Canitz'en öfter an seinem Hofe zu sehen gewünscht, denselben im September des letzterwähnten Jahres nach Potsdam berief, ihn zum Hof- und Legationsrath ernannte, und den Befehl hinzufügte, er möchte sich mehr, als bisher geschehen, um des Kurfürsten hohe Person finden, indem es bei damaligen Vorfällen nöthig wäre, daß man jemand zu versenden allemal bei der Hand hätte. Canitz hatte die Freude, fast in derselben Zeit auch seine Freunde befördert zu sehn; Weiß rückte im brandenburgischen Dienste zum Kammerrath auf, und Zapfe wurde als sächsischer Kirchenrath in Zeitz angestellt, wo derselbe sich auch bald verheirathete. Canitz beglückwünschte ihn bei dieser Gelegenheit und schrieb unter andern: „Deine Heirath und die Art derselben gefällt mir sehr wohl; weil du mir aber die Sache, ohne sonderliche Umstände, schlechthin berichtest, so will ich auch dir wieder nur mit ein paar Worten, doch von Herzen, tausend Glück und Vergnügen wünschen, und daß deine Liebste, wo nicht ein fruchtbarer Weinstock, doch ein immergrünender Tannenbaum sei, dem es an Zapfen niemals fehlen möge." Wenn auch Geschmack und Ausdruck den Werth dieses Witzes seitdem etwas verändert haben, und wir ihn schwerlich so ganz blank und voll annehmen, so dürfen wir doch überzeugt sein, daß er zu seiner Zeit auserlesen köstlich und glänzend war, und daß vielem von dem, was heute das Zierlichste und Gültigste vom Tage ist, durch die Folge der Zeit ein Gleiches widerfahren wird. Im Jahre 1682 machte Canitz eine Reise nach der Lausitz, wo ihm seine Großmutter einige Güter abgetreten, späterhin eine andre nach Leipzig und Halle, wo er Gelder einzufordern hatte, und benutzte diese Nähe, um auch in Zeitz den lieben Freund zu besuchen. Eine bedeutende Bekanntschaft und freundschaftliche Verbindung, war ihm inzwischen auch in Berlin mit dem jungen Besser geworden, der im Jahre 1680 seinen Wohnsitz dort genommen hatte, und unstreitig unter den schönen Geistern und gebildeten Weltmännern damaliger Zeit in erstem Range stand. Für beide war der wechselseitige Umgang werth und förderlich; sie dichteten ungefähr in gleicher Art, und ihre Dichtkunst widmete sich vorzugsweise der Gesellschaft, dem Hofe, die dazu den reichlichsten Anlaß gaben. Das Leben in Berlin war damals äußerst regsam und gefällig, der Umgang mannigfach, der Verkehr in den Hofkreisen machte Anspruch auf Geschmack und Bildung. Die sogenannten Wirthschaften, eine Art festlicher Vergnügungen unsern Maskenzügen vergleichbar, waren sehr beliebt, und erschienen selten ohne den Reiz dichterischer Ausschmückung; mythologische, historische und phantastische Figuren, Nationen, Stände und Gewerbe, wurden in glänzenden Kostümen, in der Regel ohne Gesichtsmaske, von den Gästen dargestellt, und zu mancherlei Gruppirungen, Tänzen oder sonstigen Aufführungen geordnet; die Personen hatten entweder Verse herzusagen, oder waren Gegenstand der ihnen vom Dichter in eignem oder fremdem Sinne gewidmeten. Der französische Gesandte, Graf von Rebenac-Feuquieres, gab im September 1682 zur Feier der Geburt des Herzogs von Burgund in Berlin eine dergleichen glänzende Wirthschaft, deren vornehmsten Theilhaber Canitz mit einigen zu seiner Zeit galanten und muntern Versen ihrem Karakter gemäß bedacht hat.

Im Herbste des Jahres 1682 begann Canitz'ens diplomatische Laufbahn durch eine Gesandtschaft, die ihm der Kurfürst an die rheinischen Kurhöfe in einer besonderen Angelegenheit übertrug. In Frankfurt am Main wurden zwischen dem Könige von Frankreich und dem deutschen Reiche über die Ausführung des Friedens von Nimwegen schwierige Verhandlungen gepflogen, welche zu einem neuen Kriege führen konnten. Der Kurfürst wünschte einen neuen Bruch abzuwenden, er hatte schon genug bewiesen, daß, wenn es galt, er an rüstigem Eifer und tapfrem Muthe niemanden weiche, doch unter den damaligen Umständen glaubte er einen neuen Krieg durchaus verderblich für das Reich.

Demnach wurde Canitz nach Köln, Trier, Mainz und Heidelberg abgefertigt, um die dortigen Höfe für die Richtung zu gewinnen, bei welcher der Frieden sich erhalten zu können schien. Er hatte besonders in Mainz guten Erfolg, und begab sich darauf nach Frankfurt am Main, um daselbst in Verbindung mit dem dänischen Gesandten für den gleichen Zweck zu wirken. Der dortige Kongreß ging zwar bald nachher auseinander, weil die französischen Gesandten, der fruchtlosen Zögerungen überdrüssig, sich entfernten, allein die Verhandlungen wurden am Reichstage zu Regensburg fortgesetzt, und der gefürchtete Ausgang war für den Augenblick vermieden. Canitz kam im Frühjahr 1683 nach Berlin zurück, und wurde wegen seines klugen und glücklichen Benehmens ausgezeichnet belobt. Der Kurfürst verlieh ihm zur besonderen Belohnung, anstatt der Aemter Zossen und Trebbin, die er wieder an Wandelsloh abtrat, die einträgliche Amtshauptmannschaft Mühlenhof und Müllenbeck, welche jährlich über 700 Thaler brachte, und die Annehmlichkeit hatte, daß der Mühlenhof in Berlin selbst lag. Im März des Jahres 1684 wurde Canitz, nachdem er vorher mit seiner Gemahlin seinen Freund Zapfe in Altenburg besucht hatte, abermals an den Rhein gesandt. Der Kurfürst von Brandenburg war unaufhörlich bedacht, die Sache des Reichs gegen das Ausland zu stärken, und zugleich jeder inneren Unterdrückung oder Verwirrung entgegen zu arbeiten. Durch seinen Gesandten Paul von Fuchs hatte er den Kurfürsten von Köln, der nur zu sehr geneigt war, sich den Anträgen und Lockungen Frankreichs hinzugeben, in sein Bündniß gezogen. Nachdem aber Fuchs alsbald von Köln nach dem Haag weitergereist, sollte nunmehr Canitz jenes Bündniß neuerdings zu befestigen, und zugleich eine Zwistigkeit auszugleichen suchen, die sich zwischen dem Kurfürsten von Köln und den Herzogen von Hannover und Celle wegen des Besatzungsvorrechts in Hildesheim erhoben hatte. Er ging deßhalb über Hannover, um dort vermittelnd einzuwirken, und hatte sowohl hier, als nachgehends in Köln, in seiner Unterhandlung soweit glücklichen Erfolg, als von seiner Sendung mit Billigkeit zu erwarten gewesen war. Die genannten Höfe traten, nach dem

Vorgange Hollands, dem zu Regensburg zwischen Kaiser
Leopold dem Ersten und dem Könige Ludwig dem Vierzehnten
auf zwanzig Jahre eingegangenen Stillstande bei, und schlossen sich enger an den Kurfürsten an; zwar wurde den Franzosen die von ihnen treulos eingenommene freie Reichsstadt
Straßburg einstweilen überlassen, aber gleichwohl das übrige
Reich für den Augenblick aus der bedenklichen Gefahr gerettet. Canitz kam noch vor Ablauf des Jahres von Köln
nach Berlin zurück, wo seinen Verrichtungen abermaliger
Beifall zu Theil wurde.

Von größeren Schwierigkeiten und minderem Erfolg war
eine Sendung, mit welcher Canitz im Februar des nächstfolgenden Jahres 1685 nach Niedersachsen beauftragt wurde.
In der freien Reichsstadt Hamburg bestanden zwischen dem
Rath und der Bürgerschaft heftige, andauernde Zwistigkeiten.
Der Bürgermeister Meurer, vieler Vergehen gegen das Ge-
meinwesen beschuldigt, lebte mit dem Herzog von Celle in
engen Verständnissen, und fand in demselben eine mächtige,
aber auch um so gehässigere Stütze gegen die Angriffe seiner
Mitbürger. Auch bei dem Reichshofrath in Wien wurde
seine Sache begünstigt, und von daher der Herzog von Celle
beauftragt, den Kaiserlichen Ansprüchen Wirkung zu verschaffen. Da hier Namen und Ansehn des Kaisers offenbar
mit persönlicher Leidenschaft und eigennütziger Anmaßung
dienen sollte, so erhob die Bürgerschaft den heftigsten Widerspruch. Zwei Bürger insonderheit, Konrad Jastram und
Hieronymus Snitger, bewiesen den feurigsten Eifer für die
Gerechtsame der Stadt, stellten sich an die Spitze der Un-
zufriedenen, und gewannen bald ein solches Ansehn beim Volke,
daß sie dasselbe ganz nach ihrem Willen lenkten. Auch ihrer
Parthei fehlte es nicht an auswärtiger Unterstützung; der
dänische Hof bestärkte sie in ihrem Widerstande gegen den
Herzog von Celle, indem er doch auch diesen im Stillen
anregte; ernstlicher und aufrichtiger nahm der Kurfürst von
Brandenburg an ihrer Sache Theil. Canitz wurde nach
Celle gesandt, um den Herzog von seinen gewaltsamen Unter-
nehmungen gegen Hamburg abzumahnen, eine neue Bericht-
erstattung an den Kaiser anzusprechen, und von Seiten des

Kurfürsten nachdrücklich zu erklären, daß derselbe die Hamburger in ihren Gerechtsamen nicht werde kränken lassen, sondern auf alle Weise zu ihrem Beistande bereit sei. Canitz richtete seinen Auftrag mit solcher Kraft und Geschicklichkeit aus, daß der Herzog, wiewohl mit vieler Unlust und großen Klagen über Jastram und Snitger, in neue Vergleichsversuche willigte. Hierauf begab sich Canitz nach Hamburg, um auch dort versöhnend einzuwirken. Er brachte der Stadt die Versicherung des Kurfürstlichen Schutzes, und benutzte die ungemeine Gunst, welche die Art seines Erscheinens und sein Benehmen ihm bei den Bürgern gab, um alles zum Frieden zu lenken. Jastram und Snitger, an die er sich mit einnehmender Beeiferung wandte, schlossen sich ihm mit vollem Vertrauen an, folgten seinen Rathschlägen, und setzten dieselben bei der Bürgerschaft durch. Durch Canitz'ens und jener ihm verbundenen beiden Patrioten wackeres Bemühn gelang es wirklich, nach öfterem Hin- und Herreisen, einen friedlichen Vergleich dem Abschlusse nah zu bringen, als der Herzog von Celle in diesem ungelegensten Zeitpunkte neuerdings mit harten und trotzigen Ausdrücken einen vor sechs Monaten ausgefertigten Kaiserlichen Schutzbrief für den Bürgermeister Meurer an die Stadt abgeben ließ, und dadurch plötzlich alles wieder verdarb. Die Gemüther geriethen in die heftigste Bewegung, und wollten nun von keiner Nachgiebigkeit mehr hören; auch Jastram und Snitger mußten dem Strome folgen, wider welchen sie nichts vermochten; Canitz wurde im Juni abberufen, und schied mit Trauer von der Stadt, für deren Bestes er so lebhaft bemüht gewesen, und deren edelste Bürger ihm so nah bekannt geworden. Er nahm seinen Rückweg über Celle, wo er dem Herzoge nochmals ernstlich zu erklären hatte, der Kurfürst würde, wie auch die Sache ausschlüge, der Stadt Hamburg als Vertheidiger nicht fehlen, und den Untergang derselben nicht säumig ansehn. Der Kurfürst nahm sich hierauf in Wien der Hamburgischen Sache bestens an, allein unvermuthete Gewaltstreiche brachten neue Verwirrung. Als die Häupter des Volks waren insbesondere Jastram und Snitger dem tödtlichsten Hasse der Gegenpartei ausgesetzt; ihrer sich zu

entledigen, wollte man kein Mittel unversucht lassen. Mit
Hülfe des Kaiserlichen Residenten Runbeck wurde das schwärzeste Komplott geschmiedet, die beiden Bürger gewaltsam aufzuheben, und nach Celle als Gefangene zu liefern. Wirklich
wurde Snitger, als er mit seiner Gattin nach seinem Garten
in Ham fahren wollte, von cellischen Reitern überfallen und
eiligst fortgeführt, aber noch auf dem Hamburgischen Gebiete von nachsetzenden Hamburgern wieder eingeholt, befreit, und mit einem Theil der überwältigten und gefangenen
Räuber im Triumph nach der Stadt zurückgebracht. Das
Gericht verurtheilte die cellischen Soldaten nebst einigen
andern Theilnehmern des verrätherischen Ueberfalls zum Tode,
und sie wurden wirklich, trotz aller ersinnlichen Bemühung
des Herzogs von Celle und der Kaiserlichen Beamten, neun
an der Zahl enthauptet. Hierüber entstand ein gewaltiger
Lärm, und wiewohl das Hamburgische Gericht ganz in seiner
Befugniß gehandelt hatte, auch in Wien nicht geläugnet
wurde, daß der Kaiserliche Resident, jedoch ohne Auftrag,
jenen Streich angestiftet, so entzündete sich der Haß gegen
die Stadt doch nur um so heftiger, und von Wien her
standen derselben die verderblichsten Entscheidungen zu erwarten.
In dieser Bedrängniß fand Hamburg abermals in dem
Kurfürsten von Brandenburg einen kräftigen Vertreter bei
dem Kaiser. Zugleich wurde Canitz, im September des
nämlichen Jahres, wiederum nach Celle und Hamburg gesandt, um nochmals eine gütliche Vermittelung zu versuchen.
Allein die Schwierigkeiten hatten inzwischen auf beiden Seiten
zugenommen; der Herzog von Celle trotzte auf das Ansehn
und den Beistand des Kaisers, und wollte von keinem Vergleich mehr hören, die Hamburger verließen sich auf die
Hülfe Dänemarks, von welcher Seite sie nachdrücklichst in
ihrem Widerstande bestärkt, und auf alle Weise noch mehr
gegen den Herzog von Celle und die in Wien erschlichenen
Kaiserlichen Verfügungen aufgereizt wurden. Vergebens warnte
Canitz seine Freunde Jastram und Snitger wiederholt
gegen die verderblichen Lockungen und Rathschläge der Dänen,
die schmeichlerischen Anerbietungen der letzteren siegten über
die wohlmeinenden Mahnungen des Kurfürsten, der branden-

burgische Einfluß wurde verdrängt, und Caniz kehrte unverrichteter Sache im Dezember nach Berlin zurück. Der Ausgang zeigte im folgenden Jahre, wie sehr jene Patrioten in ihrer Wahl geirrt hatten. Sie hielten, auf Dänemark gestützt, ihren Gegnern eine Zeitlang guten Stand, allein die Dänen, welchen sie sich ganz hatten hingeben müssen, suchten unter dem Vorwande des Schutzes nur ihre eigne Herrschaft in Hamburg aufzurichten, sie sammelten Truppen, warfen endlich die Larve weg, und forderten unumwunden die Erbhuldigung der Hamburger; die verrathene Stadt griff zu den Waffen, der Rath benutzte den Anlaß, um cellische Truppen hineinzuziehen. Jastram und Sniger wurden verhaftet, und auf Betrieb ihrer Feinde als Verräther, die dem Könige von Dänemark die Stadt überliefern gewollt, öffentlich hingerichtet, ohne daß das bestürzte und unsichre Volk etwas zu ihrer Rettung versucht hätte. —

Kaiser Leopold führte in dieser Zeit mit aller Macht in Ungarn den Krieg gegen die Türken, und seinem tapfern Heere war den 26. Juli 1686 die Erstürmung der Festung Ofen gelungen. Der Kurfürst von Brandenburg, der selbst 8000 Mann unter dem General von Schöning als Hülfstruppen bei dem Heere hatte, beeiferte sich, dem Kaiser zu diesem großen Siegserfolge glückwünschend seinen Antheil zu bezeigen, und Caniz wurde zu dieser Sendung ausersehn. Er empfing zugleich den Auftrag, die Sache der Stadt Hamburg, deren Streitverhältnisse noch immer fortdauerten, bestens wahrzunehmen, und auf eine friedliche Ausgleichung kräftig hinzuarbeiten. Während Caniz diese Angelegenheit in Wien betrieb, unterhandelten die brandenburgischen Gesandten von dem Knesebeck und von Fuchs zu gleichem Zweck in Kopenhagen, und durch diese vereinten Bemühungen sah der Kurfürst schon im September desselben Jahres die gewünschte Ausgleichung endlich herbeigeführt, noch immer glücklich genug, obschon viel weniger, als sie es vor dem Opfer jener unglücklichen Bürger hätte sein können. Caniz empfing den Befehl, von Wien nach Ungarn abzugehn, um bei den brandenburgischen Hülfstruppen einiger vorkommenden Geschäfte wahrzunehmen; in Ofen, wo er sich einige Zeit

aufhielt, dichtete er ein Trauergedicht auf den Tod seines
Freundes des Grafen Theodor von Dohna, der beim Sturme
dieser Festung geblieben war. Wir mögen daraus ein paar
Strophen wohl hiehersetzen:

„Viel haben Tod und Schmach zu Einer Zeit gelitten,
Viel hat Verzweifelung und Raserei bestritten.
Wie mancher giebt den Geist in schnöder Wollust auf?
Wie manchen, der sein Grab mit Lorbeern denkt zu krönen,
Muß was Verächtliches im Sterben noch verhöhnen?
Hier brach nichts Schändliches solch einen schönen Lauf.
So, wie ein Wandelstern in Diamanten-Funken
Von unserm Scheitel weicht, ist Theodor gesunken.

Die Grabschrift hat er sich mit eignem Blut geschrieben,
Ein Werk, das ewig währet! Er ist im Sturm geblieben,
Wo Gott mit Mahomet um eignen Ruhm gekämpft;
Daselbst hat er gesiegt, im Beisein dieser Helden,
Die in der halben Welt den frühen Fall vermelden.
Der Neid beklaget selbst, daß ihn der Tod gedämpft;
Der Neid, der insgemein, den Stachel zu beblümen,
Die Tugend in dem Sarg am liebsten pflegt zu rühmen." —

Nach Wien zurückgekehrt, wurde Canitz durch den gleich
darauf erfolgenden Tod des brandenburgischen Residenten von
Schmettau daselbst noch längere Zeit zurückgehalten, indem
wichtige Aufträge seines Hofes einen vertrauten und geschickten Bevollmächtigten erforderten. Der König von Frankreich
hatte nicht nur den geschlossenen zwanzigjährigen Stillstand
bisher durch Eingriffe mancher Art verletzt, sondern auch
durch neue, zwar dem Frieden scheinbar zusagende, aber
gleichwohl das ganze Verhältniß unsicher aufregende Vorschläge den Kaiserlichen Hof in besorgliche Spannung gebracht. Der Kurfürst von Brandenburg, an welchen der
Kaiser wegen dieser Lage der Dinge sich zunächst gewandt,
säumte nicht, demselben durch Canitz im Februar 1687 erklären zu lassen, daß zwar, so lange kein Frieden mit den
Türken geschlossen, ein Krieg gegen Frankreich mit getheilten
Kräften sehr mißlich zu führen sein würde, er selbst aber
als treuer Reichsstand stets bereit sei, wenn die Umstände
es nöthig machten, mit gesammter Macht beim Kaiser gegen

die Franzosen beizustehn. Das feste Einverständniß des Kurfürsten mit dem Kaiser störte die französischen Absichten, die bald wieder zur Erhaltung des Friedens einlenkten. Der Kurfürst rieth, es dabei zu lassen, da die Kräfte des Reichs theils noch zu erschöpft, und theils wieder zu sehr versplittert seien, um dem Feinde seine widerrechtlichen Aneignungen jetzt mit Erfolg zu entreißen, daß aber, wenn dies geschehn solle, vorher mit den Türken der Friede zu sichern sei. Caniz erwarb durch die Art, wie er in diesen Verhandlungen auftrat, nicht nur die volle Zufriedenheit seines eignen Hofes, sondern auch die ausgezeichnete Gunst des Kaiserlichen, wie denn der Kaiser selbst nicht unterließ, in einem Handschreiben an den Kurfürsten das Verdienst des eben so eifrigen als geschickten Unterhändlers ausdrücklich zu beloben. Im Mai kehrte Caniz nach Berlin zurück; er sollte zwar sogleich neue Aufträge erhalten, erst nach Regensburg, darauf nach Altona, um dort den Residenten von Jena in den Reichstagsgeschäften, hier den Gesandten von Fuchs bei den Verhandlungen zwischen Holstein und Dänemark abzulösen, allein er wußte beide Sendungen, welche in persönlicher Beziehung zu den Vorgängern nicht erwünscht sein konnten, glücklich von sich abzuwenden. Er verlebte einige Zeit ruhig bei den Seinigen.

Das Ableben des großen Kurfürsten, welches am 28. April 1688 erfolgte, brachte für Caniz'ens Verhältniß keine wesentliche Aenderung. Der neue Kurfürst Friedrich der Dritte bezeigte ihm alsbald sein Wohlwollen, indem er ihn zum Geheimen Rath ernannte, und nahm seine Dienste sogleich wieder in Anspruch. Caniz wurde nach Wien gesandt, um die Anzeige des hohen Todesfalls an den Kaiser zu überbringen, und kaum nach Berlin zurückgekehrt, mußte er abermals nach Wien reisen, um von der inzwischen erfolgten Geburt eines Kurprinzen daselbst Meldung zu thun, zugleich erhielt er den Auftrag, einstweilen als Gesandter am Kaiserlichen Hofe zu verbleiben, in welcher Eigenschaft er fünf Monate die Geschäfte zur größten Zufriedenheit sowohl des Kurfürsten als des Kaisers verwaltete, wie von Seiten des letztern abermals ein belobendes Handschreiben ihm bezeugte.

Zum Neujahr 1689 kam er nach Berlin zurück, mußte aber schon im Februar in einer neuen Sendung nach Hamburg abgehn, um daselbst den Geheimen Rath von Fuchs in dem schwierigen Vermittelungsgeschäft zwischen Holstein und Dänemark als zweiter Gesandter zu unterstützen. Die Verhandlungen ließen keinen beschleunigten Ausgang hoffen, und Canitz beschloß, für den längeren Aufenthalt sich häuslich dort einzurichten, nahm seine Gattin und eine Nichte dahin mit, und bezog in der schönsten Gegend der Stadt, am Jungfernstieg, eines der ansehnlichsten und bequemsten Häuser, dem reichen portugiesischen Juden Texeira zugehörig. Der unselige Rangstreit aber, welcher in früheren Zeiten alle diplomatischen Verhältnisse so sehr erschwerte, verhinderte auch diesmal den freien Umgang unter den Gesandten, die außer ihren geschäftlichen Verrichtungen nur noch etwa in den deutschen Singspielen und in dem damals berühmten Anlehmannischen Garten beim Spazierengehen zusammenkamen. Endlich gerieth man auf die Auskunft, daß angenommen wurde, nicht die Gesandten selbst, sondern gleichsam nur ihre Gemahlinnen empfingen die Gesellschaft, da denn die Aengstlichkeit der strengen Etikette, unbeschadet aller bestrittenen Ansprüche, wegfallen durfte, und der gesellschaftliche Verkehr sich bald in angenehmster Weise gestaltete. Die Gesellschaften bei Frau von Canitz waren besonders ausgezeichnet, die Klugheit und feine Lebensart der Wirthin, ihr richtiger Sinn für alles Angemessene, und ihr edler Geschmack in jeder Anordnung, erhöhten den Glanz ihres Aufwandes, und machten ihr Haus zu dem besuchtesten Sammelplatz der vornehmen Welt. So vergingen sechs Monate, zwar unter schwierigen Geschäften, aber in dem angenehmsten Leben, die Streitigkeiten der beiden Höfe wurden endlich beigelegt, und die Gesandten, deren Bemühen die Vermittelung gelungen war, kehrten wohlbeschenkt heim. Canitz, der sonst wohl klagen konnte, daß, „während er gelaufen, Andere die güldenen Aepfel aufgelesen", empfing bei dieser Gelegenheit besonders von dem holsteinischen Hof ein ungewöhnliches Geschenk von mehreren tausend Thalern. Er begab sich nach der Rückkehr, da der Hof grade abwesend war, sogleich auf sein Gut Blumberg, in der Hoffmung, wie er an seinen Freund Zapfe schrieb, daselbst im Genusse der Landluft bis zur Ankunft des Hofes seinen Kohl in Ruhe zu pflanzen. Doch unmittelbar darauf nahm ihn schon wieder ein neues Geschäft in Anspruch. Der Herzog von Sachsen-Lauenburg war als letzter aus dem askanischen Stamm ohne sichere Erben gestorben, und der Herzog von Celle hatte das Land sogleich in Besitz genommen; gegen ihn machten Kursachsen und das Haus Anhalt ihre, wie sie behaupteten, näheren Ansprüche geltend, und Canitz wurde beauftragt, von Seiten Brandenburgs die Rechte des letzteren Hauses nachdrücklich zu unterstützen; er besuchte in dieser Angelegenheit die sämmtlichen braunschweigischen Höfe, kehrte aber, da die Sache ein langwieriges Ansehn bekam, und zur Entscheidung des Kaisers nach Wien gezogen wurde, gegen Ende des Novembers wieder nach Berlin zurück, und erstattete dem Kurfürsten über seine vergebliche Sendung mündlichen Bericht. Zum Schlusse dieses Jahres reiste er nach Sonnenburg, wo die feierliche Einsetzung des Fürsten von Waldeck als neuerwählten Heermeisters des Johanniterordens Statt fand, und auch er selbst als Ritter aufgenommen wurde.

Bei allen seinen Verdiensten und rastlos thätigen Leistungen, deren Werth stets günstig anerkannt wurde, scheint doch auch Canitz auf seiner Bahn den großen und kleinen Kränkungen nicht entgangen zu sein, für welche das Verhältniß des Staatsdienstes vor andern zugänglich und empfindlich ist, und deren gesteigerte Unlust nur durch den Eifer des Ehrgeizes etwan überboten wird. Der letztere war in Canitz weder heftig noch ungemessen, und ihm konnte desto leichter das Treiben desselben verleidet werden, als die Zurückgezogenheit ihm in seinen Neigungen und Gaben den trostreichsten Ersatz bot. Wirklich brachte er das ganze Jahr 1690 von Staatsgeschäften entfernt, und großentheils auf seinem Gute Blumberg in stiller Muße zu, beglückt durch Gattin und Kinder, durch bewährten Freundesumgang und durch die Ausübung der Dichtkunst. Daß er indeß dem Hofe nicht ganz fremd wurde, sondern ein angenehmes Verhältniß auch in dieser Richtung fortbestand, bezeugen ein paar Gedichte, welche er bei Gelegenheit sogenannter Wirthschaften verfaßte, darunter eines auf die noch lange nachher berühmte Scheerenschleifer-Wirthschaft, von welcher anderswo noch die Rede sein wird. An seinen Freund Zapfe, mit welchem er ununterbrochen Briefe wechselte, bald in deutscher, bald in französischer Sprache, schrieb er in dieser Zeit: „La cour n'a pas assez de charmes pour moi, et je considère les charges, qu'on y recherche avec tant de soins, comme de fers, qui nous empêchent de jouir entièrement de notre liberté, qui passe toutes les richesses du monde, et dont les âmes basses ne connoissent pas le véritable prix." In seiner Satyre vom Hofleben, die wohl in dieser Zeit entstanden sein dürfte, giebt er folgende beißende Schilderung, deren Züge insgesammt, wie ausdrücklich bemerkt wird, auf wahrhafte Vorgänge und persönliche Verhältnisse gehn:

„Treibt das Verhängniß mich zu einem großen Mann,
Der selten helfen will, und immer schaden kann,
Mein Gott! wie muß ich mich in Zeit und Stunden schicken,
Eh mir es widerfährt sein Antlitz zu erblicken!
Zum öftern will er nicht im Schlafe sein gestört,
Ob man von Weitem gleich sein Brettspiel klappern hört;
Zum essen ich wir's uns am wenigsten vermuthen,
 .. nimmt er, als wie ein Fisch, durch der Klienten Fluthen.
Wohl mir, wenn er alsdann so lange sich verweilt,
Daß mir ein kurzes Rent zur Antwort wird ertheilt,
Dieu il gemeiniglich es ihm also beliebet,
Daß er durch's Hinterhaus sich in die Flucht begiebet.
Wenn ich dann kalt und matt auf meine Ruh bedacht,
Ist schon was Neues da, das mich verzweifeln macht,
Ich finde mich umringt von einem Bettlerhaufen,
O, der ich möchte selbst vor fremde Thüren laufen;
Die wollen, fordern Geld, und mit dem bloßen Nein,
Das ich davongebracht, nicht abgewiesen sein."

Dem Verdrusse solch schnöder Begegnung, der selbst hoher Rang und Verdienst nicht entgehen können, gesellt sich die fast noch größere Unlust auch der entgegengesetzten Begegnung:

„Man sieht ein sicheres Volk an Höfen und in Städten,
Das, um um's Tagelohn, das Pflaster pflegt zu treten;

Das, weil es Arbeit haßt, und doch nicht stille sitzt,
Aus Vorwitz in dem Schooß des Müßigganges schwitzt.
Dergleichen Leute sind die Diebe meiner Stunden,
Es ist ihr Höflichsein mit Ungestüm verbunden.
Da heißt's: Wie geht es euch in eurer Einsamkeit?
Ich denke: Ziemlich wohl, wenn ihr nicht bei mir seid.
Das Wetter nach dem Sturm hat sich schon aufgekläret,
Ach, wünsch' ich, hätt' es doch bis in die Nacht gewähret,
So bringet ihr vielleicht, wie nun, bei Sonnenschein
Mit eurem Mückenschwarm nicht in mein Zimmer ein!"

Im Unwillen gegen solche Leute vergleicht er sie gemeinen Verbrechern:

„Der mich verwundet hat, vom Jachzorn angetrieben,
In dem wird das Gesetz bald seinen Eifer üben;
Wie aber geht es dem für so genossen aus,
Der mir, mit Vorbedacht, fällt in mein eigen Haus,
Und da mit eitlem Tand, den er mit Worten spielet,
Aus Freundschaft einen Dolch bis in das Herze drücket?"

Er entflieht zuletzt all solchem Unwesen in sein freies Blumberg, wo er im Genusse des Landlebens aufathmet, und den Geist mit edlerer Beschäftigung stärkt.

Doch wie sich das, worauf man verzichtet, oft leichter darbietet, als was man erstrebt, so trat auch das Staatsleben für Canitz noch vor seinen Wünschen wieder ein. Gleich im Anfange des Jahres 1691 erhielt er eine Sendung an den Fürstlichen Hof nach Zeitz, wo er in einem besonderen Geschäft einige Zeit verweilen mußte. Ein wichtiger Erbfolgestreit, der sich durch den Tod des Herzogs von Mecklenburg-Schwerin zwischen den Fürstlichen Häusern Grabow und Strelitz erhob, veranlaßte darauf im folgenden Jahre 1692 seine Verschickung nach Niedersachsen, die sich im Jahre 1693 wiederholte. Der Versuch, einen gütlichen Vergleich unter den Streitenden zu vermitteln, fand große Schwierigkeiten, und Canitz bedurfte in dem langwierigen Geschäft aller schon erprobten persönlichen Eigenschaften, durch welche Vertrauen erworben, und des Ansehens und der Haltung, durch welche Einfluß behauptet wird. Erst im Jahre 1694 kehrte er von dieser Verhandlung völlig zurück, aber nicht um in fortdauernder Thätigkeit oder in neuer Muße, wie bisher, eines heiteren Glückes sich zu freuen, sondern um eine Reihe von trüben Begegnissen zu bestehn, welche ihn endlich mit dem härtesten Schlage trafen, und ihn wohl erkennen ließen, daß der glücklichere Theil seines Lebens vorüber sei. Die Mutter seiner Doris erkrankte, und starb in dem letztgenannten Jahre, eine jüngere Schwester derselben wurde gleichfalls gefährlich krank, und jene, als treue und sorgsame Pflegerin, von äußerer Anstrengung und innerer Theilnahme gleich erschüttert, litt selbst an ihrer Gesundheit, die sich von jener Zeit nicht wieder völlig herstellte. Im Anfange des folgenden Jahres erfuhr Canitz das Unglück, daß sein Gut Blumberg durch eine heftige Feuersbrunst größtentheils abbrannte. Er saß grade bei der Abendmahlzeit mit seiner Familie und guten Freunden zu Tisch, als ihm die unglückliche Botschaft gemeldet wurde, welche ihn um so härter traf, als es damals noch keine Feuerkassen gab. Doch kaum hatte er die Erzählung angehört, als er sogleich, den eignen Verlust weniger als den seiner Insassen beachtend, mit ruhiger Fassung die Worte sprach: „Ich will den armen Leuten ihre Häuser wieder aufbauen lassen", welches er auch durch die That alsbald bewährte. Seinem Gemüthe stand jedoch in kurzem eine ernstere Prüfung bevor, gegen welche seine Kraft und Festigkeit nicht, wie bei jenem Verluste, gewaffnet war.

An einem Sonnabend, als sie eben zur Beichte gehn wollte, um für den folgenden Tag sich zu dem heiligen Abendmahl vorzubereiten, wurde Frau von Canitz fast auf der Schwelle ihres Zimmers plötzlich unwohl. Da sie guter Hoffnung war, so deutete man den Zufall, der keine beunruhigenden Zeichen hatte, als einen in solchen Umständen gewöhnlichen, und brachte sie zu Bette. Aber sie selbst, ohne daß der Anschein grade schlimmer geworden, fühlte sich am folgenden Tage bedenklich krank. Ihrem Gatten, der an ihrem Bette saß, eröffnete sie in liebreichen Worten, er möchte sich nicht gar zu sehr mit ihrem Wiederaufkommen schmeicheln, sie fühlte wohl, daß, da sie sich, nicht ohne innerliches Leiden, bisher gewöhnen müssen, ihn so oft von ihr reisen zu sehen, die Reihe nun auch an sie käme, von ihm zu ziehen, und ihm vielleicht bald einen Abschied zu sagen, welcher wohl der letzte in dieser Welt sein dürfte, er möchte ihr aber erlauben, daß sie ihm noch ein Zeichen ihres dankbaren und auch künftig für sein Leben besorgten Herzens geben könne. Dies betraf die Wahl einer künftigen Gemahlin, zu welcher sie ihm eine ihrer Freundinnen vorschlug, deren Werth ihr durch vieljährigen vertrauten Umgang wohlgeprüft war. Canitz, in tiefster Herzensbewegung, lehnte einen solchen Antrag fern von sich ab, allein sie fügte zu dessen Unterstützung, nach kurzem Stillschweigen, freundlichst noch diese Worte hinzu: „Ich weiß, daß er sich um das Hauswesen weder jemals bekümmert, noch wegen seiner Staatsgeschäfte und vielen Verschickungen dessen sich annehmen können; aber sein jüngst abgebranntes Landgut, seine schwere Haushaltung, seine eigne Gesundheit, und sonderlich unser noch unerzogener Sohn erfordert eine so kluge Vorsteherin, und meine eigne Liebe findet dabei einen tröstlichen Antheil, weil ich hoffen kann, daß er sich, in Gesellschaft einer mir bisher so geneigten Freundin, desto öfter seiner getreuen Doris erinnern werde." Dieses Er jener Zeit, die Mitte haltend zwischen dem Du und dem später aufkommenden Sie, schwebte zwischen Vertrauen und Achtung, und hatte noch keine Spur der Zurücksetzung, die erst in der letzten Zeit entschieden damit verknüpft worden. Die Leidende wurde bald nachher unter großen Schmerzen frühzeitig entbunden, worauf ihre Kräfte merklich abnahmen. Sie fühlte, daß ihr Ende herannahe, behielt aber standhaften Muth, und führte so fromme, gottergebene Reden, bezeigte so heitern und freien Sinn, daß alle Umstehenden, unter welchen auch ihr Beichtvater, der fromme Doktor Spener, durch ein so schönes Beispiel edlen Sterbens innigst erbaut wurden. Am vierten Tage waren die Vorboten des nahen Todes unverkennbar; sie ließ ihren neunjährigen Sohn, von sieben Kindern das einzige übriggebliebene, vor ihr Bette kommen, und gab ihm mit den nachdrücklichsten Worten und zärtlichsten Küssen ihren mütterlichen Segen; ihren Gatten, der auf den Knieen liegend seine thränenvollen Wangen auf ihre liebreichen Hände drückte, suchte sie zu trösten, und bat ihn, nicht kleinmüthig zu sein. Sie hatte alles zu ihrem Sterben vorbereitet, und nebst andern Gegenständen besonders auch ein Vermächtniß für die Schulen, Kirchen und Armen angeordnet, welches sie mündlich ihrem Gatten eröffnete, indem sie hinzusetzte: „Ich habe meinen letzten Willen weder schriftlich noch gerichtlich niederlegen wollen, des ungezweifelten Vertrauens, er werde meine letzte Bitte auch nach meinem Tode, kraft seiner mir bekannten Großmuth, von sich selbst erfüllen." Canitz vermochte was ihm bevorstand nicht zu fassen, er verging in gränzenlosem Leid. Die Gattin aber, ihm nochmals innig Lebewohl sagend, bat ihn, seinem Schmerze nicht so sehr nachzugeben, und sie durch seine heftige Betrübniß in einem süßen Schlafe nicht zu stören, der sich eben bei ihr anmelbe. Sie nahm hierauf mit größter Fassung auch von den übrigen Anwesenden herzlich Abschied, legte sich dann zur Ruhe, und sagte mit freudigem Gesicht: „Sehet, ich schlafe schon wirklich!" So entschlief sie sanft und lächelnd, ohne Schmerz und Zucken. Sie hatte von jeher, in gesunden Tagen, von Gott sehnlichst einen solchen Tod erfleht, wie ihr jetzt gewährt worden war. Sie starb Dienstags den 9. April um 1 Uhr nachmittags, etwas über neunundreißig Jahre alt.

Dieser Trauerfall wurde durch den lebhaften und vielfachen Antheil, der sich damit verknüpfte, zu einem großen, allgemeinen Ereigniß, das in der sittlichen wie in der dichterischen Welt geraume Zeit in fruchtbarem Andenken stand. Canitz'ens Doris brauchte man nur zu nennen, um ein leuchtendes Vorbild weiblicher Tugend und Liebe, reinsten Eheglücks, und würdigster Verherrlichung hervorzurufen. In der That fehlte ihr keine Eigenschaft, um sie zu einer höchstbegabten, seltnen Erscheinung zu machen; ihre liebevolle Güte und sanfte Frömmigkeit ruhten auf einem herzhaften Gemüth und freien Geist, die anmuthigste, belebteste Weltbildung auf innerer Tüchtigkeit. Die Trauer des zurückgebliebenen Gatten, durch ein Gedicht ausgebildet, welches lange Zeit als eines der höchsten Erzeugnisse deutscher Dichtkunst verehrt und auswendig gelernt wurde, vergegenwärtigte den Werth ihres Daseins auch folgenden Geschlechtern. Doktor Spener hielt der Verstorbenen, die in der Marienkirche beigesetzt wurde, eine schöne Gedächtnißpredigt. Dichterisch ihr Andenken zu feiern, fühlte sich Caniz in der ersten Zeit seines ungemessenen Jammers ganz unfähig; er bat seinen Freund Besser, zum Preise der abgeschiedenen Geliebten ihm fürerst den Trost seiner Poesie zu gewähren, wobei er ihm zugleich sagte: „Ich gestehe, daß ich vor sieben Jahren einer von denjenigen gewesen bin, welche vermeinet, Sie hätten sich über den Tod Ihrer erblaßten Ehegattin allzusehr beklaget; aber ich empfinde nun an mir selbst die Wahrheit desjenigen Leidens, welches Sie damals so beweglich ausgedrückt, und itzt durch Ihren so langen Wittwerstand, schon mehr als genug bewähret haben." Besser versprach diesen Dienst der Freundschaft, ging auch alsbald an's Werk, allein da er sehr langsam arbeitete, so war nach sieben Monaten noch kein Ganzes fertig. Endlich, nach wiederholter Mahnung, brachte er eine Trostode von fünfundvierzig Strophen zu Stande, welche als ein Meisterwerk trefflichen Ausdrucks den größten Beifall erhielt. Allein Caniz, wie sehr ein solches Denkmal ihn freute, sah durch frembes Wort seinem Herzen nimmer genügt, er mußte seiner Doris auch in eigner Dichtung den Zoll der Trauer und Liebe darbringen, welche seine Brust erfüllten. Erst geraume Zeit nachher, als schon über ein Jahr verflossen, vollendete er nachstehende Ode, welche, als das berühmteste, und nach Vieler Meinung beste seiner Gedichte hier billigerweise ganz mitgetheilt wird.

Klagode.

Soll ich meine Doris missen?
Hat sie mir der Tod entrissen?
Oder bringt die Phantasei
Mir vielleicht ein Schrecken bei?
Lebt sie? Nein, sie ist verschwunden;
Meine Doris deckt ein Grab.
Schneid, Verhängniß, meinen Stunden
Ungesäumt den Faden ab!

Sollt' ich dich noch überleben!
Der ich mehr, als mir ergeben,

Die ich in mein Herz gedrückt;
Dich, die du mich so beglückt,
Daß die Welt mit Kron und Reichen
Mich zu keinem Neid gebracht,
Weil ich sie, die zu vergleichen,
Niemals groß genug geacht?

Doris, kannst du mich betrüben!
Wo ist deine Treu geblieben,
Die an meiner Lust und Gram
Immer gleichen Antheil nahm?
Du eilst zur bestirnten Straßen,
Und hast nun zum erstenmal
Mich und unsern Bund verlassen;
Deine Wonne schafft mir Qual!

Was für Wellen und für Flammen
Schlagen über mich zusammen!
Unaussprechlicher Verlust,
Wie beklemmst du meine Brust!
Und wie kömmt's? da ich mich kränke,
Werd' ich gleichsam wie ergötzt,
Wenn ich nur an die gedenke,
Die mich in dies Leid gesetzt.

Möchte mir ein Lied gelingen,
Sie nach Würden zu besingen:
Doch ein untermengtes Ach
Macht mir Hand und Stimme schwach;
Worte werden mir zu Thränen,
Und so muß ich mir allein,
In dem allergrößten Sehnen,
Der betrübte Zeuge sein.

Ihr, die ihr mit Schrift und Dichten
Könnt die Sterblichkeit vernichten,
Singt die Angst, die mich verzehrt,
Und der Doris ihren Werth;
Daß man sie, nach langen Jahren,
Mag bedauern, und auch mich!
Doch ihr könnt die Arbeit sparen;
Wer kennt beides so wie ich?

Ihrer edlen Seelen Gaben
Hielt sie zwar nicht als vergraben,

Freiherr Friedrich von Canitz.

Nein, sie waren Stadt und Land
Meistens, mir doch mehr, bekannt.
Manches Weib wird hochgepriesen,
Das kaum so viel Tugend zählt,
Als die Seligste von diesen
Aus Bescheidenheit verhehlt.

Daß sie wohl mit Gott gestanden,
Sieht man, da sie von den Banden
Dieses Lebens wird befreit;
Seht, wie sie der Tod bedräut,
Aber selbst beginnt zu zittern!
Denn sie zeigt ihm lächelnd an,
Daß, der die Natur erschüttern,
Ihren Schlaf kaum hindern kann.

In dem eiteln Weltgedränge
Ward von der verführten Menge,
Die man allenthalben spürt,
Doris dennoch nie verführt.
Niemals hatte sie erkoren
Einen Gift, der Zucker hieß.
Weil ihr etwas angeboren,
Das sofort die Probe wies.

Doch, in Worten und in Werken,
Ließ sie einen Umgang merken,
Der nicht frembes Thun verhöhnt,
Und das seinige beschönt.
Was für kluge Tugendsätze
Macht indessen nicht ihr Mund,
Und für ungemeine Schätze
Noch vielmehr ihr Wandel kund!

Gütig jederman begegnen,
Lieb und Wohlthat lassen regnen,
Das war ihre beste Kunst.
Auch der höchsten Häupter Gunst,
Und ihr innerstes Vertrauen,
Hat sie nie zum Stolz bewegt.
Wir und das, worauf wir bauen,
Sprach sie, wird in Staub gelegt.

Durch verstelletes Beginnen,
Fremden Beifall zu gewinnen,

Freiherr Friedrich von Canitz.

War ein zu verächtlich Spiel,
Das ihr niemals wohlgefiel.
Und was war es ihr vonnöthen?
Ihre Stirn, die nie betrog,
Machte so den Neid erröthen,
Als sie Herzen an sich zog.

Von der Anmuth ihrer Sitten
Fand ich mich schon längst bestritten;
Doch in unserm Ehestand
Ward ich heftiger entbrannt:
Weil ich so ein Herz erlesen,
Das, wenn Unglück auf uns stieß,
Eben ein so sanftes Wesen,
Als im Glücke spüren ließ.

Bei der liebsten Kinder Leichen
Gab sie kein verzagtes Zeichen.
Hof und Haus verging in Gluth,
Aber nicht ihr Heldenmuth.
Regung, Sinn und Muth zu brechen,
Nach des weisen Schöpfers Rath,
Und mir tröstlich zuzusprechen,
Das war alles, was sie that.

Mit was lieblichem Bezeigen
Gab sie sich mir ganz zu eigen!
Und wie sehr war sie bemüht,
Bis sie meine Neigung rieth.
Alles das hab' ich verloren!
Ach, wie werd' ich traurensvoll!
Hat mein Unstern sich verschworen,
Daß ich sterbend leben soll?

Selbst das Pfand von unserm Lieben,
Das von allem übrig blieben,
Wenn ich's in der Unschuld seh,
Machet mir ein neues Weh;
Weil sein aufgeweckt Geblüte
Seiner Mutter frohen Geist,
Und sein unverfälscht Gemüthe
Ihren wahren Abbruck weist.

Was mir ehmals wohlgefallen
Schmeckt itzund nach lauter Gallen,

Und mich beugt der kleinste Wind,
Weil er mich verlassen findt;
Mir erweckt das Schaugerüste
Großer Höfe nur Verdruß,
Und mein Haus scheint eine Wüste;
Weil ich Doris suchen muß.

Ich durchirre Land und Seen,
In den Thälern, auf den Höhen,
Wünsch' ich, wider die Gewalt
Meines Schmerzens, Aufenthalt.
Berg und Thal, sammt See und Ländern,
Können auch zwar mein Gesicht,
Aber nicht mein Leid verändern;
Denn ich finde Doris nicht.

Euch, ihr Zeiten, die verlaufen,
Könnt' ich euch mit Blut erkaufen,
Die ich oft, aus Unbedacht,
Ohne Doris zugebracht!
Sonne, schenk' mir diese Blicke!
Komm, verdopple deinen Schritt!
Eilt, ihr Zeiten, eilt zurücke,
Bringt mir aber Doris mit!

Aber nein! Eilt nicht zurücke!
Sonst entfernen eure Blicke
Mir den längst begehrten Tod,
Und benehmen nicht die Noth.
Doch, könnt ihr mir Doris weisen?
Eilet fort! Nein, haltet still!
Ihr mögt warten. Ihr mögt reisen.
Ich weiß selbst nicht, was ich will.

Hälfte meines matten Lebens,
Doris! ist's denn ganz vergebens,
Daß ich kläglich um dich thu?
Kannst du noch, in deiner Ruh,
Die getreuen Seufzer hören?
Rührt dich meiner Schidung Grimm?
Ach, so laß dein Schlummern stören!
Sieh dich einmal nach mir um!

Zeige dich mit den Geberden,
Die so manchesmal auf Erden

Mich von Sorgen losgemacht.
Gieb mir noch, zu guter Nacht,
Nur mit Winken zu verstehen,
Daß du meinen Jammer kennst,
Wenn's der Himmel so versehen,
Daß du dich auf ewig trennst.

Laß' in der Gestalt dich schauen,
Wie dich in den sel'gen Auen
Eine Klarheit nun erleucht,
Der die Sonne selbst nicht gleicht.
Ober scheint der Engel Freude
Nicht durch grober Sinnen Flor,
Wohl! so stell', in meinem Leide,
Dich auf andre Weise vor.

Dürft' ich küssend dich umfassen,
So, wie ich dich sah erblassen,
Wie der werthen Augen Paar
Dir zuletzt gebrochen war,
Und der Angstschweiß deiner Wangen,
Als mit Perlen, angefüllt;
Denn so wäre mein Verlangen,
Sollt' ich meinen, schon gestillt.

Ja, obgleich die Träume trügen,
So will ich mich doch vergnügen,
Wenn du in der stillen Rast
Meinen Wahn befriedigt hast.
Ist denn dieses auch verboten,
Ei! so steht die Hoffnung fest,
Daß der finstre Weg der Todten
Mich zu dir gelangen läßt.

Dann will ich nach langem Schmachten,
Dich in Sions Burg betrachten,
Brich, erwünschter Tag, herein!
Und mein sterbliches Gebein
Soll, bis künftig unsre Seelen
Wieder in die Körper gehn,
Nächst bei dir, in einer Höhlen,
Die Verwesung überstehn.

Wie geschieht mir? Darf ich trauen?
O du angenehmes Grauen!

Hör' ich meine Doris nicht?
Die mit holder Stimme spricht:
„Nur drei Worte darf ich sagen;
Ich weiß, daß du traurig bist;
Folge mir! Vergiß dein Klagen,
Weil dich Doris nicht vergißt."

Neben den Bestrebungen dichterischer Redekunst, die sich bisweilen in diesem Gedicht hervordrängen, behaupten ächter Schmerz und wahre Innigkeit doch unläugbar darin die Oberhand.

Canitz'ens Trauer wurde noch vermehrt durch den bald nachher sich ereignenden Tod seiner Schwägerin, der jüngeren Schwester seiner Doris, und derselben an Gemüth und Sinn besonders ähnlich. Eine Nichte seiner verstorbenen Gattin, Fräulein von Schönberg, die in seinem Hause auferzogen worden, verließ ihn gleichfalls, indem sie nach Dresden zurückkehrte. So fand er sich in dem bisher so glücklichen und belebten Hause ganz vereinsamt. Nur noch sein kleiner Sohn, der ihm als theures Ebenbild die Züge der geliebten Doris lebendig vergegenwärtigte, war ihm als ein Trost vor Augen, der seinen Schmerz, indem er ihn beschäftigte, zugleich zerstreute. Dieser wohlgeartete und hoffnungsvolle Knabe war der Sorge eines Hofmeisters anvertraut, dessen Namen in der Folge sehr berühmt geworden ist, nämlich Joachim Lange's, des nachherigen Doktors und Professors der Theologie auf der Universität zu Halle, bekannt durch seine Verfolgung des Philosophen Wolff, und durch seine in mehr als fünfzig Auflagen wiederholte lateinische Grammatik. Als häuslicher Erzieher und Lehrer in gegebenen Schranken mag der Mann seinem Platze genügt haben, späterhin freilich, an freier Stelle im Gebiete der Wissenschaften, hat er sich der traurigen Schaar derer beigesellt, die aus niederen Gesichtspunkten über die unverstandenen höchsten abzusprechen wagen, und sich durch ihr feindseliges Einwirken gerechten Haß und Verachtung zuziehen. Indeß durfte Canitz, wie gesagt, seinen Sohn damals unter Aufsicht dieses Mannes bestens versorgt glauben, und daher von dieser Seite kein Bedenken finden, auf bringendes Mahnen

seiner Freunde eine ferne Reise zu unternehmen, die seinen
Gram durch Zerstreuung zu lindern vermöchte. Schon hatte
er beschlossen, zu einigen Bekannten, die mit den brandenburgischen Truppen in dem seit dem Jahre 1688 gegen
Ludwig den Vierzehnten wieder ausgebrochenen Reichskriege
im Felde standen, nach den Niederlanden abzureisen, und zunächst der Belagerung von Namur beizuwohnen, als ein
neues Ereigniß unvermuthet nach andrer Seite ihm Geschäft
und Zerstreuung anwies. Der Herzog von Mecklenburg-
Güstrow starb im September 1695 ohne männliche Nachkommenschaft, und der sogleich zwischen den Herzogen von
Schwerin und Strelitz entzündete Erbfolgestreit bewog den
Kurfürsten von Brandenburg und den König von Schweden
zu dem Versuch einer Vermittelung, für welche von brandenburgischer Seite Canitz beauftragt wurde. Er begab sich
daher ungesäumt nach Güstrow, wo er, einige Zwischenreisen
ungerechnet, bis in die Mitte des folgenden Jahres blieb.
Theils die verwickelten Geschäfte, die ihm oblagen, theils der
gesellschaftliche Umgang, der sich an jene knüpfte, und selbst
neue dichterische Uebungen, zu welchen er veranlaßt war,
mußten seiner Seele zur wohlthätigen Ablenkung des Kum-
mers dienen, der sie bisher ganz erfüllte; aber mit Beflissenheit wandte sein gestärktes Gemüth auch wieder alle Sammlung auf den Gegenstand seiner Liebe und Klage zurück, denn
das mitgetheilte Gedicht auf Doris entstand größtentheils in
dieser Zeit. In Berlin fand er bei der Rückkunft sein
Hauswesen in großer Unordnung, sein Landgut vernachlässigt,
mancherlei Besitzthum durch einen großen Diebstahl entwen-
det. Dies alles wurde geltend gemacht, ihm eine Wiederverheirathung bringend anzurathen, zu welcher sogar der Hof
ihn zu bestimmen suchte. Doch Canitz fühlte noch zu lebhaft seinen Verlust, als daß er einen Ersatz desselben schon
hätte denken mögen. Die diplomatischen Verhandlungen riefen ihn wieder nach Mecklenburg, wo er bis Ende des Jahres blieb, und darauf nach Hamburg, wo er zur Vermittelung der Streitigkeiten, die sich zwischen dem Herzoge von
Holstein und dem Könige von Dänemark wegen des Waffen-
rechts und der Erbauung einiger Schanzen erhoben hatten,

als brandenburgischer Bevollmächtigter neben dem Kaiserlichen und anderen Gesandten thätig und glücklich mitwirkte, wiewohl der Abschluß erst in der Folge zu Stande kam. In Hamburg empfing er in dieser Zeit auch den Besuch seines Freundes Besser, der sich nach Kleve an den Kurfürstlichen Hof begab, und von Berlin dem Freunde zu Liebe diesen Umweg nahm. Im November des Jahrs 1696 kehrte Canitz von seiner Verschickung, deren Zwecke bestens eingeleitet waren, wieder nach Berlin zurück.

Die vereinten Antriebe, welche durch Gedanken und Empfindungen wie durch Verhältnisse in ihm erregt waren, bewirkten nunmehr auch den Entschluß, welchem er bisher noch widerstrebt hatte; er heirathete wieder, und zwar, nach dem Wunsch und der Bitte seiner Doris, die von ihr selbst ihm anempfohlene geliebte Freundin derselben, die Freiin Dorothea von Schwerin, eine Tochter des brandenburgischen Gesandten, den er auf seinen Reisen in London schon frühzeitig hatte kennen gelernt. Der Kurfürst selbst war mit dem ganzen Kurfürstlichen Hause bei der am 29. Dezember vollzogenen Trauung anwesend, und ertheilte dem neuen Ehepaar die gnädigsten Versicherungen. In Gemäßheit derselben, erhielt Canitz gleich im Anfange des Jahres 1697 die Ernennung zum wirklichen Geheimen Rath. Mit seiner zweiten Gattin lebte er in gleicher Eintracht und Zutraulichkeit, wie einst mit seiner Doris, deren schönes und segenreiches Andenken in dem neuen Bündnisse nur noch leuchtender hervortrat. Das Glück fügte es, daß Canitz dieses erste Jahr seiner Wiedervermählung größtentheils im Schooße heitrer Muße und ländlicher Beschäftigung zubrachte. Er vollendete den Wiederaufbau seines abgebrannten Gutes; Wohnhaus und Garten daselbst wurden größer und schöner wiederhergestellt. Seine dichterischen Arbeiten, sein Briefwechsel mit werthen Freunden, besonders mit Zapfe, blieben nicht vernachlässigt; einige der geistlichen Gedichte, die sich in der Sammlung finden, mögen in dieser Zeit entstanden sein. Im Anfange des Jahres 1698 erfuhr Canitz eine Standeserhöhung, indem der Kaiser Leopold aus eigner Bewegung ihn zum Reichsfreiherrn erhob, mit Ertheilung eines neuen

Wappens, Beilegung des Ehrenwortes Wohlgeboren, und andern herkömmlichen Bestimmungen. Auch war ihm nicht gegönnt, länger von Staatsgeschäften auszuruhen. Ihm wurde eine wichtige Sendung nach Holland übertragen, wobei er auf der Hinreise zugleich in Hannover dem Kurfürsten Georg wegen dessen Vaters Ableben die Beileidsbezeigungen zu überbringen hatte. Im Haag fanden in Folge der Friedensschlüsse von Ryßwyck die bedeutendsten Verhandlungen Statt, in welchen die politischen Verhältnisse von ganz Europa sich zusammendrängten, und auch Brandenburg durch die vielfachsten Beziehungen ernstlich betheiligt war. Den Umständen gemäß, welche, im Gegeneinanderwirken der größten Mächte, für eine Mittelmacht, wie Brandenburg damals war, mehr Klugheit und Vorsicht, als Nachdruck und Schärfe vorschrieben, führte Canitz hier die Geschäfte seines Hofes mit aller einnehmenden Haltung und feinen Besonnenheit, welche von jeher seine diplomatischen Verrichtungen ausgezeichnet und gefördert hatten. Dem Könige Wilhelm von Großbritannien, welcher nach dem Haag herübergekommen war, hatte er mehrmals persönlich die wichtigsten Eröffnungen zu machen, und zum Vortheil und Glanze des Kurfürstlichen Hauses wurde manches eingeleitet, was der nahen Zukunft auszuführen beschieden war. Schon über ein Jahr hatte Canitz in Holland auf diese Weise voll Eifer und Thätigkeit zugebracht, als ihn zunehmende Kränklichkeit, die sich bald zu einem ernstlichen Brustübel gestaltete, nach heimathlicher Ruhe und Pflege verlangen ließ. Der Kurfürst bewilligte sein nur allzubegründetes Gesuch; Canitz nahm im Haag Abschied, und kam im Frühling des Jahres 1699 zum Pfingstabend, schon sehr leidend, in Berlin bei den Seinigen an.

Frühzeitig war Canitz von Uebeln heimgesucht worden, welche selten einer rauhen und strengen Lebensart, desto häufiger jedoch einer verfeinerten und reichlichen sich anschließen. Seit seinem dreißigsten Jahre litt er abwechselnd an Kolik, Steinschmerzen und Podagra, doch keineswegs so heftig, um dadurch in den Pflichten seines Berufs, oder im gewohnten Lebensgenusse sonderlich gestört zu werden. Jetzt aber hatte sich mit diesen Uebeln eine Brustkrankhei verbunden, die schnell seine Kräfte hinzehrte, und wegen seines Aufkommens wenig Hoffnung ließ. Von allen Seiten wurde ihm die lebhafteste und innigste Theilnahme bezeigt, der Kurfürst selbst besuchte ihn in seinem Hause, und ertheilte ihm tröstliche Versicherungen. Canitz bewies unter allen Schmerzen und Widerwärtigkeiten seines Zustandes die größte Fassung und Heiterkeit. Er suchte für sich und die Seinigen allen Trost nur in freudiger Hingebung in den Willen Gottes; fromme Betrachtungen, zu welchen schon immer Sinn und Neigung ihn geleitet, wurden seine liebste Unterhaltung. Mit seinem ehemaligen Hausgenossen Joachim Lange, mit dem ehrwürdigen Spener, der ihm als treuer Freund schon längst vertraut war, so wie mit andern Freunden, die ihn besuchten, führte er gern dergleichen Gespräch, und wußte darin nicht minder zu geben, als zu empfangen. Er sagte unter andern zu Lange, er beginne nun die göttlichen und weltlichen Dinge mit ganz andern Augen, als vormals, anzusehn. Und Spener'n versicherte er in tiefster Rührung, wenn Gott ihn wieder aufrichten würde, was doch kaum zu hoffen stünde, so wollte er sich dem eitlen Wesen der Welt, davon er doch nichts hielte, ganz entziehen, und hingegen, nach aller Möglichkeit, dem allein Nothwendigen sich widmen. Um endlich über seinen Zustand völlige Gewißheit zu erlangen, berief er die sämmtlichen Königlichen Leibärzte zu einer Berathung, deren Ergebniß ihm auf sein beherztes und standhaftes Dringen unverhohlen mitgetheilt wurde. Als er aus dem Berathungszimmer trat, fand er im Vorzimmer seinen Freund Besser, den er nebst andern Gästen, worunter auch die Aerzte, zur Tafel geladen hatte, ging auf ihn zu, und sagte ihm leise in's Ohr: „Ich soll nicht länger, als noch sechs oder sieben Tage leben, womit ich zwar sehr wohl zufrieden bin; aber ich bitte, sich dessen gegen Keinen, und am wenigsten gegen meine Gemahlin zu äußern." An der Tafel selbst war alles sehr niedergeschlagen, außer Canitz, der sich ganz vergnügt und unbefangen benahm, und nachher den Aerzten insgeheim sogar verwies, daß sie über ihn solche Betrübniß bezeigten, da sie ihm doch nur fröhliche Botschaft gebracht. Seine heitre Fassung bewährte sich auch in den folgenden Tagen.

Unter andern ließ er aus dem Gebeinhause sich einen Todten-
kopf bringen, über welchen er seine besondern Betrachtungen
anstellte, der Weissagung des Propheten Ezechiel gedenkend,
der die auf dem Felde liegenden Gebeine wieder lebendig
werden sah. Inzwischen nahm seine Krankheit merklich zu;
er konnte zwar bis zuletzt noch immer herumgehn, aber sein
Athem war beklommen, und mit großartiger Gelassenheit sah
er stündlich seinem Tod entgegen. Endlich am 11. August,
neun Tage nach jener ärztlichen Berathung, starb er den
glücklichsten und erhabensten Tod, welchen der Mensch, nach
menschlichem Ermessen, je wünschen kann. Er stand am
frühen Morgen auf, ließ sich völlig ankleiden, und trat an
das Fenster, welches er öffnete, um frische Luft zu schöpfen;
die Sonne ging eben auf, und mit freudigem Staunen genoß
er den Anblick der wundervollen Pracht; als er eine Weile
unverwandt hinausgeschaut, sagte er zu einer Verwandten,
die ihn stützte: „Ei, wie schön ist heut der Himmel!" und
sank, von einem Schlagfluß getroffen, todt in ihre Arme.
Er starb im fünfundvierzigsten Lebensjahre. Schon am
Tage darauf wurde er in der Marienkirche, neben seiner
Doris, beigesetzt. Acht Tage darauf hielt Spener in der
Nikolaikirche vor zahlreichen Zuhörern ihm eine Gedächtnißpredigt.

Folgende Schilderung seines Aeußern, wie sie durch
frühere Hand uns aufbewahrt ist, möge den Mann uns
nochmals vor Augen stellen. Er war von mittlerer, wohl-
gewachsener Gestalt, in den späteren Jahren etwas untersetzt
und stark; sein Gesicht voll, offen, wohlgebildet und geist-
reich; seine blauen Augen lebhaft, sein Gang aufgeweckt, sein
Ansehn männlich, die Sitten edel. Bei einer weißen Haut
und freien Stirne hatte er einen sehr freundlichen Mund, der
sich doch manchmal eines höhnischen Lächelns nicht erwehren,
und seine angeborne Neigung zur Satyre nicht ganz verbergen konnte. Seine Kleidung war nett, wohlgewählt, aber
ohne kleinliche Sorgsamkeit. Man hatte ihn kaum gesehn,
so war man ihm gewogen, und kaum gesprochen, so blieb
man ganz von ihm eingenommen. Er war gesprächsam,
höflich, frei von Eigensinn und Widerspruchsgeist, für jeder-

man gefällig und aufmerksam, Fähigkeiten und Neigungen leicht durchschauend, jedem Gegenstande wie jeder Persönlichkeit und jedem Verhältnisse sich leicht bequemend, mit Einem Wort, ein vollkommner Mann von Welt, der aber mit allem Reize solch äußeren Behagens den tiefen Werth innerer Bildung vereinigte. Sein Verstand war schnell, sein Urtheil richtig und scharf, sein Gedächtniß vortrefflich; Witz und Laune standen ihm zu Gebot, und seine geistreichen Einfälle, dergleichen damals der Ton am Hofe gern hervorrief, machten Glück. Seine Kenntnisse waren mannigfach, seine Belesenheit ausgebreitet; doch las er in späterer Zeit, wegen seiner vielen Geschäfte, meist eilig und sprungweise, indem er bei jedem Buche zuerst den Inhaltsanzeiger aufschlug, und dann gleich die Abschnitte vornahm, die ihn hauptsächlich anzogen. Er schrieb und sprach lateinisch, französisch und italiänisch sehr gut, außer diesen Sprachen verstand er aber auch noch holländisch, englisch und spanisch. Das Dichten trieb er wie andre angenehme Unterhaltung, ohne Müh' und Arbeit, als leichtes Spiel im Auf- und Abgehn, bei einer Pfeife Taback vor dem Kamin, ja wohl gar in solch häuslicher Bequemlichkeit, die sich verbergen muß. Auch der Musik war er sehr kundig, und liebte deren Genuß. In Geschäften war er streng und fest, bei großer Leichtigkeit von vorsichtiger Haltung; alle seine Eigenschaften wurden hier zu Vorzügen; in den meisten Verhandlungen war er glücklich, er wußte Ernst und Sanftmuth zu vereinen, um zu überreden, zu gewinnen; im Friedenstiften, Vermitteln, Versöhnen, besaß er ein einziges Talent.

Seiner vortheilhaften Erscheinung gab erst vollen Werth, daß sie auf dem gediegenen Grund eines edlen Karakters ruhte. Seine Rechtschaffenheit, sein redliches Herz und sein reiner Sinn herrschten über jene geschmückte Oberfläche. Das wahrhaft Menschliche, die frieste Güte und offenste Achtung, konnte er nie verläugnen, wie sehr auch die übereinkömmlichen Formen in den höheren Kreisen, die Rücksichten auf Gunst und Stand, in so vielen Fällen dazu verloken und fortreißen mochten. Hülfreich mit Aufopferung und Thätigkeit, wußte er Gutes um sich her zu verbreiten, so weit nur sein Vermögen reichte. Freigebig schenkte er jedem Bedürftigen, ja kam dessen Bitte zuvor; eine große Anzahl von Hausarmen genossen regelmäßig seine Unterstützung, wie erst nach seinem Tode bekannt wurde. Seine Uneigennützigkeit und Großmuth zeigten sich um so schöner, je bedeutender der Gegenstand war. Ein schönes Landgut, dessen Einkünfte seiner Mutter, der künftige Besitz aber ihm vererbt war, überließ er derselben ganz, und als sie nach dem Verlauf in neue Bedrängniß gerieth, sorgte er reichlich bis zu ihrem Tode für sie, und auch nachher noch für ihren verwittweten Gatten, jenen Baron von Brunhose, der auf so seltsame Weise sein Stiefvater geworden war. Dem Lehrer seines Sohnes, Joachim Lange, gab er während der ganzen Zeit, die derselbe in seinem Hause war, stets das Doppelte des anfänglich bestimmten Jahrgehalts. Einem seiner Freunde wurde seine Freigebigkeit auf eine so edle Weise hülfreich, daß, wie gemeldet wird, auch ein König sich derselben nicht hätte schämen dürfen. Hieher gehört auch ein Zug, der seinen und seiner Doris gleichgestimmten Edelsinn in schönster Regung zeigt. Ein Hofbeamter hatte Kostbarkeiten, die seiner Aufsicht anvertraut waren, in dringender Verlegenheit pfandweise versetzt, sie aber zu rechter Zeit nicht wieder einlösen können, und war daher der schmachvollen Entdeckung nicht entgangen. Die Sache wurde an Canitz'ens Tafel als Hofneuigkeit erzählt, er nahm gleich lebhaften Antheil, und rief voll Eifer: „Mein Gott! Ich kenne ihn zwar nicht weiter als von Ansehn, aber hat er denn nicht zu mir kommen, und mir im Vertrauen sein Anliegen eröffnen können? Nicht wahr, Dorchen? du hättest, falls wir nicht gleich baares Geld genug bei der Hand gehabt, deine Perlen hergegeben, um den ehrlichen Namen dieses unglücklichen Edelmanns zu retten?" — „Von Herzen gerne", antwortete sie, indem sie zugleich eine Perlenschnur, über 3000 Thaler an Werth, von ihrem Halse löste, und ihrem Gemahl freundlichst sie mit den Worten überreichte: „Hier sind sie, wenn es noch Zeit ist, sein Verderben abzuwenden." Doch war für diesmal der gute Willen des edlen Paars erfolglos, die Sache war schon zu weit und unrettbar.

Als Dichter behauptete Canitz, wie auch Zeit und Geschmack sich veränderten, noch lange seinen Werth; sein Talent, in der von Opitz beginnenden neueren Reihe deutscher Dichter ehrenvoll aufgenommen, war für seine Zeit höchst bedeutend. Doch läßt sich nicht läugnen, daß ihm die Dichtkunst mehr ein Reiz und eine Zierde des Lebens, mehr eine der Thätigkeiten und Beziehungen war, welche ein reger Bildungstrieb sich mannigfach gewinnt und aneignet, als ein Inbegriff aller, aus dessen Mitte das Leben selbst nach allen Seiten neubedingend hervorquölle. Das Verdienst der gewählten Sprache, des angemessenen Ausdrucks, der höchsten Reinheit und Eleganz, tritt bei solchen Dichtern am stärksten hervor, und Canitz besaß dasselbe in sehr hohem Grade. Was uns jetzt in seinen Gedichten als Geschmacklosigkeit und Härte verletzt, entsprach in seiner Zeit gewiß den höchsten Anforderungen der Feinheit und Rundung, denn zumeist wegen dieser Vorzüge wird seine Schreibart von seinen Zeitgenossen allgemein gepriesen. Noch Friedrich der Große, auf Glauben die damals angenommen gültige Meinung wiederholend, sagt von ihm: „Il puisa dans l'usage de la bonne compagnie cette politesse et cette aménité qui plait dans son style." Seine gesammelten Gedichte wurden zuerst im Jahre 1700 durch den Freiherrn von Canstein im Druck herausgegeben, und häufig wieder aufgelegt; sodann im Jahre 1727 mit großer Sorgfalt, und mit beigefügtem Lebenslauf und schätzbaren Anmerkungen, durch Johann Ulrich König, den um die deutsche Litteratur auch sonst noch wohlverdienten Hofdichter in Dresden, und auch diese Ausgabe ist bis zur Mitte des achtzehnten Jahrhunderts mehrmals wiederholt worden. Geistliche Gedichte und vermischte, Satyren und Uebersetzungen, Trauergedichte, zuletzt galante und Scherzgedichte, bilden verschiedene Abtheilungen. Die Satyren sind nach dem Muster des Boileau, einige auch aus ihm, dem Horaz und Jubenal übersetzt.

Von unsrem Canitz ist keine Nachkommenschaft übrig. Wenige Wochen nach ihm starb sein einziger hinterbliebener Sohn, etwas über dreizehn Jahr alt, an den Blattern. Seine Wittwe verheirathete sich späterhin an den Freiherrn von Schöneich in Crossen. Sein Vermögen fiel an zwei Freiherren von Canstein, Stiefbrüder seiner Doris; der jüngere, schon oben erwähnt, erhielt mit anderem Besitz auch des Verstorbenen ausgewählte Bücher, bei deren Verkauf er selbst viele davon wiedererstand, die später mit seiner eignen großen Büchersammlung an das Waisenhaus zu Halle kamen, dem er auch sein ganzes übriges Vermögen durch fromme Stiftung zuwandte.

Canitz'ens Gedichte haben ihre Zeit gehabt, sie liegt abgeschlossen, und wird wohl schwerlich wiederkehren; diese Lieder fallen, gleich vielen andern für begränzte Dauer erschienenen, unaufhaltsam mehr und mehr der Vergessenheit anheim; aber der Name des Dichters wird nicht untergehn, Canitz wird ruhmvoll genannt werden unter den Ehrensäulen der deutschen Litteratur, so lange diese selber besteht, und so wird in seinem Namen zugleich sein Denkmal sein. Merkwürdig indeß möge hier zum Schlusse noch der seltnen Gunst erwähnt werden, welche dem schon weit entschwundenen, durch mächtigste Entwickelungen neuer Folgegeschlechter zurückgedrängten Dichter gleichwohl in später Dauer noch erhalten blieb. Der Feldmarschall Graf von Kalkreuth, im Jahre 1736 geboren, sonst eben auf Poesie nicht ausgehend, war aus den Eindrücken früher Jugend doch mit Ehrfurcht und Vorliebe für die Gedichte von Canitz eingenommen; er wußte die Trauerode auf Doris auswendig, und sagte öfters ganze Strophen daraus her, mit der guten Ueberzeugung, das sei doch noch Poesie von ächtem Werth, und alle andre dagegen mit Recht gering zu achten. Der geistvolle, regsame Greis starb erst im Jahre 1818 im hohen Alter, und so reichte, durch diesen einen langgezogenen Lebensfaden vermittelt, die lebendige Wirkung von Canitz'ens Gedichten im vollen Ansehn ihrer Zeit, zwar nur leise, aber doch bis in unsere Tage hinein!

Johann von Besser.

Mit Canitz in demselben Jahre kam Johann Besser zur Welt, jenem als Dichter, als Hof- und Staatsmann und als Freund, im Leben vielfach verwandt und nah. Er wurde den 6. Mai 1654 in Kurland geboren. Sein Vater, aus dem Patrizierhause der Besserer in Ulm herstammend, von welchem ein Zweig nach Preußen und dann nach Kurland verpflanzt worden, war Prediger in Frauenburg, und stand wegen seiner Gelehrsamkeit und wegen seines frommen Wandels in gutem Ansehn; seine Mutter, von Geburt ein Fräulein dortiger Gegend und eines Predigers Tochter selbst, vereinigte die Vortheile dieser gedoppelten guten Herkunft. In Kurland waren auch nach der Reformation, welche in manchen Ländern die kirchlichen Aemter ihrer weltlichen Herrlichkeit dergestalt entkleidete, daß sie fast ganz dem Ehrgeize des strebenden Bürgerstandes anheimfielen, die Predigerstellen meist so gute Pfründen geblieben, daß auch der Adel sich fortdauernd um sie bewarb, und hieraus kam, daß beide Stände dort leichter gegen einander sich ausglichen; ein Verhältniß, welches auch für Besser's Leben und Fortschreiten von entschiedenem Einfluß war. Erziehung und Unterricht empfing der wohlgebildete, kräftige und geistesrege Knabe mit den Kindern einiger benachbarten adeligen Familien, von ausgewählten Lehrern, sowohl in Wissenschaften und Sprachen, als auch in Leibesübungen und sonstigen Fertigkeiten. Er überstand große Lebensgefahren, indem er einmal unter dem Eise dem Ertrinken nahe war, ein andresmal im Kornfelde von den Hunden seines Vaters, die ihn plötzlich anfielen, beinah zerrissen wurde. Frühzeitig erwachte auch die Neigung zu dichten in ihm, und war durch keine Abmahnung, die man ernstlich versuchte, zu überwinden. Mit guten Kenntnissen und vortheilhafter persönlicher Bildung ausgestattet, bezog er, zugleich mit mehreren seiner bisherigen Studiengefährten, die Universität zu Königsberg, wo er den philosophischen Wissenschaften und demnächst, seiner ihm zugedachten Bestimmung gemäß, der Theologie den besten Fleiß widmete. Schon im Jahre 1673 vertheidigte er daselbst öffentlich eine lateinische Abhandlung über einige Sätze aus der Logik, und im folgenden Jahre, da er selbst noch nicht volle zwanzig zählte, eine zweite über einen philosophisch-theologischen Gegenstand, durch welche er mit großem Ruhme die Würde eines Magisters der freien Künste erwarb. Im Jahre 1675 ließ er abermals eine philosophische Abhandlung drucken, die unter seinem Vorsitz ein jüngerer akademischer Mitbürger vertheidigte. Indem er so im gelehrten Kreise rüstig und gewandt auf den Schauplatz trat, verläugnete sein Sinn auch schon damals nicht die Richtung nach den oberen Kreisen, wo die Fürsten und ihre Umgebungen, im Schimmer der Macht und des Glanzes, den Blick und Eifer begabter Dienstberufenen stark und unwiderstehlich anziehen. Keine jener Abhandlungen ließ Besser ohne den Schmuck einer vornehmen, empfehlenden Zuneigung; er widmete die erste dem Herzoge Jakob von Kurland, bei welchem sein Vater in vorzüglichen Gnaden stand, die zweite dem Herzoge Friedrich Kasimir, und die dritte der brandenburgischen Prinzessin Luise Charlotte.

Ein junger Mann von so ausgezeichneten Gaben, der die Welt bedeutend ansprach, und ihre Verhältnisse lebhaft ergriff, konnte am wenigsten unter den Jünglingen gleichgültig bleiben, welche durch Alter, Studien und Neigungen ihm verbunden waren. Besser lebte in vertraulichster Gemeinschaft mit jungen Edelleuten, die theils aus Kurland, theils aus Preußen und andern Ländern, in Königsberg studirten. Vor allen aber hatte sein Landsmann von Maydel, ein edler Jüngling von vorzüglichen Fähigkeiten und alternloser Erbe eines Vermögens von einer Tonne Goldes, sich an ihn mit innigster Freundschaft angeschlossen. Seine Studien waren bald beendet, er kehrte nach Hause, um von dort eine größere Reise nach fremden Ländern anzutreten, und da er die Wittwe seines Oheims, welche bei ihm Mutterstelle vertrat, wegen eines tüchtigen Haushofmeisters, der ihn begleiten sollte, bemüht sah, so stand er nicht an, ihr als einen solchen seinen Freund Besser in Vorschlag zu bringen. Die kluge Frau verlangte denselben vorher persönlich kennen zu lernen, wohl nicht ohne Bedenken wegen dessen eigner Jugend; aber kaum hatte sie ihn, den stattlichen, haltungsvollen jungen Mann, selbst gesehn, als sie sogleich und unbeschränkt einwilligte, indem sie mit angenehmer Wendung hinzufügte, sie wünsche, daß es ihrem Pflegesohn mit seinem selbsterwählten Hofmeister wie den Kranken ergehen möge, bei denen insgemein die Arznei besto heilsamer anschlüge, jemehr Vertrauen sie selbst zu ihrem Arzte hegten. Die beiden Freunde traten noch im nämlichen Jahre 1675 ihre Reise an, und begaben sich zuvörderst auf die Universität Leipzig, um daselbst in den Wissenschaften noch weitere Fortschritte zu machen.

Sie ließen es beiderseits an Fleiß nicht fehlen, und zeichneten sich vor andern durch Sitten und Betragen aus: das Ansehn ihrer ganzen Erscheinung, und insbesondre ihre Fertigkeit in ritterlichen Uebungen, machte sie bald der ganzen Stadt vortheilhaft bemerkbar. Da Maydel reformirten Glaubens war, und es für diesen in Leipzig keine gottesdienstliche Anstalt gab, so reisten sie dieserhalb einigemal nach Dessau, wo sie zugleich den Hof besuchten, und bei dem Fürsten Johann Georg freundlich und ehrenvoll aufgenommen wurden. So verging fast ein Jahr in glücklichen Lebenstagen, und schon dachten sie an die Weiterreise, als ein unglücklicher Vorfall ihren Weg und ihre Plane völlig zerrüttete. Canitz und seine Freunde, deren Umgang für Besser und Maydel sich als der schicklichste von selbst hätte darbieten müssen, waren kurz vorher abgereist; es drängten statt solcher edlen, leider nur rohere Bekanntschaften sich auf. Mit Besser und Maydel fanden sich in derselben Tischgesellschaft ein gewisser von Bennigsen und dessen Hofmeister Lange, bei welchen die große Geschicklichkeit im Fechten, worin jene Beiden sich als Meister zeigten, Neid und Groll erweckte; einige Offiziere von den sogenannten Blauröcken, zur Besatzung der Pleißenburg gehörig, hatten gleichfalls ihren Aerger daran, und ihr tückischer Ingrimm suchte begierig die Gelegenheit zum Ausbruch. In dieser Absicht brachten Bennigsen und Lange eines Mittags den Lieutenant von Lochau mit zu Tisch, trennten gleich anfangs, unter dem Schein des Ungefährs, Besser'n von seinem Zögling, und begannen hierauf durch anzügliche Reden und zubringliche Geberden jene zum Streit aufzureizen. Lochau schimpfte gegen Maybel auf Bessern, zweifelte, ob derselbe auch ein solcher Held im freien Felde wäre, wie auf dem Fechtboden, und verlangte denselben auf die Probe zu stellen. Maybel nahm sich seines Hofmeisters an, verbat sich dergleichen Reden; und meinte, man müsse sich damit an den Mann selber wenden, der ja gegenwärtig sei; er saß aber am andern Ende des Tisches, und konnte diese Reden kaum vernehmen, geschweige denn erwiedern. Als die Mahlzeit geendet war, drang Lochau nur noch heftiger auf Maybel ein, betheuerte höhnisch, er müsse sich mit einem von ihnen beiden raufen, und wolle gleich den Zögling, da dieser für seinen Hofmeister so ritterlich auftrete, in Anspruch nehmen. Der gereizte Jüngling, sonst ungemein sanftmüthig, und bisher ganz kalt und besonnen, vermochte sich jetzt nicht länger zu halten: „Weil du denn durchaus Händel mit mir haben willst", rief er, „und ohne alle Ursache, so muß ich dir erst diese dazu geben", ergriff eine zinnerne Kanne, und schlug sie dem Gegner mit Gewalt auf den Kopf; Besser sprang herzu, Lochau's Genossen gleichfalls, und es entstand eine heftige Schlägerei, die nur mit Mühe von den übrigen Anwesenden aus einander gebracht wurde. Besser fand angemessen, um weitere Händel zu vermeiden, den bisherigen Mittagstisch mit einem andern zu vertauschen; doch sein Zweck wurde nicht erreicht. Jener Vorfall war noch nicht abgethan, als nach wenigen Tagen auch Bennigsen, der ziemlich getrunken hatte, und in diesem Zustande Maybel'n auf dem Vorsaale vor dessen Wohnstube begegnete, diesen mit trotzigen Reden anließ, ihm unvermuthet in's Gesicht schlug, und abermals eine Balgerei verursachte, in welche die herzugeeilten beiden

Hofmeister gleichfalls verwickelt wurden. Maybel, sogleich von Lochau herausgefordert, und selber Genugthuung von Bennigsen und Lange fordernd, sah gleichwohl den Zweikampf durch mancherlei Ausflüchte seiner Gegner nur stets weiter hinausgeschoben. Bennigsen und Lange hatten unterdeß, wie sie schon früher im Sinne geführt, die Studien verlassen, und bei der Besatzung der Pleißenburg unter den Blauröcken, wie man sie nannte, Dienste genommen, jener als Fähnrich, dieser als Führer, und sie wollten mit ihren neuen Kameraden lieber ihren Vortheil durch neue Tücke suchen, als im offenen Gefecht ehrlich erringen. Mehr als neunmal ließ Maybel sie mahnen, aber stets vergeblich, es verging eine Woche nach der andern. Die Sache verzog sich so lange, daß Briefe aus Kurland einlaufen konnten, in welchen Maybel's Pflegemutter dessen unverzügliche Rückkehr nach Hause bringend anbefahl, indem ein dortiges Gerücht, derselbe sei in einem Zweikampf geblieben, sie wegen übler Händel besorgt mache, deren unglücklichen Ausgang sie abwenden wolle. Für Besser entstand hieraus eine schreckliche Lage; seine Pflicht forderte, Leben und Sicherheit seines Zöglings der erhaltenen Weisung gemäß zu wahren, aber nicht minder lag ihm ob, dessen Ehre nicht im Stich zu lassen. Vergebens bot er alles Ersinnliche auf, um die Möglichkeit einer gütlichen Ausgleichung zu finden, vergebens wollte er selbst für seinen jungen Freund eintreten und dessen Kampf ausfechten, kein Vorschlag fand Eingang, am wenigsten der letztere, welchen Maybel weit wegwarf, und von dem Besser selbst wohl gestehn mußte, daß er mehr seinem eigenen als dem Verhältnisse seines Freundes entspreche. Nichts blieb übrig, als den Zweikampf möglichst zu beeilen, und für denselben alle beste Vorkehrung zu treffen. Besser benahm sich hiebei mit musterhafter Sorgfalt und Ueberlegung, er besprach die Gegner, und wußte es geschickt dahin zu leiten, daß man übereinkam, in Betracht der früher gepflogenen Freundschaft, ohne Erbitterung und nur des ehrenvollen Ausgangs wegen zu fechten, daher keine andere Waffe als den Degen zu gebrauchen, und sich mit dem, was die Gebühr erheische, zu begnügen. In der Wahl des Platzes, der Waffen und der Zeugen, handelte er gleichfalls mit klügster Vorsicht. Er selbst übernahm, keine Bedenklichkeit wegen der Verantwortung beachtend, nun auch die Rolle eines Beistandes, weil er der eignen Treue und Festkunde für den Freund am meisten sicher war. Die Zögerungen und Verhandlungen hatten schon über zehn Wochen gedauert, endlich wurde der 15. Februar des Jahres 1677 zum Kampftage bestimmt. Die Partheien, jede von dreien Zeugen und einigen Dienern begleitet, ritten frühmorgens von Leipzig nach dem Dorfe Linkel, wo ein dichtes Tannengehölz angemessenen Raum, aber nicht nur dem freien Kampfe, sondern auch der schändlichsten Hinterlist gewährte. Lochau und Maydel fochten zuerst, und wiewohl jener, der ausdrücklichen Versicherung entgegen, diesen gefährlich zu treffen suchte, und darüber selbst mehrmals in seines Gegners Gewalt gerieth, so schonte doch dieser ihn großmüthig, und focht mit der doppelten Aufmerksamkeit, für sich und auch für den Gegner selbst, dessen unbesonnene Hitze unschädlich abzuwenden. Nach vier Gängen erklärte Lochau sich für befriedigt, er und Maydel versöhnten sich, und gaben einander die Hände. Hierauf stellten sich Besser und Bennigsen zum Gefecht; auch dieses versprach leidlich auszugehn; als aber im zweiten Gange Bennigsen einen Stich in den linken Arm erhielt, wandte sich plötzlich die Sache auf unerwartete Weise; der Verwundete wich erblaßt zurück, schrie um Hülfe, lief zu seinem Pferde, nahm die Pistole zur Hand, und schoß auf Besser, dem die Kugel dicht vorübersauste. Als dieser sah, daß auch Lange zur Pistole gegriffen hatte, konnte er die absichtliche Verrätherei nicht verkennen, und drang herzhaft auf den Feind los. Jetzt aber schrie Lochau, der, wie Lange und auch bereits wieder Bennigsen, zu Pferde saß: „Nun ist es Zeit, hauet zu, stoßet zu!" und indem er selbst seine Pistole auf Besser abschoß, stürzten zugleich die Knechte der Offiziere und eine Anzahl versteckter Soldaten von den Blauröcken aus dem Busch hervor, und drangen mit Schießen, Stechen und Hauen meuchlerisch auf Besser und die Seinigen ein. Im Getümmel und Pulverdampf kamen die Uebrigen bald abseits, und nur Besser und Maydel, die nicht mehr zu ihren Pferden und Pistolen kommen konnten, bestanden den ungleichen Kampf; jener focht mit unbezwinglicher Tapferkeit, zwei Feinde stach er alsbald nieder, und als ihm sein Degen in der Brust des zweiten zerbrach, hatte er gleich einem dritten wieder die Wehr aus der Hand gerissen, stellte sich neubewaffnet Maydel'n zu Seite, der sich den Rücken durch einen dicken Baum zu decken suchte, und beide wehrten mit kräftigen und geschickten Streichen die treulosen Angreifer ab. Doch diese hatten andern Vortheil, sie schossen auf's neue aus Büchsen und Pistolen, ein unglücklicher Schuß traf Maydel'n durch den Rückgrat in's Herz, und tödtlich verwundet sank dieser, indem er den Mörder, wahrscheinlich Lochau, anrief: „Ist das Kavalierparole?" und mit den Worten: „O Jesu, wie wird mir!" seinem Freund sterbend in den Arm. Besser wurde dadurch zur äußersten Wuth entflammt, und als er nach wenig Augenblicken erkennen mußte, daß jener schon wirklich todt neben ihm lag, lieh ihm der Schmerz solche Kraft, daß er nicht nur der noch stets andringenden Feinde sich erwehrte, sondern sogar zum Angriff übergehend, sie allesammt in die Flucht jagte. Unter Thränen und Wehklagen wurde der Leichnam hierauf einstweilen nach dem Dorfe gebracht, bis er späterhin mit großer Ehrenbegleitung nach Leipzig, und in der Folge zur Beisetzung nach Dessau abgeführt wurde. Die Fürstin setzte mit eigner Hand seinem Haupte eine goldene Krone auf. Der nur erst achtzehnjährige, aber groß- und schlankgewachsene, und an Geist und Gemüth nicht minder als an Körper hervorragende Jüngling war in der Blüthe der schönsten Entwickelung gefallen; sein frühes Todesloos erregte nah und fern Aufsehn und Theilnahme. Die politischen Jahrbücher thaten der Begebenheit ausführlich Meldung. Der König Johann von Polen schrieb an den Kurfürsten Johann Georg von Sachsen wegen Bestrafung der Mörder.

Vor allen Andern war Besser zu beklagen, er hatte mit dem Freunde und Zögling sein schönstes Glück verloren, die reichsten Hoffnungen eingebüßt; der Anschein einer bei dem Vorfalle doch vielleicht ihm zukommenden Verschuldung; sein eigner, zwar ungerechter, aber in düstrer Stimmung ihm hierüber stets wacher Vorwurf; die Nothwendigkeit, nach so großen Stürmen, anstatt sich dem Schmerze hingeben zu können, jedem verdrießlichen Geschäft, unter andern auch dem seiner Rechtfertigung, sich zu unterziehen: dies alles machte seine Lage zu einer der unseligsten. Er wünschte sich tausendmal an Maydel's Statt, oder doch wenigstens mit ihm den Tod gefunden zu haben, er fühlte sich innerlich einem Gestorbenen gleich, und gleichwohl zu täglich erneuter Todesqual aufgehoben. Das älteste seiner uns aufbewahrten Gedichte, bald nach dem unglücklichen Vorgang abgefaßt, drückt seine Klagen hierüber beweglich aus. Er redete den Geliebten an:

„Als dich des Mörders Hand zu Boden hat geschossen,
Und dein gekrümmtes Haupt zur Achsel sich geneigt,
Als aus der weißen Brust dein Purpur dich beflossen,
Und du, mit Blut erfüllt, mir deinen Mund gereicht:
Ach, hätt' ich diesen Mund, so wie er mich, besprenget,
Und hätte meine Brust die deinige bespritzt!
So würd' ich weiter nicht von einer Angst gedränget,
Die, wie ein steter Tod, mir in dem Herzen sitzt.
Die Kugel, die dich traf, hat zwar mich nicht getroffen,
Dieweil ich nicht für dich, noch auch mit dir, verstarb:
Doch seh' ich leider jetzt viel Todesarten offen;
Ach, daß durch diesen Tod ich keinen Ruhm erwarb!"

Worauf er zur Betrachtung übergeht:

„Ich mußte nicht den Tod so vortheilhaft erdulden,
Der künftig mich einmal ohn' allen Dank erlegt.
So muß ein Mensch sich stets vom Glücke meistern lassen:
Muß sterben, wenn er noch des Lebens nicht ist satt,
Und leben, wenn er sucht ein Todtengrab zu fassen,
Das meinem Suchen auch sich ganz verborgen hat."

Und weiterhin sagt er:

„Ich lebe durch den Zwang des Glückes, nicht aus Wahl;
Der Himmel rechne doch zur That mein treues Wollen,
Der mir, und nicht mein Wunsch, zu leben anbefahl,
Ich bin, so viel in mir, an Maydel's Statt gestorben,
Und habe selbigen, dem Willen nach, befreit,
Mir auch der Treue Lob des Freundes dort erworben,
Der für den Brutus sich zu sterben nicht gescheut.
Hat mir es in der That zu leisten nicht geglücket,

So weiß ich, daß zur Qual ich aufgehoben bin!
Es wird ein schärfer Schwert bereits auf mich gezücket,
Das sonder Streiche mir zermartert Leib und Sinn:
Es stürmt das Ungemach auf mich von allen Seiten,
Und mich befällt der Neid, als wie verdorrtes Laub."

Mahdel's Verwandte wollten sich gar nicht zufrieden geben; bei ihnen sich zu rechtfertigen, dem Gerede böswilliger Leute, welche ihm die Schuld des ganzen Unglücks aufbürden wollten, entgegenzuwirken, vor Gericht sich selber zu verantworten, und die flüchtig gewordenen Mörder zu verfolgen, dies waren, anstatt der Tröstungen, deren er bedurfte, die Aufgaben, welche sich ihm an jenes Unglück unselig anreihten. Sein Muth und sein Talent bewährten sich unter diesen Umständen in voller Kraft, er verschmähte jede Flucht und Entziehung, und bot entschlossen Stirn und Brust allen Kämpfen, die auf ihn eindrangen. Außer dem ebenerwähnten Gedichte verfaßte er noch eine besondere Denk- und Lobschrift, in welcher Mahdel nach allen seinen herrlichen Eigenschaften geschildert, und sein kurzer Wandel und früher Tod ausführlich erzählt wurde; diese wohlberedte Schrift, welche im folgenden Jahr im Druck erschien, war für den Verfasser die beste Rechtfertigung, und gewann, wie überhaupt die Festigkeit und Klugheit seines ganzen Benehmens, ihm viele Zustimmung und Theilnahme. Schon sollte sein Unglück selbst ihm der Anlaß neuen Glückes werden.

Der Kommandant der Festung Pleißenburg, Oberst Titel, ein strenger und tapferer Mann, war über das nichtswürdige Betragen seiner Offiziere höchst entrüstet, und konnte nicht umhin, den edlen Eifer und Heldenmuth Besser's dagegen hochachtend anzuerkennen. Täglich war an seiner Tafel, wie in den Gesellschaften seiner Gemahlin, lobpreisend von dem tapferen Kurländer die Rede, der so vielen Feinden allein widerstanden, und jetzt, gegen so vielfache Widerwärtigkeiten ringend, mit der Feder in der Hand, nicht weniger als mit dem Degen, seines Gleichen suche; Fremde und Einheimische stimmten wetteifernd in dieses Lob. Solcherlei wiederholte Reden machten Eindruck auf das Gemüth einer Stieftenkelin des Kommandanten, eines vierzehnjährigen Mödchens von ganz besonderen Gaben und Vorzügen. Katharina war die Tochter des ehemaligen Bürgermeisters von Leipzig und Kurfürstlich Sächsischen Appellationsraths von Kühlewein auf Raschwitz, schon einige Zeit älternlos, und deßhalb in das Haus ihres Stiefgroßvaters aufgenommen. Sie galt für die vornehmste und reichste Jungfrau ihrer Vaterstadt; eine große schlanke Gestalt, blendende Weiße, große blaue Augen, edle Gesichtszüge, und Reiz und Anmuth ihres ganzen Wesens machten sie auch zu einer der schönsten. Wiewohl noch so jung, war sie doch schon zu einer ungewöhnlichen Größe emporgewachsen, und so auch ihr Karakter schon völlig entschieden, ein romantischer Schwung hatte ihre Neigungen auf das Starke, Beherzte gewandt, Kühnheit und Ehrgeiz ließen sie im Tanzen, Schießen, Reiten und Fahren ihre liebsten Zeitvertreibe suchen; dabei war sie von zartem Gefühl und feiner Geistesbildung, konnte mehrere Sprachen, spielte Klavier, und sang sehr angenehm. Schon früher war sie Besser'n einmal zufällig auf der Straße begegnet, und beide hatten mit gegenseitiger Verwunderung einander anblicken müssen, denn auch Besser war ein schöner Mann, von edler und bedeutender Erscheinung, und ein trefflicheres Paar hatte die ganze Stadt nicht aufzuweisen. In dem Hause des Bürgermeisters Steger, ihres Vormundes, machte Besser bald die nähere Bekanntschaft Katharinens, die er dann zuweilen auch auf ihrem Gute Raschwitz besuchte, und die beiderseitige Neigung blieb nicht lange verborgen. Gleiche Richtung des Sinnes und gemeinsame Uebung jugendlicher Fertigkeiten knüpften das Band immer fester; sie tanzten zusammen unvergleichlich, er begleitete ihr Klavierspiel auf seiner Laute, sie sang die Lieder, welche er für sie gedichtet; da kein fremder Wille hier zu schalten hatte, so war ihre dauernde Vereinigung unter ihnen bald beschlossen. Katharina, die sich früher, aus eigenwilliger Abneigung gegen den Ehestand, in ein evangelisches Jungfrauenkloster im Lüneburgischen begeben wollte, gab ihren Vorsatz auf, und so Besser den seinigen, im Getümmel des Krieges ein neues Schicksal aufzusuchen; zu neuen Hoffnungen berechtigt, vertauschte er vielmehr das Studium der Theologie mit dem der Rechte, um sich zu Hof- und Staatsämtern geschickt zu machen, wozu sowohl sein eigner Hang, als auch die Rücksicht auf seine künftige Gattin ihm Beruf und Antrieb wurden.

Doch wie sehr auch gleich von Anfang in dieser Liebesneigung die Herzen sich begegneten, und wie glückliches Ziel ihr im voraus beschieden war, nicht blieb deßhalb den Empfindungen der Wechsel erspart, der zwischen Furcht und Hoffnung, Qual und Entzücken, Zweifel und Vertrauen, oft erst spät zur endlichen Gewißheit führt; auch Besser findet sich dieser Schickung hingegeben, welche, wo sie nicht von außen aufgedrungen wird, sich nur zu leicht von innen selbst erschafft. Er liebt, aber wagt nicht zu hoffen; er entsagt, doch nur ein geringster Trost soll ihm noch verbleiben; so bekennt er seine anspruchslose Liebe für Melinden, die er unglücklich weiß, in einem zarten Gedicht:

> „Melindens Auge seh' ich nicht;
> Doch hör' ich, daß es jetzund weinet.
> O weint dies himmlische Gesicht,
> Das sonst mit Sonnenblicken scheinet!
> Ich weiß, daß selbst die Traurigkeit
> Und ihres Schmerzens Ungeberden,
> Wenn sie die heißen Thränen streut,
> Sie noch viel schöner machen werden!
>
> Bisher, da ihr das Glück gelacht,
> Und sie der Freuden Arm umfangen,
> Hab' ich den Mund fest zugemacht;
> Vergnügt, daß es ihr wohl ergangen.
> Wer aber kann jetzt ruhig sein,
> Da wir Melinden hören klagen?
> Ihr Glücke laß ich ihr allein;
> Ihr Unglück muß ich helfen tragen."

Zwar will sie nichts von ihm wissen, allein dies kann ihrem Werthe nichts nehmen, er ist gewohnt, sich zu bescheiden:

> „Die Schönheit, der beblümte Mund,
> Die weiße Brust, die frische Jugend,
> Sind ja nicht meiner Liebe Grund;
> Ich liebe mehr Melindens Tugend."

Dergleichen Liebe besteht ohne einige Gewährung; nur, wenn er schon auf alles verzichtet, möge dafür auch nicht das Gegentheil ihm werden:

„Was willst du mehr, ich meide dich,
Ich will dich Andern überlassen;
Nur, hast du ja kein Herz für mich,
So hab' auch keines, mich zu hassen!"

In gleicher Stimmung richtet er ein Lied an seine Laute:

„Dies ist die treue Trösterin
Von allen meinen Kümmernissen,
Wenn die, um die ich traurig bin,
Nichts will von meinem Kummer wissen.
Das Herz der strengen Ehrengard
Ist leider gegen mich zu hart,
Und giebt nicht Acht auf meine Plagen,
Ihr aber, meine Saiten ihr,
Seid viel mitleidiger mit mir,
Ihr hört zum mindsten meine Klagen,
Und wißt, so oft ich euch berühr',
Mein Leiden wieder nachzusagen."

Wiederholt drückt er sein Verzichten, doch schon auch die Warnung aus:

„Wir wollen, schöne Schäferin,
Geruhig bei einander weiden,
Dein Glücke geb ich Andern hin,
Kommt Unglück, will ich mit dir leiden;
Laß aber sehn, ob auch der Hirt,
Den deines Herzens Wahl getroffen,
Dich so beständig lieben wird,
Als ich, der nichts von dir zu hoffen!"

Vergeblich sucht er der Liebe zu entfliehn:

„Ach, Gedanken, laßt mich ziehen,
Ich will Iris Macht entgehn;
Ihre Schönheit heißt mich fliehen,
Der ich nicht kann widerstehn.
Aber was hilft mein Entrinnen?
Durch euch bin ich stets bei ihr;

Süßes Blendwerk meiner Sinnen,
Wie gefährlich seid ihr mir!"

Zu welchem Uebermuthe des Selbstvertrauens diese Niedergeschlagenheit hinwieder sich erheben konnte, wenn günstigere Sterne leuchteten, sehen wir aus folgenden Zeilen an das Bette der Chloris:

„Werth- und beglückter Platz der Chloris Rosenbette!
Du einz'ger Zeuge dieser Welt,
Von aller Lieblichkeit, die Chloris uns verhält!
Ach, wenn ich doch einmal dich zum Verräther hätte!
Ach, daß du zu getreu und zu verschwiegen bist!
Gedenkt sie nicht an den, der längst ihr eigen ist,
Der ihr ohn' Unterlaß sucht seine Gluth zu zeigen?
Ja, wenn sie halb erwacht mit sich alleine spricht,
Nennt sie mich unversehns in der Verwirrung nicht,
Und hörst du keinen Wunsch aus ihrem Herzen steigen?"

Beruhigte Sicherheit dagegen mußte schon in dem Dichter wohnen, der, im Jahre 1679 als Schiedsrichter aufgerufen zwischen den blauen und schwarzen Augen, zwar die blauen Augen seiner Anemone besang, aber daneben auch die schwarzen der Phyllis preisen, und den Vorzug unentschieden lassen durfte! Die berühmten, und noch in unsrer Zeit zuweilen wiederholten Verse, welche Besser hierüber nach einer damals beliebten und ihm vorgeschriebenen Sangweise gedichtet, müssen hier nothwendig ihren Platz finden:

„Die blauen Augen.

Blau sind meiner Anemonen Augen,
Weil sie uns zum Zeugniß sollen taugen,
Daß sie ihr von Venus sind erkoren,
Die vom blauen Meeressalz geboren.

Pallas Augen sind auch blau gewesen,
Die sie sich, aus Weisheit, hat erlesen;
Weil der blauen Farben Glanz vollkommen,
Den der Himmel selbst drum angenommen.

Was soll man denn, Anemone, sagen,
Was doch deine Augen in sich tragen?
Klugheit und der Himmel, die sind lichte;
Beides sieht dir auch aus dem Gesichte.

Blaues Feuer brennt, wo Schätze liegen,
Und dein blaues Auge kann nicht trügen,
Daß die Schönheit tausend ihrer Gaben
In den Bergen deiner Brust vergraben.

Selbst die blauen Adern, die dich zieren,
Zeigen, daß sie theure Türkis führen;
Die, wie Gold wächst von der Sonnen Blicken,
Also sich von deinen Augen schmücken.

Aber blau ist auch der Treue Zeichen,
Wird dein Herze wohl den Augen gleichen?
Ob Beständigkeit dein Herz getroffen,
Muß ich bloß von deinen Augen hoffen.

Unterdessen soll mich nichts stören,
Als was Himmlisches sie zu verehren,
Weil des Himmels Bild darin geschrieben,
Will ich sie auch als den Himmel lieben."

„Die schwarzen Augen.

Phyllis Augen brennen mich verstohlen;
Denn sie scheinen ausgelöschte Kohlen:
Weil dem Himmel sie beliebt zu schwärzen,
Sieht man nicht die flammenreichen Kerzen.

Wolken sind sie, aber voller Blitze,
Und dies neue Mondenlicht hat Hitze,
In den schwarzen Kugeln stecken Sonnen,
Wo sich aller Seelen Brand entsponnen.

Ich gedacht' mit ihrer Nacht zu spielen
Und in diesen Quellen mich zu kühlen:
Aber lauter heiße Feuerballen
Ließen die vermeinten Brunnen fallen.

Dunkler Kreis so viel verbrannter Leichen!
Wer dich sieht, der kann dir nicht entweichen;

Alles muß in beinen Banden schweben,
Wenn uns beine Finsterniß umgeben.

Brenne mich, doch mich nicht zu verbrennen,
Deiner Schönheit Allmacht zu erkennen;
Laß der Augen Schatten mich bedecken,
Wenn ihr Strahl zu heiß sich will erstrecken!

Oder willst bu mich zu Aschen haben,
Mußt bu in ben Augen mich begraben.
Denn die Schwärze schickt sich zum Trauren,
Und ein schwarzes Grab kann länger dauren."

Mit welchen Reimen denn, nach des Dichters Meinung, beiderlei Augenart ihr Recht unpartheiisch empfangen haben soll, wiewohl, genau betrachtet, die blauen Augen doch hier dichterisch besser bedacht scheinen.

Während so beglückende und glänzende Verhältnisse hier in schönster Wechselneigung für Besser sich gestalteten, dauerte die gerichtliche Untersuchung wegen des Zweikampfs und der darauf erfolgten Entleibung Maydel's ununterbrochen fort. So lange Besser in diesen Verwickelungen stand, konnte er auf neue Pläne für die Zukunft nicht füglich eingehn, und alles in diesem Betreff mußte ausgesetzt bleiben. Erst im dritten Jahre wurde die Sache völlig zum Ende gebracht, ba er denn seinerseits höchst ehrenvoll hervorging, und nur, wegen seines eigenen Zweikampfs, eine leichte Geldstrafe zu tragen hatte. Inzwischen aber waren andere Verdrießlichkeiten entstanden, welchen, wiewohl sie nicht vom Degen, sondern nur von der Feder herrührten, nicht minder bedeutende, ja in gewissem Sinne noch bedenklichere Störung nachfolgte. Ein junger Fremder, durch Waffenthat als Gegenstand allgemeiner Aufmerksamkeit ausgezeichnet, und neuerbings der ganzen Stadt vor Augen als begünstigter Bewerber ihres angesehensten und reichsten Mädchens, konnte nicht ohne Neider und Feinde sein; dem Talent wird ohnehin, gleichsam zur Strafe des Vorzugs, mancherlei aufgebürdet, was ihm Nachtheil bringt, und so traf auch Besser'n unverschuldet mancher Leumund. Unter andern sollte er der Verfasser einer Schmähschrift sein, in welcher der bamals berühmte Theologe Doktor Carpzov heftig angegriffen war, der gute Mann glaubte selber über seinen Feind alle Gewißheit zu haben, und als er die ihm widerfahrne Beleidigung auf der Kanzel mit Schärfe rügte, machte er denselben deutlich genug namhaft, indem er plötzlich ausrief: „Soll ich ihn nennen? Es ist besser —, daß ich schweige." Dergleichen Anspielungen, zu denen sein Name sich so unglücklich bequem darbot, wurde Besser sein ganzes Leben nicht los, und er mußte sie im Guten wie im Bösen über sich ergehen lassen. Solch ein Ausfall aber öffentlich von der Kanzel war bamals nicht gleichgültig; Besser eilte, seine Unschuld durch überzeugende Beweise darzuthun, und machte dieserhalb auch seinen Besuch bei dem Doktor Carpzov selbst, der sich aber allem Weiteren durch die Wendung entzog, daß er versicherte, er habe in der Predigt gar nicht auf Besser's Namen gezielt. Die Sache schien damit zu beiderseitigem Genügen abgethan. Nach einiger Zeit ließ Besser, dem Steger'schen Hause zu Ehren, auf das Ableben einer Verwandten desselben einige Zeilen in ungebundener Schreibart drucken, worin es unter andern hieß:

„Mit deiner Verwunderung, Leser, findest du hier
Eine Rahel dem Namen
Ein Schaf der Demuth nach;
Eine Jephtha den Aeltern,
Eine Paulina dem Ehemanne" u. s. w.

Carpzov's gekränkter geistlicher Stolz konnte die Schadenfreude nicht verbergen, seinen Feind — denn das sollte ihm Besser nun einmal bleiben — auf einem groben Schnitzer zu betreffen. Er nahm Gelegenheit, in einer Predigt der Geschichte Jephtha's zu erwähnen, und bemerkte dabei, daß man den Namen der geopferten Tochter eigentlich nicht wisse, doch so viel sagen könne, daß sie nicht Jephtha, wie ihr Vater, geheißen, weil dies nicht ein Weibername, sondern ein Mannsname sei. Besser fühlte den giftigen Stich; die geistliche Rachsucht hatte die empfindlichste Blöße getroffen, er war beschämt und zerknirscht, und mußte schweigen. Doch bei erster Gelegenheit suchte er Linderung für seine tiefbrennende Wunde, und ein nächstes Leichengedicht, auf den Tod eines Bruders seiner Katharina, hob mit den Worten des Unwillens an:

> „Der fühlte mit der Zeit ein Grauen vor dem Dichten,
> Der, wie die Afterwelt, es selbst berichtet klagt;
> Und der die Tempel gar hört seine Sätze richten;
> Wo sonst kein Tadelzahn an solchen Aesern nagt,
> Wann man ein schlechtes Wort mit falscher Deutung quälet,
> Und, wenn des Druckers Hand und Auge was versehn,
> Den Schreiber widerlegt, gleich als wann der gefehlet,
> Da doch der dummste Fuß nicht wohl kann irre gehn."

So konnten Dichter und Prediger ihren heißen Kampf mit Schlag und Gegenschlag von der Kanzel und aus der Presse noch eine gute Weile fortsetzen; allein Carpzov war durch diesen letzten Streich zu schwer getroffen, und konnte ihn nicht verwinden. Er rief seine Amtsbrüder auf, und die gesammte Geistlichkeit von Leipzig gab auf seinen Antrieb eine Klagschrift bei der Universität gegen Besser ein, worin ihm vorgeworfen wurde, er habe sich nicht gescheut, das dasige Predigeramt anzutasten, und dasselbe zu beschuldigen, als richte es frevendlich auf den Kanzeln, quäle ein schlechtes Wort mit falscher Deutung, und nage mit Tadelzähnen in den Tempeln. Der Sturm wurde so gewaltig, daß Besser bald in's Gedränge kam, und auszuweichen wünschte. Wie früher Carpzov in der Predigt nicht ihn, so wollte jetzt er in dem Gedicht nicht jenen gemeint haben, allein die Ausflucht gelang schlecht; die Deutung, daß unter dem Worte Tempel die Zuhörer verstanden gewesen, weil einige Studenten früher einen Ausdruck des Gedichts getadelt hätten, fand wenig Eingang, daß er selbst sie eidlich erhärten sollte, war ein übler Umstand; zum Ueberflusse brachte man noch heraus, daß Besser gleich nach Carpzov's Predigt dem Buchdrucker Vorwürfe wegen Auslassung des Wortes Tochter gemacht habe, da es doch in der Handschrift geheißen: „Eine Jephtha-Tochter ihren Aeltern", nicht aber, wie jetzt zum Aergerniß dastehe: „Eine Jephtha"; ja endlich kam sogar das Allerschlimmste an den Tag, daß in der Handschrift des zweiten

Gedichts, als dieselbe zur Erlangung der üblichen Druck-
erlaubniß eingereicht worden, nicht das Wort Tempel, sondern
das Wort Pöbel gestanden habe, und erst nachher mit jenem
vertauscht worden sei. Die Sache nahm in Leipzig eine
schlimme Wendung, und von Dresden, wo Besser allerlei
Schritte schon vergeblich versucht hatte, war keine Begünstigung
zu erwarten. Endlich, da gerade alles sich zum übelsten
Ausgang anließ, und schon ein scharfer Urtheilsspruch unmittelbar bevorstand, wurde Carpzov durch vornehme Gönner
und Freunde Besser's noch eben zu rechter Zeit zur Versöhnung gestimmt, und schrieb nun selbst an den Rektor der
Universität mit vielem Eifer zu Gunsten dessen, den er bisher so grimmig verfolgt hatte. So wurde der mißliche
Handel, der über acht Monate gedauert, im April 1680
gütlich beigelegt.

Obgleich auf diese Weise großem Ungemach entgangen,
glaubte Besser dennoch jetzt in Sachsen weniger leicht sein
Glück zu machen, und ihm blieb nicht verborgen, daß auch
die nächsten Verwandten seiner Geliebten stark entgegenwirk-
ten, um sowohl seine Dienstanstellung, als auch die davon
abhängige, ihnen sehr unwillkommene Heirath zu hintertreiben.
Doch Besser war nicht der Mann, so leicht abzustehn;
Muth und Klugheit gaben ihm den glücklichsten Entschluß
ein. Sachsen aufgebend, wandte er sich nach Brandenburg,
wo schon, dem großen Kurfürsten zu dienen, für den Tapfern
ein mächtiger Reiz war, der für den Geschickten sich mit
jeder günstigen Aussicht verbinden durfte. Mit guten Empfehlungen kam er noch im Sommer des genannten Jahres
nach Berlin, wo sein Name schon nicht unbekannt war.
Der unglückliche Kampf, in welchem Maybel das Leben verloren, war nicht der einzige, der Besser's Tapferkeit berühmt
gemacht. Der Fürst von Anhalt-Dessau selbst war einst
unvermuthet ein Zeuge derselben geworden, da er im Walde
bei Dessau von ungefähr dazugekommen, als Besser mit
zweien Offizieren den heftigsten Zweikampf ausfocht. Noch
in vielen andern Gelegenheiten hatte dieser Muth und Geschicklichkeit erprobt, und von mancher Gefahr gaben bedeutende Narben Zeugniß. Durch solcherlei Vorangegangenes

verdient, leuchtete gleich seinem Eintritt in Berlin das ausgezeichnetste Glück. Er stand im Kurfürstlichen Vorzimmer,
des Augenblicks harrend, da er sich dem Kurfürsten zeigen
dürfte, da trat der Fürst von Anhalt-Dessau herein, und
ging, Besser'n erkennend, freudig auf ihn zu, nahm ihn bei
der Hand, und führte ihn zu den Großen des Hofs und
den anwesenden Generalen, welchen er ihn mit den Worten
vorstellte: „Meine Herren, hier ist derjenige wackre Kurländer, von dessen Tapferkeit ich euch so viel erzählt habe!"
Nach einem solchen Eingang konnte Besser's Glück nicht mehr
fehlen. Der Kurfürst ließ ihm Kriegsdienste anbieten, sogar
eine Hauptmannsstelle stand ihm offen, doch da er, besonders
auch in Rücksicht seiner Braut, eine Beförderung am Hofe
vorzog, wo ihm gleich anfangs die Gunst des Geheimen
Raths von Fuchs und anderer bedeutender Männer zu Theil
geworden, so wurde ihm auch dieser Wunsch gewährt, und
schon im August empfing er die Bestallung als Kurfürstlicher
Rath, zwar fürerst noch ohne Gehalt, aber mit dem bestimmten Versprechen und der sichersten Aussicht baldiger Verbesserung, die auch schon im folgenden Jahre wirklich eintraf.
Sein Vater erlebte noch die Freude, diese neue Bahn seinem
Sohn eröffnet zu sehn, starb aber bald nachher.

Im folgenden Sommer 1681 begleitete Besser den Hof
nach Halle und Magdeburg, und verfertigte bei Gelegenheit
der Erbhuldigung, welche dem Kurfürsten daselbst geleistet
wurde, sein erstes Gedicht auf diesen, der dasselbe höchst
gnädig aus des Dichters eigner Hand annahm. Bald nachher wurde Besser zum wirklichen Legationsrath ernannt, und
ihm zugleich ein jährliches Gehalt von 300 Thalern ausgesetzt. In seiner Laufbahn durfte er nunmehr allen besten
Erfolgen ruhig entgegensehn; den wichtigsten erlangte er von
daher sogleich in seiner Heirathsangelegenheit, die weder in
seinem noch in der Geliebten Sinne durch die eingetretene
Trennung im geringsten wankend geworden war. Nur die
Verwandten Katharinas boten alles auf, ihre Verbindung
mit dem unbegüterten Kurländer, die sie als eine Mißheirath
ansehn wollten, zu vereiteln. Katharina benutzte seine Anwesenheit in Halle zu einer Reise dahin, um ihn von den

Schwierigkeiten zu unterrichten, und die nöthigen Maßregeln mit ihm zu verabreden. Sein neuer Stand und Rang legte schon ein bedeutendes Gewicht für ihn in die Schale; die Gunst des Kurfürsten aber wollte noch mehr für ihn thun; mit einem nachdrücklichen Fürschreiben desselben versehen, erlangte er in Torgau bei dem Kurfürsten von Sachsen gnädiges Gehör, und brachte nun sogar dessen Empfehlungen mit nach Leipzig; am meisten aber wirkte ein Schreiben, worin der große Kurfürst selber bei dem Kommandanten der Pleißenburg, Obersten Titel, um die Hand Katharinas für seinen Legationsrath ansprach, und für deren ferneres Wohlergehn bestens zu sorgen verhieß. Gegen ein so mächtiges und schmeichelhaftes Fürwort konnte denn freilich kein Bedenken mehr Stand halten, die Verlobung erfolgte sogleich, und im November hatte mit allgemeiner Zustimmung der Verwandten die Trauung Statt. Der brandenburgische Gesandte von Meinders und der anhaltische Abgeordnete von Freiberg, welche sich gerade in Leipzig befanden, wohnten der Festlichkeit im Auftrag ihrer Höfe bei, und überreichten in deren Namen den Neuvermählten ansehnliche Hochzeitgeschenke.

Besser fand in Berlin ein reges geselliges Leben; der Hof begünstigte Geist und Witz, Verdienst und Talent wurden ausgezeichnet. Mit den schönen Geistern kam Besser leicht in angenehme Berührung, vor allen mit Canitz vereinigte ihn das innigste Band dichterischer Genossenschaft. Seiner Gattin Erscheinen erregte am Hof und in der Stadt einige Bewegung, ihre Größe, ihre Schönheit und Lebhaftigkeit machten Aufsehn, und riefen verschiedenartige Urtheile hervor, allein Bewunderung und Beifall hatten weit die Oberhand. Ihr Vermögen, welches sie gleich zu ihres Mannes Verfügung gestellt, und ihm auch erblich zugesichert hatte, gab die Mittel, ihr Hauswesen auf anständigen Fuß zu ordnen, und die ganze Lebensweise des neuen Ehepaars ruhte auf den günstigsten Verhältnissen. Auch die Vaterfreude wurde Besser'n bald zu Theil, während einer Besuchsreise, die sie schon im nächsten Jahre wieder nach Leipzig machten, gebar ihm die geliebte Gattin daselbst einen Sohn. Durchaus beglückt in seiner Häuslichkeit, von Gönnern und Freunden umgeben, am Hofe geschätzt und in angenehmer Thätigkeit, deren Frucht schon ergiebiger reiste, verlebte Besser einige Jahre als die schönsten seines Lebens. Von Gedichten finden sich aus dieser Zeit hauptsächlich geistliche, an welchen es kein damaliger Dichter ganz fehlen ließ; das protestantische Christenthum, durch den westphälischen Frieden in seinem äußeren Bestande festgestellt, regte sich in eifrigen Strebungen frommer Ausbildung, die jedoch auf der dichterischen Seite, man kann es nicht läugnen, mit einer gewissen Trockenheit behaftet blieb, die auch Besser nicht überwinden konnte. Seine Gattin, lebhaft den Gegenständen der Religion zugewandt, und selbst mit Forschungen in der Apokalypse romantisch beschäftigt, hat zur Wahl solcher Stoffe, welche später eben nicht mehr hervortraten, wahrscheinlich mitgewirkt. Unter den Gedichten, welche für Hofgelegenheiten dieser Zeit vorkommen, ist ein Zuruf der Schwanen in der Spree, bei Vermählung des Markgrafen Ludwig, zweiten Sohnes des Kurfürsten Friedrich Wilhelm, mit der Prinzessin Luise von Radziwill, bemerkenswerth, worin es unter andern heißt, weil in Polen diese Heirath Schwierigkeiten gefunden:

"Die Nacht hält dieses Licht nicht auf,
Läßt sie es gleich nicht gerne kommen;
Wer hindert, Fürstin, deinen Lauf,
Da Friedrich Wilhelm dich zur Tochter angenommen?"

Und zuletzt wird verheißen:

"So lang in unsrer Spree ein Tropfen noch wird fließen,
Der Nachen ihren Schooß befährt,
Und deren Ufer Schwanen nährt,
Soll man von eurer Liebe wissen!"

Der Geheime Rath von Fuchs bewies während dieser Jahre Besser'n stets größere Gewogenheit, besuchte fleißig dessen Haus, wo besonders die Liebenswürdigkeit der Gattin vielfache Huldigung anzog, und war bald ernstlich auf Beförderung des Freundes bedacht. Beauftragt mit der Leitung der auswärtigen Angelegenheiten, war es ihm leicht, Besser'n zu einer Sendung nach England vorzuschlagen, und der Kurfürst genehmigte den Vorschlag. Mit schmerzlicher Trennung von der geliebten Gattin, aber mit frohen Hoffnungen des Ehrgeizes, ging Besser im März 1684 als brandenburgischer Resident zu seiner Bestimmung ab. Die Reise ging über Hamburg, wo ihn ein Zwischengeschäft aufhielt. Einen Universitätsfreund von Leipzig, den nachherigen Rathsherrn Anckelmann, traf er daselbst in angesehenen bürgerlichen Verhältnissen; die Gartenanlagen dieses Mannes waren berühmt, und Hamburg verdankte ihm später die schönen Lindenreihen vor dem Altonaer Thor und auf dem Stadtwalle, deren Schattenzier über hundert Jahre fortbestanden, und zum Theil erst in unsern Tagen unter Davoust's Machtschalten dem Beil erlegen ist; das Geschlecht der Anckelmann war adeligen Ursprungs aus Schlettstadt im Elsaß, aber schon über zweihundert Jahre in Hamburg bürgerlich ansässig. Von Hamburg begab sich Besser sodann über Holland nach England, wo er am 27. Mai in London anlangte. Am 8. Juni hatte er zu Windsor bei dem Könige Karl dem Zweiten und bei der Königin seine öffentliche Antrittsaudienz, und machte darauf auch dem Herzoge von York und dessen Gemahlin, so wie dem übrigen Königlichen Hause, die Aufwartung. Seine vortheilhafte Erscheinung gewann ihm von allen Seiten Aufmerksamkeit und Beifall, der König sah ihn gern bei sich, und wählte ihn öfters zu seinem Gegenspieler im Ballschlagen, worin Besser vorzügliche Geschicklichkeit zeigte. Nicht minder günstig stand er bei den Ministern, besonders bei Lord Godolphin. Gleichwohl hatten seine Verrichtungen nicht sogleich erwünschten Fortgang. Ihm war unter andern der Auftrag gegeben, wegen Freilassung eines brandenburgischen Schiffes, das auf seiner Handelsfahrt nach Afrika von den Spaniern war genommen worden, die Einwirkung Englands anzusprechen. Der König aber, bevor er auf diesen Gegenstand einging, führte Klage, daß englischen Staatsverräthern in den Landen des Kurfürsten Aufenthalt und Schutz gewährt würde, so namentlich im Klevischen zweien Anhängern des Herzogs von

Monmouth, welche daselbst neue Anschläge schmiedeten; er beschuldigte dieserhalb vorzüglich den Geheimen Rath von Fuchs, gegen den er sehr aufgebracht war, und verlangte ausdrücklich, daß Besser die Beschwerde des Königs gradezu dem Kurfürsten, mit Umgehung der Minister, berichten sollte. Besser glaubte selbst im Geheiße seiner Dienstpflicht einem solch bestimmten Verlangen des Königs nicht ausweichen zu dürfen, Gründe anderer Art ließen ihm wenig Neigung, das Unwetter, welches hieraus für Fuchs entstehn mußte, auf eigne Gefahr abzuwenden. Durch Briefe seiner Gattin nämlich hatte Besser über die beeiferte Freundschaft dieses Mannes allerlei verwunderlichen Aufschluß erhalten; von unlautrer Liebesflamme entzündet, hatte der in solchen Händeln scheulose Weltmann schon früher der schönen Frau nachgestellt, und ihre Treue zwar unerschütterlich gefunden, aber darum die Hoffnung nicht aufgegeben, und nur erst die Entfernung des Mannes nöthig erachtet. Die Sendung nach England, welche zu Besser's Beförderung gemeint schien, war nur auf jenen Zweck abgesehn, und die zudringlichen Bewerbungen des falschen Hausfreundes zeigten, wie sehr er auf den Erfolg seiner Arglist rechnete. Die zweiundzwanzigjährige Frau widerstand allen Künsten und Lockungen, aber die beunruhigte Verlassene suchte Trost im Vertrauen ihres Gatten, sie schrieb ihm, was vorging, und wünschte lebhaft seine Wiederkehr. Durch diese Entdeckung erbittert, ließ Besser der von dem Könige von England gegen Fuchs ihm anbefohlenen Beschwerde freien Lauf, und meldete dem Kurfürsten alles, was ihm der König gesagt hatte. In Berlin jedoch that dieser Schritt die verkehrte Wirkung, der ganze Verdruß fiel auf Besser zurück. Fuchs, von dem Kurfürsten über die Klage des Königs von England angesprochen, wußte sich genugsam zu vertheidigen, und darauf die Wendung herbeizuführen, daß Besser einen ernstlichen Verweis dafür erhielt, die Sache gleichsam zugestanden, und des Kurfürsten und seines Ministers Ehre nicht gleich entschieden gewahrt zu haben; besonders wurde die Klage, so wie jede Zumuthung, in Betreff der englischen Flüchtlinge, die sich im Klevischen angeblich zu neuen Ränken aufhielten, bestimmt abgelehnt. Zwar hatte

Besser die Genugthuung, daß auf seinen Betrieb der englische Hof, welcher den Unterhändler für die ihm widerfahrene Mißbilligung schadlos zu halten wünschte, bei Spanien die Herausgabe jenes Schiffes wirklich durchsetzte, allein weder dieser Erfolg, noch die demüthigsten Briefe, durch welche er sich wegen des früheren Schrittes zu entschuldigen bemüht war, konnten ihn wieder zu Gnaden bringen. Fuchs, voll Ingrimm, weder daheim die Frau, noch auswärts den Mann seinem Sinne gemäß zu finden, ließ der unwürdigsten Rachsucht freien Lauf. Besser empfing weder den ihm zugesagten Gehalt, noch selbst regelmäßig die Zulage von monatlich hundert Thalern, die zu seinem Unterhalt in London noch besonders ausgesetzt waren. Endlich blieben die Geldsendungen völlig aus, und Besser mußte von eignen Mitteln leben, die er ohne das Vermögen seiner Frau nicht einmal gehabt hätte. Man schien seiner Sendung gänzlich zu vergessen; gleichwohl durfte er auch nicht zurückkommen, sondern mußte in dieser peinlichen Lage ferner ausdauern.

Unterdessen starb der König Karl der Zweite am 5. Februar 1685, und sein Bruder, bis dahin Herzog von York, bestieg als Jakob der Zweite den Thron von Großbritannien. Besser empfing seine neue Beglaubigung, aber noch immer nichts weiter; indeß ertrug er sein Geschick mit Standhaftigkeit, und ließ in allem, was ihm oblag, keinen Eifer mangeln. Eine Hauptsache in der damaligen Diplomatik war die Beobachtung des Ranges; den herkömmlichen festzuhalten, den bestrittenen zu behaupten, galt für die höchste Staatspflicht; einen zweifelhaften sich anzueignen, durch List oder Gewalt zu sichern, war das höchste persönliche Verdienst; in solchem Kampfe zu unterliegen, die größte Schmach und Verantwortlichkeit. Für einen Besitz, auf welchen die Meinung so hohen Werth legte, griff man ohne Bedenken zu den Waffen, persönliche Auftritte zwischen den Botschaftern und Gesandten, blutige Gefechte zwischen den Gefolgen, für diesen Zweck zuweilen durch die Offiziere ganzer Regimenter und andre Gehülfen auf 2000 und mehr Bewaffnete gebracht, durften ungestraft den Anstand der Höfe, die Ruhe friedlicher Hauptstädte brechen. Auch für Besser erhob sich ein solcher Rangftzeit, und bei seiner Stellung durfte er am wenigsten nachgeben. Der Königliche Ceremonienmeister hatte ihm und dem venetianischen Residenten Bignola, zur Anbringung ihrer Glückwünsche bei dem Könige dieselbe Stunde, des nächstfolgenden Tages angesetzt, und der Venetianer behauptete sogleich, ihm gebühre der Vortritt, den auch bei ähnlichem Zusammentreffen der kurkölnische Resident ihm willig überlassen habe. Besser hingegen widersprach, und versicherte, er dürfe dem Rechte seines Kurfürsten nicht das allermindeste vergeben, und dieser nehme den Rang vor jeder Republik. Durch diese Verwahrung, so viel das Recht anbelangt, sichergestellt, suchte Besser nun auch das Ereigniß in seine Gewalt zu bringen. Er konnte nicht umhin, wie auch Bignola, sich dem Abkommen zu fügen, welches einige Gesandte vorschlugen, und kraft dessen derjenige von ihnen, welcher am folgenden Tage zuerst im Königlichen Vorzimmer einträfe, auch zuerst den König anreden sollte, allein er nahm sich gut vor, auch den Vortheil dieses Abkommens auf seine Seite zu bringen. Der Kaiserliche Gesandte warnte ihn heimlich, er möchte dem alten Italiäner nicht trauen, derselbe sei ein durchtriebener Schlaukopf, und habe gewiß einen listigen Streich schon ausgedacht, da er so willig die Bedingung angenommen, wenn aber der venetianische Resident diesmal, auf was für Art immer, den Vorrang über den brandenburgischen behaupte, wie schon früher über den kölnischen, so dürfte dies auch am Kaiserlichen Hofe für den Rang der Kurfürstlichen Gesandten von Folgen sein. Besser wurde hiedurch in seinem Vorsatze nur noch bestärkt, blieb die ganze Nacht auf dem Posten, und war mit erster Frühe des Morgens im Königlichen Vorzimmer. Nicht lange nachher kam Bignola, der, sein Alter nicht schonend wunder wie früh aufgestanden zu sein glaubte, und mit Verdruß den Platz schon besetzt fand, aber auch gleich erklärte, er werde, trotz des Abkommens, dennoch den Vortritt nehmen. Besser warnte ihn, sich kein Unglück zu bereiten, und harrte dann ruhig der bestimmten Stunde. Sie kam endlich, der Ceremoniemeister erschien, die Thüren öffneten sich, und beide Residenten traten zugleich in den Thronsaal ein. Indem sie mit feierlichen Schritten dem Könige nahten, begann Bignola, ganz gegen Gebrauch und Schicklichkeit, schon in größter Ferne seinen Spruch, achtete nicht auf Besser's drohendes Abmahnen, und glaubte schon gewonnen zu haben, als dieser, schnell gefaßt und seinen Vortheil wahrnehmend, ohne seine Haltung zu ändern, noch seinen Blick von dem Könige zu verwenden, den alten Schelm unversehens hinten an dem Hosenbund packte, und ihn mit geübter Ringelunst mehrere Schritte weit hinter sich zurückschnellte, worauf er mit bestem Anstande bis dicht an den Thron vortrat, dem Könige seine Anrede gemessen hersagte, und eben endigte, als der Venetianer, der durch den Wurf einigen Raum und durch die Verwirrung noch mehr Zeit eingebüßt, wieder hervortretend ihn noch zu unterbrechen meinte. Besser überließ dem beschämten Nebenbuhler als Zweitem den Platz, welchen er selbst als Erster betreten, und genoß den vollständigsten Triumph, sowohl in der Sache selbst, als in dem Beifall aller Anwesenden, welche, der König nicht ausgenommen, den raschen Entschluß wie die bündige Ausführung gar sehr belobten. Der alte Italiäner, dessen Verschlagenheit diesmal arg im Fehle geblieben, trug mit dem Schaden den Spott davon, man lachte seines Mißgeschicks, und der spanische Gesandte rief ihm mit neckendem Bedauern zu: „Caro vecchio, avete fatto una grande cacata."

Was alle bittenden Gesuche und der fortgesetzte Diensteifer Besser's bisher nicht erlangen gekonnt, das bewirkte mit einmal der herzhafte Fechterstreich, den er so glücklich ausgeübt; die Sache machte ein so günstiges Aufsehn, und bei dem Kurfürsten selbst einen so vortheilhaften Eindruck, daß er dem tapfern Residenten eine gute Zulage anwies, da denn die rückständigen Monatsgelder nicht gut länger vorzuenthalten waren, sondern zusammen ausgezahlt wurden. Der Aufenthalt in London wurde für Besser noch in anderer Beziehung wichtig. Das Leichenbegängniß Karls des Zweiten und darauf die Krönung seines Nachfolgers fanden mit höchstem Aufwand und feierlichem Gepränge Statt. Besser wurde von dem Anblick ungewöhnlich getroffen, merkte genau die Gebräuche und Ordnungen, die befolgt wurden, und fing

von dieſer Zeit an, die Ceremonialſachen zum Gegenſtande
ſeines ernſtlichen Studiums zu machen, welches bei der ſchon
kundbaren Vorliebe des Kurprinzen für Pracht und Feſtlich-
keiten in der nächſtbevorſtehenden Zeit ſeinen Werth und
Lohn zu gewärtigen hatte. Der brandenburgiſche Geſandte
Ezechiel von Spanheim, der im April 1685 von Paris
nach London kam, beſtärkte und unterſtützte Beſſer'n in dieſen
Studien, welche jener würdige und grundgelehrte Mann neben
ſeinen griechiſchen und römiſchen Schriftſtellern, um die er
ſich verdient gemacht, mit gleicher Genauigkeit verfolgt hatte.
Mittlerweile hatte Beſſer mehrmals ſeine Zurückberufung
nachgeſucht und endlich erlangt, er machte noch eine kurze
Reiſe nach Oxford, ſah nach der Rückkehr in London das
unglückliche Schauſpiel der Enthauptung des Herzogs von
Monmouth, und bereitete ſich dann zur Abreiſe. Er empfing von dem Könige das übliche Geſchenk, und als er am
11. Auguſt in Windſor ſich beurlaubte, die gnädigſten Ver-
ſicherungen und ehrenvollſten Zeugniſſe, wie denn der König
in ſeinem Schreiben an den Kurfürſten ausdrücklich ſagte,
Beſſer habe ſich ſo benommen, daß kein Andrer ſeinem Herrn
nützlicher, noch ihm, dem Könige, hätte angenehmer ſein können. Bevor Beſſer London verließ, hatte er noch einen
widrigen Vorfall, in welchem ſeine Stärke und Gewandtheit
abermals ſein Heil wurden. Eine reiche Kaufmannsfrau,
ſehr ſchön und liebenswürdig, empfing in ihrem öffentlichen
Handelsgewölbe häufig Beſuch, und auch Beſſer fand ſich
öfters daſelbſt ein, um einige Stunden angenehm hinzubringen.
Seine Anweſenheit aber war einem Engländer verdrießlich,
der in ihm vielleicht einen Nebenbuhler ſah, und den läſtigen
Fremden wegzuſchaffen beſchloß; er benahm ſich mit Grobheit, und als Beſſer ihm ſein Betragen, vorzüglich in Betracht der Dame, verwies, zog jener raſch den Degen, ſagte,
er wolle dem Deutſchen Füße machen und ihn aus dem
Gewölbe hinausjagen, und drang hitzig auf ihn ein; dieſer
aber zog nicht einmal, ſondern ſchlug dem Gegner den Degen
aus der Hand, faßte ſeinen Mann mit einem Griff, und
trug ihn, trotz alles Sträubens, wie einen kleinen Knaben,
durch das ganze Gewölbe bis hinaus auf die Straße, in

deren Mitte er ihn, zum Wunder und Gelächter der Zuschauer, gelassen absetzte, und dann ruhig in das Gewölbe zurückging, während jener das Weite suchte. Im Ruf solcher zu guter Letzt noch vollbrachten That reiste Besser endlich am 24. August von London ab. Er begab sich zunächst über Dover und Calais nach Paris, wo er einige Zeit verweilen wollte. Sein Aufenthalt dauerte drei Monate, die er unter andern dazu benutzte, bei dem gelehrten Sprachkenner Richelet im Französischen und bei dem berühmten Lautenspieler Gallot in der Musik sich zu vervollkommnen. Endlich, nach fast zweijähriger Abwesenheit, traf er in der Mitte des Dezembers über Leipzig wohlbehalten in Berlin wieder ein.

In Potsdam hatte Besser sogleich Zutritt bei dem Kurfürsten, der keine Spur mehr von ungnädiger Erinnerung zeigte. Dagegen war Fuchs noch immer sehr aufgebracht, und hielt sich kalt und schroff, ohne auch nur auf entschuldigende Erörterung eingehn zu wollen. In Bezug auf diese Verhältnisse, die in dem Kreise des Hofes nicht unbesprochen blieben, sagte der französische Gesandte, Graf von Rebenac, unverhohlen: „Ich würde allemal im Nothfall eher wählen, meinem Könige, als einem seiner ersten Staatsdiener zu mißfallen, jener kann durch diese leicht wieder besänftigt werden, diese hingegen sind unversöhnlich, und haben Gelegenheit, uns alle Tage aus seiner Gnade zu verdrängen." Daß die Bemerkung richtig sei, konnte Besser zugestehn, ohne deßhalb auch die Meinung recht zu finden. Canitz nahm die Sache leicht, und meinte scherzend, wenn Besser einen solchen Fehler gemacht, so sei das einem Anfänger wohl zu verzeihen, und ihm höchstens als eine licentia poetica anzurechnen. Inzwischen war Besser für den Augenblick sehr im Nachtheil, und mußte sich, um nicht vereinzelt zu bleiben, nach andrer Stütze umsehn. Diese fand er in Eberhard von Danckelman, der von der Erzieherstelle bei dem Kurprinzen zu hohen Staatsämtern übergegangen war, und durch seinen wohlgegründeten Einfluß künftig noch höher steigen mußte. Schon früher hatte er für Besser besondere Gunst, jetzt aber schloß dieser sich ihm völlig an, und indem beide Theile gegenseitig einander ihren Eifer bestens bethätigten, knüpfte sich das

Verhältniß immer fester. Auch war der Kurprinz sehr gnädig für Beſſer geſtimmt; dieſem widerfuhr bei zufälliger Anweſenheit zur Oſtermeſſe in Leipzig, als der Prinz dort auf der Durchreiſe nach Kaſſel einen Tag verweilte, die hohe Auszeichnung, zu des Prinzen Tafel geladen zu werden, und an deſſen Seite ſpaziren zu fahren. Mehrere Gedichte, hohen Anläſſen gewidmet, unter andern im Jahre 1686 auf die Abſendung brandenburgiſcher Hilfsvölker nach Ungarn gegen die Türken, und auf den Tod des Herzogs Alexander von Kurland beim Sturm von Ofen, im Jahre 1687 auf den Tod der Frau von Danckelman, und im April deſſelben Jahres auf das Ableben des ſchon erwähnten Markgrafen Ludwig, trugen gleichfalls dazu bei, Beſſer's Ruf und Anſehn zu vermehren. Inzwiſchen durfte der grollende Miniſter nicht verſäumt werden, und Beſſer unterließ nichts, ihn zu begütigen, wiewohl geraume Zeit vergebens. Die Gevatterſchaft, zu welcher die Frau von Fuchs bei Beſſer's neugeborener Tochter geladen wurde, ein Glückwunſchgedicht, welches Beſſer auf die Vermählung der Fräulein von Fuchs mit dem Geheimen Staatsrath von Schmettau drucken ließ, und andere Vorgänge, vermittelten endlich eine Ausſöhnung, und Fuchs lud nicht nur Beſſer'n nebſt deſſen Gattin zur erwähnten Hochzeit ſeiner Tochter, ſondern ließ ſich auch wieder bereit finden, denſelben in ſeiner Laufbahn förderlich zu ſein. Schon im Auguſt 1687 war Beſſer zum Regierungsrath im Herzogthum Magdeburg ernannt worden; er ſollte nach Halle ziehen, woſelbſt ihn Meinders, und nach geſchehener Ausſöhnung jetzt auch Fuchs durch nachdrückliche Briefe dem Kanzler von Jena, als ſeinem neuen Vorgeſetzten, eifrigſt anempfahlen. Ein unvermutheter Auftrag wies ihm jedoch, vor Antritt jener Beſtimmung, fürerſt noch eine andre zu.

Es war vorauszuſehn, daß die Wittwe des Markgrafen Ludwig, Prinzeſſin von Radziwill, wegen ihrer großen Beſitzungen und angeſehenen Verhältniſſe in Polen, alsbald ein Gegenſtand neuer hohen Bewerbungen ſein würde; der brandenburgiſche Hof konnte dies nicht hindern, wenn auch ihre Wiederverheirathung ſeinen Wünſchen entgegen war; inzwischen durfte er sich wohl berechtigt halten, geheimen Ränken und Umtrieben in dieser Hinsicht keinen Raum zu gestatten. In Königsberg hatte sich ein Baron Piccinarbi, der als Kaiserlicher Agent auftrat, in das Radziwill'sche Haus eingeschlichen, und betrieb allerlei Dinge, welche dem brandenburgischen Hofe bringenden Verdacht gaben. Es schien nothwendig, sich dieses Mannes zu versichern, zugleich aber, damit jeder Lärm und Einspruch vermieden bliebe, dies so geheim als möglich auszuführen. Die Sache war schwierig, und bedurfte eines so gewandten als entschlossenen Mannes. Besser wurde durch Danckelman vorgeschlagen, nahm den Auftrag an, und reiste zu Anfang des Dezembers 1687 nach Königsberg. Piccinarbi war dem Ballschlagen sehr ergeben, und Besser, als ein geübter Spieler, machte auf dem Ballhause leicht dessen Parthie und nähere Bekanntschaft; die Dichtkunst selbst, welche der Italiäner in seiner Muttersprache und in der lateinischen mit Glück ausübte, mußte die falsche Rolle spielen helfen; Besser wußte den Mann ganz für sich einzunehmen. Schon am dritten Tage war sein Anschlag reif, zu welchem der Kanzler von Creutz ihm alle Hülfe zu leisten befehligt war. Besser schlug mit dem Italiäner, wie schon die Tage vorher, am Vormittage Ball, hielt ihn durch allerlei Mittel so lange hin, bis die Mittagszeit gekommen war, und bat ihn dann im Hinausgehn, für heute sein Gast zu sein. Piccinarbi, ohne Arg, aber schon versagt, entschuldigte sich, allein sie kamen unterdeß bis zu dem Wagen, niemand war in der Nähe, als ein Offizier und einige Soldaten, welche schon Befehl hatten, der Augenblick war günstig, mit einem raschen Griffe hatte Besser plötzlich dem Italiäner den Degen und mit der andern Hand ihn selbst bei der Brust gefaßt, hieß ihn im Namen des Kurfürsten ohne Widerstand folgen, setzte sich mit ihm und dem herbeigekommenen Offizier in den Wagen, und so wurde der Gefangene ganz insgeheim zu sichrer Haft abgeführt, ohne daß jemand ahndete, wie und wohin er verschwunden. In Folge eines Befehls von Berlin wurde Piccinarbi nachher auf die Festung Pillau gebracht, wo er in wiederholten Verhören alles eingestand, daß er zwar den Namen eines kaiserlichen Agenten mit Unrecht führe, doch aber ein Kaiserlicher Kammerjunker und mit geheimen Aufträgen abgeschickt sei. Besser war bei jedem Verhör zugegen und berichtete das Ergebniß sogleich nach Hof. Im Februar 1688 kam er nach Berlin zurück, um den ganzen Hergang nebst allen erlangten Aufschlüssen mündlich darzulegen. List und Entschlossenheit hatte Besser unläugbar glänzend bewährt; größere Zartheit hätte ihn wohl einen Auftrag dieser Art lieber vermeiden lassen, doch ist die Frage, ob dies in seiner Macht gestanden. Genug, der Hof rechnete ihm die Sache zum großen Verdienst, dem angemessene Belohnung verheißen wurde. Dem ganzen Unternehmen indeß verknüpfte sich kein wesentlicher Erfolg. Piccinardi wurde nach einiger Zeit wieder in Freiheit gesetzt, und die verwittwete Prinzessin schritt zur zweiten Ehe, sie heirathete bekanntlich den Pfalzgrafen Karl Philipp, nachherigen Kurfürsten von der Pfalz.

Bevor noch Besser nach Halle ziehen gekonnt, erfolgte im April 1688 der Tod Friedrich Wilhelms des großen Kurfürsten, und mit ihm eine Aenderung in Besser's Aussichten. Der neue Kurfürst Friedrich der Dritte ließ ihn sogleich die Wirkung seiner Gewogenheit empfinden, indem er ihn am Hofe zurückbehielt. Doch dem neuen Glücke, welches für Besser aufging, und ihn endlich in eine durchaus wünschenswerthe Lage versetzen sollte, drängte sich ein Unglück voran, welches jenem gleichsam allen Boden raubte, und kaum noch einen Reiz übrig ließ. Besser's Gattin war in seiner Abwesenheit erkrankt, und bei seiner Rückkehr von Königsberg noch nicht völlig hergestellt; er begleitete sie im Mai, ihrem Wunsche gemäß, nach dem Karlsbade, allein bei dem Anschein wiederkehrender Gesundheit dauerte das Siechthum fort, die Gedanken an den Tod prägten sich ihrer Vorstellung ein, und mit ihnen war sie fast immer, doch ohne Furcht beschäftigt. Sie gebar im Dezember eine Tochter, welche nur zwei Tage lebte, und sie selbst verschied einige Tage nachher an heftigem Fieber, doch vollkommen gefaßt, in frommer Ergebung, und mit zärtlichstem Abschied von dem geliebten Gatten. Sie war noch nicht 27 Jahr alt, und erst 7 verheirathet. Besser wurde durch diesen

Schlag in gränzenlosen Schmerz gestürzt; sein Leid überstieg seine Fassungskraft, seine stets erneute Trauer wußte kein Ziel; was im Augenblicke selbst als Spiel der Uebertreibung erscheinen konnte, bewährte sich durch die Folge nur allzusehr als tiefster Ernst. Im Verlaufe des Jahres hatte Besser dem Ableben des großen Kurfürsten und dem Schmerze des Kurfürstlichen Hauses den Ertrag seiner Dichtkunst reichlich zugewandt, ein unvollendetes Lobgedicht auf den abgeschiedenen Heldenfürsten, in etwa 1000 Zeilen dessen Thatenfolge begleitend, gehört zu dem Ausgezeichnetsten, was uns von Besser übrig ist; jetzt umschlang zu letztem Troste noch sein Talent in ganzer Fülle die theure Gattin; in Versen und in Prosa feierte er ihr Andenken, rief er ihr Bild zurück, und die ausführliche Erzählung ihres Lebenslaufs, die er im folgenden Jahre nebst zahlreichen Gedichten und Briefen, die ihm über den Todesfall zugefertigt worden, als Ehrengedächtniß der Verstorbenen drucken ließ, bleibt ein schönes Denkmal inniger Freundschaft und gefühlvoller Beredsamkeit. In dem beigefügten Anhang sind Gedichte von den angesehensten Männern, zwei — ein französisches und ein lateinisches — im Namen des Staatssekretairs von Ilgen verfaßt, ein lateinisches Trostschreiben von Samuel von Pufendorf, ein deutsches von Thomasius, und andre Zeugnisse der großen Theilnahme, zu welcher dieses Trauergeschick einen weiten Lebenskreis anregte. Bald nachher starb auch Besser's einziger Sohn, und ihm blieb von dreien Kindern nur noch eine Tochter übrig.

Die Pflichten und Aufmerksamkeiten des Hoflebens wurden für Besser zur wohlthätigen Zerstreuung, wenn sie ihn auch keineswegs dem Gefühle seines häuslichen Unglücks ganz entreißen konnten. Unter allen Umständen kam sein Dichtertalent in Anspruch, und hatte für ihn und Andre vielfache Wirkung. Bei Gelegenheit einer glänzenden Wirthschaft, welche der Hof im Januar 1690 zu Berlin gab, hatte Danckelman, schon damals erster Minister, durch das Loos, doch nicht ohne absichtliches Zuthun einiger schadenfrohen Höflinge, die untergeordnete Rolle eines Scheerenschleifers erhalten, und befand sich in Verlegenheit, wie er sich den

ganzen Abend in dieser, ohne Zweifel vielfachem Spott aus-
gesetzten Rolle schicklich betragen sollte. Besser half ihm
aus der Noth, er rieth ihm, den Spott auszutheilen statt
einzunehmen, und schrieb ihm dazu eine Folge von satyrischen
Strophen, durch welche der Scheerenschleifer zur bedeutendsten
Person der ganzen Wirthschaft wurde. Die ganze Gesellschaft wurde ohne Schonung durchgezogen, und in Gestalt
des Scherzes so grimmer Ernst losgelassen, daß die unerwartet Getroffenen, die gar nicht ahndeten, den strengen
Staatsmann so überaus lustig zu finden, auf ihre eignen
Kosten nur um so mehr lachten, als sie innerlich Verdruß
empfanden, den sie nicht merken lassen wollten. Der Ver-
kleidete hob seinen Umzug mit folgenden Worten an:

„Zum Scheerenschleifer hat das Loos mich heut erkoren.
Ich bin es eben nicht, auch nicht dazu geboren:
Jedoch weil sich der Mensch in alles schicken soll,
Gefällt auch dieser Stand mir diesesmal gar wohl.
Wohlan, so will ich dann, durch die vermummte Schaaren,
Der Schleifernahrung nach, mit meinem Wagen fahren.
Was nur den Stein verträgt, und sich der Mühe lohnt,
Das schleif ich ab und zu, der Größten unverschont.
Es ist doch heute Brauch, in fremdes Amt zu greifen,
Trägt's mit den Scheeren nichts, so werd' ich Menschen
               schleifen."

Und nun sprudelte rechts und links der kühnste Muthwillen,
der beißendste Hohn, der wildeste Ausbruch, daß die Sache
mehrmals weit über die Gränzen des Scherzes ging. Nur
Danckelman durfte dergleichen wagen, nur er die Sache glücklich durchführen; auch im Spiel wollte er einen Widerschein
der Macht und Scheu walten lassen, deren man ihm gegenüber eingedenk sein sollte, und nur insofern können Besser's
Verse für zweckmäßig gelten; sie wären sonst als höchst un-
angemessen zu verwerfen; ihre allzufreien Anspielungen, heutiges Tages in vornehmer Gesellschaft schlechterdings uner-
träglich, waren auch damals kaum zu dulden, zum Beispiel
auf den Katzenfänger und dessen Frau, eine Dame vom
Hofe, deren Athem übel empfohlen war:

„Hört, Meister Fledermaus, geehrter Ratzenfänger,
Was führt ihr an der Hand für einen alten Gänger?
Mein Handwerk dient euch nicht, doch kann mein Rath was
    stiften,
Fangt ihr die Ratzen nur, das Weib mag sie vergiften;"

oder an den Schloßhauptmann von Kolbe, der einen Koch vorstellte:

„Wie manches groß- und klein- und ungebohrtes Loch
Hat euer Bratspieß nicht gemacht, berühmter Koch?
Weil aber ihr nicht freit, will euer Spieß wo fehlen?
Ich schleife nicht allein, ich kann auch wohl verhöhlen."

Nicht gar zu freundlich und fein, obwohl sonst gut ausgedrückt, war auch der Schluß, in welchem die Narren bei der Wirthschaft zu einander sagten:

„Wir Narren müssen heut uns zu der Narrheit zwingen:
Ein Amt, das mancher hier natürlich kann vollbringen.
Was aber gäben sie, für uns dies Werk zu treiben!
Wir sind's auf Einen Tag, sie müssen Narren bleiben."

Diese Scheerenschleifer-Wirthschaft und die Gedichte darauf wurden in der That einige Jahre später dazu gebraucht, die Zahl der Beschuldigungen zu vermehren, welche gegen Danckelman, der in Ungnade gefallen war, angehäuft wurden. Im Augenblicke selbst aber war der Erfolg so glänzend als unfehlbar, und niemand wagte sich offenbar dagegen auszusprechen. Bald erfuhr Besser das Wohlwollen seines mächtigen Gönners in voller Wirksamkeit, er begleitete im Frühjahr den Hof nach Königsberg, und empfing bei Gelegenheit der dortigen Erbhuldigung, früherem Versprechen des Kurfürsten gemäß, die Ernennung zum Ceremonienmeister mit einem Gehalt von 700 Thalern, zugleich wurde er in den Adelstand erhoben. Im Sommer folgte er dem Hoflager nach den Niederlanden, wo die Brandenburger in dem wieder ausgebrochenen Kriege des deutschen Reichs gegen Ludwig den Vierzehnten mit ausgezeichnetem Ruhm und Erfolg mitkämpften; der Kurfürst übertrug ihm hier eine Sendung an den Fürstbischof von Lüttich, um während des Feldzuges die brandenburgischen Angelegenheiten bei diesem geistlichen Herrn bestens wahrzunehmen, und insbesondre denselben zu bereden, seine Truppen zu den Brandenburgern stoßen zu lassen; auch sollte er alle dort vom Feinde eingehenden Nachrichten sammeln und in das Kurfürstliche Hauptquartier melden; alle diese Zwecke wurden vollkommen erreicht, im November stattete Besser in Kleve dem Kurfürsten mündlichen Bericht von seiner diplomatischen Thätigkeit ab, und reiste hierauf nach Berlin zurück.

Die nächstfolgenden Jahre brachten für Besser gleiche, zwischen Staats- und Dichtkunst abwechselnd hin und her bewegte Thätigkeit. Der Kurfürst Friedrich der Dritte, bedacht seine Regierung durch Ruhm und Glanz jeder Art zu verherrlichen, stiftete im Jahre 1694 mit Dancelman's Rath und That die Universität zu Halle; schon der große Kurfürst hatte diesen Gedanken gehabt, die Ausführung aber war seinem Nachfolger verblieben. Der ganze Hof wohnte daselbst am 12. Juli der Einweihung des neuen Musensitzes bei, deren Ceremoniel Besser angeordnet hatte, von welchem auch die Beschreibung der ganzen Feierlichkeit nachgehends im Druck erschien. Andre Veranlassungen, seine Geschicklichkeit in Anordnungen von Sachen und Worten an den Tag zu legen, boten sich reichlich dar; den Ereignissen am Hof und im Felde, den Vermählungen, Trauerfällen und Feierlichkeiten aller Art, welche in seinen Bereich trafen, fehlte selten seine bald amtlich aufgeforderte, bald freiwillig beeiferte Theilnahme. Im Jahre 1696 folgte er dem Hoflager wieder nach Kleve, und nahm die Rückreise über Hamburg, wohin Canitz ihn zum Besuch eingeladen hatte. Hier kam er in einen angenehmen und glänzenden dichterischen Kreis; außer Canitz beflissen sich auch der Kaiserliche Gesandte Graf von Ed und der nachmalige Bürgermeister von Bostel mit Leidenschaft der deutschen Dichtkunst; die zahlreichen Gedichte des erstern litten zwar sehr, wie erzählt wird, an der österreichischen Mundart, die des letztern waren sogar völlig in der sassisch-hamburgischen, allein um so herrlicher glänzten Canitz und Besser in ihrer hochdeutschen Reinheit. Auf anderer Seite dagegen gerieth Besser in Nachtheil; die vornehme und reiche Gesellschaft, in der er lebte, spielte nicht bloß mit Reimen, wobei er leicht gewann, sondern auch mit Karten, und er verlor beträchtliche Summen; doch Canitz half ihm durch ein Darlehn von 500 Thalern aus der Verlegenheit. — Sein Werth wurde vom Hofe stets vortheilhafter anerkannt; seine Feder galt für die gewandteste von der Welt, an sicherm Takt und reicher Eleganz that es ihr keine gleich, ihre Erzeugnisse wurden allgemein bewundert, der Ruhm ihrer Vortrefflichkeit drang nach Frankreich, Holland und England. Berühmte Männer aus allen Fächern traten mit ihm in Verbindung, übersetzten und empfahlen seine Werke. Auch in französischer Sprache wußte er sich geschickt auszudrücken, und Staatsschriften, von ihm in dieser Sprache verfaßt, wurden in Frankreich gedruckt. Der Kurfürst sah mit Zufriedenheit auf die Bemühungen eines Mannes, welcher den Glanz seiner Regierung so wesentlich förderte. Dichtkunst und Beredsamkeit schienen für den Dienst des Hofes nicht zu entbehren. Häufige Geschenke, zuweilen von 1000 Thalern und darüber, belohnten gnädig solch erfolgreiche Arbeiten. Mit nicht minderer Anerkennung schätzte die Kurfürstin Sophie Charlotte, die geistreichste und herrlichste Frau ihrer Zeit, die würdige Schülerin des großen Leibnitz, den Werth der Dichter und schönen Geister, und auch Besser's Verdienste waren ihr nicht unbekannt geblieben; allein ihr Sinn zog sie mehr zu ausländischer Litteratur und Sprache hin, wo eine mächtiger vorgeschrittene Bildung ihrer eignen Geistesentwickelung angemessener entgegen kam. Die deutsche Dichtkunst hatte schon damals gegen die Vorliebe zu kämpfen, welche fast ein Jahrhundert hindurch im eignen Vaterlande ihr die mächtigsten und bedeutendsten Stimmen entzog. Dieselbe Klage, welche Klopstock mit Unmuth und Bitterkeit späterhin gegen Friedrich den Großen in erhabenen Oden aushauchte, wagte Besser an die hohe Kurfürstin zu richten, doch in lauter Bescheidenheit und Demuth, wie folgt:

„Noch hat die deutsche Poesie
Vor dir, erlauchtigste Sophie,

Sich nimmer dürfen sehen lassen;
Noch hat ihr Lied sich nicht gewagt,
Was man in allen Sprachen sagt,
Vor dir in einen Reim zu fassen.

Dies würd' auch heute nicht geschehn,
Allein, nachdem sie wohl gesehn,
Daß das, was ihr scheint zu gebrechen,
Auch andern Sprachen noch gebricht,
So denkt sie: Warum soll ich nicht
Auch einmal unvollkommen sprechen?

Dies unterfängt sie sich nun heut.
Du fragst: Hat sie mehr Lieblichkeit,
Als sie bisher gehabt, zu singen?
Nein! sie kennt ihren rauhen Ton,
Und weiß, daß unser Helikon
Nicht kann vor deinen Ohren klingen.

Allein, was sie verwegen macht,
Ist, daß sie aller Sprachen Pracht
Für dich doch mangelhaft gefunden.
Sie sieht, daß keiner möglich ist,
Es auszusprechen, wie du bist,
Drum hat sie sich's auch unterwunden.

Sie spricht: Ei, steht es Fremden frei,
Was trag' ich dann, ich Deutsche, Scheu,
Sophiens Lob herauszustreichen?
Weicht jede Sprache gleich nicht mir,
So muß, o deutsche Fürstin, dir
Doch aller Völker Schönheit weichen!"

Man muß bekennen, daß dieses Gedicht die Sache der deutschen Dichtkunst durch die That gar wohl führte, denn artiger und freier hätte man auch französisch den Vorwurf, der denn doch solcher Huldigung zum Grunde lag, nicht ausdrücken können.

Nächst diesen höchsten Gönnern widmete Besser auch andern, für seine Lage nicht weniger einflußreichen, unausgesetzt seine aufmerksamste Beflissenheit. Vor Allen war Danckelman, der im Jahre 1695 als Oberpräsident fast unumschränkt an die Spitze der ganzen Staatsverwaltung getreten war, der Gegenstand seiner heißesten Lobrede. Noch vor dieser letzten Erhebung des höchstbegünstigten und mächtigschaltenden Staatsmannes hatte Besser auf ihn eine ausdrücklich so genannte Lobschrift von beinahe 600 Versen gedichtet, worin derselbe nach seinen Eigenschaften, Umständen und Beziehungen förmlich durchgelobt, und auf allen Seiten so glatt und blank gerieben wird, daß man ordentlich fürchtet, er möchte beim geringsten Hauche wieder anlaufen! Dabei war das Stück zugleich für den Kurfürsten eingerichtet, der dasselbe kaum von Besser hatte vorlesen hören, als er sogleich den Druck anbefahl, der auch alsbald in Leipzig mit aller Pracht veranstaltet wurde; Abdrücke wurden am Hofe und durch das ganze Land freigebig vertheilt, und neue Lobgedichte strömten auf Besser wegen seines Lobgedichtes zurück. Von Danckelman empfing er ein Geschenk von 200 Thalern, und nach dem Druck ein zweites von 700. — In höchster Gunst bei dem Kurfürsten nach Danckelman, ja persönlich vielleicht schon höher, als dieser, stand der damalige Schloßhauptmann Kolbe von Wartenberg. Dieser besuchte Besser'n öfters, und speiste bei ihm; sein schnelles Emporsteigen aber beschränkte allmählig die Vertraulichkeit, und ließ nur die entschiedenste Gönnerschaft übrig. Der Vater, ein Edelmann aus der Pfalz, hatte eine väterliche Unterweisung für seinen Sohn in deutscher Sprache verfaßt und herausgegeben, Lehren sittlicher Klugheit für das Weltleben, nach welchen ein treuer Befolger unfehlbar glücklich werden sollte. Besser schrieb zu einer zweiten Auflage dieses Buchs im Jahre 1696 eine ausführliche Vorrede, und später eine neue, noch ausführlichere, zu der dritten Auflage, die im Jahre 1704 herauskam, als Kolbe schon Graf von Wartenberg, Oberkammerherr und oberster Staatsminister war. Diese Vorreden sind wo möglich noch lobreicher, als selbst die Lobschrift auf Danckelman. Von allen Tugenden, die der Vater verlangt, wird der Sohn als Muster aufgeführt, sein Lebensgang, sein Erfolg und Glück gleichsam als die lebendige Darstellung jener theoretischen Weisheit geschildert, mit Einem Worte, Kolbe wird durch alle Krümmungen und Steilen der mühsamsten Pfade mit unnachlassender Beharrlichkeit zum höchsten Gipfel

so künstlich hinaufgelobt, daß man abermals in Besorgniß
geräth, eine so feine Spitze der Vollkommenheit möchte augen-
blicklich abbrechen! Diese Vorreden wurden jedoch als Meister-
stücke deutscher Beredsamkeit allgemein bewundert und gepriesen, übersetzt und wiedergedruckt, und in der That müssen
wir darin eine große Geschicklichkeit des Ausdrucks anerkennen. Kolbe mußte sein Bild in diesem künstlichen Spiegel
mit erhöhtem Wohlgefallen erblicken, und seine dankbare Gunst
wurde seitdem für Besser von lebhaftester Wirksamkeit. Sie
verschaffte demselben zuerst bei Gelegenheit einer Staatsschrift,
welche er über die Wiedergabe der Stadt Elbing französisch
abgefaßt, und auf Befehl des Kurfürsten in Druck gegeben
hatte, eine Kurfürstliche Verschreibung auf die erste erledigte
Domherrnstelle in den Stiftern Magdeburg und Halberstadt,
welche ihm späterhin, als er dieselbe noch vor eintretender
Erledigung wieder abtrat, ansehnlich vergütet wurde. Andre
beträchtliche Gaben und Vortheile sollte er jener Gunst in
der Folge noch zu danken haben. Genug, das Verhältniß
der Gönnerschaft stand hier in schönster Ergiebigkeit, beide
Theile gaben reichlich, und empfingen in gleichen Maßen,
man konnte wechselseitig mit einander zufrieden sein. Betrachten wir jene Lobschriften, die jetzt in solcher Gestalt
niemand ohne Erröthen geben noch annehmen könnte, aus
allgemeinem Standpunkte, so werden wir sie mehr wegen des
Geschmackes jener Zeit, als wegen ihres eigentlichen Inhalts
unter ähnliche Erzeugnisse neuerer Zeit herabsetzen, denn die
Schmeichelei weiß durch jede, auch noch so veredelte Aus-
drucksweise ihren Weg zu finden, und der Gesinnung nach
würde manche bewunderte Phrase unsrer Tage in dem Zeit-
alter Ludwigs des Vierzehnten vielleicht hinter den Ausbrüchen von Besser oder Boileau noch weit zurückstehn
müssen.

In diesen Zeitraum fällt auch Besser's berühmtes Gedicht auf den Tod der Frau von Canitz. Er hatte daran
lange und mühsam gearbeitet, und erst nach mehrfacher Rücksprache und wiederholter Mahnung dasselbe zu Stande gebracht. Unter andern fand er Schwierigkeit, den Ausdruck
eines Gedankens, welchen er für die fünfte Strophe bestimmt

hatte, in solcher gehörig abzurunden. Er theilte dem Freunde seine Verlegenheit mit, und forderte ihn auf, seinerseits auch die Sache zu versuchen. Canitz, rascher und fertiger, sandte schon nach drei Tagen eine zwiefache Lösung der Aufgabe; man könnte setzen, meinte er, wie folgt:

> „Wer glaubt, daß nur verwirrtes Wesen
> Der Welt durch Frauen widerfährt,
> Ist werth, und ist es bald nicht werth,
> Sich eine solche zu erlesen,
> Die ihm sonst keinen Kummer macht,
> Als wenn sie wird in's Grab gebracht."

Oder auch in dieser andern Wendung:

> „Du schreibst die Unruh hier auf Erden
> Zwar nur allein den Weibern zu;
> Doch müsse, Spötter, deine Ruh
> Von einer Frau gestöret werden,
> Die dir nie Unruh hat gebracht,
> Als da sie dich zum Wittwer macht!"

Besser lobte beide Versuche höchlich, und wollte eine — er entschied noch nicht, welche — der beiden Strophen in sein Gedicht aufnehmen, allein er brütete deßhalb nicht weniger noch stets an seiner eignen Ausführung. Endlich, nach vieler Arbeit und langem Zögern, trat er nun auch mit seiner fertig gewordenen Strophe hervor; sie lautete:

> „Gewiß, die von den Weibern sagen,
> Daß sie die Unruh, die man spürt,
> Zum ersten in die Welt geführt,
> Die sollten deinen Jammer tragen,
> Und lernen, daß ihr Spott erst wahr
> Auf eines Weibes Todtenbahr."

Da bekannte denn Canitz seine Strophen weit übertroffen, nahm sie, trotz Besser's Einspruch, beide zurück, und versicherte, hier sehe man wieder einmal recht deutlich, wie wahr es heiße: Nicht was bald, sondern was gut! Wir haben dieser Probe hier einen Platz gegönnt, weil sie uns einen

Blick in das Innere der Werkstatt und des Verkehrs damaliger Dichtkunst thun läßt. Das ganze Gedicht Besser's, endlich vollendet und gedruckt, fand allgemeinen Beifall, und hat in der That, ungeachtet des wenig erhabenen Anfangs:

„So ungeneigt ich auch zum Schreiben,
Kannst du dennoch, betrübter Freund,
Indem dein treues Auge weint,
Von mir nicht ungetröstet bleiben,"

einige schöne Stellen, kommt jedoch Canitz'ens eignem Gedicht auf Doris keineswegs gleich. Dieser war indeß so sehr erfreut über seines Freundes Arbeit, daß er demselben, mit seinen eifrigsten und verbindlichsten Danksagungen, zugleich den Schein über das in Hamburg geschehene Darlehn zurücksandte, dessen Erstattung er schon bisher niemals hatte zugeben wollen. Man wird gestehn müssen, nach allem hier Angeführten, daß Besser's Muse in Betracht irdischen Vortheils nicht unter die zu wenig begünstigten zu rechnen ist!

Die Anerkennung, der Ruhm, die großen Vortheile und ausgezeichneten Ehren, deren Besser von allen Seiten theilhaft wurde, riefen, wie zu geschehen pflegt, auch Neid und Feindschaft gegen ihn hervor, und er blieb von ihren Angriffen nicht verschont. Doch war ihm so leicht nichts anzuhaben, ihn schützte Gunst und Ansehn, und wo es galt, stand er muthig und entschlossen noch immer selbst für sich ein. Dies zeigte sich unter andern bei einem öffentlichen Einzuge zu Berlin, wo der Vorrang, welchen sein Amt als Ceremonienmeister ihm gab, manchen Altadeligen verdrießlich war; sie mochten schon öfters darüber mißfällig geredet haben, diesmal aber beschloß einer von ihnen, ein General, den Ceremonienmeister durch einen bösen Streich von seinem Platze und so aus der Fassung zu bringen, daß er dem allgemeinen Spott und Gelächter preisgegeben würde. Besser ritt ruhig in seiner Ordnung, bei einer Brücke aber, wo der Raum sich verengte, sprengte plötzlich der General seitwärts auf Besser ein, und rief, als könne er sein Pferd nicht halten noch wenden: „Herr, auf die Seite! mein Gaul beißt!" und gab ihm nun erst noch die Sporen. Jener aber, schnell das

Stück durchschauend, und nicht weichend, rief ihm hastig wieder zu: „Herr, auf die Seite! mein Gaul schlägt!" warf sein Pferd, einen Streithengst aus dem Marstalle, kurz herum, drückte die Sporen ein, und nun schlug das Thier mit beiden Hinterfüßen so gewaltig aus, daß des Generals Pferd, schwer getroffen, seinen Reiter beinah in den Graben geworfen hätte. Schaden und Spott fielen nun auf den Anstifter zurück, der überdies noch die Ahndung des Kurfürsten erfahren mußte, und somit denen, welche noch Lust fühlten sich an Besser'n zu reiben, in doppelter Weise zur Warnung wurde.

Im Jahre 1697 begab sich der Kurfürstliche Hof nach Königsberg in Preußen, um daselbst eine moskowilische Großgesandtschaft, bei welcher, wie man wußte, unter fremdem Namen der Zar Peter selbst war, feierlich zu empfangen. Besser war mit Anordnung der Ceremonien beauftragt, und reiste der Botschaft bis Insterburg entgegen. Er hatte hier sogleich von Seiten des mächtigen Selbstherrschers, der sich wenig zu bezwingen gewohnt war, eine harte Prüfung auszuhalten. Der Zar, von dem Anblick des prächtig geputzten Hofmannes neugierig angeregt, ging auf ihn los, nahm ihm die reiche, großgelockte Staatsperücke vom Haupte, besah sie eine Weile mit höhnischem Lachen, und schleuderte sie dann, indem er jenen kahlköpfig dastehn ließ, verächtlich in den Winkel. Doch Besser verlor die Fassung nicht, holte seinen mißhandelten Haarschmuck zurück, und als der Zar, verständigt, jener Mann habe vom Kurfürsten den Auftrag, alles Erforderliche zu besorgen, durch den Dolmetscher ein Begehren ausdrückte, welches dieser nicht ohne Scham wiederholen konnte, wußte Besser klüglich zu thun, als habe er nichts vernommen. Der Einzug in Königsberg fand den 28. Mai Statt; die Beschreibung dieser Feierlichkeit, von Besser verfaßt, erschien im Druck, und er selbst empfing zur Belohnung seines Eifers und Fleißes in dieser wichtigen Sache von dem Kurfürsten ein Geschenk von 1000 Thalern. Dies war jedoch die letzte Gunst, welche durch Dankelman's Vermittelung ihm zu Theil wurde. Die, nach neunjährigem, zwischen Deutschland und Frankreich geführtem Kriege mit dem Jahre 1697 durch den Frieden von Ryßwyck eintretende Ruhe gab am brandenburgischen Hofe der Entwickelung neuer Verhältnisse Raum, welche sich im Stillen schon lange gestaltet hatten. Die Königswürde, deren Annahme schon dem großen Kurfürsten von mancher Seite, besonders aber von dem französischen Hofe, dringend nahgelegt worden war, schien der besonderen Stellung des einflußreichsten und mächtigsten Kurhauses so völlig angemessen, sie entsprach dabei so sehr dem persönlichen Wunsche Friedrichs des Dritten, daß deren Erwerbung ernstlich beschlossen wurde. Die Bewegung, welche durch einen solchen Gegenstand in der Thätigkeit, in den Meinungen und Bezügen der höchsten Hof- und Staatsbeamten erregt wurde, war groß genug, um die bisher festesten zu erschüttern und umzuwerfen. Mit diesen Dingen im Allgemeinen verflochten, obwohl im einzelnen Zusammenhange noch keineswegs genügend nachgewiesen, erfolgte gleich im Jahre 1698 der Sturz Danckelman's welcher von dem Gipfel der Gunst und Machtausübung plötzlich in die völligste Ungnade fiel, zur Untersuchung gezogen und als Gefangener auf die Festung Peitz abgeführt wurde. Besser verlor an ihm einen edlen Beschützer, allein seine eigne Stellung hatte den Verlust nicht zu empfinden; der Fall des einen Gönners ersetzte sich ihm durch das glänzende Steigen des andern; Kolbe von Wartenberg wurde Danckelman's Nachfolger in Gunst und Einfluß, und Besser's Eifer und Talent blieben in der gewohnten Bahn nicht minder anerkannt und gebraucht. Sein Bemühen am Hofe gewann ihm täglich größeren Boden, bei Festlichkeiten war er nicht zu entbehren, theatralische Vorstellungen, Singspiele, Aufzüge, Ballette, empfingen durch seine Erfindung, durch seine glücklichen Verse, ihren entschiedenen Werth. Auch die geistreiche Kurfürstin versagte ihm ihren Beifall nicht, und übertrug ihm unter anderm das dichterische Beiwerk eines von ihr zum Geburtstage des Kurfürsten im Jahre 1700 festlich angestellten Jahrmarktes in Kostümen und Masken, für welcherlei Aufgaben er immer das wundervollste Geschick bewies. Ein Gedicht andrer Art machte in einem noch weiteren Kreise Glück. Seit neue Art und Sitte vor manche Gegenstände, welche das klassische Alterthum ohne Scheu grabezu nannte und behandelte, einen

Schleier der Scham gezogen hält, erneut sich den Dichtern immerfort ein Reiz, auch dasjenige, was mit den eigentlichen Ausdrücken jetzt nur roh und anstößig gesagt werden konnte, mit uneigentlichen fein und zart und dennoch vollständig anzudeuten, und so Freiheit und Gebundenheit innig zu vereinen. In dieser Weise hatte auch Besser sich versucht, und sein Talent in ganzer Schärfe bewiesen. Sein Gedicht, Ruhestatt der Liebe genannt, darf in der That noch heutiges Tages für ein meisterliches Kunstwerk gelten, wie sogar das Allerbedenklichste durch geschickten Vortrag noch anständig und bescheiden erscheinen kann. Leibnitz, welcher bei seiner Anwesenheit in Berlin im Jahre 1700 dieses Gedicht bei dem Verfasser zufällig zu sehn bekam, war so davon bezaubert, daß er sich nicht enthielt, dasselbe der verwittweten Kurfürstin Sophie nach Hannover zu senden, welche nicht nur selber großes Gefallen daran fand, sondern auch eine Abschrift davon nach Paris an Madame, die verwittwete Herzogin von Orleans schickte, welche als geborne pfälzische Prinzessin mit seltner Beharrlichkeit ihrer deutschen Muttersprache treu blieb, in der sie, wie ihre bekanntgewordenen Briefe bezeugen, sich mit vielem Verstande und in weit derberen Worten, als Besser, ausdrückte. Diesem meldete Leibnitz bald nachher den Erfolg seiner Zusendung: „Weilen Denenselben aufzuwarten — schrieb er — heute die Ehre nicht haben kann, so wollte doch nicht unterlassen, sofort dasjenige auszurichten, was die Kurfürstin von Braunschweig Durchlaucht an Sie mir aufgegeben; zu welchem Ende ich die selbsteignen Worte dieser großen Fürstin hieherseze: J'ai reçu les vers amoureux de M. de Besser, je ne manquerai pas de les envoyer à Madame, quoique le sujet en soit passé pour elle et pour moi, et qu'il n'ait été que trop propre pour les nouveaux mariés. Je vous prie de remercier l'auteur d'avoir bien voulu me communiquer son invention et ses belles pensées, dont Madame la duchesse d'Orleans aura sa part par le premier ordinaire." Die letzten Zeilen beziehen sich auf lyrische Scenen, welche Besser zum Vermählungsfeste des Erbprinzen von Hessen-Kassel, nachherigen Königs von Schweden; mit einer Tochter Friedrichs des Dritten zum Behuf einer Tafelmusik gedichtet hatte. Für die höchst sorgsam abgefaßte Beschreibung dieses Beilagers und aller dabei vorgefallenen Feste und Lustbarkeiten erhielt er, durch Vermittelung seines Gönners Kolbe, ein Kurfürstliches Geschenk von 1000 Thalern.

Im Jahre 1701 erhob sich mit der preußischen Königskrone, welche der Kurfürst, jetzt als König Friedrich der Erste genannt, am 18. Januar zu Königsberg seinem Haupt aufsetzte, auch für Besser eine neue Stufe des Glücks. Sein Gönner, bereits Oberkammerherr und erster Minister, war für diese Gelegenheit durch den Kaiser zum Reichsgrafen von Wartenberg ernannt worden, und setzte sich in der Gunst seines Herrn immer fester. Besser selbst empfing die neue Ehrenstelle eines Königlichen Ober-Ceremonienmeisters, dabei eine Besoldungszulage von 500 Thalern jährlich, und freies Futter für sechs Pferde. Neuen ersprießlichen Vortheil hatte sogleich auch sein Talent von jenem großen Ereigniß einzuziehen. Die Krönung in Versen zu besingen und in Prosa zu beschreiben, gehörte gleichsam zu seinen Rechten und Obliegenheiten. Mit angestrengtem Eifer wandte sich sein Fleiß auf diese Arbeit. Erst im folgenden Jahre kam er damit zu Stande; ein stattliches Gedicht suchte im Allgemeinen den Glanz und die Wichtigkeit des Geschehenen pomphaft darzulegen, ein prosaischer Aufsatz gab die Folge aller einzelnen Vorgänge mit genauer Ausführlichkeit an; eine Zuschrift an den König selbst über seine neugestiftete Krone vollendete das Ganze, welches, von ihm vor dem Druck dem Könige vorgelesen, so sehr dessen Beifall gewann, daß er dafür, nicht ohne Mitwirkung des Grafen von Wartenberg, ein Geschenk von 2000 Thalern erhielt. Dem Gedicht können wir schwerlich noch Geschmack abgewinnen, die Erzählung in Prosa hingegen behält ihren geschichtlichen Werth als würdiges Prachtgemählde einer Handlung, welche, als der Anfang einer neuen Zeitrechnung in der vaterländischen Geschichte, noch des spätesten Preußen nachdenkliche Betrachtung anziehen muß. Besser wurde auch zum Ceremonienmeister des neugestifteten Ritterordens vom schwarzen Adler ernannt, und als er bald nachher selber mit dem Orden de la générosité geschmückt wurde, durfte er diesen am orangefarbenen Bande jenes Ordens tragen. Von jedem neugeschlagenen Ritter empfing er satzungsmäßig 400 Thaler, und da er in seiner Stellung bei allen Gelegenheiten auch von fremden Höfen und deren Gesandten mit Geschenken und Gaben bedacht wurde, so stiegen seine Einkünfte höchst ansehnlich.

Bedeutende Ereignisse, welche Gelegenheit gaben, die Hofdichtkunst im stärksten Vermögen auftreten zu lassen, waren im nächsten Zeitraume hauptsächlich folgende. Der unerwartete Tod der Königin Sophie Charlotte, welche am 1. Februar 1705 zu Hannover, wohin sie zum Besuch ihrer Mutter gereist war, nach einer kurzen Krankheit so geisteskräftig und hochherzig starb, wie sie gelebt hatte, erfüllte den ganzen Hof mit Schrecken und Betrübniß. Der König war untröstlich, und suchte wenigstens das Andenken der herrlichen Fürstin auf alle Weise zu ehren und zu feiern. Ihr Leichenbegängniß wurde mit nie gesehener Trauerpracht gehalten; das Lustschloß Liezenburg, welches sie zu erbauen angefangen, erhielt den Namen Charlottenburg; ein großes Trauer- und Trostgedicht von siebzig Strophen, welches Besser dem Könige vorlas, versetzte denselben in die tiefste Rührung, und bei diesem Anlasse war es, daß der Verfasser, durch Vermittelung des Grafen von Wartenberg, für die Wiedergabe der ihm früher verliehenen Verschreibung auf eine Domherrnstelle, deren Erledigung sehr ungewiß war, die Summe von 3000 Thalern ausgezahlt erhielt. Sein Gedicht, von Nikolaus Gürtler in's Lateinische übersetzt, verdient nicht den Ruhm, der ihm damals von allen Seiten zu Theil wurde; dem flug berechneten Eindrucke des Augenblicks ist der gediegnere Gehalt geopfert. Im Dezember des folgenden Jahres vermählte sich der Kronprinz Friedrich Wilhelm mit der Prinzessin Sophie Dorothee von Hannover, wozu Besser auf Befehl des Königs ein Ballet und Singspiel in drei Aufzügen dichtete, dessen Vorstellung bei Hof überaus glänzend ausfiel, und dem Verfasser abermals ein Geschenk von 1000 Thalern zuwege brachte. Wie glücklich er im Ausdrucke des Sinnreichen und Zarten sein kann, bezeuge folgende lyrische Strophe:

>   „Ein Herz mit seiner Gegenwehr
>   Gleichet dem erregten Meer
>   Unter seinem Stürmen.
>   Anstatt sich dadurch zu schirmen,
>   Giebt es in dem größten Stürmen
>   Seine Schätz' und Perlen her.
>   Es giebt in dem Sturm uns mehr,
>   Als wenn es geruhig wär'.
>   Will es wallen, will es stürmen,
>   Kann es minder sich beschirmen.
>   Es giebt in dem Sturm uns mehr,
>   Als wenn es geruhig wär'."

Die Wiedervermählung des Königs mit der Prinzessin Sophie Luise von Mecklenburg-Schwerin am 28. November 1708 gab abermals Gelegenheit zu einem Singspiel, welches in drei Aufzügen Alexanders und Roxanes Heirath vorstellte, und für Besser ein Geschenk von 2000 Thalern zur Folge hatte. Auch aus diesem theilen wir einige Liederzeilen mit, deren Anmuth und Glätte noch jetzt den Tonsetzer ansprechen darf, wenigstens günstiger, als gewöhnlich Sinn und Wortlaut unsrer vernachlässigten Operntexte sich ihm darbieten. So wenn es heißt von der Macht der Liebe:

>   „O du wunderbare Pein,
>   Der man sich umsonst verziehen,
>   Weil kein Mensch dir kann entfliehen,
>   Mußt du Gott,
>   Oder etwas Göttlichs sein!
>   Mit dir trieb ich ehmals Spott;
>   Aber weil dir zu entfliehen,
>   Keinem Menschen ist verliehen,
>   Mußt du Gott,
>   Oder etwas Göttlichs sein!"

Ferner diese wohlgegründeten Zeilen:

>   „Das Verschieben
>   In dem Lieben
>   Dient uns oft zur Arzenei.
>   Den ein Anblick heut gewonnen,
>   Wird oft, wenn er sich besonnen,
>   Morgen wieder frei."

Oder auch folgende:

„Schweres Lieben, wenn man schweigen,
Und sein Leid verhehlen muß!
Meinen peinlichen Verdruß
Darf ich keinem Menschen zeigen!
Auch der, die mein Herze bricht,
Auch selbst der Roxanen nicht.
Schweres Lieben, wenn man schweigen,
Und sein Leid verhehlen muß!"

Endlich noch diese:

„Sei, Roxane, voller Freuden,
Dies erfordert dein Geschick.
Sei vergnügt; nur laß mich leiden,
Gönne mir dies herbe Glück!
Gönne, daß bei deinen Freuden
Sich mein Herze mit erfreu;
Aber auch bei seinem Leiden
Für sich selbsten traurig sei."

Solche Strophen, welche den Keim der Musik schon in sich tragen, machen es denn doch möglich, daß der Komponist bei dem Dichter bleibe, und nicht ohne ihn seinen Weg suche. Vorbilder, aber zugleich auch Nebenbuhler, gegen welche schwer wurde sich zu halten, wären für den deutschen Dichter in diesen Künsten die italiänischen Meister, welche der schon damals in Berlin nicht minder als an anderen deutschen Höfen blühenden italiänischen Oper angehörten.

Im häuslichen Leben ereignete sich während dieser Zeit für Besser eine Veränderung durch die Heirath seiner einzigen Tochter Sophie Charlotte. Sie vermählte sich im Jahre 1708 mit Herrn von Drost aus Königsberg, dessen eine Schwester an den Staatssekretair von Ilgen, eine andere an den Staatsminister von Kraut verheirathet war. Durch diese doppelt begünstigende Verwandtschaft wurde bewirkt, daß die Gnade des Königs dem Schwiegersohn den Titel eines Ceremonienmeisters und die Anwartschaft auf das Hofamt seines Schwiegervaters verlieh, der auch sogleich, zur größeren Sicherung, von seiner Besoldung jährlich 500 Thaler auf jenen übertrug. Frau von Droſt vereinigte mit allen Vorzügen körperlicher Schönheit die der feinſten Weltbildung. Die Königin Sophie Charlotte hatte ſie früherhin zur Hofdame zu machen gewünſcht, was jedoch Beſſer's Anſichten weniger entſprach; ſie war ihm als glänzende Führerin ſeines Hauswesens unentbehrlich, und auch verheirathet vertrat ſie daſſelbe mit größtem Anſtande. Beſſer war vielmals aufgefordert worden, und ſelber zuweilen verſucht geweſen, zur zweiten Ehe zu ſchreiten; ſeine Freunde Caniz und Alvensleben ließen es ſich angelegen ſein, ihm vortheilhafte Parthieen auszuſuchen, aufblühende Jungfrauen und anſprechende Wittwen, allein Umſtände und Bedenklichkeiten traten jedesmal dazwiſchen, Hofgeſchäfte hinderten eine ſchon verabredete Zuſammenkunft, eine der Vorgeſchlagenen gefiel ihm nicht genug, der andern er nicht, und ſo verblieb er im Wittwerſtande, den ihm die eigne und fremde Schmeichelei wohl auch als eine Treue gegen die verſtorbene Gattin auslegte. Doch vermochten darum nicht ſtärker Herz und Sinn den Eindrücken lebendiger Gegenwart zu widerſtehn. Manche Neigung erwuchs zu dauerndem Verhältniß. Eine Tänzerin aber, die ſchöne Konradine, welche bei Hof in einem Ballet die Göttin Venus vorgeſtellt hatte, und bei dieſer Gelegenheit mit ihm bekannt geworden war, ſcheint ſeine Glut am ſtärkſten erregt zu haben. Er beſingt ihren Reiz in einem huldigenden Gedicht, welches entſchiedene Wünſche zu erkennen giebt. Auch nahm er an ihrem ferneren Geſchicke beſorglich Theil, und nicht ohne ſeine Mitwirkung geſchah es, daß ſie in der Folge den Grafen Gruzewski heirathete, und ſich dadurch einer bequemen und anſehnlichen Stellung in der Welt zu erfreuen hatte.

Der Verlauf eines ſolchen reichausgeſtatteten Weltlebens, in welchem Ruhm und Erfolg und Glanz und Genuß üppig verbunden waren, wurde einigermaßen geſtört durch den harten Schlag, der im Jahre 1710 Beſſer's hohen und mächtigen Gönner, den Grafen von Wartenberg traf, und der zugleich als Vorbote dienen konnte noch weiteren Unglücks, welches den bisherigen Hofverhältniſſen bevorſtand. Der Sturz jenes Miniſters war vorbereitet worden durch den gränzenlosen Uebermuth seiner Gemahlin, vor welcher, wiewohl sie aus niedrigem Stande und schlechten Verhältnissen emporgestiegen, der ganze Hof und selbst die fremden Gesandten sich beugen mußten. Sie war die Tochter eines Schiffers und Schenkwirths in Emmerich, und glaubte ein wunderbares Glück zu machen, als ein Kammerdiener des Kurfürsten sich in sie verliebte und ihr seine Hand gab. Ihre Vertraulichkeiten mit dem Freiherrn von Kolbe hatten schon einige Jahre gedauert, als der Tod ihres Mannes ihr gestattete, was die Macht ihrer einnehmenden Reize und ihres gebieterischen Karakters ihr längst gesichert hatte, nämlich Gräfin von Wartenberg zu werden. Sie behauptete den ersten Rang am Hofe; mit einer holländischen Gesandtin, welche ihr denselben bestreiten wollte, kam sie zum Handgemenge, und nur mit Mühe konnte Besser, der als Ceremonienmeister anwesend war, den Kampf trennen, in welchem die Gräfin auch durch den Ausspruch des Königs den Sieg behielt. Der Uebermuth wurde ihr denn doch zuletzt bei andrer Gelegenheit verderblich, und nachdem ihr Ansehn einmal gelitten hatte, blieb auch das ihres Gatten nicht unberührt. Endlich verließen beide in völliger Ungnade den Hof und das Land, und eine neue Gestaltung der Dinge kündete sich für die nächste Zukunft immer deutlicher an. Zwar behielt Besser auch nach dem Falle seines Beschützers noch seine Würden und Einkünfte, so wie seine Verrichtungen, allein die Stimmung am Hofe war merklich verändert, und selbst die Gelegenheit, durch Leistungen in gewohnter Art Eifer und Talent darzuthun, verschwand endlich ganz. Einige Strophen auf den Geburtstag des Königs am 12. Juli 1710 sind gleichsam der letzte Athemzug von Besser's Dichtkunst am Hofe zu Berlin. Ohne den Hof aber vermochte er kaum noch zu dichten, von daher mußte ihm Anlaß, Trieb und Belohnung kommen, außerhalb dieses Elements fühlte er sich in gemeine Prosa versetzt, ohne Reim und Silbenmaß. Seine dichterische Ader versiegte auf geraume Zeit.

Das längst befürchtete Geschick trat ein, König Friedrich der Erste starb am 25. Februar 1713. Eine der ersten Handlungen des neuen Königs Friedrich Wilhelms des Ersten war die Abschaffung der vielen unnützen Hofbedienungen; mit einem Federzuge war die lange Reihe von Namen durchstrichen, auf welcher Besser obenan stand; eine Menge bisher durch Ansehn und reichliches Einkommen verwöhnter Personen fanden sich plötzlich entlassen, ohne Gnadengehalt noch Aussicht andrer Anstellung; der König meinte der Ceremonien so wenig wie ihres Meisters zu bedürfen. Besser empfing die erste Nachricht dieses Unglücks durch seinen Freund, den Königlichen Leibarzt von Gundelsheim, der dabeigewesen, als der König jenen verhängnißvollen Strich gezogen. Im Gefühl seiner Lage tief gekränkt, aber in der Vorstellung seiner Verdienste und seines Werthes nicht erschüttert, faßte er sich ein Herz, dem Könige in einer Denkschrift die mehr als dreißigjährigen Dienste, welche er dem Staat geleistet, wie auch das große Vermögen, das er mit seiner Frau in's Land gebracht und zu des Hofes Ehren angewandt habe, lebhaft vorzustellen, und seine Erwartung einer anständigen Versorgung entschieden auszusprechen. Ein günstiger Umstand für ihn war, daß der König gleich nach seiner Thronbesteigung den ehemaligen Oberpräsidenten von Danckelman, der unter der vorigen Regierung so harte Ungnade erfahren, an seinen Hof berufen und durch ehrenvolles Vertrauen ausgezeichnet hatte; dieser Gönner war seinem Günstlinge, vielleicht mehr als dieser ihm, treu geblieben, und gab ihm gleich den Rath, seine Vorstellung, die mehr im Tone der Beschwerde als der Bitte geschrieben war, demüthiger einzurichten. Doch dazu war Besser nicht zu bewegen, er glaubte schon etwas wagen zu dürfen, und ließ die Schrift unverändert. Sein Selbstvertrauen hatte, wie der Erfolg bewies, übel gerechnet. Der König wurde schon durch die ersten Zeilen in solchen Zorn versetzt, daß er die ganze Schrift, ohne sie weiter zu lesen, mit höchstem Unwillen in's Kaminfeuer warf. Vergebens traten Danckelman, der Hofmarschall von Printzen, Ilgen, der im vollen Vertrauen des Königs an der Spitze der auswärtigen Staatsgeschäfte geblieben war, und selbst Grumblow, dem an Gunst und Einfluß kein Andrer gleichkam, wiederholt als Fürsprecher auf, der König wollte nichts mehr von

Beſſer hören, und die ungnädige Entlaſſung blieb unwiderruflich.

Hart getroffen, doch ungebeugt, fügte ſich Beſſer in ſein neues Loos. Er ſchaffte ſogleich Pferde und Wagen ab, ſchränkte ſein Hausweſen ein, und ließ Tochter und Schwiegerſohn, der gleichfalls Beſoldung und Anwartſchaft eingebüßt hatte, ſich auf deſſen Güter nach Preußen zurückziehen. Für ihn ſelbſt bot die Welt noch vielerlei günſtige Ausſichten, viele angeſehene Freunde blieben ihm nach ſeinem Unfalle mit Rath und That zur Seite, unter andern der Geheime Staatsrath von Kameke, der Domprobſt von Bredow und ein Herr von Schweinichen; auch fand er die Meinung, die er von der Schätzbarkeit ſeiner Kenntniſſe und Erfahrungen, von ſeinem Talent und ſonſtigen Werth hegte, ſehr bald durch vortheilhafte Anträge, die ihm von verſchiedenen Seiten gemacht wurden, ehrenvoll beſtätigt. Der ruſſiſche Geſandte von Galloffin ſuchte ihn mit großen Zuſicherungen für den Dienſt ſeines Hofes zu gewinnen, der auch ſeine Bücherſammlung, welche beſonders über das Ceremonielweſen ſehr reich war und einzige Stücke beſaß, für Sankt-Petersburg anzukaufen wünſchte. Der Freiherr von Görtz und der Geheimrath von Baſſewitz machten ihm Eröffnungen wegen ſchwediſcher oder holſteiniſcher Dienſte, der Graf von Dehn wollte ihn zum Vorſteher der Ritterakademie zu Wolfenbüttel berufen laſſen. Allein Beſſer, nun ſchon im ſechzigſten Lebensjahre, ſcheute die weite Reiſe nach Rußland, und den übrigen Anträgen hätte er lieber einen Ruf nach Wien vorgezogen, welchen zu erlangen nicht unmöglich ſchien. Indem er ſeine Wahl nicht übereilen wollte, verſäumte er ſie ganz, es vergingen einige Jahre unter Zweifeln und Erwartungen, die Anerbietungen zerſchlugen ſich, und die Sache mit Wien kam nicht zu Stande. Zur Förderung der letzteren hatte er auch ſeine Dichtkunſt wieder angeſtrengt, und ein Heldenlob des Prinzen Eugen von Savoyen, inſonderheit ſeines im Jahre 1716 begonnenen Türkenfeldzugs, in Alexandrinern unternommen, aber auch ſogleich, nachdem kein Zweck mehr dabei war, wieder liegen laſſen. Da er immer noch einen gewiſſen Aufwand machte, und die Summen, welche ſein

Schwiegersohn und andre Freunde, unter diesen besonders
der Staatsminister von Kraut, ihm freigebig vorstreckten,
nicht ausreichten, so gerieth er in drückende Schulden, und
sah sich bald von allen Seiten im mißlichsten Gedränge.
Die Rückerinnerung an seine frühere glänzende Lage machte
ihm seine jetzige kummervolle nur um so peinlicher; Berlin,
der Schauplatz seiner vorigen Herrlichkeit, aus einer prunk-
vollen Hofstadt jetzt in einen strengen Kriegs- und Waffenort
verwandelt, war ihm verhaßt, er sehnte sich, diesen Aufenthalt mit einem andern zu vertauschen. Zum Glück erschien
unverhofft nochmals eine Gelegenheit, und diese hielt er fest.
Der sächsische Feldmarschall Graf von Flemming war als
erster Minister des Königs von Polen und Kurfürsten von
Sachsen inmitten eines vielbewegten Hofes auf einem Platze,
der sich nur unter fortgesetzter, regsamer Thätigkeit behaupten
ließ; er bedurfte hiezu der Werkzeuge und Talente aller Art,
und war gern bereit, Leute von Fähigkeiten und Ruf in seine
Nähe zu bringen. Ihm selbst war Besser's Geschicklichkeit
hinlänglich bekannt, der sächsische Gesandte in Berlin, Graf
von Manteuffel, machte nicht vergebens aufmerksam, welchen
Nutzen der Hof von Dresden bei den Feierlichkeiten, die
wegen der Vermählung des Königlichen Prinzen bevorstanden,
und bei jeder künftigen Gelegenheit, von der Wissenschaft
eines Mannes ziehen könnte, der in Ceremonielsachen nicht
seines Gleichen habe. Der König August nahm auf den
Antrag dieser Beiden sogleich Besser in Dienst, und machte
ihn zum Geheimen Kriegsrath, Ceremonienmeister und Ein-
führer der Gesandten, mit einer Besoldung von 1500 Thalern. Flemming schoß ihm zur Bezahlung der dringendsten
Schulden 4000 Thaler auf seine Büchersammlung vor, um
vor allem diesen Schatz, auf dessen Fortbringung man in
Berlin eifersüchtig sein konnte, durch ein bestimmtes Anrecht
für den sächsischen Hof zu sichern, und Manteuffel brachte
darauf in seinem eignen Wagen Besser'n selbst im Oktober
1717 nach Dresden, wo derselbe sogleich in das neue Verhältniß eintrat.

Obwohl im Genusse hinlänglicher Vortheile und großer
Auszeichnung, fand Besser dennoch in seiner Lage seinen Er-

satz für so vieles Verlorene. Der Hof war glänzend und angenehm, aber für den Neuangekommenen eine großentheils fremde Welt; sich in diese zu fügen, sich in ihr geltend zu machen, war dem Alten schwerer und dabei nöthiger, als einst dem Jüngling, der in seinem frischkräftigen Dasein jedem Anspruch im voraus erfüllte. Sein häusliches Leben war gestört durch ein Frauenzimmer, welches mit der Besorgung der Wirthschaft allmählich höhere Rechte verbunden hatte, und kein gutes Vernehmen Besser's mit seinen Verwandten bestehen ließ. Seine Dichtkunst, durch keinen mächtigen Antrieb des Herzens noch des Ehrgeizes aufgeregt, gab ihm, statt heiteren Spieles, nur beschwerliche und selten ergiebige Arbeit, unter Qual und Zweifeln ihm selbst eine Last. Drückender fühlbar mußte diese werden, als ein jüngerer Dichter voll Kraft und Leichtigkeit des Talents im Jahre 1719 nach Dresden kam, und sich mit Eifer dem Fache der Hofdichtkunst widmete. Dieser war Johann Ulrich König, ein junger Mann von schönen Gaben, der aber glücklicherweise von Verehrung und Ergebenheit für den alten Meister durchdrungen war, und weit entfernt, sein Nebenbuhler sein zu wollen, nur sein Schüler zu sein begehrte. König's zuvorkommende Beflissenheit, voll aufmerksamer Rücksichten, bewährte sich Besser'n auf das schönste durch nachfolgende That. In dem Heldenlobe auf den König August, das der junge Dichter unternommen, und, so weit es fertig war, dem Meister vorgelesen hatte, fanden sich zwei Verse, welche dieser geändert wünschte, sie sagten von dem Könige:

„Zug, Ordnung, Anstalt, Lust geschieht allein durch dich,
Und alles, was geschieht, ist unverbesserlich."

Nun hatte Besser kurz vorher den Entwurf zur feierlichen Einholung der ankommenden Prinzessin aufsetzen müssen, aber sein Plan war nicht beliebt worden, und der König, dem an Einsicht und Geschmack in solchen Dingen niemand gleich kam, hatte nach eignen Vorstellungen alles selbst angeordnet; auf diesen Umstand, glaubte jener, würden die Uebelwollenden das Wort „unverbesserlich" nur allzuleicht denken, und diese Möglichkeit einer für ihn so kränkenden Anspielung sollte mit jenem Worte getilgt werden. König hatte nichts Arges gedacht, und hielt Besser's Besorgniß für übertrieben, aber die Aenderung geschah auf der Stelle, und für jene zwei Verse standen sogleich folgende da:

„Du ordnest alles selbst, giebst alles selber an,
Und so, daß auch die Kunst daran nichts meistern kann."

Zwar wollte die Gräfin Aurora von Königsmark, eine Dame von feiner Bildung und richtigem Sinn, welche sich das Gedicht vor dem Druck vorlesen ließ, die letzteren Verse durchaus nicht so gut finden, wie die ersteren, und tadelte die unzeitige Gefälligkeit des Dichters, der einer fremden Grille solches Opfer brachte; allein dieser zog die Freundschaft Besser's jeder andern Betrachtung vor, und behielt die letzteren Verse bei. Diesen Edelmuth rechnete Besser, der, im ähnlichen Falle, nach seinem Geständniß, nur mit großer Ueberwindung solches Entschlusses fähig geworden wäre, seinem jungen Freunde ungemein hoch an, und schenkte ihm nunmehr ohne Rückhalt seine Zuneigung und sein Vertrauen. Hieraus läßt sich abnehmen, wie sehr, wenn schon die Anspielung ihm so empfindlich war, die Sache selbst ihn müsse geschmerzt haben; zwar blieb es noch ehrenvoll, nur dem Könige zurückzutreten, doch war es immer zurücktreten.

Die Freundschaft mit dem Dichter König befestigte sich nach dessen Eintritt in die Hofdienste des Königs August nur noch mehr. Jener bewies gegen Besser eine Unterwürfigkeit und Geduld, welche jede Eifersucht und jeden Zorn des reizbaren, eitlen und aufbrausenden Alten entwaffnen mußten. Durch diese Nachgiebigkeit und Anbequemung wurde König ihm stets unentbehrlicher, und zuletzt durfte kein Tag vergehn, ohne daß Beide zusammengewesen wären. Wegen König's lebhafter Beeiferung nannte Besser denselben im Scherz nur immer seinen hitzigen Freund, ohne dessen Rath oder Theilnahme kein häusliches noch litterarisches Geschäft mehr vorging. Besonders war ihm derselbe als kritischer Gehülfe von großem Nutzen. König giebt hievon mit fol-

genden Worten ergötzlichen Bericht: „Wie es ihm aber schon
in der Jugend nicht leicht ward, etwas aufzusetzen, und er
sehr viel Zeit, Arbeit und Nachdenken dazu verwenden mußte,
so schien ihm in seinem Alter die Poesie ganz und gar nicht
gewogen zu sein. Weil er nun wohl verspürte, daß es ihm
allzusauer ward, weiter etwas Neues zu verfertigen, so gab
er sich, auf mein Zureden, in den letzten Jahren die Mühe,
seine besten Stücke wieder vorzunehmen, mit mir durchzu-
gehen, und soviel möglich auszubessern. Ich mußte manchmal zu vier bis fünf Stunden auf solche Weise mit ihm
zubringen, und die äußerste Behutsamkeit anwenden, wann ich
ihm etwas ausstellen wollte, weil er, ungeacht er mich darum
ersuchte, dannoch sehr mißtrauisch und empfindlich in solchen
Dingen war. Wann er sodann lang Obstatt gehalten, aber
doch endlich eine Stelle geändert hatte, welches er öfters auf
zehen bis zwanzig und mehrmalige Weise that, so las er
mir dieselben sämmtlich nach einander her, und forschte, welche
mir am besten gefiel. Sobald ich mich nun für eine vor
den andern erklärte, merkte er sich solche sowohl, als meine
dabei angeführte Gründe. Alsdann las er mir, nach etlichen
Tagen, solche wieder vor, und wann ich meiner Sache nicht
gewiß gewesen wäre, und nur ein einzigmal dieselbe Veränderung nicht wieder getroffen hätte, so würde er auf einmal
alles Vertrauen zu mir in diesem Stücke verloren und sich
überredet haben, daß ihm weniger aus einer redlichen Absicht
zu Verbesserung seiner Schriften, als vielmehr bloß aus einer
eitlen Tadelsucht, dergleichen Ausstellungen von mir wären
gemacht worden. Er gestand mir daher öfters freiwillig,
daß, ungeacht es sein Wille und er mir dafür verbunden
wäre, wann ich hierunter aufrichtig mit ihm umginge und
ihm nichts verschwiege, so würde er sich doch unmöglich
überwinden können, wie gegründet auch meine Einwürfe sein
möchten, dergleichen zu ertragen, falls ich sie nicht mit einer
so bescheidenen Art und mit so weniger Eigenliebe hervor-
zubringen wüßte." Er lobte dafür hinwieder mit aufrichtigem
Wohlgefallen König's Verse, gab ihm guten Rath in dichterischen Sachen, und suchte ihn auf alle Weise zu fördern.
Aber der Gipfel seiner Dankbarkeit und Zuneigung war, daß

er anfing, den wißbegierigen Jünger, der schon dadurch sein
Glück an jedem Hofe zu gründen glaubte, mit den kostbarsten
Schätzen seiner Ceremonielwissenschaft bekannt zu machen, in
welcher Besser's Kenntnisse und theils gedruckte, theils handschriftliche Sammlungen so berühmt waren, daß die größten
Gelehrten ihn öffentlich angingen, diese ihm eigengehörige
Wissenschaft in einem besonderen Werk auszuarbeiten, und
daß der russische Hof deßhalb wiederholt ihn und seine Bücher
nach Sankt-Petersburg zu ziehen suchte. So vergingen
Jahre eines für Besser bei aller Unbefriedigung doch nicht
unglücklichen Alters, bis ein unerwarteter Stoß ihn auf's
neue hart erschütterte. Sein Schwiegersohn von Droft hatte
ihm noch während der Bedrängniß in Berlin nach und nach
über 3000 Thaler vorgestreckt, und ihn dieser Schuld wegen
nicht sonderlich gemahnt, endlich aber doch, weil ihm eines
seiner Güter abgebrannt war, zu dessen Wiederaufbau er
dieser Summe bedurfte, die Zahlung ernstlich angefordert.
Besser hatte kein andres Mittel, als seine Büchersammlung
zu verkaufen, und mit schwerem Herzen entschloß er sich
dazu. Nach mancherlei Planen und Schritten, dies auf die
vortheilhafteste Weise in Sachsen, in Holland, oder wo es
sein möchte, zu bewirken, kam endlich durch König's thätige
Vermittelung im Sommer des Jahres 1727 der Handel mit
dem sächsischen Hofe nach Wunsch zu Stande, Besser empfing
für seine sämmtlichen Bücher und Handschriften, im Ganzen
über 18,000 Bände betragend, eine Summe von 10,000
Thalern zugesichert, wobei ihm seine Sammlungen zum Gebrauch auf Lebenszeit im Hause gelassen, dagegen aber die
Verpflichtung auferlegt wurde, jemanden zum Dienste des
Hofs in seiner Wissenschaft und in rechter Benutzung seiner
Schriften zu unterweisen, damit auch der Geist dieser Dinge
in treuer Ueberlieferung bewahrt bliebe. Mit Freuden erbat
er sich, daß König zu diesem Zweck ihm beigegeben würde,
und versprach diesem unter zärtlicher Umarmung in Mit-
theilung seines Wissens als ein leiblicher Vater gegen ihn
sich zu erzeigen. König hatte inzwischen auch dafür gesorgt,
daß die ersten 4000 Thaler der bedungenen Kaufsumme
wirklich zur gehörigen Zeit ausbezahlt, und die Schuld, welche

Besser'n keine ruhige Stunde mehr gelassen, nach Königsberg richtig abgetragen wurde.

Durch König's Bemühungen stellte sich auch das Vernehmen Besser's mit Schwiegersohn und Tochter in freundlichem Briefwechsel wieder her; und da inzwischen das Frauenzimmer, deren Gegenwart in Besser's Hause bisher vieles gestört hatte, verstorben war, so wollte die Tochter, voll Sehnsucht, den alten Vater noch einmal wiederzusehn, mit den Ihrigen zum Besuch nach Sachsen kommen. Dies jedoch war für Besser in vieler Hinsicht unbequem, er war nicht eingerichtet, wie vormals in Berlin, zahlreichen Besuch bei sich aufzunehmen, er scheute die mancherlei Störungen und Beschwerden. Da er jedoch gleichfalls lebhaft wünschte, mit den Seinigen nach fünfzehnjähriger Trennung wieder zusammenzukommen, so entschloß er sich, ungeachtet seines Alters, lieber selbst zur Reise, und erlangte leicht, daß König ihn auf derselben begleitete. Das Frühjahr 1728 verstrich wegen mancherlei Hindernissen unbenutzt, erst gegen Ende des August ging die Reise vor sich; in einem leichten Wagen mit Postpferden eilten sie, da Besser auf der Fahrt von hundert Meilen, eine Nacht in Danzig ausgenommen, nirgends ruhen wollte, unaufhaltsam fort, und kamen nach sieben Tagen, im Anfange des Septembers, glücklich in Königsberg an, wo die freudigste Bewillkommung sie empfing. Frau von Drost lebte in glücklichen Verhältnissen, ihr Mann stand als Tribunalsrath in gutem Ansehn; sie besaßen hinlängliches Vermögen; von ihren sechzehn Kindern waren sechs noch am Leben, gesund und wohlbegabt; die feine Bildung, welche den ganzen Kreis beseelte, erinnerte an die ausgezeichnete Erziehung, deren die Mutter im väterlichen Hause zu Berlin theilhaft geworden. Besser fand sich in dieser Umgebung ganz beglückt; auf dem Gute Kableim, welches Drost in der Nähe von Königsberg besaß, wurden die schönsten ländlichen Tage verlebt; alles wetteiferte in Aufmerksamkeit und Huldigung. Der reizbare und eitle Dichter hatte jedoch Mühe sich inmitten so vieler Angeregtheit zu fassen. Sein gerührtes Herz wandte sich voll Dank und Anerkennung zu König, den er als seinen besten Freund vorstellte, und bei jeder Gelegenheit eifrigst rühmte. Noch lebhaftere Empfindung bezeigte er seiner ältesten Enkelin, einem bildschönen Fräulein von neunzehn Jahren, deren Verstand, Anmuth und vielfaches Talent ihn ganz bezauberten. König hatte nicht ermangelt, der Frau von Droft einen Abdruck der von ihm neu herausgegebenen Gedichte von Canitz mit einigen Versen darzubringen, welche das Lob der Tochter mit dem des Vaters artig verbanden. Hiedurch fand Besser sich ungemein geschmeichelt, erhob die Freundschaft, welche König ihm hierin bezeigt, über die Maßen, und fügte die Bitte hinzu, doch seiner Enkelin zu Ehren gleichfalls einiges zu dichten; ein Gedicht König's sah er gleichsam noch als sein eignes an, und so lange der Jünger nicht allzu selbstständig erschien, und nur immer den Meister noch mehr verherrlichte, war alles vortrefflich. Doch wir wollen den Verfolg dieser Sache und den seltsamen Ausgang, welchen sie nahm, lieber durch König selbst erzählen lassen, der als unmittelbarer Theilnehmer und glücklicher Darsteller hier in doppeltem Werthe steht. „Da es nun", fährt er fort, „weder eine große Kunst brauchte, noch eine schwere Sache war, auf eine Person von so viel edlen Eigenschaften etwas Taugliches hinzuschreiben, Besser auch nicht nachließ, einige Tage nach einander mir auf das inständigste deßhalb anzuliegen, so fand er mich eines Morgens frühe in meinem Bette mit Ausarbeitung des begehrten Gedichts beschäftigt, welches, seinem Verlangen gemäß, eine Abbildung gedachter Fräulein sein sollte. Niemals habe ich ihn auf eine angenehmere Weise überrascht gesehen, als da ich ihn versicherte, daß ich in Zeit von einer halben Viertelstunde damit zu Stande sein, und die Ehre haben würde, ihm solches bei dem Kaminfeuer vorzulegen, an welchem er, um mich zu erwarten, sich inzwischen niedersetzte. Als er endlich das ganze Gedicht von Anfang bis zu Ende mit größter Aufmerksamkeit angehört hatte, sprang er mit einer freudigen Bestürzung auf, umhalste und küßte mich herzlich, und betheuerte mir unter dem vertrautesten Händedrücken, daß ich ihn weder auf eine empfindlichere Weise verbinden, noch ihm ein angenehmeres Merkmal meiner redlichen Zuneigung als dieses hätte geben können. Er lief unverzüglich in der Fräulein Zimmer, ihr zu verkündigen, was ich ihr für einen Gefallen erwiesen, und was ich ihr zum Ruhme verfertigt hätte. Des Mittags bat er mich über der Tafel, daß ich selbst der Fräulein die Verse laut vorlesen möchte; und ich muß gestehen, ein ihr bei Anhörung derselben in's Gesicht gestiegenes Schamroth war ein sichtbarer Beweis, daß sie der darin enthaltenen Lobsprüche weit würdiger, als ich desjenigen Danks gewesen, welchen sie mir, wegen dieser kleinen Bemühung, vorzusagen beliebte. Der Herr von Besser selbst ermüdete nicht, ihr ernstlich einzuschärfen, mit was besondrer Gegenfreundschaft sie mir hiervor begegnen sollte, weil dieses eine Sache wäre, davon sie nicht nur jetzo, sondern auch noch künftig Ehre zu gewarten hätte, wann ich solches dereinst einer Sammlung meiner eigenen Gedichte mit einverleiben würde; warum er mich auch zugleich ersuchte, mit der Versicherung, daß es eines der besten Stücke wäre, so er jemals von mir gelesen. Er gestand öffentlich, daß er dergleichen Fertigkeit von der Natur nicht empfangen, und schon in seinen besten Jahren wenigstens so viel Monate zu Abfassung eines solchen Gedichts würde vonnöthen gehabt haben, als ich Stunden zu dessen Verfertigung aufgewendet hätte. Er las es mehr als einmal durch, und wies den Seinigen jeden Einfall insbesondere, wie auch den Schwung und den Ausdruck der Gedanken, nebst der ganzen Erfindung überhaupt; worüber er mehr Lobeserhebungen verschwendete, als ich, ohne beschämt zu sein, damals anhören konnte, geschweige, daß ich unbescheiden genug sein sollte, dergleichen allhier nachzuerzählen. Er wiederholte von neuem, was er ihnen gleich anfangs bei unsrer Hinkunft vielfältig bekräftiget hatte, daß sie nämlich ihre Liebe gegen ihn nicht nachdrücklicher würden zu Tage legen können, als wenn sie sich allerseits um die Wette bestreben wollten, seinen liebsten und aufrichtigen Freund, wie er mich nannte, durch alle möglichste Gefälligkeit und Gunstbezeigung dahin zu verpflichten, daß ich eine so weite, und bloß allein ihm zu Gefallen übernommene beschwerliche Reise mich nicht möchte gereuen lassen. Sonderheitlich, sagte er, hätte seine Leonore Ursache, mir ihre Erkenntlichkeit zu zeigen, weil er aus meinem

Gedichte so viel vortheilhafte Theile und Stücke auf einmal
an ihr bemerken lernen, die er vielleicht in so kurzer Zeit,
als er bei ihnen bleiben könnte, schwerlich alle zusammen
würde beobachtet haben. Aber, wer hätte sollen denken, daß
eben diese Verse zu einem ganz widrigen Ausschlag Anlaß
geben würden? Er fand, nach öfterem Ueberlesen derselben,
soviel Vergnügen in dem Umgange dieser tugendsamen Enkelin, und seine Neigung gegen dieselbe und zugleich auch
gegen seine sämmtliche Angehörige vermehrte sich dergestalt,
daß er, als wir wieder in die Stadt kamen, nicht nur niemanden mehr besuchen, sondern auch nicht, ohne äußersten
Widerwillen, von jemand mehr Besuch annehmen wollte, und
es auch mir verargte, wenn ich dergleichen gab oder annahm.
Je mehr nun die Liebe gegen die Seinigen sich erhitzte, je
kälter ward nach und nach seine Freundschaft gegen mich,
bis es endlich so weit kam, daß ich meine Empfindlichkeit
über sein seltsames Verfahren nicht mehr verbergen konnte,
nachdem ich mich noch diese Stunde keines andern Verbrechens
schuldig weiß, als daß er sich einbildet, man habe keinen
genugsamen Unterschied zwischen ihm und mir gemacht; weß-
wegen er auch nunmehr die allergleichgültigste Höflichkeit, so
mir erwiesen ward, für eine Geringschätzung seiner Vorzüge
und für eine Sache ansah, die ihm entwandt worden. Dannoch that ich mir Gewalt an, meinen Verdruß auf Zureden
seines Herrn Schwiegersohns zu verbeißen." Aber jenes
Verbrechen, in ungeliehenem Werthe selbstständig zu erscheinen,
wird von denen, welche darin eines sehn, für das größte,
für das unverzeihlichste gehalten, und Besser glich hier einem
Liebhaber, dessen Eifer und Zärtlichkeit nur sich selbst in dem
geliebten Gegenstande sucht, denselben aber, bei dem geringsten
Zweifel, sich selbst in ihm zu finden, mit Haß und Abscheu
verwirft und befeindet. Auch gegen seine Verwandten mochte
sich Besser über jede Kleinigkeit heftigst ereifern, die größten
Auftritte verursachen, und keine Beflissenheit konnte seinen
übellaunigen Eigensinn zufrieden stellen. Unter diesen Verstimmungen kam der Tag der nah angesetzten Rückreise; die
Rührung des Abschiednehmens und die nothgedrungene Gemeinschaft im Wagen bewirkten nur unvollkommene Her-

stellung der früheren Vertraulichkeit. Auf dem Rückwege besuchten die beiden Reisenden in Soldin den damals achtundachtzigjährigen Geheimen Kammerrath von Weiß, Canitz'ens gewesenen Hofmeister, der sein hohes Alter in edler und geistvoller Fassung dahinlebte. Die Reise ging sodann mit geringem Aufenthalt über Danzig und Frankfurt an der Oder nach Dresden zurück, wo sie am 14. September wohlbehalten wieder eintrafen.

Die große Aufregung, welche Besser durch dieses angestrengte Reiseunternehmen sowohl an Körper als an der Seele erfahren, zeigte sich für beide nicht vortheilhaft. Er war die sechs bis sieben letzten Jahre kaum noch aus seinem Zimmer gekommen, hatte ruhig und geordnet und sehr mäßig im Essen und Trinken gelebt, nur wenige Freunde gesehn, und jede unangenehme Berührung mit der Welt gemieden. Die Reise hatte diesen Lebensgang plötzlich gewaltsam unterbrochen, durch Beschwerden und Leidenschaften, durch ungewohnte Ueppigkeit der Tafel sowohl mittags als abends, endlich durch Zwiespalt mit seinem besten Freunde. Die alte Ordnung wollte sich auch in Dresden nicht wieder herstellen; er fand sich unbehaglich, ihm schmeckte das Essen nicht, selbst der Kaffee nicht mehr wie sonst; das Verhältniß zu König blieb unerfreulich gedrückt. Zwar hatte die Krankheit, von welcher dieser bald nach der Rückkunft befallen wurde, zur Folge, daß Besser die nöthigen Schritte zur Versöhnung that, allein die Sache hatte keinen Bestand; er hegte gegen jenen immer noch heimlichen Groll, der absichtlich von manchen Seiten genährt wurde, indem man sein Mißtrauen durch allerlei Zuflüsterungen weckte, oder ihm Schriften zubrachte, in welchen er nicht, wohl aber König mit Lob erwähnt war. Dies alles reizte ihn dergestalt auf, daß er gegen den einzigen Freund, dessen Umgang und Fürsorge seinen Lebenstagen unentbehrlich geworden, noch zuletzt den allertreulosesten Anschlag versuchte, der aber mißlang, und nur dem Urheber selber nachtheilig wurde; König verschweigt was es eigentlich gewesen, sucht aber in der Altersschwäche noch die leidlichste Entschuldigung für ihn geltend zu machen. Wirklich hatte Besser sich überlebt, sein Gemüth und Geist

waren getrübt, sein Talent fast ganz erloschen. Nur kurze
Zeit vor seinem Tode wachte seine Dichtkunst in aller sinnreichen Gewandtheit seiner besten Zeit nochmals in folgenden
Versen auf, die wir als äußerst glückliche, und als die letzten,
die er gedichtet, hier einrücken. König hatte ihn abends in
eine Gesellschaft geführt, und ein Fräulein daselbst ihm folgende Gesundheit zugebracht:

"Hier hast du meine Hand, das Herze hast du schon,
Gieb mir das deinige, dies ist der Freundschaft Lohn."

Nach einigen Wochen, denn er bedurfte hinlänglicher Zeit,
sandte Besser diese Antwort:

"Was forderst du mein Herz zum Lohn?
Du hast es, schöne Chloris, schon.
Dich kennen und dich nicht erlesen,
Ist noch in Keines Macht gewesen;
Wie sollte dann es nur allein
In meiner Macht gewesen sein?"

Doch als er hernach vermerkte, daß die Sache so ernstlich
nicht gemeint gewesen, änderte er solches auf diese Art:

"Was forderst du mein Herz zum Lohn?
Ist es dein Ernst, hast du es schon.
Ist aber es ein bloßes Scherzen,
So richt' ich mich nach deinem Herzen."

Macht auch Zeit und Mühe dergleichen Ereignisse leicht allzu
kostbar, so kann man doch diesem Beispiele alle beste Aehn-
lichkeit mit einem glücklichen Wurf aus dem Stegreife nicht
absprechen.

Indessen nahm seine Schwäche zu, und ihm selbst entging dies nicht. Seine Liebe zu längerem Leben, die außerordentlich stark war, hielt sich an mancherlei Hoffnungen.
Er war seit dreißig Jahren nicht krank gewesen, aber mehrmals todt gesagt worden, und gern überließ er sich der
Volksmeinung, daß dies auf langes Leben deute. Ein Sach-
walter Namens Job, der in Berlin wegen seiner Wahr-

sagereien angesehen zugleich und verrufen war, hatte ihm daselbst vor Jahren, auf sein Verlangen, seine künftigen Schicksale schriftlich aufgezeichnet, und da vieles davon schon eingetroffen war, so gewährte das ihm gleichfalls darin verkündigte Alter von 74 Jahren, so lange dasselbe noch entfernt war, eine beruhigende Aussicht. Als dasselbe jedoch näher rückte, wurde er mißmuthig, tadelte solchen Aberglauben, und warf die ganze Prophezeihung in's Feuer, ja er äußerte gegen König, er fühle wohl, daß sein Zustand sich verschlimmere, allein er hoffe bloß darum in diesem Jahre noch nicht zu sterben, weil er nicht glaube, daß Gott des elenden Job's Prophezeihung werde wahrmachen wollen. Mit Begierde wandte sich seine Zuversicht nun auf die vielen Beispiele, die er fleißig gesammelt hatte, von Menschen, die über achtzig Jahr alt geworden; der alte Weiß in Soldin war ihm in dieser Beziehung ein besonders werthes Vorbild. Ein damals vielgelesenes Buch, Les consolations de l'âme fidèle contre les frayeurs de la mort par Charles Drolincourt, hatte er nebst andern Erbauungsbüchern, wie auch die Bibel, beständig zur Hand; auch hielt er fest an der lutherischen Kirchenlehre, und entbehrte keiner Zuversicht, welche dieser Glauben gewähren kann; allein bei aller Betrachtung des Himmelreichs blieb er mit dem irdischen Jammerthal hienieden gar sehr befreundet. Vier Tage vor seinem Tode wurde er bettlägerig. In großer Schwäche brachte er die letzte Nacht unruhig und verwirrt hin, fand sich aber am Morgen ungewöhnlich gestärkt, und sagte zu dem Prediger, der an seinem Bette saß, mit heiterem Verstande: „Nun, Gottlob! ich habe überwunden, die Krankheit hat mich ganz verlassen, und ich werde dieses Jahr noch überleben!" Doch eine Stunde darauf war er in sanftem Schlummer dahingeschieden, ohne Schmerz und Angst; er starb den 10. Februar 1728 im vierundsiebenzigsten Jahre seines Alters. König, den er noch zuletzt voll Reue und Verlangen zu sprechen gewünscht, traf ihn nicht mehr am Leben. Er trug Sorge für sein Begräbniß und für seinen Nachlaß, der, mit Ausnahme der Bücher und Schriften, welche schon dem sächsischen Hofe verkauft waren, ganz an die Familie von Droft fiel. Besser's

Geschwister, die von ihm reichliche Unterstützung erfahren hatten, unter ihnen drei Brüder in dänischem, französischem und schwedischem Kriegsdienste, waren ihm gestorben.

Wir schildern Besser's Person und Karakter am sichersten mit König's eignen Worten, der ihn so vertraut und vieljährig gekannt, und vor Andern fähig war, ihn in allen seinen Beziehungen würdigend aufzufassen. Er giebt von ihm folgendes Bild. „Besser war lang, hager und etwas ausgetrocknet, blaß von Gesicht; dabei aber noch so sicher auf den Beinen, und so knapp in deren Anzug, als der jüngste Mann. Er hatte noch den ganzen Mund voll reiner Zähne, und ein so gutes Gesicht, daß er sich zwar der Brillen schon seit vielen Jahren, aber mehr zur Erhaltung seiner Augen, als wegen eines darin verspürten Mangels, bediente. Das Alter hatte ihm zwar die Gesichtszüge sonderlich auf seiner hohen Stirne etwas tiefer gefaltet, und auf der einen Wange bezeichnete eine ziemliche Narbe denjenigen Biß, den er, bloß vor seinem Abzug aus Berlin, von einem gemeinen Kerl durch einen verdrießlichen Zufall bekommen hatte. Sonst aber war sein Gang noch so hurtig, und sein Leib noch so aufgeweckt, daß auch Ihro Königliche Majestät von Preußen, als Sie ein paar Jahre vor seinem Ende ihn hier in Dresden sprachen, sich darüber verwunderten, und ihn versicherten, daß Sie ihn ganz nicht verändert fänden. Wirklich kannte oder fühlte er fast keine Beschwerlichkeiten des Alters, und war von einer so dauerhaften Leibesbeschaffenheit, daß er auch in dem rauhesten Winter, in einem ungeheizten Zimmer, wo seine Bücher waren, mit einer leichten Mütze auf dem Kopfe viele Stunden saß. Von seinen Hofmanieren und seinem ehmaligen angenehmen Umgange hingegen hatte er ein vieles verloren, seit er aus der großen Welt geschieden und mit den Jahren eigensinniger geworden war. Er hatte eine desto schönere Jugend gehabt, und war vor diesem von so gutem Geschmack in seiner Kleidung und in allen dergleichen Dingen, sonderlich was Spitzen und Perücken betrifft, daß auch der Freiherr von Canitz und andre Großen des damaligen Berlinischen Hofes sich die ihrigen durch ihn verschreiben ließen. Dieses aber

verleitete ihn, daß er nachmals auch noch allhier in seinen
Kleidern bei einem ziemlich altväterischen Aufzuge blieb, und
sich selten ohne eine große helle, zur Hälfte hinten getheilte,
und vorne bis über die Brust herabhängende, viereckigte
Staatsperücke sehen ließ, über unsere itzige Weise aber sich
zu kleiden sein Gespötte trieb, weil er, nach der Gewohnheit
aller alten Leute, nur das von vorigen Zeiten für schön hielt.
Ehrgeiz und Liebe waren in der Jugend seine beiden Schooß-
neigungen gewesen, und hatten ihn zu manchem edlen Unternehmen angespornt, bis er dadurch sein Glücke fand. Da
sie ihn aber auch noch in seinem hohen Alter nicht eher als
bis vor der Grube verließen, so verleiteten sie ihn zu mancher
Schwachheit; dann er war eben so eifersüchtig wegen seines
Ruhmes als wegen seiner Liebe, und selbst seine Jahre, die
ihm doch am meisten hinderlich fielen, in beiden weiterzu-
kommen, sollten, seiner Meinung nach, ihm zu einem Vorzug
angerechnet werden. Er war nicht karg, sondern so mild-
thätig gegen Hausarme, als hart gegen muthwillige Straßen-
bettler. Er bezahlte willig und richtig, aber bei der aller-
mindesten Kleinigkeit, die er wegschenkte, ward er so wenig
milde, dessen Werth selbst herauszustreichen, als Danksagungen
von denen anzuhören, die dergleichen nur annahmen, um ihn
durch keinen Abschlag zu beleidigen. Er erzählte nicht nur,
sondern fragte auch eine Sache sehr oft, und sprach ganze
Stunden von sich allein; wer aber die mindeste Ungeduld
dabei spüren ließ, hatte es auf einmal bei ihm verdorben.
Wie er von Kindheit auf ungeduldig und hastig gewesen, so
war er nun im Alter mürrisch, auffahrend und jähzornig.
Zwar, wo sich ihm niemand widerspenstig entgegensetzte, oder
wo ihn keiner in seiner Uebereilung steifte, da ging es öfters
bald vorüber; außerdem aber war er heftig, rachgierig, und
schwer zu versöhnen. In solcher Zeit vergaß er um das
geringste Widrige nicht nur alles Gute, was er vorher selbst
erkannt und gerühmt hatte, sondern trug auch kein Bedenken,
hernachmals sich selber zu widersprechen. Dannoch ist nicht
zu bezweifeln, wann das Unglück früher als erst in seinem
Alter sein Lehrmeister geworden wäre, es würde ihn weit
sanftmüthiger gezogen haben. So aber, da ihm seine stärkste

Bedrängniß in seinen späten Jahren, und allererst nach dem Tode seines ihm so gnädigen Königs aufftieß, machte es ihn nur störrischer, weil er der Welt, und nicht sich die Schuld gab, auch sich nun nach Andern so leicht nicht mehr, wie in der Jugend, zu bequemen mußte. Die Eigenliebe, so er vielleicht besser in seinen jüngern Jahren bemeistern können, hatte nun allzuviel Herrschaft über ihn gewonnen; daher war es eben so schwer, mit ihm umzugehn, als schwer hingegen er jemand in seine Freundschaft nahm." König merkt an, daß, außer ihm selbst, von allen Besuchen und Bekanntschaften, die er auf Besser's Verlangen demselben zugeführt und verschafft, in Dresden eigentlich nur noch drei Personen in einiger Vertraulichkeit mit ihm gestanden hätten, der sächsische Generallieutenant Cosander von Goethe, der schon am Hofe zu Berlin mit ihm befreundet gewesen, der preußische Gesandte von Biebahn, und sein kurländischer Landsmann von Bülow, nachher sächsischer Gesandter in Berlin.

Nach allem diesen, worin der Karakter eines alten Dichters vorzugsweise in seinen Schwächen sich darstellt, und allerdings anstatt herrschender Gesinnung fast nur dienendes Talent hervortritt, dürfen wir um so weniger den Umfang und Glanz seiner außerordentlichen Begabung außer Acht setzen. Es glühte gewiß ein ächter Dichterfunken in ihm, den er, wie seinen Muth, seine Tapferkeit und Gewandtheit, mit vielem Erfolg in der Welt gelten machte. Das Glück, dem er aber auch stets opferte, begünstigte ihn trefflich, auch noch zuletzt, in seinen liebsten Wünschen. Der strahlende Ruhm seines Dichternamens erwärmte und erhellte seine alten Tage, und neue Verherrlichung war ihm gesichert durch König's wiederholt geleistetes Versprechen, seine Gedichte herauszugeben und sein Leben zu beschreiben, wie er bereits preiswürdig für Canitz gethan. Zuerst im Jahre 1711 waren die Schriften Besser's gesammelt erschienen, wozu früher seine Einwilligung nie hatte erlangt werden können; eine neue Auflage trat im Jahre 1720 an's Licht; die vollständige, von König besorgte und trefflich ausgestattete Sammlung erschien zu Leipzig 1732 in zwei Bänden, welche die prosaischen und dichterischen Arbeiten zusammenfassen.

Vergleichen wir, was er geleistet und gelebt, mit dem Leben und Wirken, in welchem Canitz und Flemming uns erschienen sind, so werden wir eine merkwürdige Abstufung der Verhältnisse finden, in welchen dieselben Grundstoffe der Dichtkunst, der Weltlichkeit und des aus beiden hervorgehenden Geschickes, selbst in Hinsicht der Lebensdauer, sich in diesen dreien Individuen verschieden gemischt haben, und wenn in Flemming die frische Jugend des begeisterten Dichters, in Canitz das edle Maß des gebildeten Weltmannes vorzugsweise den Blick anziehen, so mag derselbe doch auch in Besser manche Begünstigung des Dichters und des Menschen gewahren, welche in der Vorstellung eines höchsten Lebensganzen kaum vermißt werden mag.

Königin Sophie Charlotte von Preußen.

Der Frau Gräfin

Bertha Yorck von Wartenburg,

gebornen von Brause,

widmet dieses Bild

in ehrerbietiger Huldigung und treuer Anhänglichkeit

Varnhagen von Ense.

Für die Biographie giebt es kein allgemeines Vorbild; sie ist ein Gewand, dessen Zuschnitt sich nach der wirklichen Gestalt richten muß, dessen Zusammensetzung und Fülle durch Stoff und Hülfsmittel bedingt werden. Hieran zu erinnern sind wir besonders gedrungen, da wir das Leben einer Königin zu schildern unternehmen, das in geistigem Anschauen leicht als ein herrliches Dasein zu erkennen, in seinen Einzelheiten aber nur dürftig überliefert ist. Durch allgemeinere Behandlung würde hier ein mehr künstlerisches Bild möglich werden, doch für die geschichtliche Treue schien ein besserer Gewinn, unsre Schilderung überall an thatsächlichen Angaben hinzuführen, so viele deren nur aufzufinden und herauszuziehen waren.

Die Prinzessin Sophie Charlotte von Hannover wurde im Jahre 1668 am 20. Oktober auf dem Schlosse Iburg im Hochstift Osnabrück geboren. Ihr Vater Ernst August war als Prinz von Hannover im Jahre 1662, seiner Anwartschaft gemäß, zum Fürstbischof von Osnabrück eingesetzt worden, wie denn der westphälische Friedensvertrag die seltsame, in weltlichem und geistlichem Sinne überlegte Festsetzung enthielt, daß in diesem ansehnlichen Bisthum, dessen Besitz keine der streitenden Religionspartheien der andern ganz überlassen wollte, abwechselnd ein katholischer und ein protestantischer Fürstbischof auf einander folgen, der letztere aber stets ein Prinz aus dem hannoverschen Hause sein sollte. Ernst Augusts Gemahlin war Sophie, Prinzessin von der Pfalz, Tochter des unglücklichen Friedrich von Simmern, Kurfürsten von der Pfalz, der im Beginn des dreißigjährigen Krieges durch die Wahl der Stände von Böhmen die Krone dieses Königreichs erlangt, aber sie durch die Schlacht auf dem Weißenberge bei Prag gegen die Macht des österreichischen Hauses schnell wieder verloren, und hierauf auch seine Stammländer und die Kurwürde eingebüßt hatte. Dieser Kurfürst Friedrich hatte zur Gemahlin die einzige Tochter des Königs von Schottland Jakob Stuart, Sohnes der durch ihre Schönheit und durch ihre Schicksale berühmten Maria Stuart. Die Gaben der Natur und des Geistes, welche dem Geschlechte der Stuart's eigneten, vererbten sich auf ihre Nachkommen; die Leidenschaften der Maria, der Hang zum Nachdenken in Jakob, bildeten sich auf verschiedene Weise aus; durch die Verbindung mit dem pfälzischen Hause verstärkten sich die mitgebrachten Erbtheile, und der weitere Uebergang aus dem pfälzischen in das hannöversche Haus, und von da in das brandenburgische, erhob und veredelte sie. In jeder neuen Zumischung deutschen Blutes gewann sichtbar jenes schottische an Kraft und Maß.

Schon König Jakob der Erste von Schottland war bekannt als ein Fürst, der die Wissenschaften schätzte, und ihrer Pflege fast mehr Zeit und Aufmerksamkeit widmete, als seiner Stellung gemäß erschien. In der Stille zu denken und zu grübeln, war ihm Bedürfniß; er verfaßte sogar einige Schriften, in welchen freilich kein großer Geist sich offenbarte. Sein Ehrgeiz erhob sich nur zu Ansprüchen, aber zu keiner Handlung; lässig und schwach, versäumte er die wirksame Thätigkeit, ohne welche kein Herrschen bestehen kann.

Seine Tochter Elisabeth, Gemahlin des schon genannten Kurfürsten Friedrich von der Pfalz, theilte die väterlichen Neigungen vollkommen, aber mit besserer Ausstattung an Seelenstärke und Entschlossenheit. Ihr Ehrgeiz war kraftvoller und eingreifender, als der des Vaters, und ihr Antrieb hauptsächlich bestimmte den Gemahl, die dargebotene Krone von Böhmen anzunehmen. „Wenn er sich nicht getraue eine Krone anzunehmen", sagte sie, „so hätte er auch nicht eine Königstochter freien sollen." Auch in dem Hange zu den Wissenschaften zeigte sie festeren Boden und Erfolg. Sie hatte unter des Vaters Augen und Leitung schon in früher Jugend Griechisch und Latein sorgfältig erlernt, dann mit Leichtigkeit die neuern Sprachen, und bald mit Leidenschaft auch die schwersten Gegenstände des Wissens erfaßt. Ihre Gelehrsamkeit wurde berühmt, und hätte, wie man sagte, auch einen Mann gar wohl geziert, so umfassend und gründlich waren ihre Kenntnisse, und so bedeutend wußte sie solche darzuthun und zu gebrauchen. Nach dem unglücklichen Ausgange der böhmischen Unternehmung folgte sie ihrem Gemahl nach Holland, wo dieser eine Zuflucht und mannigfache Hülfe fand. So lange er lebte, schien er die Hoffnungen auf die Krone von Böhmen nicht aufzugeben; sein Tod aber, im Jahre 1628, gab seine Familie dem traurigsten Unglück preis. Die Söhne zerstreuten sich, je nachdem sich ihnen eine Aussicht bot. Seine Wittwe, welche noch immer Elisabeth von Böhmen hieß, lebte anfangs im Haag, dann zu Rhenen in der Provinz Utrecht. Sie widmete sich mit großem Fleiße der Erziehung ihrer Töchter. Zu diesem Zweck, und zur eignen Unterhaltung, zog sie Männer von Geist und Gelehrsamkeit in ihren Kreis. Für die Ausbildung des Geistes gab sie aber ein besseres Beispiel, als für die Beherrschung der Neigungen. Die Wiedereinsetzung ihres Sohnes als Kurfürst von der Pfalz befriedigte ihren Ehrgeiz nicht; sie hätte für sich persönlich Macht und Ruhm zu erlangen gewünscht. Sie nahm zuletzt ihren Aufenthalt in London, wo sie im Jahre 1662 starb. Von ihren dreizehn Kindern, fassen wir diejenigen, welche nicht früh starben oder nur unbedeutend blieben, der Reihe nach in raschem Ueberblick.

Ihr Sohn Karl Ludwig hatte nach dem Tode seines ältesten Bruders, der an der holländischen Küste ertrunken war, die Pfalz und die Kurwürde durch den westphälischen Frieden wiedererlangt, und erwarb den Ruhm eines klugen und einsichtsvollen Fürsten. Ein zweiter Sohn, Ruprecht, wurde Viceadmiral von England; er war ein tapfrer Kriegsheld, zog sich aber späterhin aus dem öffentlichen Leben zurück, und überließ sich seiner Neigung zu den Wissenschaften, besonders der Naturforschung. Aus seinen Versuchen ging das nach ihm genannte Prinzenmetall hervor. Ein dritter Sohn, Eduard, war in Frankreich katholisch geworden, und hatte die Prinzessin von Gonjaga, Schwester der Königin von Polen, geheirathet. Ein jüngster Sohn, Philipp, starb im Kriege dreiundzwanzig Jahr alt.

Nach diesen vier Söhnen sind nun vier Töchter zu nennen. Zuerst die der Mutter gleichnamige Prinzessin Elisabeth, in welcher die geistige Natur der Mutter und deren gelehrte Leitung am entschiedensten hervorbrang. Sie war im Jahre 1618 geboren, und hatte schon als Kind durch den Unterricht der Mutter sechs Sprachen erlernt. Als sie heranwuchs, wurde sie auch mit der Litteratur dieser Sprachen vertraut; allein Geschichte, Beredsamkeit und Dichtkunst genügten ihr nicht, sie fühlte sich zu den tieferen Wissenschaften hingezogen, und studirte mit Eifer Philosophie und Mathematik. Als aber einige Schriften von Descartes ihr in die Hände fielen, glaubte sie bis dahin noch nichts gelernt zu haben, und verfolgte mit Leidenschaft diese neueröffnete Bahn. Die Philosophie von Descartes erschien zu ihrer Zeit so gelegen, entsprach so sehr dem geistigen Bedürfnisse, daß sie, wie in späteren Zeiten die Kantische, allgemeinen Eingang fand, und auch die Frauen zur größten Theilnahme anregte. Die Königin Christina von Schweden wurde eine Schülerin von Descartes, die Frau von Grignan, Tochter der Frau von Sévigné, zeigt sich uns in der letzteren Briefen als seine entschiedenste Anhängerin. Die Prinzessin Elisabeth aber scheint als wissenschaftliche Denkerin diesen noch weit vorangegangen zu sein. Sie verschmähte den Glanz weltlicher Größe, und wollte nicht Königin von Polen werden, um nur ihrer Geistesbeschäftigung ungestört nachzuhängen. Sie hatte das heftigste Verlangen, nachdem sie die Schriften von Descartes durchstubirt, ihn nun auch persönlich kennen zu lernen. Er hatte bei einer früheren Anwesenheit in Holland schon den Vater der Prinzessin, den unglücklichen Friedrich von der Pfalz, kennen gelernt, als Elisabeth noch ein kleines Kind gewesen. Jetzt hatte er Holland zum dauernden Aufenthalt erwählt, wechselte aber oft seinen Wohnort und verheimlichte ihn sorgfältig, um in stiller Verborgenheit zu leben. Er war daher in der Nähe, aber dennoch schwer zu erreichen. Endlich gelang es der Botschaft der Prinzessin, zu ihm zu bringen und seinen Besuch zu erbitten. Er staunte über ihre großen Geistesgaben, die eben so leicht auffaßten, als tief eingingen. Seine Unterredungen führten sie schnell auf die Höhe seines Wissens; seiner Geometrie und Metaphysik hatte sie sich bald durchaus bemeistert. Sie war über stolze Vornehmheit erhaben, Descartes seiner demüthigen Schmeichelei fähig, auf der gemeinsamen Höhe des Denkens verschwand jede äußere Ungleichheit, und so gestaltete sich zwischen beiden der edelste Umgang, die reinste Freundschaft. „Gott, die Natur, der Mensch, — sagt Thomas in seiner Lobschrift auf Descartes — das Unglück, dem er unterworfen ist, und die Hilfsmittel glücklich zu sein, die ihm noch übrig sind, seine Pflichten und seine Schwachheiten, der innere Zusammenhang aller seiner Beziehungen, dies sind die Gegenstände ihrer Gespräche und ihres Briefwechsels." Welchen Geist er in der Prinzessin verehrte, und wie ergeben er ihr sei, bezeugte Descartes öffentlich, indem er ihr sein Werk «die Prinzipien der Philosophie» widmete. Er sagt in der Zueignung, er habe niemals jemanden gefunden, der seine Schriften so allgemein und so wohl verstanden habe, wie die Prinzessin, die er überhaupt wegen ihrer Persönlichkeit, und ihrer Gemüths- und Sinnesart durchaus rühmt; und schon in den ersten Zeilen bemerkt er, es würde ihm schlecht anstehen, hier zu schmeicheln, wo er die Grundfesten aller Wahrheiten, die dem Menschengeist erreichbar sind, zu legen strebe. Im Jahre 1646 schrieb Descartes eigends für die Prinzessin Elisabeth seine Abhandlung von den Leidenschaften. Er blieb bis an sein Lebensende in vertrautem Briefwechsel mit ihr, und suchte sie in ihren Unglücksfällen zu trösten und zu stärken. Den traurigen Anlaß hiezu bot das fernere Lebensgeschick Elisabeths nur allzureichlich. Ein schreckliches Ereigniß zerrüttete ihr ferneres Leben. Ihre Mutter hatte als Wittwe in ihrem Gefolge einen französischen Edelmann de l'Epinay, den man im Besitz ihrer größten Gunst glaubte. Er war den Kindern allen verhaßt, und mit dem jüngsten Sohn Philipp in offner Feindschaft; dieser letztere fühlte sich gekränkt und beleidigt, sann auf Rache, und ging in seiner Wuth so weit, den Franzosen im Haag umzubringen. Die Mutter war in Verzweiflung über diese That, und da ihre Tochter Elisabeth ihr der Mitwissenschaft, ja des Anreizes zu dem Morde schuldig schien, so sollte diese ihr nie wieder vor Augen kommen. Die unglückliche Prinzessin, welche vergebens um Gehör bat und ihre Unschuld betheuerte, irrte eine Zeitlang umher, suchte Schutz und Anhalt in Kassel, in Heidelberg, bis ihr endlich in Westphalen eine Zuflucht eröffnet wurde. Als Aebtissin von Herford lebte sie daselbst ihre noch übrigen Jahre in der Mitte geistreichen und gelehrten Umgangs, den sie bloß nach diesen Eigenschaften ohne Unterschied des Geschlechts und der Religion auswählte, und den ihre Auszeichnung mächtig anzog und fesselte. Der Name Descartes stand hier im größten Ansehn, und wurde stets mit Verehrung ausgesprochen. Sie überlebte ihren Freund noch über dreißig Jahr, und starb 1680.

Eine Schwester dieser durch ihre Verbindung mit Descartes berühmten Prinzessin Elisabeth hieß Luise Hollandine, und traf ein ganz verschiedenes Lebensloos. Sie hatte in dem Unglück ihres Hauses sich nach Frankreich gewendet, war dort gleich einem jüngeren Bruder katholisch geworden, und lebte im Schutz und in den Hoffnungen, welche Ludwigs des Vierzehnten Macht ihr verlieh. Sie wurde später Aebtissin von Maubuisson, und führte als solche ein sehr freies und reiches Leben. In ihr waren die Leidenschaften der Mutter am stärksten durchgebrochen, ihr geistlicher Stand hinderte sie nicht an weltlicher Ueppigkeit; man sagte ihr nach, sie habe vierzehn Kinder bekommen, und sich dessen mit trotziger Laune berühmt. In den schönen Künsten wohlunterrichtet, übte sie die Mahlerei mit besonderer Vorliebe, und beschenkte mit ihren Gemählden ihre eigne und die benachbarten Kirchen. Sie erreichte das hohe Alter von sechsundachtzig Jahren, und starb 1709 in Maubuisson. Man wird hier mit Vergnügen die Schilderung lesen, welche ihre Nichte, die Herzogin von Orleans, in ihren Briefen von dieser Tante giebt: „Man kann nicht glauben, wie angenehm und possierlich die Prinzeß von Maubuisson war, ich besuchte sie allezeit mit Freuden; die Zeit wurde mir keinen Augenblick lang bei ihr. Ich kam gleich mehr bei ihr in Gnaden, als alle die anderen Niecen, denn ich konnte mit ihr reden von allem, was sie in ihrem Leben gekannt hatte; das konnten die anderen nicht. Sie sprach oft deutsch mit mir, konnte es gar wohl. Sie hat mir ihre Komödie erzählt; ich sagte: wie sie sich an das alberne Klosterleben hätte gewöhnen können? Sie lachte, und antwortete: »Ich spreche nicht mit den Nonnen, als nur um meine Ordres auszutheilen.« Sie hatte eine taube Nonne in ihrer Kammer, um nicht zu sprechen. Sie sagte: sie hätte allezeit das Landleben geliebt; sie bilde sich ein, daß sie wie eine Landjungfer lebte. Ich sagte: aber nachts aufstehen und in die Kirche gehen? Sie antwortete im Lachen: ich wüßte nicht wie die Mahler wären, sie sähen gerne finstere Oerter, und den Schatten, so die Lichter machten, das gäbe ihr alle Tage neue Künste zur Mahlerei; alles konnte sie drehen, daß es nicht mehr albern schien."

Henriette Marie, die dritte dieser Schwestern, war an den Fürsten von Siebenbürgen Sigismund Ragoczy verheirathet, und starb in mittleren Jahren.

Die vierte endlich, Prinzessin Sophie, Mutter unserer Sophie Charlotte, kam den 13. Oktober 1630 zur Welt, zwei Jahre vor dem Tode ihres Vaters, unter den traurigsten Umständen, welche kein Wiederaufkommen des gestürzten Hauses erwarten ließen. In dieser Tochter jedoch hatten die starken und entgegengesetzten Richtungen, in denen dieses von der Natur reichbegabte Geschlecht bis dahin ringen mußte, ein glückliches Gleichgewicht gefunden, und so gemäßigt, bildeten sie den schönsten Verein. Von den heftigen Neigungen der Mutter und Schwestern hatte die Prinzessin Sophie nur eine gesunde und frische Lebhaftigkeit, klugen Sinn und Trieb für die Welt, von dem philosophischen Tiefsinn und gelehrten Forschungsgeiste nur einen reichen Antheil an höherem Verständniß und den frohen Genuß heiterer Geistesregungen. Der französische Schriftsteller Chevreau sagte späterhin von ihr und ihrer Schwester Elisabeth, daß in Frankreich kein schönerer Geist, als jene, und keine gründlicher gelehrte Person, als diese, aufzufinden sei. Die Sorgfalt der Mutter trug in ihr die schönsten Früchte, ihre Erziehung konnte für durchaus gelungen gelten. Ihre glänzende und liebenswürdige Erscheinung soll auf den römischen König Ferdinand den Vierten, Bruder des nachherigen Kaisers Leopold des Ersten, einen tiefen Eindruck gemacht haben, und er sie zu heirathen willens gewesen sein, allein er starb in der Blüthe der Jugend, und Sophie wurde im Jahre 1658 dem Prinzen Ernst August von Hannover, protestantischem Fürstbischof von Osnabrück, vermählt. Er war der jüngste von vier Brüdern, einnehmend von Gestalt, freigebig, muthvoll, für seine Gattin von großer Aufmerksamkeit.

Diese damals von beiden Seiten keine großen Aussichten gewährende Verbindung des pfälzischen und hannöverschen Hauses erhielt in der Folge die größte Wichtigkeit, und Sophie war berufen, das letztere durch ihre Vermittelung zu höchster Würde und Macht aufsteigen zu sehen. Sie kam diesem Berufe durch die eigenthümliche Kraft und Klugheit, mit denen sie die dargebotenen Gelegenheiten aufnahm und behandelte, glücklich zu Hülfe, und kein geringer Theil heutiger Welterscheinung ist auf das Leben und Wirken der Prinzessin Sophie ruhmvoll zurückzuführen.

Sophie Charlotte war das vierte Kind aus dieser Ehe zwischen drei älteren und drei jüngeren Brüdern. Als einzige Tochter genoß sie der vorzüglichen Sorgfalt ihrer Mutter, sie empfing guten Unterricht im Lateinischen, sie sprach bald Französisch, Italiänisch und Englisch mit gleicher Leichtigkeit, wie ihre Muttersprache; die Erlernung und Uebung der Musik wurde nicht verabsäumt; zu den ernsteren Wissenschaften bezeigte sie großen Eifer, und liebte überall den Grund und Zusammenhang der Dinge zu erfahren, oder durch Nachdenken herauszubringen.

Sie zählte kaum fünf Jahr, als sie schon bei einem Hoffest in Osnabrück, das den anwesenden jungen Prinzen von Braunschweig und Lüneburg zu Ehren gegeben wurde, in einem von Frau von Meysenbug, der nachherigen Gräfin von Platen, veranstalteten Schäferspiel auftrat, und als kleine Schäferin folgende Verse hersagte:

"Vous qui me courtisez sur la verte fougère,
Peut-être ailleurs me serez-vous la cour;
A présent je suis bergère.
Je puis être reine un jour."

Leibnitz erinnerte sich im Jahre 1701, als Sophie Charlotte wirklich Königin wurde, dieser Prophezeihung aus dem Jahre 1673, und hat sie in einem Briefe aufbewahrt; sie wurde als ein Gegenstück zu der Prophezeihung des Dichters Simon Dach angesehen, der bei der Geburt des Kurprinzen diesem die Königswürde gleichfalls vorhergesagt.

Ihre Hofmeisterin Frau von Harling war durch Karalter und Bildung ausgezeichnet, und blieb lebenslänglich mit Mutter und Tochter durch Vertrauen und Zuneigung verbunden. Der Kurfürst Karl Ludwig von der Pfalz hatte seiner Schwester Sophie und dieser Frau von Harling schon früh auch seine Tochter anvertraut. Er lebte mit seiner Gemahlin nicht in gutem Vernehmen, und gab daher diese Tochter, von ihrem vierten Jahre an, zu der klugen und muntern Tante, wo in jedem Betracht vortrefflich für sie gesorgt wurde; sie kehrte erst nach mehreren Jahren zurück. Bis in ihr neunzehntes Jahr war sie reformirten Glaubens; erst um ihrer Heirath willen nahm sie den katholischen an. Der große Kurfürst soll als Wittwer ihre Hand gewünscht haben, ihr es aber bedenklich gewesen sein, schon erwachsene Stiefsöhne zu bekommen. Sie wurde dann 1671 mit dem Herzog Philipp von Orleans, Bruder Ludwigs des Vierzehnten, vermählt. Auch diese Fürstin hatte ihre eigenthümliche Auszeichnung, des pfälzisch-hannöverschen Hauses würdig, dem sie angehörte. Sie gab in der allgemeinen Verderbniß des französischen Hoflebens das Beispiel strenger Tugend und Ehrbarkeit, zeigte aber darum nicht weniger Verstand und muntern Sinn für die weltlichen Dinge. Sie war ihrem Gemahl mit pflichtmäßiger Treue, dem Könige, der sie ungemein achtete und werth hielt, mit bewundernder Zuneigung aufrichtig ergeben, fügte sich aber in die französischen Verhältnisse nur so viel als unumgänglich erfordert war; sie haßte die Frau von Maintenon, und hegte großen Widerwillen gegen die Sitten und Art des französischen

Hofes, dem sie, bei sonstiger Leutseligkeit und Güte, Reiz das Gewicht ihres schroffen deutschen Fürstenstolzes fühlbar machte. Sie behielt die unerschütterlichste Liebe zu ihren hannöverschen Verwandten, und ihre liebste Beschäftigung war, sich in ihr Kabinet einzuschließen und deutsche Briefe zu schreiben, in denen sie alle Vorgänge des Tages und ihre Meinungen darüber offenherzig mittheilte. Was von diesen Briefen bekannt gemacht worden ist, zeugt von rücksichtslosem Grobsinn und derber Natürlichkeit, die um so wirksamer auf einem Gebiet erscheinen, wo man diese Eigenschaften am schnellsten abzulegen pflegt. Von Iburg und Hannover behielt sie zeitlebens die wärmste Erinnerung, und freute sich noch in ihrem Alter an den Lutherischen Liedern, die sie von ihrer dort verlebten Kindheit her fest im Gedächtniß behalten hatte. Mit ihrer geliebten Tante und mütterlichen Pflegerin Sophie stand sie in regelmäßigem Briefwechsel, und klagte über jeden versäumten Posttag. Ihre Zuneigung hatte sich auch frühzeitig auf Sophie Charlotte übertragen, die sie zuletzt als ein schönes Kind gesehen hatte, das in jeder Art eine herrliche Entwickelung hoffen ließ.

Beziehungsreich und für Sophie Charlotte gewiß eindrucksvoll war eine Reise, welche sie mit ihrer Mutter im Sommer des Jahres 1679 nach Frankreich machte, während der Herzog Ernst August im Bade zu Ems verweilte. Die Verschiedenheit der Religion hatte die Familienbande nicht geschwächt, und die Herzogin Sophie war ihrer katholisch gewordenen Schwester Luise, der Aebtissin von Maubuisson, von Herzen zugethan. Mehr noch, als mit dieser, von der doch manche Ungleichheit der Ansicht und des Wandels sie trennte, stimmte sie mit ihrer Nichte und geliebten Pflegetochter, der Herzogin von Orleans, überein. Auch eine Tochter ihres in Frankreich katholisch gewordenen und früh verstorbenen Bruders Eduard lebte, dem Prinzen von Condé vermählt, am Hofe Ludwigs des Vierzehnten. Diese theuren Verwandten zu sehen, war für die Herzogin längst ein tiefer Wunsch, dessen Erfüllung nun um so leichter gewährt wurde, als hiebei zugleich manche Vortheile zu benutzen standen, welche sich am französischen Hofe durch solche nahe Verknüpfungen darboten. Die hannöverschen Gäste trafen am 22. August im Kloster zu Maubuisson ein, wo sie von der Aebtissin mit lebhafter Freude aufgenommen wurden; sie empfingen sogleich den Besuch des Herzogs und der Herzogin von Orleans, und letztere blieb zwei Tage dort mit ihnen. Am 30. August machten sie dem Könige zu Fontainebleau ihre Aufwartung, jedoch ohne alles Ceremoniel, weil dasselbe streitig war, und auch so gab es nicht geringen Anstoß, daß die Herzogin Sophie den König nicht Sire, sondern nur Monsieur nannte, allein Ludwig der Vierzehnte wollte es diesmal mit der fremden Fürstin nicht so streng nehmen. Am folgenden Tage hatten sie, gleich andern deutschen Fürstlichkeiten, daselbst der Vermählung der Prinzessin Marie Louise von Orleans mit dem Könige von Spanien beizuwohnen, bei welcher Gelegenheit der französische Hof seine ganze Pracht entfaltete. Sie begaben sich indeß bald wieder nach Maubuisson; wohin auch die Herzogin von Orleans nochmals kam. Die Herzogin Sophie gewann, während ihres Aufenthalts in den französischen Kreisen, durch ihren lebhaften und praktischen Geist, dem etwas spöttische Schärfe sich glücklichst beimischte, sehr schnell Ansehen und Zuneigung. Nicht mindere Anerkennung fand Sophie Charlotte; der Bewunderung ihrer Schönheit gesellte sich das noch größere Erstaunen über die Reife ihres Verstandes und den Umfang ihrer Kenntnisse. Ludwig der Vierzehnte selbst war von der liebenswürdigen Erscheinung der elfjährigen deutschen Prinzessin eingenommen, und faßte den Gedanken, sie mit einem französischen Prinzen zu vermählen. Daß Friedrich der Große den Herzog von Burgund als diesen bezeichnet, ist gewiß ein Irrthum; aber auch der Dauphin, welchen Erman an die Stelle setzt, kann nicht der rechte sein, denn dieser war schon vermählt, und der genannte Autor büßt in diesem Mißgriffe nur die Verwirrung, die er selbst angerichtet, indem er Einmal die hannöverschen Prinzessinnen im Jahre 1683, und ein andermal im Jahre 1679 zu Versailles sein läßt. Vielleicht war die Absicht einer Verheirathung nur im Allgemeinen und noch gar nicht so bestimmt angedeutet, wenigstens kam es zu keiner förmlichen Eröffnung. Staatsgründe konnten den Blick nach

anderer Seite lenken, Schwierigkeiten in Betreff der Religion
sich ankündigen. Es ist nicht ausgemacht, daß Mutter und
Tochter in eine Religionsveränderung würden gewilligt haben,
wiewohl für beide die verschiedenen Glaubensbekenntnisse keine
schroffe Trennung setzten, und sie schon in ihrer eignen Familie gewöhnt waren, über diese Unterschiede hinwegzusehen.
Einen Versuch von Seiten der Gemahlin des Connetable
Colonna, bei einer früheren Anwesenheit in Rom, die Herzogin für die katholische Religion zu gewinnen, hatte die
gescheidte Fürstin leicht abgleiten lassen. Der französische
Gesandte Gourville, welcher mit Aufträgen Ludwigs des
Vierzehnten im Jahre 1680 und nochmals im Jahre 1686
in Hannover war, glaubte auch das Verdienst erwerben zu
können, die ganze Familie zu belehren, und baute dabei auf
Aeußerungen der Billigkeit und Duldung, die er gehört hätte,
die aber noch lange nicht zu solcher eitlen Erwartung berech-
tigen konnten. Das Absehen der hannöverschen Gesinnungen,
in welche auch Leibnitz thätig einging, war wohl auf Vereinigung der verschiedenen Glaubensbekenntnisse, aber nicht auf
einen Uebertritt gerichtet. Wir finden übrigens nur die Angabe von Pöllnitz, daß die Herzogin Sophie jenen Gedanken
einer französischen Verbindung lebhaft ergriffen hätte, natürlich aber blieb die Betrachtung solcher damals hervorgetretenen
Möglichkeiten ein wohlgefälliges Spiel für die Einbildungskraft, und daher hat auch von dieser Seite sich einige Ueberlieferung der Sache erhalten, die auf französischer Seite schon
früher vergessen wurde.

Gegen Ende des Oktobers, also nach zweimonatlichem
Aufenthalte, verließ die Herzogin Sophie Frankreich wieder,
und traf mit ihrem Gemahl, der inzwischen von Ems fieberkrank nach Osnabrück heimgekehrt war, aber jetzt genesen ihr
entgegenreiste, in Limburg wieder zusammen. Der Herzog
hatte früher, gleich seinem Bruder Johann Friedrich dem
Herzoge von Hannover, von Ludwig dem Vierzehnten ein
Jahrgeld bezogen, welches jedoch seit dem letzten Kriege, weil
der Herzog auf die Seite des Kaisers getreten war, hatte
wegfallen müssen. Dieses Verhältniß wieder anzuknüpfen,
mag mit ein Zweck der französischen Reise gewesen sein,

allein es scheint nicht, daß derselbe erfüllt worden sei. Der Herzog konnte jedoch diesen Verlust leicht verschmerzen, in Betracht der großen Vortheile, welche noch vor Schluß des Jahres in der Heimath ihm zufielen.

Das wichtige Ereigniß nämlich trat ein, daß Ernst August, für den früher keine Aussicht gewesen, jemals mehr zu werden als Fürstbischof von Osnabrück, durch den am 18. Dezember 1679 auf einer Reise nach Italien zu Augsburg erfolgten Tod seines älteren Bruders Johann Friedrich, den Thron von Hannover bestieg. Im Anfange des März 1680 zog er mit Gemahlin und Kindern und seinem ganzen Hofstaate dort ein. Von dieser Zeit an nahm sein Haus einen stets höheren Schwung, sein Hof erhielt ein reicheres und bedeutenderes Ansehen. Seine Gemahlin trug durch ihren kräftigen Lebenssinn und maßhaltenden Verstand hiezu wesentlich bei. Ernst August und Sophie hatten das Glück, daß mit dieser Erbfolge auch Leibnitz ihnen angehörig ward. Der große Gelehrte, Philosoph und Weltmann, war für Hannover von unschätzbarem Werthe; seine Dienste, sein Eifer und selbst sein Ruhm wirkten thätig zur Erhebung dieses Hauses mit, für alle Mitglieder desselben wurde seine treue Freundschaft wie sein edler Geist wohlthätig und fruchtbar, sein Dastehen inmitten dieses Fürstengeschlechtes gehört unter die schönsten Erscheinungen der Geschichte. Die Herzogin Sophie, fähig einen solchen Genius zu würdigen, wurde seine treuste Beschützerin und Freundin, sie besprach mit ihm die höchsten Geistesfragen, und vertraute seiner Klugheit die wichtigsten Familienanliegen. Auch Sophie Charlottens frühe Jugend entfaltete sich unter diesem wohlthuenden Einflusse, und schon in dem kindlichen Gemüthe keimten die Gefühle der Verehrung und Dankbarkeit für den weisen Lehrer und Freund ihrer Mutter, der in späteren Jahren ebenso der ihrige wurde.

Der Herzog Ernst August, ein thätiger und selbstwilliger Fürst, welcher an den Feldzügen gegen die Franzosen tapfern Antheil genommen, und seitdem auch den friedlichen Staatsgeschäften mit Eifer obgelegen, wollte sich von den gehabten Anstrengungen erholen, und machte gegen Ende des Jahres

1680 eine Reise nach Italien, wo er schon früher mit Wohlgefallen sich aufgehalten hatte, und auch jetzt seinem lebenslustigen Sinne die reichste Ausbeute versprach. Daß seine Gemahlin und Tochter ihn auf dieser Reise begleitet, wie Pöllnitz angiebt, ist durch Dr. Guhrauer's genaue Erforschung als ein Irrthum nachgewiesen. Der Herzog reiste ohne sie, doch übrigens mit großem Gefolge und vielem Gepräng. Venedig, wo er sich am meisten aufhielt, war damals der Ort des üppigsten Weltgenusses; doch fand der Herzog die Vergnügen daselbst nicht mehr so glänzend, wie in früherer Zeit. Im April 1681 kehrte er nach Hannover zurück. Ein gelehrter und wohlgesinnter Italiäner, der Abbate Hortensio Mauro, der um diese Zeit nach Hannover kam, und sich dem Dienste des Herzogs mit treuer Anhänglichkeit widmete, unterhielt am Hofe den Sinn und die Neigung für italiänische Sprache und Kunst, während er zugleich an allem was den geistreichen Kreis jener Geselligkeit belebte, heitern Theil nahm.

In der Zwischenzeit, welche die Herzogin Sophie mit ihrer Tochter ruhig zu Hannover hingebracht, ergab sich daselbst ein willkommener Anschein zu einer günstigen Verheirathung der Prinzessin Sophie Charlotte. Der Kurfürst Maximilian Emanuel von Baiern suchte eine Braut, und zwar in dem Hause Braunschweig. Der baierische Abgesandte kam nach Hannover, und wurde von der Schönheit der Prinzessin und den Zuvorkommenheiten ihrer Mutter dergestalt bezaubert, daß er dem letztern sein Wort gab, den Kurfürsten zur Werbung um die Prinzessin zu bestimmen. Gleichwohl zerschlug sich dieses Vorhaben wieder, und der Kurfürst vermählte sich mit einer Tochter des Königs von Polen Johann Sobieski.

Der Herzog und die Herzogin empfingen im Sommer 1681 den Besuch der Schwester des Herzogs, der Königin von Dänemark, und begleiteten ihren Gast im Juli nach Pyrmont, woselbst auch der Kurfürst von Brandenburg Friedrich Wilhelm der Große, nebst der Kurfürstin, dem Kurprinzen Friedrich und seiner schon leidenden Gemahlin, so wie auch der Herzog und die Herzogin von Celle sich einfanden. Die Ansprüche der Etikette hinderten eine Zeitlang das Zusammenkommen dieser an demselben Orte sich aufhaltenden und von freundschaftlichen Gesinnungen für einander beseelten Personen, bis endlich die Königin von Dänemark sie doch glücklich zusammenbrachte, und nun Gastmähler, Schauspiele und andere Festlichkeiten ohne Störung folgten. Der Kurprinz Friedrich sah hier Sophie Charlotten zum erstenmal, deren Schönheit und Geistesbildung ihm außerordentlich auffielen. Noch entschiedner war der große Kurfürst selbst von ihr eingenommen, und beschenkte sie beim Abschied mit einem Ringe von tausend Thalern.

Das gute Vernehmen zwischen dem brandenburgischen und braunschweigischen Hause wurde durch die politischen Umstände mehr und mehr befestigt. Frankreich fuhr auch im Frieden fort, gegen das deutsche Reich feindlich und gewaltsam zu verfahren, und die wohlgesinnten Fürsten schlossen sich enger an einander. Im nächsten Winter machten der Herzog und die Herzogin dem Kurfürstlichen Hof in Berlin ihren Besuch, und die Prinzessin Sophie Charlotte, jetzt vierzehnjährig, erregte auf's neue Bewunderung und Zuneigung. Die Verhältnisse des Hauses Hanover gewannen durch diese persönliche Anwesenheit entschiednen Vortheil, und besser, als den Gesandten und Ministern, gelang es schon damals dem guten Sinne und der Gewandtheit der Herzogin Sophie, die wünschenswerthe Eintracht zwischen beiden Höfen zu beleben und die zufälligen Störungen abzuwenden.

Da der Kurprinz Friedrich seine Gemahlin, geborne Prinzessin von Hessen-Kassel, durch einen schnellen Tod verloren hatte, und noch ohne Erben war, so schien seine Wiedervermählung bringend, und die Herzogin Sophie hatte sogleich ihr Augenmerk auf ihn gerichtet. Jetzt sehen wir öfter die Verbindungen auch in den höchsten Kreisen vorzugsweise durch Wohlgefallen und wechselseitige Neigung bestimmt, wenn auch Familienbezüge und Staatsgründe meistentheils überwiegen. Damals aber kamen fast nur diese in Betracht, und besonders wurde dem weiblichen Sinn und Herzen zugemuthet, schweigend und willenlos einer fremden Wahl zu folgen. Diesem Schicksal entging auch Sophie Charlotte nicht, in all ihrer Geistesbegabung, Schönheit und Glückeslage hiedurch irdischem Zwange unterthänig, der die gelungensten Menschenblüthen nicht selten am härtesten faßt. Der Kurprinz war erst sechsundzwanzig Jahr alt, aber unansehnlich, verwachsen, weder hervorragenden noch selbst jugendlichen Geistes: er liebte Pracht und Ceremonien, folgte bei vieler Bedächtigkeit dennoch leicht ungeprüften Eindrücken, und seine besseren, dem Staate vortheilhaften Eigenschaften traten wenig hervor. Sophie Charlotte hatte in ihrem dreizehnten Jahre, wie bereits erwähnt ist, den Kurprinzen zu Pyrmont gesehen, und im nächstfolgenden Jahre zu Berlin, wohin der hannöversche Hof zum Besuch gekommen war. Die Herzogin Sophie, von Liebe für die geistverwandte Tochter erfüllt, glaubte doch vor allem beobachten zu müssen, was der Stellung und Würde ihres Hauses gemäß erschien, und für dieses wie für die Prinzessin selber mußte diese Verbindung mit dem Kurprinzen von Brandenburg ein äußerst wünschenswerthes Loos dünken. Die Herzogin behielt stets ihren höheren Zweck im Auge, und überzeugte leicht ihren Gemahl, daß hier die eigne Erhebung mit der ihrer Tochter zugleich befördert werden könne; die einsichtsvollen, treuen Räthe stimmten ihr eifrig bei. Schon im Herbste des Jahres 1683 war der Staatsminister Otto Grote nach Berlin gesandt worden, und kehrte im Anfange des Jahres 1684 nochmals dahin zurück. Neben anderen Geschäften hatte er auch die Unterhandlung wegen der Heirath klug und vorsichtig geführt, und diese Sache, trotz mancher Schwierigkeit, glücklich zum Schlusse gebracht. Die zweite Gemahlin des großen Kurfürsten, geborne Herzogin von Holstein-Glücksburg, Stiefmutter des Kurprinzen und künftige Schwiegermutter Sophie Charlottens, war besonders abgeneigt in eine Verbindung zu willigen, welche ihren geheimen Wünschen nicht entsprechen konnte; ihr Widersinn wurde jedoch für den Augenblick beschwichtigt, und die Vermählung fand ohne Zögern Statt.

Der Kurprinz begab sich im September 1684 mit großem Gefolge nach Hannover, wohin der große Kurfürst ihn zu begleiten durch Gicht verhindert war. Der Bräutigam erfreute sich der Festlichkeiten, in welchen der sechszehnjährigen

Sophie Charlotte die überfüllten Tage schnell vergingen. Der französische Gesandte von Arcy schildert sie in dieser Zeit mit folgenden Worten: „Elle est de l'esprit le plus doux, le plus honnête et le plus complaisant du monde, et s'il n'y avait point à craindre, qu'elle ne grossit beaucoup, on pourrait dire, que ce serait une aussi belle princesse, qu'il fut possible d'en voir." Am 28. September geschah mit großer Feierlichkeit die Trauung zu Herrenhausen, wo Schloß und Gärten darauf noch eine Reihe glänzender Feste sahen. Ein goldner Ring, welchen der Kurprinz seiner verstorbenen Gemahlin zu Ehren hatte machen lassen, beider Namenszug vereinend und zwei einander fassende Hände mit der Inschrift à jamais darstellend, sprang während dieser Trauung plötzlich aus einander, und der Aberglaube deutete das Ereigniß auf ein angebliches Versprechen des Kurprinzen, nicht wieder zu heirathen. Die Prinzessin legte kurz vor der Trauung ihr Glaubensbekenntniß ab; die Kurfürstin Sophie war der reformirten Kirche, in der sie erzogen worden, stets treu geblieben, und hatte auch ihre Tochter zumeist dorthin geleitet, allein für diese war aus Staatsklugheit das öffentliche Bekenntniß bis zu ihrer Verheirathung unbestimmt geblieben, weil erst dann sich würde beurtheilen lassen, welches ihren Verhältnissen gemäß sein würde; zwischen dem Lutherischen und reformirten Glauben wollte man keinen großen Unterschied machen, schwieriger wäre es mit dem katholischen gewesen; der Prinzessin aber mußte es erwünscht sein, indem sie den Umständen gehorchte, keine andere Bahn erwählen zu dürfen, als die ihr durch ihre Mutter ohnehin eröffnet und vertraut war.

Die Rückreise des Kurprinzen mit seiner nunmehrigen Gemahlin nach Berlin geschah ebenfalls mit großem Prunk, und am 14. November hielten sie ihren feierlichen Einzug. Feste und Lustbarkeiten dauerten auch in Berlin geraume Zeit, und Hof und Stadt lebten in Glanz und Freude.

Berlin war unter der langen Regierung des großen Kurfürsten kräftig emporgestiegen; die Volksmenge betrug gegen 24,000, mehr als das Dreifache der Einwohner, welche jener Fürst vorgefunden hatte. Besonders aber wurden die Ordnung und Reinlichkeit der Stadt, der Wohlstand und die

Bildung der Einwohner, so wie der Glanz und Geschmack des höheren Lebens einstimmig anerkannt und gepriesen, und wirkten anziehend für Fremde, welche theils als Gäste verweilten, theils auf immer sich niederließen. Unter den letzteren befanden sich schon damals viele Flüchtlinge aus Frankreich, zum Theil die vornehmsten und gebildetsten Familien, welche des reformirten Glaubens wegen ihre Heimath mieden, und hier Schutz fanden. In den folgenden Jahren nahm diese Einwanderung nur immer stärker zu, und selten hat ein Land fremde Ankömmlinge in solcher Menge und zugleich solchen Werthes aufgenommen; die französischen Refugié's waren fast ohne Ausnahme, von den geringsten bis zu den höchsten Klassen, die achtbarsten und nützlichsten Staatsbürger, ausgezeichnet durch persönliche Bildung und fruchtbare Thätigkeit. Die Lebensart wurde reicher und angenehmer durch sie; sie brachten feinere Sitten und Gewohnheiten, geschmackvollere Kenntnisse und Kunstfertigkeiten mit; durch die größere Verbreitung der französischen Sprache, welche ausgebildet und fertig mehr als die deutsche sich zum Gebrauche darbot, nahm die gesellige Unterhaltung einen neuen Aufschwung, der mittelbar auch auf die deutsche Sprache zurückwirkte. Für Sophie Charlotte war es ein günstiges Geschick, einen so reichen Lebensreiz, der an der Spree sie die schönen Erinnerungen von Paris wiederfinden ließ, gleich in diese jugendlichen und geistesregen Erstlingszeiten ihrer neuen Lage ausgestreut zu sehen.

Den Hof selber, welchem nunmehr Sophie Charlotte mitangehörte, mögen folgende Umrisse flüchtig abbilden. Der große Kurfürst, bejahrt und kränklich, genoß in hohem Alter des verdienten Ruhmes, den ein mühevolles und thatenreiches Leben ihm errungen; seine Kriegszüge lebten im Andenken der Welt, seine Landesfürsorge wurde durch das kräftige Gedeihen seiner Völker bezeugt: sein Name wurde gefürchtet und geehrt von Fremden und Einheimischen. Allein der alte Held hatte seinen Lauf schon größtentheils vollbracht, und manche Schwäche des Gemüths erinnerte an das allgemeine Loos der Menschen. Seine zweite Gemahlin — die erste, Luise Henriette von Oranien, war allzufrüh gestorben — übte großen

Einfluß auf ihn, hatte ihn oft mit dem Kurprinzen entzweit, und suchte ihn zu Anordnungen zu bewegen, welche dem Kurfürstlichen Hause nachtheilig gewesen waren. Oefters verleitet, widerstand er doch meist, und in seinem Wohlwollen und seiner Milde wie in seinem Zorn und Grimm wirkte noch stets sein hoher Geist und Muth. Sophie Charlotte hatte sich nur seiner väterlichen Freundlichkeit zu loben.

Bei der Kurfürstin war der Wunsch vorherrschend, ihre vier Söhne zum Miterben des Landes zu machen, und sie lag daher dem Kurfürsten an, eine Theilung seiner Staaten zu verfügen. Allein auch in den Zeiten des heftigsten Zwistes mit dem Kurprinzen, während dieser, um sich der Stiefmutter zu entziehen, nach Kassel geflohen war, begegnete dieser Plan allzugroßen Schwierigkeiten. Die Kurfürstin lebte jetzt mit dem Kurprinzen in gutem Anschein, und nahm auch die Kurprinzessin leiblich auf. Bald aber wußte die junge und schöne Fürstin durch ihr anmuthiges und kluges Betragen die Schwiegermutter so für sich einzunehmen, daß fortan das beste Verhältniß bestand, und der früher so stürmische Hof etwas friedlicher wurde.

Der Kurprinz hatte seine eigne Hofhaltung, Leibwachen zu Fuß und zu Pferde, und überhaupt eine prächtige Einrichtung. Der Markgraf Ludwig, sein jüngerer rechter Bruder, lebte mit seiner Gemahlin, einer reichen Erbfürstin Radziwill, in verhältnißmäßigem Glanz und Ansehen.

Die vier Söhne des Kurfürsten aus zweiter Ehe: die Markgrafen Philipp, Albrecht, Karl und Christian, von lebhaftem und kriegerischem Sinn, und zwei ihrer Schwestern, welche später verheirathet wurden, standen in blühendem Jugendalter; die beiden älteren waren heitre Genossen aller Lustbarkeiten, und schienen den persönlichen Ehrgeiz in jugendlichem Leichtsinn zu vergessen. Sie hätten mit dem Kurprinzen und der Kurprinzessin wohl besser zusammengestimmt, wäre jener nicht so feierlich und diese minder gedankenernst gewesen.

Unter den fremden Fürsten, welche theils am Hofe zu leben pflegten, theils ihn häufig besuchten, ist zuvörderst der Schwager des großen Kurfürsten von dessen erster Gemahlin her, der Feldmarschall und Statthalter der Mark, Fürst Johann Georg von Anhalt-Dessau, zu nennen; ferner der Komthur des Johanniterordens zu Sonnenburg, Prinz Moritz von Nassau; der Herzog von Croy und Arschot, Statthalter von Pommern; der Landgraf von Hessen-Homburg, welcher in der Schlacht von Fehrbellin mit großer Tapferkeit, doch wider Befehl vorangegangen war; zwei Prinzen von Kurland, Neffen des großen Kurfürsten, welche bald nachher in Ungarn gegen die Türken fechtend fielen, und mehrere Andere mindren Ranges und Namens.

Im Hof- und Staatsdienste befanden sich die ausgezeichnetsten Männer angestellt, würdige Gehülfen und Werkzeuge einer so ruhmvollen Regierung. Der alte Feldmarschall von Derfflinger konnte zwar auf gelehrte Bildung keinen Anspruch machen, dagegen fehlte es ihm nicht an Mutterwitz, und am Hofe benahm er sich mit Feinheit. Die Minister und Geheimenräthe, Otto von Schwerin, von Meinders, von Fuchs, Eusebius von Brand, Graf Christoph von Dohna, konnten überall durch ihren Geist und ihre Geschicklichkeit gelten; der Freiherr von Canitz und Johann von Besser fügten zu diplomatischer Weltbildung die Gabe der Dichtkunst, wie Ezechiel von Spanheim gründliche Gelehrsamkeit. Hiezu kam nun alsbald noch die Blüthe der vornehmsten französischen Geschlechter, die trefflichsten Männer, in welchen Verdienst jeder Art sich mit der edelsten Persönlichkeit vereinigte.

Was jedoch diese Anlagen eines großen und schönen Lebens fast wieder erfolglos machte, war die Unvereinbarkeit, in welcher die einzelnen Bestandtheile sich gegen einander hielten. Die verschiedenen Höfe standen einander voll Mißtrauen und Kälte gegenüber, und wenn Ausbrüche von Unfrieden seltner lauten, so gährte doch der Stoff im Stillen fort. Ein trauliches Zusammentreffen der verschiedenen Partheien fand nicht Statt, jede blieb auf sich zurückgezogen, der Kurprinz, welcher vor seiner Verheirathung fast immer das Schloß zu Köpenik bewohnt hatte, hielt sich auch jetzt gern dort abgesondert; der Freiherr von Canitz und seine Frau waren hier oft ein willkommner Besuch. Alles Oeffentliche und Gemeinsame war mit Prunk und Ceremonien überhäuft, welche schon der große Kurfürst nicht abgewiesen hatte, da nach französischem Vorbilde ein prächtiger und würdevoller Hofhalt als sicherster Maßstab der Macht und Größe eines Fürsten galt. Das umständliche Gemählde, welches der von dem Kurfürsten aufgenommene und zum reformirten Glauben übergetretene Italiäner Gregorio Leti, bekannt als Geschichts= schreiber, von dem brandenburgischen Hof und Staat hin= gestellt, giebt den Beweis, daß Friedrich Wilhelm durch Ludwig den Vierzehnten auf diesem Gebiete so wenig als im Kriegs= felde verdunkelt wurde.

Sophie Charlotte würde, trotz aller dieser Schwierig= keiten, durch ihren großen Verstand, unterstützt von Schön= heit und Liebenswürdigkeit, ein völliges Uebergewicht in diesen Verhältnissen erlangt haben, hätte sie den Vorsatz dazu fassen und die dargebotenen Mittel benutzen mögen. Allein ihre Sinnes= art, wenn auch herrscherlich, ging nicht auf Herrschen aus. Mit dem Wirklichen zu schalten, Staatsgeschäfte zu lenken und Vorsätze durchzuführen, lag nicht in ihrem Geiste; dies war mehr die Gabe ihrer Mutter; sie selbst gehörte zu den Naturen, welche der Betrachtung, dem Gedanken, und dem daher fließenden Genusse leben. Ihr wäre es leicht gewesen, sich des schwachen und stets einflußbedürftigen Karakters des Kurprinzen ganz zu bemächtigen, seine Günstlinge zu leiten oder zu ersetzen, und einmal ihres Gemahls durchaus ver= sichert, würde ihr Ansehn kaum von irgend einer Seite zu bestreiten geworfen sein. Allein sie verschmähte, diese Stellung einzunehmen, diesen Einfluß zu erlangen. Sie konnte den Neigungen ihres Gemahls keinen Geschmack abgewinnen, die Ausübung der Macht reizte sie nicht, die Behandlung und Wahrnehmung so vieler sich durchkreuzenden weltlichen In= teressen dünkte ihr des Preises nicht werth, der dafür zu opfern war. Sie blieb dem Kurprinzen demnach in aller Nähe nur fremd und kalt, und ohne ihm mißfällig zu werden, zog sie ihn doch nicht an, sondern überließ ihn denen, die seine Vertraute sein konnten. Sie hatte, noch so jung und zart, schon Selbstständigkeit genug, um jenem äußeren Leben nur das durch die Verhältnisse Gebotene zu leisten, ihr eigentliches Dasein aber, ihre Freuden und Erholungen, in einen geweihten Kreis inneren Geisteslebens zurückzuziehen. Sie wandte keine Kraft des Widerspruchs an das Vorhandene, sie nahm hin und machte mit, was die Umstände verlangten, ohne Eifer und ohne Haß, mit edler Gelassenheit, aber alle Freiheit, die ihr blieb und zufiel, wandte sie jenem inneren Kreise zu, wo sie im Schoße der Freundschaft die Heiterkeit ihres Gemüths offenbaren, im zwanglosen Gespräch die reichen Gedanken austauschen konnte. Sie stiftete, besonders zu Gunsten der französischen Refugié's, mit denen sie sich zu unterhalten wünschte, vertrauliche Gesellschaftstage, wo die lästige Hofsitte aufgehoben war, und die Damen, zur Vermeidung unnützen Aufwands, in einfacher schwarzer Kleidung erschienen, und wo nicht gespielt, sondern allenfalls eine Handarbeit vorgenommen wurde; auch Gelehrte und sonst nicht Hoffähige fanden hier Zutritt. Als im Jahre 1685 der tapfre Kriegsheld von Schomberg mit großer Begleitung französischen Adels nach Berlin kam, und hier Zuflucht und Dienste fand, glaubten diese Fremden an dem Hofe Sophie Charlottens noch in ihrer Heimath zu sein, so gut wurde hier Französisch gesprochen, und so fein und artig waren Sitten und Umgang; ja einer der angesehensten Refugié's hielt sich zu der Frage berechtigt, die er beim Weggehen aus der Audienz an Leti richtete, ob die Kurprinzessin auch Deutsch wisse? Dabei verwarf sie das Aeußere nicht, nur sollte es von Geist und Geschmack erfüllt sein, und in solcher Beseelung gefielen ihr auch Lustbarkeiten und Prunk. Neben der Wissenschaft pflegte sie auch die Kunst, ja sie gestaltete ihr abgezogenes Leben in dieser Hinsicht nur immer schöner und glänzender, und traf darin wieder mit dem Sinn ihres Gemahls näher überein. Haben wir in dieser Schilderung auch etwas mehr zusammengefaßt, als streng diesen ersten Jahren der Kurprinzessin zukommt, so trugen diese doch unzweifelhaft schon den ganzen Karakter der späteren Entwickelung.

Wir haben nunmehr eine seltsame Sage mitzutheilen, deren Ungrund erst durch Dr. Guhrauer aufgedeckt worden. Sophie Charlotte, mit siebzehn Jahren guter Hoffnung, soll dem Wunsche nicht widerstanden haben, ihre erste Niederkunft unter dem Beistand ihrer Mutter in Hannover zu halten;

der Kurprinz, heißt es, habe sie begleitet; da jedoch die Reise ohne Einwilligung des Kurfürsten geschehen, so sei sie zugleich eine Flucht gewesen, weil abermals Zwistigkeiten mit der Kurfürstin dazu genöthigt. Die Zeit sei aber schon zu kurz gewesen, und die Kurprinzessin schon unterwegs niedergekommen, und nur eben noch aus dem Wagen in das nahe Haus eines Schulmeisters gebracht worden. Wäre nicht die ganze Reise mit allen ihren Umständen irrig, so müßte die Unterbrechung doch gleich in der Nähe von Berlin erfolgt sein, denn in allen übrigen Ungewißheiten stand wenigstens fest, daß der Prinz, welchen die Kurprinzessin am 6. Oktober gebar, drei Tage später in Berlin getauft worden, und die Namen Friedrich August erhalten hat, andere Nachrichten sagen Ernst August, nach des Großvaters Namen. Die Sache ist nicht erheblich, da auch der Prinz nach drei Monaten schon wieder starb; indeß bleibt bemerkenswerth, was alles in so geringer Ferne schon dunkel werden kann! — Wir wissen erst durch Dr. Guhrauer mit Bestimmtheit, daß die Herzogin Sophie schon am 11. September 1685 in Berlin eingetroffen, um ihrer Tochter bei der Niederkunft beizustehen, und daß diese am 6. Oktober zu Berlin erfolgte, zur großen Freude des Kurprinzen und des Kurfürsten selbst. —

Einige Mißhelligkeiten mit der Stiefmutter veranlaßten jedoch im Jahre 1686 den Kurprinzen, sich mit seiner Gemahlin auf einige Zeit nach Halle zurückzuziehen. Der nachher als Kriegsheld berühmte Freiherr Johann Matthias von der Schulenburg fand sich hier bereit ein, sie von Seiten der Herzoge von Braunschweig zu begrüßen. Von einer um diese Zeit in Leipzig stattgehabten Anwesenheit finden wir nur den Umstand angegeben, daß die Kurprinzessin dort einen Buchladen besucht, und den berühmten Polyhistor Carpzov durch ihr Wissen, wie Besser sagt, in die größte Bestürzung gesetzt, indem sie sowohl dem Namen als dem Inhalt nach mehr neue Bücher zu nennen und anzuführen wußte, als dieser gelehrte Mann sich so bald besinnen konnte. Desgleichen wird erwähnt, daß sie früher einem Gelehrten eine Stadt in Afrika anwies, die er aus Unwissenheit durch ganz Asien suchte.

Im Jahre 1687 erlebte die Kurprinzessin dann wirklich in Hannover eine Niederkunft, aber eine zu frühe, bei welcher sie in großer Gefahr schwebte. Sie hatte den Kurprinzen nach dem Karlsbade begleitet, und den Rückweg mit ihm über Hannover genommen. Zum Winter traf sie indeß wohlbehalten in Berlin wieder ein.

Am 29. April 1688 starb in Potsdam der große Kurfürst. Der Kurprinz war an das Sterbelager gerufen worden, und Sophie Charlotte hatte mit ihm den letzten Stunden des Helden in schmerzlichem Antheil beigewohnt. Ihr Gemahl trat als Kurfürst Friedrich der Dritte die Regierung an, und vergaß alle früheren Zwistigkeiten, er hielt die Wittwe seines Vaters in gebührenden Ehren, und behandelte seine Stiefgeschwister mit Fürsorge. Der Hof nahm nun einen gleichmäßigeren Karakter an, alles ging von demselben Sinne aus, und Pracht und Glanz erhöhten sich von Tag zu Tag. Für Sophie Charlotte, welche nunmehr Kurfürstin war, hatte sich im Wesentlichen nichts verändert, der höhere Titel und die größeren Ehren waren in ihren Augen nichts, ihr Verhältniß zu ihrem Gemahl blieb dasselbe, nur wurde ihr Hofstaat vergrößert; der vermehrte Zwang, dem sie sich unterwerfen mußte, wurde durch größere Freiheit aufgewogen, welche dem Willen der regierenden Fürstin nicht versagt sein konnte.

Noch waren die Festlichkeiten der Thronbesteigung, die Huldigungen und Glückwünsche, welche der neue Kurfürst zum Theil aus weiter Ferne und durch glänzende Gesandtschaften empfing, nicht ganz verklungen, als ein neues Ereigniß für Hof und Land heilverkündend eintrat. Sophie Charlotte gebar nämlich am 4. August einen Prinzen, der als Thronerbe um so freundlicher begrüßt wurde, als seine starke Leibesbeschaffenheit versprach, daß er am Leben bleiben und die Erbfolge sichern würde, wie er denn auch wirklich späterhin als König Friedrich Wilhelm der Erste zur Regierung gelangte. Auch in Hannover wurden, wie in Berlin, wegen der Geburt dieses Prinzen öffentliche Freudenbezeigungen veranstaltet, und die Herzogin Sophie, Mutter der Kurfürstin, kam eigends von Hannover nach Berlin, um ihren Enkel zu sehen. Die Freude der Kurfürstin über die Ankunft ihrer Mutter war groß, die letztere aber hatte ihre Tochter kaum umarmt, als sie ungeduldig den Prinzen zu sehen verlangte, und als er nun gebracht wurde, so stark und kräftig, so offenen und trotzigen Blickes, wußte sie ihrer Freude keine Gränzen. Sie küßte ihn tausendmal unter Weinen und Lachen, rühmte immer anf's neue sein gutes Aussehen, und mochte sich gar nicht mehr von ihm trennen. Sie ließ nicht nach mit Bitten, die Eltern möchten ihr das Kind mit nach Hannover geben, wo sie ihm ihre ganze Sorge widmen wollte; der Kurfürst lehnte dieses Begehren zwar für den Augenblick ab, mußte aber endlich versprechen, späterhin den Wünschen seiner Schwiegermutter zu willfahren. Der Kurfürst versäumte die Gelegenheit nicht, seine ungemeine Freude, welche der ganze Hof, und auch das Volk, ans treuer Anhänglichkeit an seinem Fürstenstamme, lebhaft theilte, durch mannigfache Feste auszudrücken. Sophie Charlotte, deren Ansehn durch die Geburt eines Kurprinzen nur noch mehr befestigt wurde, war vor allem bedacht, daß der junge Prinz von den ersten Tagen an mit richtiger Sorgfalt behandelt wurde, und gleich im zartesten Alter die Umgebung erhielte, welche seiner körperlichen und geistigen Entwickelung heilsam wäre. Mit reifer und glücklicher Wahl, bei welcher die Mutter diesmal ihr eignes Ermessen geltend machte, wurde die verwittwete Frau von Montbail bestimmt, die Wartung und Pflege, und also die erste Erziehung des Prinzen, zu beaufsichtigen. Diese Dame, nach ihrer zweiten Verheirathung als Frau von Rocoulles bekannt, hatte mit Muth und Kühnheit sich aus Frankreich gerettet, als den verfolgten Reformirten schon jede Auswanderung verboten war. Sie war in jenen Tagen der Gefahr zugleich die Retterin ihrer Mutter und ihrer beiden Töchter geworden, und mit den letzteren, ehe Sophie Charlotte sich ihrer annahm, in großer Dürftigkeit nach Berlin gekommen. Ihr fester und edler Karakter flößte bald das unbegränzte Zutrauen ein, welches sie bis an ihr Lebensende in dem Herrscherhause genoß, dem sie ihre Dienste gewidmet hatte. Bekanntlich übertrug ihr Zögling, nachdem er den Thron bestiegen, ihr wieder die Erziehung seines Sohnes, der als Friedrich der Große ihr nach im höchsten Alter die zärtlichste Achtung bewies.

Der Kurfürst war genöthigt, seine Aufmerksamkeit den Staatshändeln zuzuwenden; er reiste gleich nach der Taufe zu einer Zusammenkunft, welche der Prinz Wilhelm von Oranien begehrt hatte, nach Minden, besuchte auf der Rückreise auch Hannover, und hielt in Magdeburg eine Zusammenkunft mit dem Kurfürsten von Sachsen, dem Landgrafen von Hessen-Kassel und dem Herzog Ernst August von Hannover. An schwierigen Verhandlungen und bald auch an Kriegsthätigkeit war ihm eifrige Theilnahme auferlegt. Tüchtige Staatsmänner und tapfre Generale fehlten ihm nicht. Sein ganzes Vertrauen aber besaß Eberhard von Danckelman, der als sein Erzieher ihm einst in großen Gefahren entschloßne Treue bewiesen, jetzt in den wichtigsten Geschäften arbeitete, und unter dem Namen eines Oberpräsidenten die höchsten Staatsämter vereinigte; ein Mann von gründlichen Kenntnissen und fester Klugheit, dessen großer Ernst und Stolz ihm aber nachher verderblich wurde. Sophie Charlotte stand mit ihm nicht in gutem Vernehmen, er hielt sich fern und kalt, und sie glaubte als neue Kurfürstin viel gethan und erlangt zu haben, daß sie ihm in guter Art das Versprechen abgenommen, die Beförderung des Grafen Christoph von Dohna zum Kammerherrn zu bewirken. Danckelman schien noch schwierig und bemerkte, daß die Sache nicht von ihm, sondern von dem Kurfürsten abhinge, allein die Kurfürstin sagte ihm trocken, sie wisse, was er vermöge, der Erfolg werde ihr zeigen, ob man auf sein Wort rechnen könne.

Indeß mochte der Kurfürst sich der Regierungssorgen keineswegs auf seine Diener entledigen, und wollte insbesondere seine Truppen, welche gegen die Franzosen an den Rhein zogen, im Felde selber anführen. Diese Angelegenheiten, mit Ernst und Nachdruck von guten Händen geführt, boten für Sophie Charlotte keine Seite, von der sie dabei bekümmert oder mitthätig hätte sein können; ihr Antheil hatte sich, außer allgemeinen Wünschen, auf das Wohlergehen der ihr verwandten und werthen Personen zu beschränken; was etwa noch einer weiblichen Theilnahme hierin bedürfen konnte, wußte sie durch ihre aufmerksame und thätige Mutter besorgt, und ihr eigner Sinn drängte sie im geringsten nicht zu solcher Einmischung. Als der Kurfürst im Mai 1689 nach Halle, wo er die Huldigung annahm, und sodann über Lippstadt nach dem Rhein reiste, wo seine Truppen schon versammelt waren, begleitete ihn Sophie Charlotte, machte einen kurzen Abstecher nach Hannover, kam aber schon wieder vereint mit dem Kurfürsten in Wesel an, und nahm darauf, während ihr Gemahl die Belagerung von Bonn anordnete, mit einem Theil des Hofstaats ihren festen Aufenthalt in Köln. Hier in der Nähe der Kriegsereignisse, aber völlig gesichert in der wohlverwahrten und von brandenburgischen Truppen frühzeitig besetzten Stadt, hatte die Kurfürstin wiederholte Huldigungen und Glückwünsche anzunehmen, wegen der öfteren Erfolge der brandenburgischen Waffen, denen nach langer hartnäckiger Vertheidigung auch Bonn sich ergeben mußte. Die Kurfürstin gewann während dieses Aufenthalts ein näheres Verhältniß zu der Prinzessin Maria von Oranien, mit welcher sie darauf in fortwährendem Briefwechsel blieb, woran später auch Leibnitz Theil nahm. Sie hatte die Freude, auch ihren Vater, den Herzog Ernst August von Hannover, welcher den Kurfürsten im Feldlager besuchte, hier wiederzusehen. Am 3. November kam der gesammte Hof wieder nach Berlin, wo der Kurfürst von dem Volke mit großen Freudenbezeigungen bewillkommt wurde.

Im nächsten Jahre wollte der Kurfürst die Zeit vor Wiedereröffnung des Feldzuges dazu nutzen, sich in Preußen huldigen zu lassen. Der ganze Hof trat feierlich die Reise an, welche an Aufwand und Pracht alles übertraf, was in diesen Gegenden bis dahin war gesehen worden. Auf jedem Postwechsel waren über tausend Pferde nöthig, das Gefolge fand kaum Unterkommen; in allen Zwischenorten waren die prunkvollsten Anstalten, das Volk drängte sich mit lautem Jubel heran. Die sich hundertmal wiederholenden Vorgänge waren ganz im Geschmack des Kurfürsten, und der Einzug in Königsberg, wobei der Hof und die Landesinsassen sich wechselseitig in Pracht und Anordnung überboten, gewährte ihm die höchste Befriedigung; desto weniger aber entsprechen diese entblösten Schauleistungen dem Sinne Sophie Charlottens: sie fügte sich willig den Ceremonien, welche der Rang und Stand unter gegebenen Umständen fordern konnten, aber das Angemessene verlor sich hier im Ueberschwänglichen, und ganze Reihen von Tagen mit leerem Prunk auszufüllen, mußte dem edelbeschäftigten Geiste widerstreben. Ein Unfall, welchen später der Kurfürst auf der Jagd erlitt, und der ihn eine Zeit hindurch bettlägerig hielt, gab seiner Gemahlin Anlaß, ihm ihre Gegenwart in wesentlicherem Werthe zu zeigen; doch bis zum Innern des Krankenzimmers war langweilige Abgemessenheit eingedrungen, und auch hier konnte die Kurfürstin, wie immer neben dem Gemahl, nur repräsentiren.

Sophie Charlotte hatte das Unglück, im Anfang und am Schlusse dieses Jahres 1690 zwei ihrer Brüder zu verlieren, die in dem Heere des Kaisers gegen die Türken dienten, und den Heldentod starben. Der eine, Herzog Karl Philipp, zweiundzwanzig Jahr alt, fiel am 2. Januar bei Pristina in Albanien als Oberst eines Dragonerregiments, nachdem er sich mit den Türken und Tartaren tapfer herumgehauen, mehrmals die Pferde gewechselt, und mit eigener Faust mehrere Feinde niedergemacht hatte; von zahlreichen Wunden bedeckt, gab er auf der Wahlstatt den Geist auf. Die Herzogin Sophie war untröstlich über den Verlust ihres Lieblings, in Schmerz und Traurigkeit erkrankte sie, und Sophie Charlotte mußte nach Hannover eilen, um das gemeinsame Leid ihr tragen zu helfen. Die Herzogin aber blieb noch längere Zeit kränklich, und mußte im April nach Karlsbad reisen, um ihre Gesundheit herzustellen. In diese Zeit fällt ohne Zweifel der folgende Brief Sophie Charlottens an Leibnitz, dem sie für mitgetheilte gute Nachrichten dankt. Der Ton ist noch etwas fremd, doch liegt schon die eifrige Anerkennung darin, die sich später so reich entwickelt hat: „C'est du dernier obligeant, monsieur, d'avoir voulu me réjouir avec la nouvelle du rétablissement de madame l'électrice, car quoi-qu'elle m'a toujours fait l'honneur de m'écrire, cela n'a pas laissé de m'inquiéter. Vous jugerez par là combien je vous suis redevable, et aussi d'avoir voulu me donner part de vos doctes correspondances. Elles sont sur une matière si subtile que, pour m'en faire comprendre quelque chose, il ne faut rien moins que la netteté de votre esprit, monsieur. Si vous restez encore dans le dessein de nous venir voir, j'en profiterai, et j'aurai le plaisir de vous assurer, que j'estime infiniment votre mérite, et que je serai toujours affectionnée à vous rendre service. Sophie Charlotte." Der andere Bruder, Herzog Friedrich August, erst neunzehn Jahr alt, wurde am 30. Dezember in Siebenbürgen bei Sankt Georgen, wo er die Türken aus einem Paß vertreiben wollte, als Generalmajor an der Spitze seiner Küraßiere erschossen. Am zweiten und am vorletzten Tage desselben Jahres waren diese beiden Brüder demselben Loos erlegen, und hatte die Mutter am meisten den ältern bedauert, so klagte die Schwester besto mehr um den jüngern.

Sophie Charlotte besaß als Geschenk des Kurfürsten den großen Garten, welcher jetzt von dem Schlosse Monbijou den Namen führt, damals aber einen weit größeren Umfang hatte; der größte Theil der jetzigen Spandauervorstadt und selbst der Dorotheenstadt gehörte als Ackerfeld dazu, auch der sogenannte Stelzenkrug, und ein schönes Vorwerk, das durch seine Meierei so nah der Stadt sehr einträglich war. Die Kurfürstin wußte solchen landwirthschaftlichen Besitz wohl zu verwalten, und erwarb auch in der Stralauervorstadt einige Strecken Feld. Allein den Sinn der Oekonomie übertraf bei Sophie Charlotte weit der des Wohlthuns, und ihr schien der fruchtbarste Gebrauch, den sie von diesem Besitzthume machen könnte, der zu sein, dasselbe in solche Hand zu geben, die sich unmittelbar damit befaßte. Schon im August 1691 begann sie, nach erhaltener Zustimmung des Kurfürsten, den Acker in verschiedene Feldereien zu vertheilen, und diese an Bürger von Berlin zu Baustellen und Gärten zu verschenken, gegen einen jährlichen geringen Grundzins, oder auch ganz umsonst; ebenso auch den Stelzenkrug und das umliegende Feld. Mit diesen Schenkungen, welche vieler Menschen Glück begründeten, und in den bisher öden Strecken neue Straßen und Gärten hervorriefen, fuhr Sophie Charlotte jährlich fort, bis sie im Jahre 1700 die Stellen in der Stralauervorstadt als die letzten vergeben hatte. Die Bürger erkannten solches die großmüthige Verwendung, und jedermann pries die Fürstin, die es mit dem Volke so gut meinte, und mit so verständigem Sinn und großem Gedeihen wohlthätig war. Sie stand überhaupt mit den Einwohnern der Hauptstadt in bestem Vernehmen, sprach theilnehmend mit den geringsten Leuten, hörte ohne Ungeduld ihre Bitten an, und half ihnen, wenn sie es vermochte. Bei öffentlichen Vorgängen bezeigte ihr das Volk stets die größte Liebe und Freudigkeit. Eine von ihr den Bürgern geschenkte Fahne wird noch heute in der Köpeniker Kirche aufbewahrt, wohin auch eine, von der Königin Luise hundert Jahre später den Bürgern gleichfalls geschenkte Fahne gebracht worden ist.

Seit dem Tode des großen Kurfürsten, dessen Eifersucht den Vergrößerungsabsichten des Hauses Hannover hindernd entgegengestanden hatten, waren diese durch den Herzog Ernst August, und mehr noch durch seine Gemahlin Sophie, mit besonnener Klugheit kräftig fortgeführt worden. Nach großen Anstrengungen war es gelungen, aus verwickelten Ansprüchen und unsichern Gewohnheiten ein festes Erstgeburtrecht und die Untheilbarkeit des Landes zu begründen, aber auf diesen Erfolg gestützt, hatten sich alsbald weit höhere Bestrebungen aufgethan. Der Herzog Ernst August sollte durch Errichtung einer neuen, auf die hannöverschen Lande gegründeten neunten Kur, zum Kurfürsten erhoben werden. Unendliche Schwierigkeiten waren hiebei zu beseitigen. Die Zustimmung des Kurfürsten von Brandenburg konnte für den Vater seiner Gemahlin schon ziemlich sicher dünken, aber es kam auch darauf an, daß der Kurfürst seine thätige Verwendung für jenen Plan fortwährend wirksam erhielte. Sophie Charlotte scheint hiezu mehr durch ihre Gegenwart, als durch eigentliche Betreibung förderlich gewesen zu sein. Ihren Mangel an politischer Neigung und Rührigkeit ersetzten die Besuche und Weisungen ihrer Mutter, der muntern, klug eingreifenden und beharrlich thätigen Frau, deren wohlbegründeter und maßhaltender Ehrgeiz auch durch treffliche Staatsbeamten, wie Otto Grote und der Celle'sche Bernstoff waren, und denen hier auch Leibnitz beizurechnen ist, tüchtige Förderer hatte.

Im Anfange des Jahres 1692 begleitete Sophie Charlotte den Kurfürsten nach Torgau, wo er den Kurfürsten Johann Georg den Vierten von Sachsen besuchte, um das mit ihm bestehende Bündniß und überhaupt ein gutes Vernehmen zu befestigen. Die Absicht gelang vollkommen, und die Gegenwart der Kurfürstin mag dabei vortheilhaft eingewirkt haben. Die beiden Kurfürsten stifteten sogar gemeinschaftlich einen Freundschaftsorden, in welchen zwölf brandenburgische und zwölf sächsische Ritter aufgenommen wurden. Der Kurfürst von Sachsen kam darauf nach Berlin, und verlobte sich mit der Prinzessin Eleonore von Eisenach, verwittweten Markgräfin von Ansbach. Als der Kurfürst und Sophie Charlotte die Braut nach Leipzig begleiteten, wo die Vermählung sein sollte, fanden sie den Bräutigam ganz umgestimmt, von einer launenvollen und heftigen Geliebten ganz beherrscht, und sie hatten viele Widerwärtigkeiten von ihm auszustehen, die sie indeß leicht hinzunehmen suchten, um nur zu erlangen, daß er den hannöverschen Angelegenheiten nicht entgegenarbeitete. Endlich im März 1692 wurde das Ziel erreicht, und Ernst August empfing die Kurwürde. Der englische Gesandte in Berlin Stepney dichtete bei dieser Gelegenheit folgendes sinnreiche Distichon an Sophie Charlotte:

Electoris eras conjux, nunc filia facta es,
Sis modo sera parens, sis quoque sera soror.

Bei diesen lateinischen Versen dürfen wir auch wohl der späteren griechischen gedenken, welche gleichfalls ein fremder Gesandter in Berlin, der spanische General Graf Pardo de Figueroa, an die Königin Luise gerichtet hat. Der neue Kurfürst kam alsbald nach Berlin, seinem Schwiegersohne persönlich für dessen thätige Mitwirkung zu danken. Die nunmehrige Kurfürstin Sophie, von welcher die Sache hauptsächlich ausgegangen und betrieben worden war, durfte bei dieser Zusammenkunft nicht fehlen; sie umarmte jetzt in gleichem Range die geliebte Tochter, mit welcher die Zukunft sie in noch höherem abermals gleichstellen sollte.

Wiewohl Sophie Charlotte der besten Gesundheit genoß und auch ganz munteren Sinnes war, verfiel sie dennoch in dieser Zeit auf den Gedanken, ihren letzten Willen aufzusetzen. Sie that dies am 26. Juni 1692 mit frohem und festem Muthe, verfügte über ihre Habseligkeiten, äußerte besonders die größte Liebe für ihren Sohn, und wählte zum Text für ihre Leichenpredigt die Stelle aus dem Evangelium Sankt Johannis (11, 25): „Ich bin die Auferstehung und das Leben. Wer an mich glaubet, der wird leben, ob er gleich stürbe." Ihr frischer Geist und heller Sinn blieben jedoch kräftig dem Leben zugewendet, und wir finden die edle Fürstin gleich wieder mit wissenschaftlichen Gegenständen beschäftigt, deren die mannigfachsten von ihrer unermüdeten Forschbegier umfaßt wurden. Leibnitz, der ihren Durst nach Erkenntniß würdigte, versäumte nicht, ihr alles mitzutheilen, was ihren Sinn ansprechen konnte, und so überfandte er ihr auch sogleich ein gefundenes Fossil, und fügte seine Meinung in einem Briefe vom 5. Juli 1692 bei, dessen schlichte und gründliche Belehrung ihm hier eine Stelle verdient. Er schreibt: „Madame! On vient de m'envoyer de Brousvic une dent bien grande d'un animal extraordinaire, dont l'esquelette a été trouvé auprès de la dite ville. Et on m'en demande mon sentiment. Le vulgaire veut par force, que c'est d'un géant. Il faudroit à proportion qu'il eût été environ de la grandeur d'une maison. Les descriptions que je trouve des dents des éléphans semblent faire croire que cette dent en étoit. Car on nous rapporte qu'un éléphant a quatre grosses dents de dessus et autant de dessous, pleines de raies ou entaillûres comme les meules des moulins, pour réduire leur viande en pâte comme de la farine, à force de la broyer entre ces dents. Et ces raies sont visibles dans cette dent. Cependant comme ce n'est pas d'aujourd'hui qu'on commence à trouver de tels ossemens dans ce pays-ci et ailleurs, et que cependant les éléphans ne se trouvent gueres dans les pays froids: on pourroit douter, si ce ne seroient pas des reliques de quelques gros monstres marins; puisqu'on trouve souvent des coquilles de mer, et autres dépouilles des animaux de mer, au milieu des terres, que l'océan couvroit peut-être autrefois. Car il se trouve des wallrosses et boeufs marins dans la mer du nord, qui ont quelque rapport avec l'éléphant, et il y en a même qui ont des défenses qui sont estimées autant et plus. Mais pour mieux juger de tout cela j'ai écrit qu'on devroit ramasser autant qu'on pourroit toutes les pièces de l'esquelette. Je supplie très-humblement Votre Altesse Sérénissime de faire conserver cette dent, afin que je la puisse restituer. Je suis avec dévotion, Madame, de Votre Altesse Sérénissime etc. Ce mardi, 5. juillet 1692."

Sophie Charlotte reiste mit ihrem Gemahl im Dezember 1692 zur Erwiederung des Besuches ihrer Eltern nach Hannover, und nahm den vierjährigen Kurprinzen dahin mit. Zur Oberhofmeisterin für diese Reise hatte der Kurfürst die Freifrau Doris von Canitz auserseßen, die Gattin des berühmten Dichters. Sie war eine vertraute Freundin des Kammerfräuleins von Krosigk, und gehörte zu den Zierden des Hofes. Sowohl Sophie Charlotte als ihre Mutter die Kurfürstin Sophie liebten diese vortreffliche Frau, und als sie einige Jahre darauf starb, ließen beide dem Wittwer ihr herzliches Beileid bezeigen. Nachdem der Kurfürst und die Kurfürstin den Freudenbezeigungen und Festen in Hannover beigewohnt, konnten sie bei der Abreise die Erfüllung des gegebenen Versprechens nicht versagen, und ließen den Kurprinzen in der Obhut seiner Großmutter zurück. Er sollte mit deren anderem Enkel, Georg August, nachherigem Könige Georg dem Zweiten von Großbritannien, welcher der Aufsicht der Frau von Harling anvertraut war, gemeinschaftlich erzogen werden. In der That konnte für denselben nirgends besser gesorgt scheinen; die verständige Zärtlichkeit, der praktische Sinn und die große Einsicht der klugen Fürstin hatten sich unter allen Umständen bewährt; sie versprach, den Prinzen beständig unter ihren Augen zu haben, welches der Mutter am wenigsten möglich war, da der Prunk des Hoflebens sie nothgedrungen ganze Tage, und die wiederholten Reisen sie oft ganze Wochen von ihm entfernt hielten. Auch konnten einige Züge von Troß und Wildheit in dem Knaben den Versuch wünschen lassen, ob eine veränderte Umgebung

vielleicht vortheilhaft auf ihn zu wirken vermöchte. Daß
Aufmerksamkeit und Hütung niemals ausreichen, sondern von
beiden ein großer Theil immer der Vorsehung heimzustellen
ist, lehrte der schreckliche Vorfall, wo der vierjährige Kurprinz, während man ihn nachmittags ankleidete, eine seiner
Schuhschnallen in den Mund nahm, und unversehns hinunter-
schluckte. Man hielt ihn für verloren, die Kurfürstin stieß
entsetzliche Schreie aus, der Kurfürst war in größter Bestürzung, niemand wußte Hülfe noch Rath. Als das Kind
aber nach einiger Zeit zu weinen aufhörte, gar nicht über
Schmerzen klagte, und überhaupt keine Veränderung zeigte,
begann man wieder zu hoffen, und nach zwei Tagen angst-
vollen Harrens fand man ihn des verschluckten Körpers auf
natürlichem Wege glücklich befreit. Eine nicht minder gräßliche,
doch kürzere Angst hatte Frau von Montbail auszustehen, als sie
eines Tages den Prinzen, der sich gar nicht wollte bändigen
lassen, mit einer ernstlichen Züchtigung bedroht hatte; sie war
nur einen Augenblick nach andrer Seite gewandt, als sie von
dem Prinzen sich rufen hörte, der inzwischen über eine Fenster-
brüstung geklettert war, und draußen auf dem freien Rande
stehend sich hinabzustürzen drohte, wenn sie nicht versprüche,
ihm die Strafe zu schenken. Frau von Montbail behielt die
nöthige Fassung, versprach alles, und lockte den Prinzen
glücklich wieder herein, konnte jedoch, nachdem er gerettet,
nun sich lange nicht zufrieden geben, welch namenloses Un=
glück sie hätte erleben können. Ein anderer Zug bewies
ebenfalls die Entschiedenheit und Raschheit des Prinzen; man
hatte ihm ein Treffenkleid gebracht, das ihm ganz gut zu
gefallen schien, aber mit Unwillen sah er daneben einen gold=
stoffenen Schlafrock, und wollte diesen nicht anziehen, sondern
ersah den Augenblick, und warf das Prachtstück in das
flammende Kaminfeuer. Diese Heftigkeit eines ganz ausge=
bildeten Eigenwillens brachte auch in Hannover unangenehme
Auftritte hervor. Mit seinem Spielkameraden, dem Prinzen
Georg August, konnte er sich durchaus nicht vertragen, wie
denn auch der dort entstandene Widerwillen noch im späteren
Mannesalter nicht erlosch. Der Prinz mußte daher schon
im nächsten Jahre nach Berlin zurückgebracht werden. Frau

von Montbail übernahm ihre frühere Aufsicht wieder, und wurde von der Kurfürstin selbst in ihrem schwierigen Amt auf das beste unterstützt.

Sophie Charlotte nahm die Fremden an ihrem Hofe mit großer Zuvorkommenheit auf, und, wie mit ihrer gewohnten Umgebung, liebte sie auch mit ihnen sich ungezwungen und freimüthig zu unterhalten. Von wem nichts anderes zu erlangen war, dem wußte sie doch äußerliche Nachrichten abzufragen, und sie übte die schöne Wirkung aus, daß in ihrer Gegenwart die Leute sich meist klüger und bedeutender zeigten, als dies nach früheren Angaben zu erwarten schien. Fand sie Kenntnisse oder Geist, so führte sie dieselben gewiß auf Gegenstände, welche der Forschung und Erörterung ein weites Feld eröffneten, und sie selbst scheute weder die Höhe, zu welcher jene sich versteigen konnten, noch die Lebhaftigkeit des Aufschwunges. Sie verfuhr hiebei mit eigner Anmuth, wobei sowohl die Denkerin, als die Frau und die Fürstin stets ihr Recht und ihre Würde behauptete. Von einer solchen Unterhaltung mit einem französischen Herrn, der im Jahre 1693 den Hof Sophie Charlottens besuchte, ist uns eine Nachricht aufbewahrt. Das Gespräch fiel auf einen Gegenstand, der nicht ohne große Geistesfreiheit zu behandeln war, nämlich auf den eigentlichen Zweck des Ehestandes. Der Franzose bestritt die herrschende Meinung, und behauptete, es sei nicht ausgemacht, daß die Fortpflanzung des Menschengeschlechts jener Zweck sein müsse, und führte scheinvolle Gründe an, denen die Kurfürstin im Augenblicke nichts entgegnen wollte. Von dem Gespräch kaum abgewandt, sah sie den Hofprediger Brunsenius sich nähern, trat freundlich zu ihm hin, und trug ihm nun die Zweifel und Behauptungen des Franzosen als ihre eignen Gedanken vor, wie sie dies öfters in solchem Falle zu thun pflegte; sie fragte ihn dann, was er diesen Sätzen entgegenzustellen habe? Brunsenius wußte die herkömmliche Lehre mit überzeugenden Gründen zu vertheidigen, und zeigte die sophistischen Einwürfe in ihrer Nichtigkeit. Sogleich rief die Kurfürstin den Franzosen wieder herbei: „Kommen Sie nur her", sagte sie, „und hören Sie, was dieser Mann sagt, das lautet ganz anders."

Worauf dann die Erörterung mit neuen und schärferen Waffen geführt, und der Vorwitz dadurch bestraft wurde, daß er sich von der Hand eines geringeren und doch tüchtigeren Gegners bald überwunden sah.

Der Kurfürst und die Kurfürstin machten im Jahre 1694 abermals eine Reise nach Sachsen, und besuchten die Wittwe Johann Georgs des Vierten auf ihrem Wittwensitze Pretsch, denn der Tod ihres Gemahls des Kurfürsten hatte diese unter den übelsten Aussichten geschlossene Verbindung schon wieder gelöst. Wir finden in jener Zeit überhaupt wenige Beispiele glücklicher Ehen in dem höchsten Lebenskreise, und Sophie Charlotte durfte ihr Loos noch immer für ein begünstigtes halten, da ihr Gemahl sie stets mit Achtung und Zartsinn behandelte. Freilich waren ihre Gemüthsarten und Richtungen ganz verschieden. Der Hang des Kurfürsten zu Pracht und Feierlichkeit konnte für Sophie Charlotte in keiner Weise erfreulich sein. Jedoch hatte sie sich gewöhnt, dergleichen Aeußerlichkeiten gelassen mitzumachen; was von ihr verlangt wurde, leistete sie willig, und brachte viele Stunden ihres Tages gern zum Opfer, um sich einige frei zu machen, die sie nach ihrem Sinne genoß. Denn indem sie die Vortheile ihrer hohen Stellung doch wohl zu schätzen wußte, und keineswegs verschmähen wollte, so war sie doch mit ihren Gedanken auch über diese weit hinaus, und zu Gegenständen erhoben, die ihren Geist würdiger beschäftigten. Bei diesem lebhaften Antheil, welchen sie für Geistesbildung und Wissenschaften hegte, muß ein besonderes Hinderniß gewaltet haben, daß gerade die seltne Gelegenheit, wo prunkvolle Festlichkeit sich mit diesem Antheil verknüpfte, ihrer persönlichen Gegenwart entbehrte; es scheint außer Zweifel, daß Sophie Charlotte der am 12. Juni 1694 geschehenen feierlichen Einweihung der neugestifteten Friedrichsuniversität zu Halle nicht beigewohnt hat.

Sonst ganz in ideale Regionen ihr wesentliches Leben versetzend, und selbst die Pracht und Fülle, welche ihr aufgedrungen waren, in höheren Geistesgenuß verwendend, empfand Sophie Charlotte doch gleich das volle Gewicht der Wirklichkeit und gehorchte deren strengstem Anspruch, so wie

nur ihres Sohnes zu gedenken war. Hier sanken alle hoch-
fliegenden Geistesbilder und Wünsche zu der schlichten und
strengen Aufgabe herab, daß ein rechtschaffener Mann und
tüchtiger Fürst aus ihm zu machen sei. Die Kurfürstin hatte
indeß bei weitem nicht freie Hand, sie mußte ihre Meinung
fremdem Ansehn und Rath, und besonders auch den allgemeinen Einflüssen unterordnen. Auch war das Naturell des
Kurprinzen eines von denen, welche sich zumeist aus sich selbst
entwickeln. Gewiß hätte die feingeistige, wohlunterrichtete
Mutter am liebsten auch den Sohn nach ihrer Weise ausgebildet, daß sie ihm aber diese Weise nicht aufdringen ließ,
daß sie seinem Naturell die Freiheit gestattete, sich auch anders
und sogar ihr mißfällig zu entwickeln, dies wird immer dem
Mutterherzen zu verdanken bleiben, und die Folgezeit darf
hierüber den Ausspruch thun; denn, wie auch nachmals Friedrich Wilhelm der Erste uns in verschiedener Hinsicht erscheinen mag, als König hat er eine große und fruchtbare Bedeutung, der in seiner Zeit ihr angemessen wirkt, und dem
Lobe, daß ihm sein größerer Sohn ertheilt, sich keineswegs
beugen darf.

Friedrich Wilhelm blieb noch zwei Jahre unter Aufsicht
der Frau von Montbail, doch wurde täglich sichtbarer, daß
weibliche Obhut nicht mehr ausreiche, sondern männliche erfordert werde. Frühentwickelte Körperkraft, verbunden mit
lebhaftem Geist und starkem Willen, trieb den Prinzen leicht
über die Schranken, die man ihm zu setzen meinte, und Auftritte von Heftigkeit und Trotz erschreckten oft die Mutter
und die Erzieherin. Die Wahl eines Erziehers wurde nun
ein Anliegen von größter Wichtigkeit, und Sophie Charlotte
war eifrigst bemüht, ihre Stimme dabei geltend zu machen.
Sie fand unter den Männern, welche für solch hohes und
einflußreiches Amt überhaupt in Vorschlag kommen konnten,
niemanden geeigneter in allen Beziehungen, als den Burg-
grafen Alexander zu Dohna, der als Generallieutenant in
brandenburgischen Diensten stand. Er war ein Mann von
schöner Gestalt, feiner Bildung und strengen Sitten, recht-
schaffen und ehrenfest, dabei stolz und gebieterisch, der durch
sein ganzes Benehmen Ehrfurcht und Gehorsam einflößte.

Er war der Kurfürstin sehr ergeben, und stimmte lebhaft der Abneigung bei, welche sie häufig gegen die Günstlinge des Kurfürsten und den Regierungseinfluß derselben blicken ließ. Sein Vater hatte längere Zeit bei Genf in Coppet gewohnt, und seinen Kindern dort den berühmten Bayle zum Lehrer gegeben. Dohna jedoch war dem Kurfürsten nicht sehr genehm, noch weniger aber dem Oberpräsidenten von Dandelman, welcher am liebsten einen seiner Brüder in jene Stelle gebracht hätte. Die Kurfürstin sah indeß die Sache diesmal für zu wichtig an, um nicht ihren ganzen Einfluß aufzubieten, und Dandelman glaubte nachgeben zu müssen. Im Februar 1695 wurde Dohna in sein Amt als Gouverneur des Kurprinzen feierlich eingesetzt. In des Predigers Erman Denkschriften über Sophie Charlotte findet sich die Rede aufbewahrt, welche bei dieser Gelegenheit, in Gegenwart des versammelten Hofes, der Staatsminister von Fuchs an den neuen Gouverneur hielt, wobei der letztere in dem großen Vorzug erscheint, auf das leere und ausgedehnte Wortgepräng nur kurz und einfach zu erwiedern, daß er mit allem Eifer streben werde, seine Pflicht zu erfüllen. Die Wahl der beiden Lehrer, welche dem Prinzen beigegeben wurden, scheint minder glücklich ausgefallen. Dohna empfahl einen Franzosen Namens Rebeur, der schon eine Erziehung in Berlin geleitet hatte, sich aber lässig und ungeschickt erwies, und dem Prinzen das Lernen verleidete; der andre war ein deutscher Gelehrter, Johann Friedrich Cramer, ein Mann von Geist und Kenntnissen, dessen auch Leibnitz rühmend gedenkt, der aber mit Unwillen überall das Französische vorgezogen und das Deutsche zurückgesetzt sah, und seinen Einfluß benutzte, dem Prinzen eine entgegengesetzte Richtung zu geben, und ihn dadurch allerdings in nur größeren Widerstreit mit seiner nächsten Umgebung brachte. Die Kurfürstin soll die Untauglichkeit Rebeur's bald eingesehen, Dohna jedoch eigensinnig verhindert haben, daß er entfernt würde.

Ein kleiner Vorgang, welchen der Graf Christoph von Dohna in seinen Denkwürdigkeiten erzählt, giebt uns die verschiedenen Gegensätze am Hof in einem lebhaften Bildchen vereinigt. Der Graf Christoph hatte zwei Knaben, welche

die Kurfürstin oft nach dem Schlosse holen und mit dem
Kurprinzen spielen ließ. Eines Tages wollte Sophie Charlotte das Vergnügen haben, die drei Spielkameraden völlig
zwanglos in ihrer natürlichen Freiheit zu sehen, und befahl,
sie ungehindert machen zu lassen was sie wollten. Sie selbst
hatte sie in die Gemächer des Kurfürsten geführt, und reizte
sie an, recht Lärm zu machen. Das Erste, was ihnen unter
die Hände kam, waren die großen silbernen Glocken, mit
denen man die Hofdiener herbeiläutete, ja die Kurfürstin gab
sie ihnen, und hieß sie aus allen Kräften läuten. Alsbald
erhob sich ein betäubender Lärm, so daß der Kurfürst herbeikam, und während er noch unentschieden stutzte, rief Sophie
Charlotte den Grafen herbei, der nicht wenig erschrak, seine
Söhne in Gegenwart des Kurfürsten so toben zu sehen, besonders da dieser in nicht beruhigendem Scherztone sagte,
nun thue es ihm leid, nicht ihn zum Erzieher des Kurprinzen ernannt zu haben, denn seine eignen Söhne erziehe
er ja ganz vortrefflich. Sophie Charlotte lachte nur immer
mehr über Dohna's Verwirrung, der indeß seine Söhne
schalt, und sie fragte, ob sie nicht wüßten, in welchem Hause
sie wären? — „O ja", versetzte der Jüngste, „bei dem
Herrn da!" und zeigte auf den Kurfürsten. — „Und wer ist
es denn?" fragte die Kurfürstin weiter. — „Sie wissen's
ja schon", erwiederte der Kleine, „es ist der Bürgermeister
von Mohrungen!" Nun lachte auch der Kurfürst, und
äußerte, die Kinder seien so drollig wie ihr Vater, womit
des letzteren Furcht und Verlegenheit, wahrscheinlich aber auch
der furchtbare Glockenlärm, sich endete.

Das Vergnügen an Schauspielen, Opern und Balletten
war von Frankreich und Italien her vielfältig angeregt,
konnte jedoch nur selten befriedigt werden, weil die einheimischen
Künstler wenig taugten, und von den ausländischen die guten
kaum zu haben waren. Sophie Charlotte dachte diesem Uebel
abzuhelfen, indem sie die Talente der gebildeten Hofleute in
Anspruch nahm, und auf diese Weise manche gute Aufführung
zu Stande brachte. Der Widerwillen und die Rüge, welche
die strenge Geistlichkeit gegen diese weltlichen Belustigungen
wohl äußerte, blieben lange Zeit unbeachtet, und die Kur-

fürstin, welche übrigens durch ihre philosophischen Studien keineswegs mit der Kirche entzweit war, konnte ihre Unterhaltungen ungestört fortsetzen. So war auch am Abend vor Pfingsten im Jahre 1695 auf einem kleinen Theater im Schlosse eine Oper aufgeführt worden, worin junge Edelleute und Fräulein vom Hofe mit großem Beifall gespielt und getanzt hatten. Am zweiten Pfingsttage wollte die Kurfürstin diese Aufführung wiederholen lassen, als ihr berichtet wurde, der Hofprediger Cochius habe von der Kanzel heftig dagegen geprediget. Sie wollte nicht mit Trotz, aber sie hoffte durch Liebenswürdigkeit den strengen Mann zu überwinden, und ließ seine Frau und Tochter freundlich einladen, der Vorstellung beizuwohnen, mit dem Bemerken, diese würden ihm dann am besten bezeugen, daß daselbst nichts Böses vorginge. Allein unglücklicherweise hatte auch ein junger Graf von Dönhof eine Rolle in dem Ballet, und wurde von dem Tanzmeister zur Probe beschieden, während er sich zur Kommunion bereitete; darüber entsetzte sich der Vater, und ging den Kurfürsten mit der Bitte an, solchem Aergerniß zu wehren. Das geschah denn auch, der Kurfürst ließ noch in der Nacht die Bühne abbrechen, und die Oper wurde nicht aufgeführt. Indeß blieb dieser Fall ohne weitere Folge, bald nachher fanden wieder Vorstellungen Statt; die Stimme der Geistlichen schwieg, oder wurde überhört, und man mied nur, in offnen Streit mit ihnen zu gerathen. Der Kurfürst selbst mochte dieser bei Festlichkeiten unentbehrlichen Unterhaltung an seinem Hof nicht entbehren. Und als in der Folge der berühmte Spener die Schauspiele als dem Christenthume entgegen untersagt wissen wollte, erzielte er bloß, daß die Aufführung anstößiger Stücke verboten wurde.

Im Herbste 1695 reiste der Kurfürst nach Kleve, sich mit dem Könige von Großbritannien zu besprechen, und machte auf dem Hinwege einen Besuch in Hannover, wo Sophie Charlotte bei ihrer Mutter blieb, und der Kurfürst bei der Rückreise sie wieder abholte. Dieselbe Anordnung scheint sich im folgenden Jahre wiederholt zu haben, als der Kurfürst abermals zu einer solchen Zusammenkunft reiste, welche erst im Haag, und darauf in Kleve Statt fand.

Königin Sophie Charlotte von Preußen.

Sophie Charlotte war nicht zugegen, als ihr Gemahl den berühmten Zwist wegen des Ceremoniels zu bestehen hatte, indem der König dem Kurfürsten im Haag die Ehre eines Lehnstuhls verweigern zu müssen glaubte; der Kurfürst wollte dem Könige gleich behandelt sein, und man traf den Ausweg, daß die erste Zusammenkunft von beiden Seiten stehend abgehalten wurde. Zur Genugthuung aber für den Kurfürsten fand sich der König bald nachher in Kleve ein, wo der Kurfürst im eignen Lande sich die Gleichheit der Ehren unbestritten beimaß. Die Königswürde war schon für den großen Kurfürsten in Anregung gebracht worden, und sein Sohn hatte dem Gedanken bei wiederholten Anlässen auf's neue Raum gegeben; jener verdrießliche Vorfall entschied ihn, mit entschiedenem Ernst an die Ausführung zu denken. Bei der Rückkehr von Hannover wurde die Kurfürstin durch ein Lustballet bewillkommt, in welchem der Kurprinz als Kupido erschien, in welcher Gestalt man sich den nachherigen König Friedrich Wilhelm den Ersten sonst nicht wohl vorstellen wird!

Der Kurfürst hegte schon längere Zeit den Vorsatz, für seine Gemahlin zum Landaufenthalt ein Lustschloß in der Nähe von Berlin erbauen zu lassen. Das Dorf Lützen oder Liezen, zwischen Berlin und Spandau an der Spree gelegen, gehörte dem Oberhofmarschall von Dobrzynski, der dort ein Landhaus erbaut hatte. Bei Gelegenheit einer Spazirfahrt sah die Kurfürstin diese Besitzung, die Lage gefiel ihr, sie kaufte das Dorf und das Haus, das aber für ihr Bedürfniß viel zu klein war. Der Kurfürst trat hinzu, und beschloß eine fürstliche Wohnstätte dort zu gründen. Die Anlage der weitläufigen Gärten, nach den von Paris erhaltenen Rissen des berühmten Gartenkünstlers Le Nôtre, war unter Leitung eines gleichfalls von Paris verschriebenen Gärtners Godeau schon weit vorgeschritten, als nun auch der eigentliche Schloßbau im Jahre 1696 durch den großen Baumeister und Bildhauer Schlüter zu Stande kam. Das Schloß, im italiänischen Geschmack erbaut, war zuerst nur von geringem Umfang, und wurde in der Folge verschiedentlich erweitert. Es erhielt von dem nahen Dorfe den Namen Lützenburg. Die innere

Einrichtung geschah mit möglichster Pracht und Annehmlichkeit, und Sophie Charlotte konnte dabei größtentheils ihren eignen Geschmack geltend machen. Sie scheint in der Ausbildung weniger dem ursprünglichen Baumeister, dem großen Schlüter, als seinem glücklichen Nebenbuhler Eosander von Goethe gefolgt zu sein, und ihm besonders alle Verzierung des Schlosses übertragen zu haben. So schrieb sie unter anderen an Herrn von Schmettau, den brandenburgischen Gesandten im Haag: „Je vous suis obligée des soins que vous avez pris pour le menuisier. Eosander, qui est l'oraclo où je m'adresse pour mes bâtimens, dit qu'il n'est pas nécessaire." Für die Anordnung ihres Bildersaals sollte ihr der des Markgrafen Christian Ludwig in dessen Schlosse zu Malchow als Muster dienen. Als sie das Schloß endlich beziehen konnte, welches erst am 11. Juli 1696 unter feierlicher Einweihung erfolgte, fand sie dasselbe so angenehm und behaglich, daß sie diesen Aufenthalt jedem anderen vorzog, und dort der ländlichen Abgeschiedenheit und Freiheit so oft und so lange genoß, als es die Verhältnisse nur irgend gestatten wollten. Der Kurfürst war auch in der Folge stets bedacht, das Schloß und die Gärten nur immer reicher auszustatten. Die schönsten Orangenbäume wurden in großer Anzahl hingeschafft, die seltensten Blumen gezogen; Bildsäulen, Vasen, fehlten nicht. In dem Schlosse häuften sich die Mahlereien, die reichsten Tapeten, die prächtigsten Möbel, ein Zimmer wurde mit dem kostbarsten japanischen und chinesischen Porzellan in geschmackvoller Anordnung ausgeschmückt, ein anderes zeigte die schönsten Leuchter, einen kleinen Kaffeetisch und ein vollständiges Kaffeegeräth, alles von gediegnem Golde. Doch kam diese reiche Ausstattung nur nach und nach zu Stande, und Sophie Charlotte starb, ehe noch die Einrichtung und selbst der Bau ganz vollendet waren.

Eine große Merkwürdigkeit begab sich im nächstfolgenden Jahre 1697, eine glänzende Großgesandtschaft des Zars Peter von Rußland erschien, der er in eigner Person, unter anderem Namen, als Oberbefehlshaber der dazu gehörigen Soldaten, sich angeschlossen hatte. Er wollte in Begleitung

ſeines Generals und vertrauten Günſtlings Le Fort, der an
der Spitze der Botſchaft ſtand, fremde Länder ſehen, um ſich
zu unterrichten, und umging auf dieſe Weiſe die Schwierigkeiten eines Ceremoniels, das für einen Zar von Moskau in
vielen Fällen noch ſehr ſtreitig ſein konnte. Der Kurfürſt
reiſte mit ſeinem Hofſtaate nach Königsberg, um dieſe wunder-
bare Geſandtſchaft feſtlich zu empfangen, und ſich dem fremden Herrſcher in größtem Prunk und Staat zu zeigen. Die
Kurfürſtin, welche das größte Verlangen hatte, den Zar zu
ſehen, von dem ſchon viel Merkwürdiges erzählt worden war,
und den man nach manchen Zügen als einen Halbwilden
anſehen wollte, mußte für jetzt dieſem Wunſch entſagen, weil
manche im Ceremoniel gegründete Rückſichten ihrer Anweſenheit entgegen ſtanden, ſie blieb in Berlin, nahm aber das
Erbieten des Staatsminiſters von Fuchs deſto begieriger an,
der von dem ganzen Hergange genauen Bericht erſtatten
wollte. Einige Bruchſtücke von Briefen, welche Sophie Charlotte bei dieſer Gelegenheit an jenen Miniſter geſchrieben,
haben ſich erhalten, und wir dürfen um ſo weniger unter-
laſſen, ſie hier einzuſchalten, als der Mangel ſolcher eigen-
thümlichen und perſönlichen Schriftdenkmale unſerer Darſtellung
ſchon ſehr empfindlich war. Die Kenntniß dieſer wenigen,
aber unſchätzbaren Briefſchaften, die wir hier und noch weiterhin von der Hand der herrlichen Fürſtin vorlegen, verdanken
wir überdies dem hohen Freiſinn des Königs Friedrich Wilhelms des Zweiten, welcher dieſe im Königlichen Archive
vorfindlichen Blätter aus eignem Antriebe dem Prediger Erman, den er mit Denkſchriften auf Sophie Charlotte beſchäf-
tigt wußte, zur beliebigen Veröffentlichung huldreich zuſandte,
und wir ſetzen gleichſam die Dankbarkeit fort, indem wir das
Geſchenkte ferner treu verwenden. Das erſte Schreiben der
Kurfürſtin nach Königsberg iſt vom 1. Mai, und es heißt
darin: „L'offre que vous me faites, de me donner une
relation exacte du voyage du czar, je l'accepte de bon
coeur; car, sans que j'ai cela de commun avec toutes
les femmes d'être curieuse, il me semble que cela est
aussi plus permis sur cette matière, qu'en aucune autre;
car le cas est fort rare de savoir le maitre inconnu avec

son ambassade, ce qui jusqu'ici n'a été pratiqué que dans les romans. Je regretterai fort de ne pas le voir, et je voudrois que l'on le persuadât de passer par ici, non pas pour voir, mais pour être vû, et nous épargnerions avec plaisir ce qu'on donne pour les bêtes rares pour l'employer en cette occasion." Ein zweites Blatt desselben Monats drückt sehr verbindlich die Befriedigung aus, welche die ersten Berichte gewährt hatten: „Je ne saurois vous dire, monsieur, le plaisir que vous m'avez fait de me donner une si agréable relation du czar de Moscovie: le sujet est effectivement rare, mais il y a surtout du plaisir à l'entendre traiter par vous; aussi j'espère que vous voudrez bien, quand vous n'aurez pas trop d'affaires, me donner des nouvelles encore." Und in demselben Sinn schreibt Sophie Charlotte am 29. Mai: „En vérité vous vous donnez trop de peine, monsieur, en m'écrivant d'une manière aussi exacte ce qui se passe au sujet des Moscovites. Je vois par-là, comme en toutes choses, l'envie que vous avez de me faire plaisir: croyez aussi que je n'y suis pas insensible, et que ma reconnoissance en est grande, ne souhaitant rien tant que de vous témoigner combien je suis sincèrement de vos amis, ce qui n'est assurément pas un compliment, mais une chose sur laquelle vous pouvez faire fond. J'espère que la visite du czar, quoiqu'un peu incommode pour le présent, sera d'un grand avantage à l'avenir pour monsieur l'électeur, qui ménagera apparemment bien toutes les bonnes dispositions qu'il trouve en lui. Je regrette fort qu'il ne vienne pas ici avec son ambassade, et quoique je sois ennemie de la malpropreté, la curiosité l'emporte pour ce coup. La solitude où je suis ici est assez grande pour faire souhaiter de nouveaux objets qui divertissent." Alles Erzählte scheint den Wunsch der Kurfürstin, den Zar selber noch zu sehen, nur gesteigert zu haben. Hoffnung und Mittel hiezu werden in einem Briefe vom 10. Juni angedeutet: „J'espère, qu'en cas qu'on ne puisse détourner le czar des voyages qu'il a encore dessein de faire, que du moins en cherchant sa sûreté par terre, on le pourra voir en ces quartiers. Comme apparemment ce sont ses favoris les ambassadeurs qui lui ont fait prendre le dessein de voir les pays étrangers, pour ne pas le perdre de vue, ils ne seront pas d'avis qu'il retourne chez lui, qu'à condition que leur ambassade soit finie près de monsieur l'électeur, ce qui seroit fort glorieux pour nous; et ceux qui porteront les choses à ce point-là, comme vous, monsieur, en avez la bonne intention, rendront un grand service à monsieur l'électeur. Vous avez déjà montré en tant d'occasions votre capacité, que se sera un surcroit d'habileté de savoir tourner l'esprit des barbares, avec qui il faut prendre tout-à-fait d'autres mesures qu'avec les autres gens: j'en juge par toutes les relations que vous avez la bonté de m'en donner, dont je vous demeurerai toujours obligée comme de tous les sentimens que vous me témoignez."

Der Zar hatte in Königsberg durch sein freies, kräftiges Wesen, durch seine Wißbegier, auch durch manches Fremdartige und Unstatthafte, großes Aufsehen erregt. Pöllnitz erzählt, zum Beispiel, er habe die Strafe des Räderns, welche ihm unbekannt war, gewünscht vollziehen zu sehen, und als ihm eingewendet worden, es sei kein zu derselben verurtheilter Verbrecher da, habe er gemeint, man solle nur einen seiner Leute nehmen! Als er neben dem Kurfürsten bei der Abendtafel saß, und ein gewaltiger Lärm durch zufälliges Hinschmettern eines Gefäßes auf den Marmorboden entstand, sprang er auf, zog den Säbel, und wollte sich zur Wehre setzen, denn er glaubte Verrath im Spiel; er wollte den Aufwärter, welcher des Versehens schuldig war, hart bestraft wissen. Dagegen zeigte er auch leutselige Güte, hellen Scharfblick, und gesunden klaren Sinn. Als er später in Berlin eintraf, und sich alle Ceremonien verbeten hatte, der Kurfürst aber dennoch ihm sogleich eine Anzahl prächtiger Staatskutschen vorfahren ließ, schlich er unbemerkt zu Fuß aus einer Hinterthür, und kam so zu dem Kurfürsten, dem er auf seine Verwunderung einfach erwiederte, er könne viel weitere Wege zu Fuß gehen, ohne milde zu werden. Sophie Charlotte sah den Zar auch in Berlin nicht, denn bei seiner dortigen Anwesenheit war sie gerade in Hannover, und erst hier, als der Zar auf seiner Reise nach Holland dorthin kam, lernte sie den wunderbaren Mann, den die abendländische Welt allgemein anstaunte, persönlich kennen. Sie schrieb hierüber am 17. Juli ganz eigenhändig an den Minister von Fuchs den nachstehenden Brief, der durch Inhalt und Wendung einen so klarfassenden als anmuthigen Geist erkennen läßt: „A-présent je puis vous rendre la pareille, monsieur, car j'ai vu le grand-czar: il m'avoit donné rendez-vous à Koppenbrugge où il ne savoit pas que toute la famille seroit, ce qui fut cause qu'il fallut traiter une heure pour nous le rendre visible: à la fin il s'accorda que monsieur le duc de Celle, ma mère, mes frères et moi le viendrions trouver dans la salle où l'on devait souper, et où il voulut entrer en même tems par une autre porte, pour n'être pas vu, car le grand monde quil avoit aperçu sur un parapet en entrant l'avoit fait ressortir du village. Madame ma mère et moi commençâmes à faire notre compliment, et il fit répondre monsieur Le Fort pour lui, car il paroissoit honteux et se cachoit le visage avec la main — ich kann nicht sprechen — mais nous l'apprivoisâmes d'abord, et il se mit à table entre madame ma mère et moi, où chacune l'entretint tour-à-tour, et ce fut à qui l'auroit. Quelquefois il répondoit lui-même, d'autres fois il le faisoit faire à deux truchemens, et assurément il ne dit rien que de fort à propos, et cela sur tous les sujets sur lesquels on le mit; car la vivacité de madame ma mère lui a fait faire bien des questions, sur quoi il répondoit avec la même promptitude, et je m'étonne qu'il ne fût point fatigué de la conversation, puisque l'on dit qu'elle n'est pas fort en usage dans son pays. Pour ses grimaces, je me les suis imaginées pires que je ne les lui ai trouvées, et quelques-unes ne sont pas en son pouvoir de les corriger. L'on voit aussi qu'il n'a pas eu de maître pour apprendre à manger proprement, mais il y a un air naturel et sans contrainte dans son fait qui m'a plu, car il a fait d'abord comme s'il étoit chez lui, et après avoir permis que les gentilshommes qui servent pussent entrer, et toutes les dames qu'il avoit fait du commencement difficulté de voir, il a fait fermer la porte à ses gens, et a mis son favori, qu'il appelle son bras droit, auprès, avec ordre de ne laisser sortir personne, et a fait venir de grands verres, et donné trois ou quatre coups à boire à chacun en marquant qu'il le faisoit pour leur faire honneur. Il leur donnoit lui-même le verre; quelqu'un le voulut donner à Quirini, il le reprit de ses mains, et le remit lui-même entres celles de Quirini, ce qui est une politesse à laquelle nous ne nous attendions pas. Je lui donnai la musique pour voir la mine qu'il y feroit, et il dit qu'elle lui plaisoit, surtout Ferdinando qu'il récompensa comme les messieurs de la cour avec un verre. Nous fûmes quatre heures à table pour lui complaire, à boire à la moscovite, c'est-à-dire tous à la fois et debout à la santé du czar: Frédéric ne fut pas oublié; cependant il but peu. Pour le voir danser je fis prier monsieur Le Fort de nous faire avoir ses musiciens, qui vinrent après le repas, où il ne voulut pas commencer qu'il n'eût vu auparavant comment nous dansions, ce que nous fîmes pour lui complaire, et pour le voir faire à lui aussi. Il ne put et ne voulut pas commencer qu'il n'eût des gants, et il en fit chercher par tout son train sans pouvoir en trouver. Madame ma mère dansa avec le gros commissaire; et devant, monsieur Le Fort menoit le tout avec la fille de la comtesse Platen et le chancelier avec la mère: cela alla fort gravement et la danse moscovite fut trouvée jolie. Enfin tous furent fort contens du grand-czar, et il le parut aussi. Je voudrois que vous le fussiez aussi de la relation que je vous en fais: si vous le trouvez à propos, vous pouvez en divertir monsieur l'électeur. En voilà assez pour vous lasser, mais je ne saurois qu'y faire: j'aime à parler du czar, et si je m'en croyois je vous dirois plus que — je reste bien affectionnée à vous servir Sophie Charlotte. P. S. Le fou du czar a paru aussi, qui est bien sot, cependant nous avons eu envie de rire de voir que son maitre prenoit un grand balai et se mit à le balayer."

Wir würden unsere Leser zu beeinträchtigen glauben, wenn wir ihnen die bei dem nämlichen Anlasse geschriebenen Briefe der Mutter Sophie Charlottens vorenthielten; sie finden sich in dem Göttinger historischen Magazin von Meiners und Spittler, und auch Erman hat sie mit aufgenommen. Die Kurfürstin Sophie von Hannover zeigt sich in diesen Blättern ganz in ihrem Karakter, lebhaften Geistes, hellen Verstandes, und kluger Munterkeit. Sie schreibt unter dem 11. August 1697 aus Herrenhausen: „Il faut à-présent vous raconter que j'ai vu l'illustre czar. Sa Majesté fut entièrement défrayée par l'électeur de Brandebourg jusqu'à Wesel; mais elle fut obligée de passer par Koppenbrück, qui est un fief de notre maison appartenant au prince de Nassau en Frise. Nous fimes demander audience à Sa Majesté czarienne (car elle garde partout l'incognito et ses trois ambassadeurs sont seuls chargés de la représentation). Le prince consentit à nous recevoir et à nous voir en particulier. J'étois accompagnée de ma fille et de mes trois fils. Dien que Koppenbrück soit à quatre grands milles d'ici, nous nous y rendîmes avec le plus grand empressement, Koppenstein nous ayant précédés pour faire les arrangemens nécessaires. Nous devançâmes les Moscovites, qui n'arrivèrent que vers huit heures et descendirent dans une maison de paysan. Malgré nos conventions il s'étoit rassemblé une si grande multitude de gens que le czar ne sut comment s'y prendre pour passer sans être reconnu. Ainsi nous capitulâmes long-temps. Enfin mon fils fut obligé de faire chasser les spectateurs par les soldats de garde; et pendant que les ambassadeurs arrivoient avec leur suite, le czar se glissa par un degré dérobé dans sa chambre, parce que pour y arriver il auroit fallu traverser la salle à manger. Nous nous rendimes dans cette chambre auprès de Sa Majesté, et le premier ambassadeur monsieur Le Fort de Genève nous servit d'interprète. Le czar est fort grand: sa physionomie est très-belle et sa taille fort noble. Il a une grande vivacité d'esprit, la répartie prompte et juste. Mais avec tous les avantages dont la nature l'a doué, il seroit à souhaiter que ses moeurs fussent un peu moins agrestes. Nous nous mimes aussitôt à table. Monsieur Koppenstein qui faisoit la fonction de maréchal, présenta la serviette à Sa Majesté, mais Elle en fut embarassé, car au lieu de serviette à table, on lui avoit présenté, dans le Brandebourg des aiguières après le repas. Sa Majesté fut assise à table entre ma fille et moi, ayant un interprète de chaque côté. Elle fut très-gaie, très-parlante, et nous nous liâmes d'une fort grande amitié. Ma fille et Sa Majesté échaugèrent leurs tabatières. Celle du czar étoit ornée de son chiffre et ma fille en fait grand cas. Nous demeurâmes à la vérité fort long-temps à table, mais nous y serions volontiers restées plus long-temps encore sans éprouver un moment d'ennui, car le czar étoit de très-bonne humeur, et ne cessoit de nous entretenir. Ma fille fit chanter ses Italiens, leur chant lui plut, bien qu'il nous avouât qu'il ne faisoit pas grand cas de la musique.

Je lui demandai s'il aimoit la chasse? Il me répondit que son père l'avoit beaucoup aimée, mais que pour lui dès sa jeunesse avoit eu une véritable passion pour la navigation et pour les feux d'artifice. Il nous dit qu'il travailloit lui-même à la construction des navires, nous montra ses mains, et nous fit toucher le calus qui s'y étoit formé à force de travail. Après le repas Sa Majesté fit venir ses violons, et nous exécutâmes des danses russes que je préfère beaucoup aux polonoises. Le bal se prolongea jusqu'à quatre heures du matin. Nous avions à la vérité formé le dessein de passer la nuit dans un château du voisinage. Mais comme il faisoit déjà jour nous revînmes tout de suite ici sans avoir dormi, et très-contens de notre journée. Il seroit trop long de vous détailler tout ce que nous avons vu. Monsieur Le Fort et son neveu étoient habillés à la françoise: ils ont l'un et l'autre beaucoup d'esprit. Je ne pus parler aux deux autres ambassadeurs, non plus qu'à une multitude de princes qui font partie de la suite du czar. Le czar qui ne savoit pas que le local ne nous permettoit absolument pas d'y demeurer, s'attendoit à nous revoir le lendemain. Si nous en avions été prévenues, nous nous serions arrangés de manière à rester dans le voisinage pour le revoir encore, car sa société nous a causé beaucoup de plaisir. C'est un homme tout-à-fait extraordinaire. Il est impossible de le décrire, et même de s'en faire une idée à moins de l'avoir vu. Il a un très-bon coeur, des sentimens tout-à-fait nobles. Il faut que je vous dise aussi qu'il ne s'est point enivré en notre présence; mais à peine étions-nous partis que les gens de sa suite se sont amplement dédommagés. Koppenstein a certes bien mérité la superbe pelisse de zibeline dont ils lui ont fait présent, pour leur avoir tenu tête. Il nous a dit cependant qu'ils avoient conservé jusque dans l'ivresse beaucoup de gaieté et de politesse: mais il a eu les honneurs du triomphe. Car les trois ambassadeurs moscovites avoient absolument noyé leur raison dans le vin lorsqu'ils partirent." Der zweite Brief vom 15. September enthält diese Stelle: „Je pourrais embellir le récit du voyage de l'illustre czar, si je vous disois qu'il est sensible aux charmes de la beauté. Mais pris dans le fait, je ne lui ai trouvé aucune disposition à la galanterie. Et si nous n'avions pas fait tant de démarches pour le voir, je crois qu'il n'auroit pas songé à nous. Dans son pays il est d'usage que toutes les femmes mettent du blanc et du rouge, et le fard entre essentiellement dans les présens de noces qu'elles reçoivent; et c'est pourquoi la comtesse Platen a singulièrement plu aux Moscovites. Mais en dansant ils ont pris nos corsets de baleine pour nos os, et le czar a témoigné son étonnement en disant que les dames allemandes ont les os diablement durs." In dem dritten Briefe wird nachträglich erzählt: „Mon bon ami le grand-czar m'a envoyé quatre peaux de zibeline et trois pièces de damas. Mais elles sont trop petites, et l'on ne peut en faire que des couvertures de chaises. A Amsterdam Sa Majesté s'est divertie à aller au cabaret avec les matelots. Elle-même travaille à la construction d'un navire, car Elle exerce quatorze métiers dans la dernière perfection. Il faut avouer que c'est un personnage extraordinaire. Je ne donnerois pas pour beaucoup le plaisir de l'avoir vu lui et sa cour. Ils ont quatre nains. Il y en a deux qui sont très-bien proportionnés et parfaitement bien élevés. Tantôt il baisoit, tantôt il pinçoit aux oreilles celui de ces nains qui est son favori. Il prit par la tête notre petite princesse, et la baisa deux fois. Sa fontange en fut fort dérangée. Il baisa aussi son frère. — C'est un prince à la fois très-bon et très-méchant, il a tout-à-fait les moeurs de son pays. S'il avoit reçu une meilleure éducation ce seroit un homme accompli, car il a beaucoup de bonnes qualités et infiniment d'esprit naturel." Die kleine Prinzeſſin, deren hier Erwähnung geſchieht, war Sophie Dorothea, damals zehnjährig, und deren damals ſechzehnjähriger Bruder war der nachherige König von Großbritannien, Georg der Zweite. — Ludwig von Baczko erzählt nach mündlicher Ueberlieferung ſeines Urgroßoheims, der Kurfürſt habe den Zar gefragt, was ihm in Preußen am beſten gefallen habe? worauf dieſer durch ſeinen Dolmetſcher vorher zur Sicherheit angefragt, ob der Kurfürſt auch nicht zürnen werde? und auf deſſen Verneinung dann lebhaft ausgerufen habe: „Was könnte denn einem Menſchen noch beſſer gefallen als Deine Frau?" Sind dieſe Worte geſagt worden, ſo kann es nur nach der in Hannover ſtattgehabten Zuſammenkunft geweſen ſein.

Von dem ſtillen und fruchtbaren Wirken Sophie Charlottens finden wir aus dem Jahre 1697 folgendes Beiſpiel erwähnt, das wir nicht dürfen unbeachtet laſſen. Der Hofprediger Jablonski ſpeiſte eines Tages bei der Kurfürſtin, und hörte ſie bedauern, daß Berlin, ſo reich ſonſt an Künſten und Anſtalten, keine Sternwarte beſäße, und eben ſo wenig einen Aſtronomen und eignen Kalender. Jablonski ſprach davon mit Dankelman, und dieſer ging ſogleich auf die Sache thätig ein, wies ſchon einige Geldmittel an, und machte

dem Kurfürsten zweckmäßige Vorschläge, die jedoch für den
Augenblick noch nicht zur Ausführung kommen konnten. Die
Verhandlungen am Reichstage zu Regensburg über die Verbesserung des Kalenders brachten später den Wunsch der
Kurfürstin, welche der Sache mit Ernst eingedenk blieb,
wiederholt zur Sprache, und Leibnitz'ens einwirkender Rath
veranlaßte, daß die Kalendersache mit allen ihr verknüpften
Vortheilen der nachherigen Societät der Wissenschaften übertragen wurde.

Das Jahr 1698 brachte Sophie Charlotten einen großen
Verlust, ihr Vater Ernst August starb den 28. Januar,
nachdem er sechs Jahre seiner neuen Würde, als erster Kurfürst von Hannover, vorgestanden, und fortwährend für ihre
Befestigung und Behauptung thätig gewesen. Sein Tod
veränderte natürlich auch die Stellung seiner Gemahlin, der
Kurfürstin Sophie; er war, wie schon bemerkt, nicht von
ihr beherrscht, aber sie herrschte mit ihm, er nahm ihren
Rath und ihre Thätigkeit in Anspruch, und fand sich dabei
jederzeit im Vortheil; sowohl die tägliche Verwaltung der
Landesangelegenheiten als die großen Plane und Ausführungen
gediehen sichtlich unter der Mitwirkung jener trefflichen Frau.
Als Mutter des neuen Kurfürsten verlor sie diesen Einfluß
nicht ganz, indeß griff derselbe nun nicht mehr so unmittelbar ein. Dem Verhältnisse zu Sophie Charlotten gab diese
veränderte Stellung nur mehr Wärme und Traulichkeit, vorher war doch öfters gar sehr das Verhältniß der hannöverschen Fürstin zu der brandenburgischen die Hauptsache geworden, jetzt nahm das der Mutter zu der Tochter und
Freundin mehr und mehr die Oberhand. Auch in Bezug
auf Leibnitz wurde ihr Verkehr zwangloser, anschließender.

Wir müssen endlich hier umständlicher des Mannes gedenken, den wir bisher, wie noch so eben, nur beiläufig erwähnt haben. Leibnitz, eine der ersten Größen deutschen
Wesens, eines der Lichter, welche jahrhundertweise die dunklen
Pfade der Menschheit beleuchten, hatte früh die Tiefe des
Denkens mit der Macht allumfassenden Wissens verbunden,
und diesem schon seltnen Bunde noch seltner die Kenntniß
und Leichtigkeit der großen Welt und den Glanz der höchsten

Lebenserscheinung hinzugefügt. Frühzeitig mit Fürsten und
Staatsmännern vertraut, in den wichtigsten öffentlichen Angelegenheiten befragt oder thätig, der französischen Sprache
gleich kundig zum geselligen wie zum wissenschaftlichen Gebrauche, dabei ein stattlicher, nicht allzugroß aber fest und
wohlgebauter Mann, von freiem Blick und Benehmen, hätte
er in der Hof- und Staatswelt ein selbstständiges Dasein
schon allein durch seine Lebensbildung behaupten können;
diese war jedoch nur ein Aeußeres für ihn, die bloße Form
für ein anderes weit höheres Dasein, das er unaufhörlich in
jenes übertrug. Das ganze Gewicht und Ansehn seines fortgesetzten Weisheitforschens, seiner steigenden Geisteserfolge,
brachte er immer neu zu jener Lebenswelt mit, und erst,
wenn dieses Verhältniß in seiner Wechselwirkung gehörig gefaßt wird, ist die Bedeutung, in welcher Leibnitz steht, völlig
einzusehn. Seit dem Jahre 1676, wo er sich ganz dem
hannöverschen Hause gewidmet, war diese Verbindung nur
stets inniger geworden, der Dienst in edle Freundschaft übergegangen. Fast allen Mitgliedern dieses Hauses, älteren und
jüngeren, war oder wurde er ein thätiger Freund, dessen
Umgang sie als ehrenvoll und gewinnreich empfanden. Was
er als Staatsgelehrter, als Rechts- und Geschichtsforscher,
als biplomatischer Geschäftsmann leistete, mußte auch der
gemeine Sinn anerkennen, dem höheren, der in dieser Familie
waltete, stand in weit größerem Werthe, was der Mensch
ihnen war. Die Kurfürstin Sophie war insbesondre geeignet,
einen solchen Freund zu besitzen, ihn würdig zu behandeln,
und auch bei Andern geltend zu machen. So war denn auch
Sophie Charlotte von ihrer frühen Jugend gewohnt, den
Freund ihrer Mutter auch als ihren eigenen anzusehen, und
je höher sie selber stieg an Geistesentwickelung und äußerer
Stellung, desto fester und lebhafter trat auch die Beziehung
zu Leibnitz hervor. Sein Name wurde am Hofe zu Berlin
mit Ruhm genannt; jedermann wußte, wie sehr Sophie
Charlotte ihn schätzte. Ihr Gemahl hatte mannigfache Kenntnisse und wußte gelehrtes Verdienst wohl zu würdigen. Die
Wissenschaften und Künste gehörten überdies zu der Ausstattung und Pracht, die er seinem Hofe zu geben wünschte,

und die Art und Weise, wie Ludwig der Vierzehnte mit Gelehrten und Dichtern zart und gütig umging, war ein allgemeines Vorbild geworden. Leibnitz hatte auch schon persönlich von Berlin her einen Beweis großen Zutrauens empfangen. Der Kurfürst hing mit Eifer dem Gedanken nach, die Vereinigung der beiden protestantischen Kirchen zu bewirken, in welchem Sinn auch Sophie Charlotte lebhaft angeregt und thätig war. Auf ihren Befehl schrieb der Hofprediger Jablonski am 5. März 1698 den ersten dieses Geschäft betreffenden Brief an Leibnitz, der für ein solches Unternehmen der einzige Mann war, dem dasselbe gelingen konnte. Er widmete demselben rastlose Bemühungen, die jedoch, gleich denen der angesehensten Geistlichen und Staatsmänner des braudenburgischen Hofes, noch lange vergeblich blieben. Durch diese Bezüge, so wie durch seine sonstigen Verbindungen in der Staatswelt, erhielt Leibnitz auch in Berlin ein halbamtliches Ansehn. In dieser Hinsicht konnte sein Aufenthalt späterhin sogar die Eifersucht des Hofes daselbst wecken, wo immerfort große Partheiungen hin und her wogten.

Das Verhältniß der beiden Höfe von Berlin und Hannover hatte im Jahre 1698, außer der Veränderung, welche der Tod des Kurfürsten Ernst August in Hannover bewirkte, auch eine in Berlin ausgebrochene Krisis zu bestehen. Der Sturz des Oberpräsidenten von Dandelman, welcher nicht nur entlassen, sondern auch bald als Staatsgefangner auf die Festung geführt wurde, brachte große Bewegung hervor. Sophie Charlotte war mit Dandelman wenig zufrieden gewesen; wenn nicht Spannung, so hatte Mißtrauen und Kälte sie von einander entfernt gehalten. Allein wer als sein Nachfolger sich festsetzen, und wie dieser sich benehmen würde, war keineswegs entschieden. Im ersten Augenblicke hatte eine große Annäherung des Kurfürsten zu seiner Gemahlin Statt gefunden, und das erlangte Vertrauen zu behaupten, schien für Sophie Charlotten äußerst wichtig; allein ihre Neigung stimmte nicht genug mit dieser Aufgabe überein, und sie bedurfte daher der fortgesetzten Anregung dazu, welche sie nur durch ihre Mutter empfangen konnte. Im

Befitze des beiderseitigen Zutrauens, empfand Leibnitz die Verpflichtung, einem für beide Fürstinnen so wichtigen Zwecke sich zum Werkzeug anzubieten, und er that dies durch eine Denkschrift, die wir hier einschalten: „Puisque madame l'électrice de Brandebourg a maintenant toute la confiance de monseigneur l'électeur son époux: il faut bien ménager cette conjoncture, pour rendre ce bien durable et pour en tirer tout l'avantage raisonnable qu'on en doit espérer.

Et comme madame l'électrice de Brunsvic a en toutes choses les mêmes intérêts que madame sa fille, qu'elles s'aiment parfaitement, et qu'il est bien juste et bien naturel que la mère assiste à sa fille de ses bons avis: il y a lieu d'espérer que toutes deux par ce moyen pourront réparer les maux qui leur sont arrivés, et qu'elles pourront maintenir un pouvoir dans les deux cours qui soit digne d'elles et qui serve à employer leur grand esprit et leurs talents extraordinaires au bien de deux maisons et à l'union parfaite de leur mari et fils.

Mais il faut que cela se fasse avec beaucoup de délicatesse pour éviter une trop grande apparence et affectation, qui puisse donner ombrage à l'électeur jaloux avec raison de son autorité qu'il a voulu reprendre en main. Car je ne doute point que la plus grande raison de la dimission de son premier ministre ne vienne de ce que son pouvoir faisoit tort à la gloire de l'électeur. Or les communications par lettres étant exposées à des accidents, il seroit bon qu'il y eût une personne de confiance qui ait sujet d'aller de temps en temps d'une cour à l'autre pour donner réciproquement des informations convenables, afin que le tout se fasse avec beaucoup de concert et de circonspection, et d'une manière qui ne soit sujette à des soupçons et ombrages.

Pour cet effet je ne saurois nommer un autre que moi. Madame l'électrice de Brunsvic m'honorant de sa confiance, j'ai sujet d'en espérer autant chez madame sa fille. Je ne saurois me vanter d'une parfaite connaissance des affaires présentes; cependant on m'en attribue quelque intelligence, puisqu'on me charge de temps en temps de dresser quelques écrits sur des matières importantes et qu'on croit que je puis approfondir celles dont je suis chargé.

Voici le sujet qu'on me pourroit donner d'aller de temps en temps à la cour de Berlin. L'on sait que je me suis distingué d'une manière singulière dans les sciences les plus profondes, que je suis depuis plus de vingt ans de la société royale d'Angleterre, que je devois être de l'académie royale des sciences de Paris, que j'ai une grande correspondance avec les plus savants du temps et que mes productions ont été extrêmement applaudies en France, en Angleterre et en Italie. Ainsi comme l'inspection de la fameuse bibliothèque de Wolfenbuttel me donne sujet d'y aller de temps en temps, de même quelque intendance sur les sciences et arts qu'on veut faire fleurir à Berlin d'une manière fort glorieuse à l'électeur me pourroit former une raison encore plus plausible d'aller de temps en temps à Berlin d'une manière qui ne seroit point inutile.

Pour cet effet il seroit peut-être convenable que madame l'électrice de Brandebourg témoignât par un petit mot, en écrivant à madame sa mère, qu'elle seroit bien aise que je fisse un tour à Berlin, et me fît la grâce par après quand j'y serois arrivé, d'obtenir auprès de monseigneur l'électeur de Brandebourg qu'on me chargeât du soin que je viens de dire, ce qui se pourroit faire de fort bonne façon avec l'agrément de la cour d'Hanovre et d'une manière qu'on y eût sujet d'en être bien aise.

Or par ce moyen j'aurois une fort belle occasion auprès de mesdames les électrices, et par leur moyen auprès de l'électeur et du prince électoral, d'insinuer les choses qui serviront à leur gloire et à leur bien commun, et qui seront conformes aux desseins et intérêts de toutes ces illustres et grandes personnes et surtout de madame l'électrice de Brunsric, dont les intentions généreuses et belles me sont connues.

Je parlerai une autre fois du plan des desseins qu'on pourroit former, pour contribuer le plus au bien et à la gloire des deux maisons, dans ces conjonctures où le pouvoir de la France et le succès et l'animosité du parti attaché au pape nous menacent d'une fâcheuse révolution, si on ne s'y oppose avec beaucoup d'adresse et de vigueur."

In Berlin nahmen indessen die Sachen bald eine bestimmtere Gestalt. An die Stelle Danckelman's kam der Feldmarschall Graf von Barfus, der aber sich nicht lange im Vertrauen des Kurfürsten, wenn auch längere Zeit noch in Geschäften erhielt. Nach kurzer Zwischenzeit ruhte das volle Vertrauen des Kurfürsten auf dem bisherigen Oberkammerherrn Freiherrn von Kolbe, der schon lange seine Gunst besaß, und der bald, in Folge seiner neuen Stellung, durch den Kaiser zum Reichsgrafen von Wartenberg erhoben wurde. Von Danckelman war er in vielen Stücken das Gegentheil; wenn jener stolz und streng erschienen war, so zeigte dieser sich freundlich und heiter; übrigens hatte er glänzende Eigenschaften, und an Gewandtheit, Bemühung und Thätigkeit übertraf er seinen Vorgänger. Für den Kurfürsten und dessen Ruhm war er voll Eifer, und er würde allen Verhältnissen genügt haben, hätte nicht eines, welches ihn ganz bemeisterte, ihm als ein Flecken angehaftet. Er hatte eine Frau von niederem Stande geheirathet, von großer Schönheit, aber mehr als zweideutiger Aufführung. Sie war mit ihm emporgestiegen, und übte in ihrem hohen Range nun Uebermuth und Herrschsucht in vollen Maßen. Auch dem Kurfürsten gefiel sie nicht, und er gab sich sogar den Anschein, als sei die Gräfin seine Maitresse, denn seinem glänzenden Hofe schien solche nicht fehlen zu dürfen. Sie war indeß so wenig seine Geliebte, als sie überhaupt eine Montespan oder Maintenon war. Sophie Charlotte jedoch, wie gleichgültig auch gegen jenen Anschein, konnte doch unmöglich an jener Frau Gefallen finden, ihr fürstlicher Stolz empörte sich gegen die gemeine Herkunft, welche in dem hohen Range und reichen Glanze noch immer sichtbar blieb, ihr sittliches Gefühl und ihre Geistesbildung mußten durch unziemliche Rohheit noch stärker verletzt werden. Die Kurfürstin hielt sich gegen die Gräfin von Wartenberg mit Kälte zurück, gestattete ihr keinen näheren Zutritt, und lud sie nie nach Lützenburg ein. Auch von dem Grafen dachte sie, ungeachtet seiner glänzenden Außenseite, nicht vortheilhaft. „Wie ist es möglich", sagte sie zu Dohna, „daß mein Gemahl, der doch Geist und in allen sonstigen Dingen so guten Geschmack hat, von diesem Manne so eingenommen sein kann?" Bei dieser Meinung konnte kein günstiges Vernehmen dauern, und auch gegen den Kurfürsten selbst mußte wieder größere Zurückziehung die Folge sein. Der Kurfürst gestattete der Gräfin den ersten Rang am Hofe nach den Prinzessinnen, und sie übernahm es nun, in allen den Fällen, wo die Anwesenheit der Kurfürstin nicht durchaus erforderlich schien, an deren Statt dem Hofe vorzustehen und alle Ehren einer solchen Stellung zu empfangen und auszuspenden. Gern überließ ihr Sophie Charlotte diesen Spielraum, auch wenn jene ihn bisweilen übermäßig ausdehnte, und führte in Lützenburg nur um so behaglicher ein abgesondertes und unabhängiges Leben. Dies wurde in allen Beziehungen dem des Kurfürsten völlig entgegengesetzt. In geselliger Unterhaltung, bei geistreichem Vorlesen, in wissenschaftlichen Gesprächen, bei Musik und Bühnenspielen, hielt die Kurfürstin ihre Gesellschaften oft bis tief in die Nacht versammelt, und es geschah wohl, daß man von ihren Abenden unmittelbar zum Lever des Kurfürsten gehen konnte, der schon um 4 Uhr Morgens aufstand.

Die Gräfin von Wartenberg unterließ nicht allerlei zu versuchen, um bei der Kurfürstin Zutritt zu erlangen. Da sie den Grafen Christoph zu Dohna in großer Gunst sah, so wählte sie ihn zum Vermittler. Er übernahm den Auftrag sehr ungern, wußte ihn aber doch nicht abzulehnen. Er selbst erzählt in seinen Denkwürdigkeiten, wie er sich dabei benommen. „Ich habe", sagte er, „den dümmsten Auftrag von der Welt erlaubt Ew. Kurfürstliche Durchlaucht, daß ich mich dessen schleunigst entledige. Die Kolbe begehrt, bei Ihnen erscheinen zu dürfen, sie wünscht es mit Heftigkeit, sie stirbt vielleicht vor Schmerz, wenn Sie ihr diese Erlaubniß nicht gewähren; denken Sie, welcher Verlust! Möchten Sie wegen einer kleinen Ceremonie den Hof seines schönsten Schmuckes berauben?" — „Das nenn' ich einen beredten Botschafter", versetzte die Kurfürstin laut lachend, „mich wundert es aber nicht, Sie kommen ganz frisch von Ihrer Gesandtschaft nach England, Sie finden Geschmack an Unterhandlungen, wie ich sehe, und versprechen darin berühmt zu werden. Aber — fuhr sie ernsthaft fort — was rathen Sie mir?" — „Nichts!" erwiederte Dohna; „der Himmel bewahre mich, Ew. Kurfürstlichen Durchlaucht in solchem Fall etwas zu rathen; ich habe mich meiner Bürde entledigt, das ist mir genug." — „Sie scherzen, Graf Dohna", sprach die Kurfürstin weiter, „aber die Sache ist mir unangenehmer, als Sie glaubten, eine Antwort ist nöthig, und dies setzt mich in Verlegenheit." — Nach einigem Besinnen, sagte sie endlich: „Nun wohl! Möge ihr Mann es so wenden, daß der Kurfürst mir es befiehlt, so bin ich bereit, sie zu sehen." — Da der Kurfürst aber diesen Befehl nicht geben wollte, sondern die Zurückhaltung Sophie Charlottens im Grunde billigte, so hatte die Sache diesmal keine weitere Folge. Alle Zwistigkeiten und Gegensätze tauchten jedoch vorübergehend in Pracht und Festlichkeit unter, woran der Kurfürst es nie lange fehlen ließ. Die Vermählung seines Bruders, des Markgrafen Philipp im Jahre 1699 mit der Prinzessin von Anhalt-Dessau, und die seiner Tochter erster Ehe mit dem Erbprinzen von Hessen-Kassel, gaben dazu verstärkten Anlaß. Das letztere Beilager wurde in Oranienburg sehr festlich begangen, und Sophie Charlottens Aufputz dabei als überaus kostbar und herrlich bewundert, wobei man jedoch der Worte einer nach dem Haag durchgereisten russischen Gesandtin eingedenk war, welche gesagt hatte, daß keinem, der die Ehre habe diese durchlauchtigste Fürstin zu sehen, Zeit und Raum gelassen sei, auf ein anderes, als auf sie selbst Achtung zu geben. Den Neuvermählten wurde auch von Sophie Charlotten ein Fest in Lützenburg gegeben, und dabei auf dem dortigen Theater ein Schäferspiel aufgeführt, wozu der Abbate Mauro die Worte, der Kapellmeister Attilio Ariosti die Musik gemacht hatte. Man bewunderte die Kühnheit des

Komponisten, der mit ganz ungewöhnlichen und verwirrten Tönen, die in lauter sich beständig auflösenden Dissonanzen bestanden, einen mächtigen Eindruck bei den Zuhörern bewirkte, und sie bald zu Wehmuth und bald zu Schrecken hinriß. Der Kaiserliche Sänger Ballarini, der aus Wien zu der Festlichkeit verschrieben worden, ärntete gleicherweise vielen Beifall. Zwischen den Akten wurde von den Hofleuten getanzt, und zuletzt prächtig gespeist.

Den näheren Antheil Sophie Charlottens erregte in dieser Zeit ein Geschäft, zu welchem Leibnitz nach Berlin berufen wurde. Schon mehrmals hatte die Kurfürstin versucht, ihn dorthin zu ziehen. Nach dem Tode des Staatsgelehrten und Geschichtschreibers Pufendorf war im Vorschlag, Leibnitz an dessen Stelle zu bringen. Aber auch zum bloßen Besuch war er oft und bringend eingeladen worden. Am 19. September 1699 schrieb Jablonski an ihn: „Da ich ehegestern das Glück hatte, der Kurfürstin Durchlaucht in Dero Andacht zu Litzenburg zu bedienen, sprachen Sie bei der Tafel nach Gewohnheit von meinem hochverehrten Herrn gar gnädig, und bezeugten, wie sehr Sie gewünscht hätten, selbten einmal hie zu sehen." Sie selbst hatte den Gedanken in dem Kurfürsten erweckt, in Berlin eine Societät der Wissenschaften zu gründen; sie machte mit Erfolg das Beispiel Ludwigs des Vierzehnten geltend, und dem Kurfürsten leuchtete sogleich ein, daß eine solche Stiftung den Glanz seiner Regierung nur vermehren würde, und einem so kenntnißreichen, ja gelehrten Fürsten es vor anderen geziemen müßte, sich auch als Förderer der Wissenschaften zu verherrlichen. Daß Leibnitz hiebei zu Rath gezogen und mit der Ausführung beauftragt wurde, lag in seinem Ruhme und in seinem bisherigen Verhältnisse vollständig begründet, es wäre schwerlich ein Nebenbuhler auch nur zu nennen gewesen. Jablonski bekam im März 1700 von dem Kurfürsten den Befehl, Leibnitz förmlich nach Berlin einzuladen, und da Sophie Charlotte sich gerade in Hannover befand, so war ihm die schöne Gelegenheit eröffnet, die fürstliche Gönnerin auf ihrer Rückreise zu begleiten. Im Mai traf er in Berlin ein, und wurde mit größter Auszeichnung aufgenommen. Der Briefwechsel, wel-

chen er von hier aus nun sehr lebhaft nach Hannover mit
der Kurfürstin Sophie unterhielt, gewährt uns einen Blick in
das thätige und genußvolle Leben, welches er als Gast in
Berlin führte. Die Besorgnisse wegen des Kriegs, in welchen Hannover gegen Dänemark im Sommer 1700 einen
Augenblick verwickelt wurde, und wo zwei Brüder und der
Oheim Sophie Charlottens mit im Felde waren, schwanden
bald wieder, und diese konnte nun auf ihrem Schlosse Lützenburg ungestört den Vergnügungen leben, zu welchen alles um
sie her fast ohne ihr Zuthun angelegt war, und mit deren
Pracht und Fülle sie nur ihren Geist und Geschmack zu
vereinen strebte. Anstatt steifen Ceremoniels, welches dem
Kurfürsten mehr gefiel, gewann alles bei ihr heitre Bewegung,
und die angenehmen Festlichkeiten und Gesellschaften zu Lützenburg bekamen solchen Ruf, daß die Kurfürstin Sophie den
Namen scherzend in Lustenburg verwandelte. In diesem
muntern Wechsel der Tage wurde die Societät der Wissenschaften glücklich zur Reife gebracht, der Kurfürst genehmigte
den von Leibnitz entworfenen Plan, und vollzog am 11. Juli
1700 den Stiftungsbrief. — Friedrich der Große mißt die
Ehre dieser Gründung hauptsächlich Sophie Charlotten und
Leibnitz bei; jene Fürstin, sagt er, habe das Genie eines
großen Mannes mit den Kenntnissen eines Gelehrten vereinigt, und einen Philosophen wie Leibnitz vollkommen zu
würdigen gewußt; dieser aber, vom Himmel mit einer der
bevorrechteten Seelen bedacht, welche sich den Fürsten gleichstellen, ja mehr als Eine Seele habend, sei für sich allein
schon eine Societät gewesen. Er wurde zum Kurfürstlichen
Geheimen Rath und zum beständigen Präsidenten dieses
neuen Vereins ernannt, der später in vier Klassen getheilt
wurde, worunter eine für deutsche Sprache und Alterthümer.
Leibnitz hatte die Benennung Societät dem Namen Akademie
vorgezogen, doch überwog in der Folge der letztere. Nach
mancherlei Schicksalen und wechselnden Leistungen hat diese
wissenschaftliche Anstalt erst in neueren Zeiten einen festeren
Zweck und Bestand erlangt.

Gleich am Tage nach dieser Gründung gab Sophie Charlotte zu Lützenburg ein Maskenfest, in welchem auch Leibnitz

eine Rolle haben sollte, jedoch in dem Grafen von Wittgenstein einen willkommenen Vertreter fand. Die Verse, welche der Ceremonienmeister von Besser für die vornehmsten Masken gedichtet, können wir übergehen. Die Beschreibung aber, welche Leibniz mit eigner Hand an die Kurfürstin Sophie gerichtet, darf hier nicht fehlen; sein Brief ist vom 13. Juli, und lautet wie folgt: „Madame! Quoique je m'imagine que madame l'électrice fera à Votre Altesse Électorale une description de la masquerade comique, ou de la foire de village, représentée hier au theâtre de Lützenbourg; j'en veux pourtant dire aussi quelque chose. Le directeur en étoit monsieur d'Osten, qui a été dans les bonnes grâces du feu roi de Danemarc. On avoit réglé le tout fort à la hâte, pour être exécuté le jour destiné à célébrer la naissance de l'électeur, c'est-à-dire le 12, quoique l'onzième, qui étoit le dimanche passé, soit le vrai jour natal. On représenta donc une foire de village ou de petite ville, où il y avoit des boutiques avec leurs enseignes, et l'on y vendoit pour rien des jambons, saucisses, langues de boeuf, des vins et limonades, du thé, café, chocolat, et drogues semblables. C'étoient monseigneur le marggrave Christian Louis, monsieur d'Obdam, monsieur du Hamel et autres, qui tenoient ces boutiques. Monsieur d'Osten faisant le docteur empirique, avoit ses arlequins et saltimbanques; parmi lesquels se mêla agréablement monseigneur le marggrave Albert. Le docteur avoit aussi des sauteurs, qui étoient, si je ne me trompe, monsieur le comte de Solms et monsieur de Wassenaer. Mais rien ne fut plus joli que son joueur de gobelets; c'étoit monseigneur le prince électoral, qui a appris effectivement à jouer l'hocus-pocus.

Madame l'électrice étoit la doctoresse, qui tenoit la boutique de l'orviétan. Monsieur Désaleurs faisoit très-bien le personnage d'arracheur de dents. A l'ouverture du theâtre parut l'entrée solennelle de monsieur le docteur monté sur une façon d'éléphant; et madame la doctoresse se fit voir aussi, portée en chaise par ses Turcs. Le joueur de gobelets, les bouffons, les sauteurs et l'arracheur de dents vinrent après; et quand toute la suite du docteur fut passée, il se fit un petit ballet de Bohémiennes, dames de la cour, sous un chef, qui étoit madame la princesse de Hohenzollern; et quelques autres s'y mêlèrent pour danser. On vit aussi paroitre un astrologue, la lunette ou le télescope à la main. Ce devoit-être mon personnage; mais monsieur le comte de Wittgenstein m'en releva charitablement. Il fit des prédictions avantageuses à monseigneur l'électeur, qui regardoit de la plus prochaine loge. Madame la princesse de Hohenzollern, principale Bohémienne, se prit à dire la bonne avanture à madame l'électrice le plus agréablement du monde, en vers allemands fort jolis, qui étoient de la façon de monsieur de Besser. Monsieur de Quirini étoit valet de chambre de madame la doctoresse; et moi, je me plaçai avantageusement pour voir tout de près avec mes petites lunettes, et pour en faire rapport à Votre Altesse Électorale. La demoiselle de madame la princesse de Hohenzollern avoit mal aux dents; et l'arracheur, les tenailles de maréchal à la main, faisant son métier, fit paroitre une dent qui étoit quasi comme le bras; aussi étoit-ce une dent de cheval marin. Le docteur louant les prouesses de son arracheur, laissa juger à l'assemblée combien il falloit être adroit, pour tirer une telle dent sans faire du mal. Parmi les malades qui demandoient des remèdes étoient messieurs d'Alefeld et de Flemming, envoyés de Danemarc et de Pologne, et notre monsieur d'Ilten, vêtus en paysans de leurs pays chacun ayant sa chacune. Madame la grandmaréchale étoit la femme de l'arracheur et l'aidoit à mettre en ordre les drogues et instruments; il en étoit de même des autres. Plusieurs entremêlèrent adroitement des voeux pour l'électeur et l'électrice. Monsieur d'Obdam en flamand, monsieur Flemming en bon pomérien, car il finissoit ainsi:

Vivat Friedrich und Charlott!
Wer's nicht recht meint, ist ein Hundsfott.

C'étoit au reste la tour de Babel, car chacun y parloit

sa langue; et monsieur d'Obdam, pour faire plaisir à madame la doctoresse, chanta la chanson de l'Amour-medecin, qui finit par la grande puissance de l'orviétan. Aussi celui que vendoit une telle doctoresse ne pouvoit manquer d'en avoir.

Sur la fin vint un trouble-fête, monsieur de Reisewiz, envoyé de Saxe en Pologne, faisant le docteur ordinaire du lieu ou stadtphysikus, qui attaquoit l'empirique. C'étoit un combat en paroles assez plaisantes. L'empirique ayant montré ses papiers, parchemins, privilèges et attestations des empereurs, rois et princes, le stadtphysikus s'en moqua, et montra de belles médailles d'or pendues à son col, et à celui de madame sa femme, disant que c'étoit par son habileté, qu'il avoit acquis de telles pièces, et que cela marquoit plus réellement son savoir-faire que des papiers ramassés.

Enfin monseigneur l'électeur descendit lui-même de sa loge, travesti en matelot hollandois, et acheta par-ci par-là dans les boutiques de la foire. Il y avoit de la musique dans l'orchestre; et tous ceux qui ont été présents, qui n'étoient ou ne devoient être que des gens de la cour ou de distinction, ont avoué, qu'un grand opéra, qui auroit coûté des milliers d'écus, auroit donné bien moins de plaisir aux acteurs aussi bien qu'aux spectateurs." Die Kurfürstin Sophie saubte biefe Schilberung nach Paris an ihre Koufine die Herzogin von Orleans, welche sich an bergleichen sehr ergötzte. Daß jedoch der Reiz solcher Lustbarkeiten für Leibnitz leicht erschöpft wurde, und sein Sinn damit nicht dauernd übereinstimmte, sehen wir aus einem anderen Briefe an seine fürstliche Freundin, worin er meldet, daß er am vorigen Tage erst um 3 Uhr von Lützenburg zurückgekommen sei, und hinzufügt: „Je fais ici une vie que madame l'électrice appelle après moi ein lieberlich Leben. Me voilà donc bien dérangé et bien hors de mon élément."

Inzwischen hatte der Kurfürst die Erlangung der Königswürde fortgesetzt im Auge behalten, und diese Angelegenheit, mit welcher auch die Ungnade Dandelman's und die Erhebung Wartenberg's in nahem Bezuge stand, kam täglich entschiedener zur Sprache. Wartenberg erkannte, daß von dem Gelingen derselben seine fernere Stellung abhinge, und er wandte allen Eifer an, dem Kurfürsten diese Befriedigung zu verschaffen. Die Unterhandlungen waren nach allen Seiten angeknüpft, und während in Wien die Zustimmung des Kaisers begehrt und den Schwierigkeiten seiner Minister nach besten Kräften begegnet wurde, blieb nichts unversucht, um von anderen bedeutenden Höfen nicht nur die Zusage ihrer Anerkennung, sondern auch ihre thätige Unterstützung zu erlangen. Wartenberg wandte sich in seiner Verlegenheit nach Hannover an die Kurfürstin Sophie, welche die Sache lebhaft ergriff, und gern alles aufbot, um ihre Tochter als Königin zu sehen. Dies ist die spätere und wahrscheinlichere der beiden abweichenden Erzählungen, welche von diesem Hergange sich bei Pöllnitz finden. Ein näheres Einvernehmen zwischen Sophie Charlotte und Wartenberg konnte nun nicht ausbleiben. Nach den von Hannover empfangenen Winken konnte nun die Kurfürstin ihre Vertraute, Fräulein von Pöllnitz, zur näheren Rücksprache mit Wartenberg beauftragen. Letzterer setzte die größte Hoffnung auf den persönlichen Einfluß der beiden Fürstinnen bei dem Könige Wilhelm von Großbritannien, der zugleich als Erbstatthalter in Holland gebot, und bei dem Kurfürsten Maximilian Emanuel von Baiern, welcher als des Kaisers Statthalter in Brüssel den katholischen Niederlanden vorstand. Die Kurfürstin Sophie hatte ihrerseits für ihr Haus die wichtige Angelegenheit wegen der englischen Thronfolge durch persönliche Anwesenheit im Haag zu verfolgen. Es wurde demnach verabredet, die beiden Kurfürstinnen sollten, unter dem Vorwande der leidenden Gesundheit Sophie Charlottens, die Bäder von Aachen, und bei dieser Gelegenheit auch Brüssel und den Haag besuchen. Hiezu waren sogleich die größten Mittel bereit, der Kurfürst willigte in jeden Aufwand, der seinem Zwecke gemäß schien. Nicht nur wurden unbeschränkte Summen für die Reise selbst angewiesen, sondern es kam auch zur Sprache, daß die Kurfürstin, bei der prächtigen Lebensweise, die von ihr verlangt werde, und die auch, sofern sich

20*

Geschmack und Geist damit verbinden ließen, ihrem eignen Sinne schon ganz genehm war, mit ihren bisherigen Einkünften nicht ausreichen könne, daher ein Rückstand von 150,000 Thalern sogleich bezahlt, und für die Zukunft eine Vermehrung von jährlich 20,000 Thalern ausgemacht wurde. Nach diesem, zuerst von Fräulein von Pöllnitz, als Vertrauten der Kurfürstin, mit Wartenberg geschlossenen Vertrage, dem der Kurfürst in allen Punkten beistimmte, wagte jener, die Kurfürstin noch um die Gunst anzugehen, daß sie seine Gemahlin bei sich sähe. Sophie Charlotte glaubte diesem Verlangen nachgeben zu müssen, da auch die Fortdauer des guten Vernehmens mit dem Kurfürsten hievon abhängig schien. Sie ließ daher zu einem ihrer Hoftage die Gräfin von Wartenberg nach Lützenburg einladen, wo derselben jedoch sogleich die unangenehme Verlegenheit zukam, von der Kurfürstin nach deren gewohnter Weise französisch angeredet zu werden und in dieser Sprache nicht antworten zu können. Ein paar Tage darauf, im Mai des Jahres 1700, trat Sophie Charlotte ihre Reise an, zuerst nach Hannover, und dann mit der Mutter vereint im Anfang des Septembers nach Aachen. Leibnitz, der wegen seiner Gesundheit im Bade zu Töplitz war, empfing die Einladung, dies Bad mit dem von Aachen zu vertauschen, und mit den beiden Fürstinnen zu reisen, denen er damit ein sehr großes Vergnügen machen würde. Doch fand Leibnitz sich genöthigt, dieses schmeichelhafte Anerbieten ungenutzt zu lassen, und mußte bis zum Ende des Septembers in Töplitz bleiben.

Die beiden Kurfürstinnen brachten einen Theil der Badezeit in Aachen hin, und begaben sich dann nach Brüssel. Hier hatte Sophie Charlotte die Freude, ihren Kurprinzen zu finden, der inzwischen von Berlin dahin gebracht worden war. Der Kurfürst von Baiern empfing sie mit größter Zuvorkommenheit, und veranstaltete ihnen zu Ehren mannigfache Feste; Maximilian Emanuel huldigte den schönen Frauen mit ritterlichem Eifer; die Schönheit und der Geist Sophie Charlottens erregten seine Bewunderung, der Verstand und die anmuthige Lebhaftigkeit der Kurfürstin Sophie nahmen ihn nicht weniger ein. Er trug kein Bedenken, als die

Rede auf die Königswürde kam, sein Versprechen zu geben, daß er dieselbe, sobald die Seemächte mit ihrem Beispiel vorangingen, sogleich anerkennen würde, wenn auch der Hof zu Wien noch Schwierigkeiten machte. Die Kurfürstin von Baiern benahm sich weniger zuvorkommend. Sie war eine Polin, Tochter des Königs Johann Sobieski, und vereinigte mit den Vorzügen ihrer Landsmänninnen auch manche von deren Launen. Schon bei ihrer Durchreise in Berlin, als sie ihrem Gemahl nach Brüssel folgte, hatte sie durch manche Sonderbarkeit sich bemerklich gemacht. Sie war sehr schön, wollte aber keiner anderen Frau gestatten, es auch zu sein, und äußerte ihr Mißvergnügen und ihre Eifersucht auf alle Weise, wenn dergleichen Ansprüche sich darstellten. Die Anwesenheit Sophie Charlottens war ihr deßhalb eine Pein, sie wollte deren Schönheit durchaus nicht mit der ihrigen vergleichen lassen, vermied sorgfältig mit ihr zusammen öffentlich zu erscheinen, und stellte sich lieber krank. Sophie Charlotte, schon bekannt mit den Eigenschaften der wunderlichen Polin, rechnete ihr dies Betragen nicht an, sondern nahm es von der leichten Seite, und scherzte darüber mit dem Kurfürsten von Baiern, zu dem sie, mit Hindeutung auf seine einstmalige Bewerbung, gesagt haben soll: „Ohne mir schmeicheln zu wollen darf ich glauben, daß ich mich besser dazu geschickt hätte, Ihre Frau zu sein, als Ihre jetzige: Sie lieben die Vergnügungen, ich hasse sie keineswegs: Sie sind galant; ich bin nicht eifersüchtig: nie würden Sie mich böse sehen; und ich glaube wir hätten eine gute Ehe mit einander geführt."

Von Brüssel begaben sich die beiden Kurfürstinnen nach Holland, und hatten zwischen Antwerpen und Rotterdam einen Sturm zu bestehen, bei welchem besonders die Kurfürstin Sophie sich durch muthige Fassung auszeichnete. Nach großer Gefahr kamen sie am 26. Oktober doch wohlbehalten in Rotterdam an. Die politischen Zwecke thaten der geistigen Neigung und Theilnahme keinen Eintrag; an dem Orte, wo der geschätzte Forscher und Kritiker, der damals vielgeltende Schriftsteller Peter Bayle wohnte, war das Verlangen ihn zu sehen lebhaft erweckt, noch am späten Abend wurde zu

ihm geschickt, allein Bayle lag schon zu Bette, krank an
heftigem Kopfschmerz, und mußte die ihm so schmeichelhafte
Einladung versäumen. Der berühmte Basnage, welchem der
Graf von Dohna im Haag nochmals den Wunsch der beiden
Fürstinnen zu erkennen gab, ließ Bayle davon benachrichtigen,
und dieser stellte sich nun dort beeifert ein. Beide Gelehrte
wurden mit Auszeichnung aufgenommen. Die Kurfürstin
Sophie unterhielt sich insbesondre mit Bayle, richtete mehrere
Fragen an ihn, und das Gespräch wandte sich auf die wichtigsten Gegenstände. Sophie Charlotte sprach unterdeß hauptsächlich mit Basnage, und lobte sehr Bayle und dessen
Schriften, welche sie stets mit sich zu führen versicherte.
Von beiden Seiten scheint große Befriedigung Statt gefunden
zu haben; es geschah sogar der Vorschlag, die beiden Gelehrten sollten noch eine Strecke mitreisen, welches jedoch
nicht zur Ausführung kam.

Auf dem Schlosse Loo wurden hierauf die politischen
Anlagen besprochen, und die beiden Fürstinnen zeigten vereint
und jede insbesondre hierin die entschiedenste Ueberlegenheit
des Geistes und der Klugheit. Sie gewannen in aller Hinsicht die vollständigsten Erfolge. Die Kurfürstin Sophie erlangte von dem Könige von Großbritannien das förmliche
Versprechen, daß ihr und ihrer protestantischen Nachkommenschaft die Thronerbfolge von England zugesichert werden sollte.
Die Kurfürstin Sophie Charlotte bestimmte den König, ihren
Gemahl als König anzuerkennen. Mit diesem Siege, welcher
die Nachgiebigkeit des Kaisers entschied und allen sonstigen
Einspruch entkräftete, kehrte die nun ihrem harrenden Gemahl
doppelt erwünschte Fürstin nach Berlin zurück. Sie hatte
freilich durch ihren Erfolg für sich selber eine nächste Zeit
bereitet, an der sie schwer zu tragen haben sollte.

Solcher wichtigsten Zustimmungen versichert, eilte Friedrich
der Dritte die Annahme der Königswürde, wozu seine Ungeduld schon alles vorbereitet hatte, unmittelbar in Vollzug
zu setzen. Die Kurfürstin hatte sich von ihrer Reise noch
nicht ausgeruht, und schon mußte sie sich zu einer neuen
anschicken, und zwar in entgegengesetzter Richtung. Friedrich
der Große erzählt, was wir ohne ein solches Zeugniß nicht

wiederholen würden, die Kurfürstin, welche allerdings mit einiger Angst den bevorstehenden Ceremonien und persönlichen Leistungen entgegensehen konnte, habe zu einer ihrer Damen gesagt, sie sei in Verzweiflung, die nächsten Monate in Preußen gegenüber ihrem Aesop die Theaterkönigin spielen zu müssen. Und an Leibnitz habe sie um diese Zeit geschrieben: „Ne croyez pas que je préfère ces grandeurs et ces couronnes, dont on fait ici tant de cas, aux charmes des entretiens philosophiques que nous avons eûs à Lutzenbourg." Dem Kurfürsten bot sich unter seinen Ländern das Herzogthum Preußen, als nicht zum deutschen Reiche gehörig, bequem und schicklich dar, um zum Königreich erhoben zu werden, und in Königsberg, dem Orte, wo er selbst geboren worden, und dessen Namen schon günstig klang, sollte die Krönung vor sich gehen. Schon am 17. Dezember 1700 begann die Abreise von Berlin, und viele Tage hinter einander folgten immer neue Abtheilungen des Hofes und seiner Begleitung. Seinem Hange gemäß, hatte der Kurfürst diesmal jede ersinnliche Pracht und Festlichkeit aufgeboten. Er selbst und die Kurfürstin reisten mit ihrem persönlichen Gefolge, dreihundert Karossen und Rüstwagen, mit Postpferden voran; sie fuhren nur Vormittags, und wo sie ankamen, war prunkvolle Tafel und mannigfache Festlichkeit bis auf den Abend; in zwölf Tagen gelangten sie nach Königsberg. Drei andere Abtheilungen des Hofes, wahren Heereszügen vergleichbar, folgten etwas langsamer nach; außer den mitgenommenen Königlichen und sonstigen eigengehörigen Pferden wurden noch gegen dreißigtausend Vorspannpferde gebraucht! In Königsberg mußten die schon begonnenen Anstalten rasch vollendet werden, der Kurfürst berieth mit seinen Ministern alles genau, der Ceremonienmeister von Besser half die Ordnungen festsetzen, Eosander von Goethe die nöthigen Verzierungen aufstellen. Am 15. Januar 1701, unter Begleitung von Trompetern, Truppen und vielem Hofgepränge wurde durch Herolde auf den Plätzen und Straßen die öffentliche Bekanntmachung verlesen, daß Preußen zu einem Königreich erhoben sei, und darauf dem Fürsten und Herrn Friedrich, nunmehrigen Könige in Preußen so wie seiner Gemahlin, Königin Sophie Charlotte, jubelvoller Leberuf ausgebracht. Am 17. Januar stiftete der König den Orden vom schwarzen oder dem preußischen Adler, und ernannte sogleich, den Kurprinzen an der Spitze, achtzehn Ritter. Die feierliche Krönung geschah am 18. Januar. Der König trat im Ornat aus seinen Gemächern in den großen Audienzsaal, setzte sich dort die Krone mit eignen Händen auf das Haupt, nahm den goldnen Zepter und begab sich in feierlichem Zuge nach den Zimmern der Königin, die ihm mit allen ihren Damen entgegentrat, sich vor ihm neigte, und in diesem Augenblicke von ihm die Krone aufgesetzt erhielt.

Die Beschreibung des Anzugs darf bei solcher seltnen Feier, und besonders bei einer schönen Königin, wohl einigen Raum ansprechen. Der König trug ein Kleid von rothem Scharlach, mit reicher goldner Stickerei, und mit großen diamantenen Knöpfen, deren jeder breitaufend Dukaten werth; ein Königsmantel von Pupursammet, mit Hermelin gefüttert, und reich mit goldnen Kronen und Adlern gestickt, wurde vorn durch eine Spange von drei Diamanten zusammengehalten, deren Werth auf eine Tonne Goldes geschätzt wurde; der goldne Zepter war mit Diamanten und Rubinen besetzt, auf der Spitze aber breitete sich ein Adler aus, dessen ganzer Leib aus einem sehr großen Rubin bestand, während ein anderer fast eben so großer die Erdkugel bildete, diese beiden Rubine hatte dem Kurfürsten der Zar Peter von Rußland bei seiner Anwesenheit in Königsberg aus seinem eignen Zepter geschenkt; gleicherweise von reinem Golde war die Krone und mit dicht an einander gefügten Diamanten von ungeheurem Werthe überdeckt. Die Königin war in Goldstoff gekleidet, der mit Ponceau-Blumen durchwirkt und auf allen Näthen mit Diamanten besetzt war, die auch den ganzen Brusttheil dicht bedeckten. Rechts an der Brust haftete ein Strauß von lauter Birn-Perlen, deren eine besonders ungemein groß, und alle zusammen unberechenbaren Werthes waren. Mantel und Krone glichen denen des Königs, nur daß ihr die Krone, wie Besser sagt, unmittelbar auf ihrem bloßen Haupte saß, und unter den dicken Buckeln ihres natürlich gekrollten pechschwarzen Haares desto heller hervorschimmerte; wie denn überhaupt die von der Natur ihr vertrauten Güter, nach dem genannten Schriftsteller, allen den Schätzen ihres Aufputzes vorgingen, und auch wirklich ein von solcher Schönheit entzückter Zuschauer nicht sowohl der Königin zur Krone, als vielmehr der Krone zur Königin Glück wünschte.

Nachdem die beiden Majestäten eine Weile auf den silbernen Thronsesseln geruht, und die Begrüßung der Anwesenden in deren wiederholten tiefen Neigungen empfangen, erhoben sie sich unter Geläut aller Glocken im feierlichen Zuge nach der Schloßkirche. Hier geschah nach mehreren gottesdienstlichen Handlungen, während deren der König und die Königin unter Thronhimmeln saßen, nach Gesang, Altargebet und Predigt, die Salbung und Weihe durch zwei Oberhofprediger, einen reformirten und einen lutherischen, welche zum Behuf dieser Handlung eigens zu Bischöfen ernannt worden waren. Der König legte am Altar die Krone und den Zepter ab, kniete nieder, und ließ sich die Stirn mit dem Oel in Gestalt eines Kreises bezeichnen. Eben so wurde die Königin gesalbt, nur daß sie die Krone nicht ablegte. Nach verschiedenen Ausrufungen, Gebetsprüchen und dem Lobgesange, in welchen das Geläut aller Glocken, der Kanonendonner von den Wällen und das Gewehrfeuer der aufgestellten Truppen einstimmten, endete die kirchliche Feier, und beim Hinausgehen aus der Kirche wurden für 10,000 Thaler Gold- und Silbermünzen unter das Volk ausgeworfen, auf welchen beider Majestäten Bildnisse und Namen standen. Alsdann fand eine Prunktafel Statt, bei welcher abermals die Ceremonien nicht gespart waren. Viele Gnaden wurden hierauf ertheilt, neue Hofbedienungen errichtet, und für manche Uebelthäter Verzeihung ausgerufen. Der Abend verging unter Feuerwerken und herrlicher Beleuchtung der ganzen Stadt, zu deren Besichtigung der König und die Königin unter Glockengeläut auf den Straßen fuhren. In allen Ländern des Königs wurde dieser Tag gleichzeitig mit größtem Aufwande festlich begangen, ja kein Dorf blieb unbeleuchtet. Johann von Besser hat alle diese Hergänge umständlich und mit einer im damaligen Sinne vortrefflichen Würde und Zier beschrieben. Auch Leibnitz gab zu dem Ereignisse seinen hulbigenben Beitrag, indem er eine Schrift ausgab, worin er untersuchte und darlegte, was nach den geltenden völkerrechtlichen Begriffen zum Königsthum erforderlich sei. -

Die Königin Sophie Charlotte mußte noch bis zum Monat März viele Festlichkeiten der mannigfachsten Art aushalten, die ihrem Geist und ihren Neigungen gewiß je länger je peinlicher wurden. Während der großen Haupttage hatte sie fügsam und freundlich allem Auferlegten sich unterworfen, und ihr Gemahl, der seinen Festesglanz durch ihre Würde und Schönheit verherrlicht sah, war mit ihrem Benehmen sehr zufrieden, außer Einmal, da sie aus Ungebuld, während der Krönungsceremonie selbst, ihre von dem Zar Peter eingetauschte Dose hervorzog, und eine Prise nahm. Sie saß auf ihrem Throne dem Könige gegenüber, hatte aber den Augenblick wahrgenommen, wo sie sich unbemerkt glauben durfte. Allein der König sah es, und war tief verletzt von dieser Handlung, für welche das Ceremoniel nichts vorgesehen hätte; und nicht nur verwies er es ihr durch unwillige Blicke, sondern sandte auch sogleich einen Kammerherrn mit der Mahnung ab, sie möchte des Ortes eingedenk sein, wo sie sich befinde, und des Ranges, den sie daselbst einnehme. Die Königin ließ sich aber leichter in ihrem Thun und Lassen bestimmen, als zu anderen Ueberzeugungen bringen, und sah schwerlich ihren Fehler so ein, wie es gewünscht wurde. An die fortgesetzten Feste reihten sich die Lustbarkeiten der Fastnacht an, und auch diese wurden eifrigst mitgemacht. Endlich mußte sich doch dieser Stoff erschöpfen und der hartnäckigste Trieb ermatten, alles war übersättigt von Prunk und Herrlichkeit, und auch die Mittel begannen zu fehlen. Dazu kam die Lage der politischen Verhältnisse, welche die Anwesenheit des Königs in Berlin erforderten. Der 8. März wurde endlich zur Abreise festgesetzt. Aber auch dieser Tag, der einen noch unverbrauchten Anlaß bot, wurde noch zuletzt mit ungemeinen Aufzügen und Feierlichkeiten begangen. Bei Berlin am 17. März angelangt, begab sich der König nach Potsdam, und später nach Schönhausen, die Königin aber nach Lützenburg; der feierliche Einzug in die Hauptstadt blieb noch aufgeschoben, weil die Anstalten nicht gehörig vorbereitet waren, und der ganze Hof sich erst wieder sammeln und herstellen mußte.

In dieser Zeit der Ruhe und Einsamkeit empfand Sophie Charlotte gleich wieder das Verlangen, sich von geistigen Dingen mit Leibnitz zu unterhalten. Als Jablouski in Lützenburg erwähnte, er habe zu den nächstbevorstehenden Festlichkeiten auch Leibnitz im Namen der Societät eingeladen, fügte die Königin den Auftrag hinzu, ihn auch in ihrem Namen nochmals einzuladen und um Beschleunigung seiner Ankunft zu ersuchen, weil sie solche sehr wünschte. Und einige Tage später fragte sie Jablouski'n wieder, ob er den Auftrag gehörig ausgerichtet, und drückte wiederholt ihre Wünsche aus, wie sehr gern sie gerade in dieser Zeit, da sie gleichsam inkognito lebe und wenig Menschen um sich habe, Leibnitz'ens angenehme Gesellschaft hätte genießen mögen. In gleichem Sinn schrieb auch Fräulein von Pöllnitz an ihn, und fügte munter hinzu, daß ihre Einsamkeit doch immer noch lustig sei, und erinnerte an das deutsche Sprichwort: „Wenn die Katze nicht zu Hause ist, springen die Mäuse auf Tisch und Bänken herum." Doch konnte Leibnitz diesmal nicht die kurze Muße theilen, welche der Königin vergönnt war, und die Zeit der Festlichkeiten trat auf's neue ein.

Die Königin begab sich im Anfange des Mai mit ihrem Hofstaat nach Schönhausen, wo der König inzwischen alles zu neuem Glanz und Prunk angeordnet hatte, und von hier aus geschah am 6. Mai der feierliche Einzug nach Berlin. Feste und Lustbarkeiten erfolgten nun wieder in gedrängter Fülle. Endlich gab Sophie Charlotte dem Könige noch zuletzt in Lützenburg ein Fest, das ganz nach seinem Sinne war, und nach so vielen vorangegangenen noch außerordentlich erschien; Oper, Ball, Gastmahl, alles war herrlich; am meisten aber bewunderte man die Truppenschaar von jungen Edelleuten, welche der Kronprinz befehligte, und denen der Wachtdienst in den Festsälen vertraut war. Erst am 22. Juni wurde die sechsmonatliche Dauer dieser Krönungsfeier durch das Kirchenfest eines allgemeinen Dank-, Buß- und Bettages geschlossen.

Die Königin athmete in ihrem Lützenburg wieder auf,

genoß der zwanglosen Geselligkeit, und der geistreichen Unterhaltung, welche ihr nächster Kreis immer darbot. Leibnitz aber fehlte, durch hannöverfche Angelegenheiten beschäftigt, welche in dieser Zeit ebenfalls einer nahen Königswürde entgegenführten. Der Kurfürstin Sophie wurde im Sommer 1701 durch den englischen Gesandten Grafen Macclesfield die Erbfolge-Akte des Parlaments überbracht, vermöge deren das Erbrecht Sophiens und ihrer Nachkommen auf den Thron Großbritanniens war ausgesprochen worden. Macclesfield war durch den Bischof Burnet auch besonders an Leibnitz empfohlen, der in diesen Sachen überhaupt thätig eingewirkt hatte. Ein Brief aus dieser Zeit von Leibnitz an Sophie Charlotte entschuldigt sein langes Ausbleiben: „Je n'ai pas encore pu faire ma cour à Votre Majesté comme je souhaite avec passion, parce qu'on m'a pressé extrêmement d'avancer un travail dont je suis chargé. Cependant j'espère qu'il me sera permis de respirer un peu, et de ne pas laisser écouler cet été sans satisfaire à un devoir qui fait une bonne partie de ma félicité. Les gracieuses bontés de Votre Majesté et ce bonheur que je me figure et que j'ai éprouvé, d'être à portée pour voir de près ce qui est l'admiration de la terre, me fait oublier tout ce qui me peut chagriner ailleurs. A quoi contribuera aussi la joie que j'ai de voir la justice que le monde rend à Votre Majesté et à madame l'électrice. Il avoit de l'impatience à vous voir reine; et à peine l'êtes vous devenue, madame, qu'il se réjouit de la voir en train de vous suivre. Car vous ayant donné l'exemple en tant d'autres choses, qui vous font si grande et si adorable, elle est bien aise de recevoir à son tour exemple de Votre Majesté dans ce que le monde se figure de plus grand. Il est vrai que, ni vous ni elle, vous n'avez pas besoin de couronnes et de diamants pour briller. Celui de mylord Raby a été trouvé fort beau, et j'ai peur que cela ne tire à conséquence pour mylord Macclesfield. Monsieur Stepney qui m'a écrit de Vienne m'a chargé de marquer sa dévotion à Votre Majesté quand j'en aurois l'occasion. Voici aussi une lettre de monsieur Burnet, Ecossois qui a été autrefois en votre cour. S'ils s'expriment mieux que moi, ils ne surpasseront pas l'ardeur de mon zèle qui ne le cede à personne dans la qualité d'être de Votre Majesté le plus obéissant serviteur Leibnitz." Im Herbſt war Leibniz wieder in Berlin, und vergaß unter ſeinen wiſſenſchaftlichen Arbeiten und geiſtreichen Unterhaltungen auch der politiſchen Aufgaben nicht, die ihm durch ſeine glluſtige Stellung zufielen. Er drang unabläſſig auf Erhaltung des guten Einverſtändniſſes zwiſchen den beiden Höfen, und auf gemeinſames Wirken derſelben. In dieſem Sinne ſchrieb er aus Berlin am 19. November 1701 an die Kurfürſtin Sophie nach Hannover, woraus, neben dem edlen Geiſtesbezuge Leibniz'ens zu ſeiner fürſtlichen Freundin auch die Stellung der Königin zu den Miniſtern, und hauptſächlich zu dem Grafen von Wartenberg, ſich deutlich ergiebt: „Je n'ai pas manqué d'écrire à monsieur le feldmaréchal Flemming ce que Votre Altesse Electorale m'a dit de favorable pour lui, et je ne doute point qu'il n'en ait été extrémement réjoui, et plus que presque de toute nouvelle qu'il pouvoit recevoir. Pour ce qui est des unités, dont nous avions parlé ensemble Votre Altesse Electorale les entend autant qu'elles sont intelligibles si elle en prend la peine. Car elle juge bien que tout ce qui est corporel et composé est multitude et non pas une unité véritable; que toute multitude cependant doit être formée et composée par l'assemblage des unités véritables, lesquelles par conséquent n'étant point composées ni sujettes à la dissolution sont des substances perpétuelles, quoiqu'elles changent toujours. Or ce qui n'a point de parties ni d'étendue, n'a point de figure aussi; mais il peut avoir de la pensée et de la force ou de l'effort, dont on soit aussi que la source ne sauroit venir de l'étendue ni des figures, et par conséquent il faut chercher cette source dans les unités, puisqu'il n'y a qu'unités et multitudes dans la nature.

Mais je viens à des choses plus convenables au temps. J'espère que notre cour aura sujet d'être contente de celle-ci. Non seulement les expressions sont les plus obligeantes du monde, mais encore, si on sait ménager les bonnes dispositions, je crois que c'est justement le temps d'en profiter en bien des choses. Le ministère tâche de plaire à la reine, et il a raison, et la reine aussi de son côté en use le mieux du monde. Et comme l'on sait que rien ne sauroit faire plus de plaisir à la reine que la bonne intelligence des deux cours, on est fort disposé à la cultiver. Outre que c'est le grand et véritable intérêt des uns et des autres, et que l'on reconnoit que c'est l'unique moyen de nous sauver tous et la liberté publique; ce qui est aussi le texte ordinaire de mes sermons. Je crois aussi que le temps est plus propre que jamais à pousser l'introduction et à finir cette grande affaire si on s'y prend comme il faut. Je souhaiterois aussi que l'affaire de la succession d'Angleterre entroit dans la grande alliance; c'est à quoi on seroit assez disposé à travailler ici. Monsieur le grand-chambellan me marqua encore dernièrement combien il étoit sensible à ce que monseigneur lui avoit fait témoigner sur son zèle. Il m'assura aussi qu'on étoit entièrement pour l'établissement de la primogéniture, et avoit fait témoigner le plus fortement qu'il est possible aux princes fils de Votre Altesse Electorale qu'ils ne devoient point se flatter d'une vaine espérance. J'apprends de la reine que monseigneur le duc Maximilian ne demande maintenant que des choses qui me paroissent tendre à la conclusion, sur tout puisque Votre Altesse Electorale et monseigneur le duc de Zell sont si portés à la procurer."

Mit Leibnitz zugleich war in biefer Zeit auch ein Mann am Hofe Sophie Charlottens erschienen, ber baselbst, wie in ber Welt überhaupt, einiges Aufsehen erregte, und von bem wir etwas umständlicher zu sprechen veranlaßt sind. Die große Geistesbewegung jener Zeit fluthete zwar hauptsächlich innerhalb ber Ufer, welche burch entgegenstehende Glaubensformen und wissenschaftliche Bollwerke fest begründet waren, boch fand wohl auch eine Strömung ihren Weg unerwartet in das offne Feld, das hinter jenen Dämmen sicher zu liegen schien. Die kirchlichen Bekenntnisse und philosophischen Systeme wurden durchbrochen, und die Macht des Zweifels, welche statt des Glaubens und der Wissenschaft den natürlichen Menschenverstand anrief, unterfing sich, auf diesem Boden jene gleichsam zu ersetzen. In dieser Richtung hatten die Franzosen schon einiges versucht, weit gründlicher und entschlossener aber gingen die Engländer darin vor. Die theologischen Kämpfe, so heftig und andauernd und mit so wichtigen Ergebnissen geführt, hatten in England die mannigfachsten Denk- und Sinnesarten aufgeregt, deren Bekenner in den allgemeingiltigen gesetzlichen Freiheiten mehr oder minder auch ihre besondre zu behaupten wußten. Unter den zahlreichen Sekten, zu deren Stiftung oft Ehrgeiz nicht minder als Frömmigkeit wirkte, war endlich auch eine von Freidenkern aufgetreten, welche alles Geoffenbarte auf die Vernunft zurückführte, und einen großen Anhang gewann. Die Namen Tindal, Collins und andere machten sich bekannt, als Haupt und Vertreter der ganzen Genossenschaft aber steht der Irländer John Toland ausgezeichnet, von welchem sie insgesammt den Namen führen. Unehlicher Sohn eines katholischen Priesters, der ihn verläugnete und verstieß, hatte er früh einen Widerwillen gegen die katholische Kirche gefaßt, und war zur reformirten übergetreten. Lebhaft, mit Kenntnissen ausgerüstet, und durch große persönliche Gaben unterstützt, hing er schon in früher Jugend dem Gedanken nach, eine besondre Sekte zu stiften, und fand sich durch die Feindschaft und Härte mit welcher die englischen Theologen seinen ersten Anfängen begegneten, nur um so schneller dahin gedrängt, seine Absonderung auszusprechen. Sein Hauptwerk erschien unter dem Titel: Christianity not mysterious, a treatise showing that there is nothing in the gospel contrary to reason, or above it, and that no christian doctrine can be properly called a mystery, und dieses Buch enthält den Keim des ganzen Systems, welches in der Folge bei den deutschen Theologen unter dem Namen Rationalismus so große Ausbreitung fand. In England aber bot die herrschende Kirche gegen diesen kühnen Neuerer all ihr Ansehn auf, sein Buch wurde von der Grandjury von Middlesser für ein öffentliches Aergerniß erklärt. Indeß hatte er durch eine neuere Schrift, Anglia liberata betitelt, für die Berufung des Hauses Hannover auf den englischen Thron sich kräftigst ausgesprochen, und stand hieburch einer mächtigen politischen Parthei verbunden. Graf Maccleesfield nahm diesen Mann gern in sein Gefolge, versichert, daß derselbe an einem Hofe, um den er sich verdient gemacht; und wo Geist und Kenntniß immer willkommen waren, die beste Aufnahme finden würde.

Diese Erwartung wurde nicht getäuscht; Toland erfuhr als politischer Anhänger und als geistvoller Denker in Hannover die schmeichelhafteste Behandlung, wiewohl man wegen seines Besuchs, als der in England mit üblen Augen angesehen werden konnte, anfangs nicht ohne Bedenken war. Leibnitz trat mit ihm in Verbindung; die Kurfürstin Sophie unterhielt sich gern und oft mit ihm; seine kühnen Sätze trug er mit weltmännischer Feinheit vor, sah dieselben aber mit guten Waffen bekämpft. Wenn er eine von der Schöpfung unterschiedene Welturfache, also einen persönlichen Gott, zu läugnen suchte, stellte ihm die herrliche Kurfürstin mit naiver Wahrheitsstärke den einfachen Spruch entgegen: „Der das Auge gemacht hat, sollte der nicht sehen, der das Ohr gemacht hat, sollte der nicht hören?" Wirklich läßt sich im gegebenen Falle kaum eine bessere Abfertigung denken, als diese muntre Einfall, der — wie der Dichter sagt — Gott hat Witz beschert. Die Königin, durch ihre Mutter und durch Leibnitz von den Verdiensten und Eigenheiten des gelehrten und berühmten Mannes schon unterrichtet, wünschte denselben persönlich kennen zu lernen, und sehr gern machte er einen Besuch in Berlin. Er kam zu Anfang des Oktobers 1701 daselbst an, und seine Aufnahme übertraf beinahe noch die zu Hannover. Er war ein schöner und gewandter Mann, wenig über dreißig Jahr alt, im Hofleben nicht unerfahren. Der König und die Königin unterhielten sich mehrmals mit ihm, besonders zeichnete ihn der Minister Graf von Wartenberg durch die schmeichelhaftesten Höflichkeiten aus. Toland glaubte den Boden hier günstig für seine Meinungen, und mit kühner Zuversicht legte er sich dar. Er unterhielt sich mit den vornehmsten Gelehrten, welche er am Hofe traf, und suchte sie zu gewinnen. Man hat es angemerkt, daß er dem berühmten de La Croze das Buch von Giordano Bruno „il spaccio della bestia trionfante" geliehen, eine fast eben so große und verbotene Seltenheit, als das berüchtigte Buch „de tribus impostoribus." Am meisten aber war sein Augenmerk auf die Königin selbst gerichtet. Sie war in der Philosophie wissenschaftlicher begründet als ihre Mutter, und ließ sich mehr auf die gelehrte Form der Fragen und Beweise ein; er durfte hoffen, hiedurch sie weiter führen und ihr überlegner bleiben zu können, als dies bei der Kurfürstin möglich gewesen. Allein diese Erwartung schlug fehl. Sophie Charlotte war nicht bloß der Schalen kundig, in welcher die Weisheit vorgetragen zu werden pflegt, sondern sie besaß auch den Kern von dieser, und ihre Ueberzeugungen blieben unerschüttert. Auch war sie zu sehr an den Umgang mit den besten Köpfen und scharfsinnigsten Gelehrten gewöhnt, welche sie in den erkannten Wahrheiten nur immer gründlicher befestigt hatten, als daß der Glanz einiges neuen dialektischen Witzes sie hätte blenden können.

Die Art und Weise, wie bei der Königin solche Erörterungen geführt wurden, zeigt sich uns in einem Bericht, welchen Herr von Beausobre über ein Gespräch, in das er unvermuthet mit Toland verwickelt wurde, aufgesetzt hat. Beausobre war ein außerordentlicher Mann, von edlem und reinem Karakter, von großem Geist und reichem Wissen, hatte Feuer und beredte Darstellungsgabe, und galt für einen Meister im Ausdruck; der große Beausobre hieß er noch lange nach seinem Tode bei denen, die seine Eigenschaften und Verdienste im ganzen Umfange würdigen konnten. Er war im Begriff eine Sendung, welche die französische Kirche betraf, anzutreten, und wollte sich deshalb in Lützenburg bei der Königin beurlauben. Die Königin war gerade beim Spiel, ließ ihm aber, so wie sie ihn bemerkt hatte, durch Fräulein von Pöllnitz sagen, daß sie ihn sprechen wolle, er werde nicht lange warten, und das Spiel

gleich beendigt sein. „Es war sechs oder sieben Uhr abends
— erzählt er selbst — als Ihro Majestät aufstanden,
und zu mir gewendet die Worte sagten: »Hier ist ein
Fremder, welcher in Betreff der Religion nicht unsrer
Meinung ist. Er greift die Grundfesten unsers Glaubens an, und will uns die heilige Schrift zweifelhaft
machen; Sie kommen eben recht, uns zu vertheidigen.« Ich
wüßte nicht zu sagen, was ich der Königin antwortete, allein
Herr Toland, den ich weder von Person noch durch seine
Schriften kannte, trat sogleich hervor, und begann mit einer
Art, die etwas zu viel Selbstgefälligkeit blicken ließ, über
das Ansehn der Schriften des Neuen Testaments zu sprechen.
Ich antwortete ihm anfangs mit großer Mäßigung, indem
ich ihm doch zu verstehen gab, daß dem Trotz hier Trotz
entgegenstände, und er möchte sich erinnern, daß der starke
Geist oft gerade der schwache sei. Ich fragte ihn sodann,
wie so er mich auf Vertheidigung zu beschränken meine, da
doch ihm, der sich für den starken Geist ausgäbe, diese Rolle
weit besser zieme: er wisse mein Glaubenssystem, und sei
dadurch sehr im Vortheil, es sei billig, daß er mir das
seinige darlegte, damit wir sie beide vergleichen und hier-
nach sehen könnten, ob seine Religion wenigeren Schwierigkeiten unterworfen sei, als die meinige."

„Herr Toland mochte meiner Frage nicht bestimmt antworten. Er sagte mir, er sei Christ wie ich, aber als ver-
nünftiger Mensch könne er jenes nur durch Erkenntniß sein,
und er verhehle nicht, daß er über das Ansehn der Schriften
des Neuen Testaments große Zweifel hege. Wir gingen sodann auf die Sache näher ein, und ich fragte Herrn Toland,
ob seine Zweifel die Aechtheit aller Schriften des Neuen
Testaments beträfen, oder nur eines Theiles, und ich fügte
hinzu, man habe die zweite Epistel Sankt Petri, die Epistel
Judä, und einige andre in Zweifel gezogen, sei von diesen
Schriften die Rede, so möchte er seine Bedenken nur aufstellen, erstreckten sie sich aber allgemein auf sämmtliche
Schriften des Neuen Testaments, so müßte er im Alterthum
Entdeckungen gemacht haben, die mir unbekannt wären: er

würde mich daher verbinden, sie mir mitzutheilen. Herr
Toland entschied sich, das Ansehn seiner einzelnen dieser
Schriften, sondern aller im Allgemeinen anzugreifen, indem
er meinte, da die Alten in den Kanon zweifelhafte Bücher
aufgenommen, so sei dies ein Beweis, daß dieser Kanon
nicht sowohl nach richtiger Unterscheidung, als vielmehr in
der Absicht bestimmt worden, eine schon vorgezogene Meinung zu stützen. Ich erwiederte, daß keines derjenigen Bücher
welche von einigen Alten bezweifelt worden, zur Begründung
eines Artikels des christlichen Glaubens nothwendig sei,
welcher letztere unabhängig von jenen bestehe: daß die Zweifel
jener Alten auch keineswegs erwiesen, jene Bücher seien von
Grund aus unächt; daß wenn ich die Aechtheit gewisser
Schriften auch fallen ließe, die der übrigen dadurch nichts
verlöre: daß zum Beispiel die fremden Schriften, welche sich
unter denen des Justinus Martyr befänden, weder seinen
Dialog noch seine Apologieen zweifelhaft machten: daß die
vier Evangelien, die Apostelgeschichte, die dreizehn Episteln
Sankt Pauli, die erste Epistel Sankt-Petri und die erste
Sankt Johannis von Anfang her allgemein anerkannt worden,
und niemand habe in Zweifel gezogen, daß diese Schriften
von den Verfassern herrührten, deren Namen sie tragen.
Herr Toland wandte hinsichtlich des Evangeliums Matthäi
ein, wir besäßen die Urschrift nicht, Uebersetzung aber sei
ungetreu, da sie von der hebräischen, durch die Nazaräer
bewahrten Urschrift abweiche. Sei das unsere nun Urschrift
oder Uebersetzung, gab ich ihm zur Antwort, mir liegt daran
wenig. Ich weiß, was ich davon zu halten habe, und mir
genügt, daß die vorgebliche Urschrift und die Uebersetzung
in Betreff der Wunder und der Auferstehung Jesu Christi
übereinstimmen. Lassen Sie unser Evangelium bloß in diesen
Artikeln gelten, und nachher wollen wir untersuchen, welches
von beiden unrichtig sei, ob das Griechische oder das He-
bräische."

„Der Hauptstreit betraf die Apokryphen. Herr Toland
fragte mich, an welchen sichern Kennzeichen man unter einer
Menge von Schriften, welche den Namen der Apostel führten,
die ächten von den falschen habe unterscheiden können. Ich

versetzte, er habe zu geringe Meinung von den Alten, sie seien, wie verschiedene Stellen des Eusebius zeigten, nicht so schlechte Kritiker gewesen, als er sie voraussetze; sie hätten über die Apokryphen nach dem Stil der Schriften geurtheilt, nach der Lehre, die darin enthalten, nach der Zeit, worin sie erschienen. Ich bestand hierauf mit Nachdruck, und äußerte, Herr Toland würde mir kein Apokryph nachweisen können, das älter wäre, als die Zerstörung von Jerusalem, dahingegen alle unbestrittenen Schriften des Neuen Testaments älter seien, als jener Zeitpunkt, mit Ausnahme des Evangeliums Johannis: die Kirchengeschichte bezeuge meine Behauptung, und wenn er sie bezweifle, so liege ihm ob, in diesen Schriften die kritischen Kennzeichen aufzufinden, welche das Gegentheil nachwiesen. Dieses war nicht leicht, und Herr Toland unternahm es nicht."

„Glauben Sie, fragte ich ihn, daß die Episteln Sankt Pauli von ihm seien? Ja, versetzte er. Und glauben Sie, fuhr ich fort, daß Sankt Paulus eine Lehre gepredigt habe, die mit der Lehre der übrigen Apostel in Widerspruch gewesen? Herr Toland stand über die Apostel etwas an, behauptete aber Paulus habe nicht dieselbe Lehre gepredigt, wie Jesus Christus, und führte als seine Zeugen die Nazaräer an, welche den Apostel Paulus verwürfen. Aber, wandte ich, abermals ein, betraf denn ihr Meinungsstreit die Auferstehung? Dieser Punkt ist es, auf dem ich wünsche, daß wir verweilen. Zeigen Sie mir in irgend einer Zeit Jünger Jesu Christi, welche diese Thatsache geläugnet hätten. Ich glaube, daß diese Ihnen am meisten schwierig ist. Ich will nicht über Sie hier urtheilen, aber ich habe wahrgenommen, daß die Leute, welche die christliche Religion angreifen, ein wenig die Auferstehung fürchten."

„Diese Nederei unterbrach den Ernst des Gesprächs, wir nahmen ihn aber bald wieder auf, und ich ließ mir angelegen sein, das Alterthum der heiligen Schriften zu beweisen. Ich verfuhr hiebei folgenderweise: Das Evangelium des Lukas, in welcher Zeit es auch geschrieben sei, ist es unstreitig vor seiner Apostelgeschichte; dies ergiebt sich aus der Vorrede zur letztern, denn diese muß vor der Zerstörung von

Jerusalem geschrieben sein, denn der Verfasser beschließt seine Gedichte mit der ersten Gefangenschaft des Paulus zu Rom, welche im Jahre 59 oder 60 eintrat. Man vermag keinen hinreichenden Grund anzugeben, warum Lukas seine Geschichte auf diesem Punkt sollte beendigt haben, wenn er sie nicht vor dem Tode des Paulus geschrieben hätte, und folglich mehrere Jahre vor der Zerstörung von Jerusalem. Ich führte zweitens an, daß wenn die Weissagungen über die Zerstörung von Jerusalem, welche sich in den Evangelien finden, erst nach dem Ereigniß geschrieben wären, sie niemals in solchen Ausdrücken davon reden würden, welche zugleich die Wiederkunft Jesu Christi und die Zerstörung dieser Stadt verkündigten. Augenscheinlich ist es, daß diese Weissagungen es sind, welche an die letzte Wiederkunft Jesu Christi glauben machten. Selbst einer der Einwürfe, die man den Christen alsbald machte, gründete sich hierauf, daß nämlich Jesus Christus nicht käme, wie er doch versprochen zu haben schiene. Dies ersieht man aus dem dritten Kapitel der zweiten Epistel Sankt Petri. Wären nun diese Weissagungen, welche jenem Einwurfe zur Grundlage dienen, nach dem Ereignisse geschrieben, so läge es außer aller Wahrscheinlichkeit, daß die christlichen Verfasser durch ihre Erzählung solchen Anlaß gegeben hätten. Da ich weiter ging, als Herr Toland von mir verlangen konnte, so forderte ich, er solle mir in denjenigen Schriften des Neuen Testaments, die niemals bestritten worden, irgend eine Spur von Unterschiebung angeben, wie man deren offenbare in der apostolischen Konstitution, in der Reise Sankt Petri, in dem falschen Dionysius Areopagita finde."

„Herr Toland wollte mir hierauf andeuten, daß Bücher sehr alt sein, und dennoch Fabeln enthalten könnten; daß kühne und leichtsinnige Schriftsteller auch Gerüchte und Volksmährchen aufraffen, sie niederschreiben, und sie mit Hülfe des Aberglaubens und der Leichtgläubigkeit der Völker in Gang brächten. Da Herr Toland mir den ganzen Umfang seines Unglaubens völlig aufdeckte, und die Streitfrage schon eine andre geworden war, so hielt ich mich nicht verbunden, auf den Erweis der im Neuen Testamente berichteten

Thatsachen einzugehen. Jedoch machte ich ihm bemerklich, wie sehr seine Schlußfolgerung fehlerhaft sei: leichtsinnige Geschichtschreiber, Betrüger, haben Fabeln erzählt; also sind die in den Evangelien erzählten Thatsachen fabelhaft! Ich brauchte nur, fügte ich hinzu, in seiner Weise zu folgern, um ein ganz entgegengesetztes Ergebniß zu haben: treue Geschichtschreiber haben Wahrheit geschrieben, also sind die im Neuen Testament berichteten Thatsachen Wahrheit. Er entgegnete, ich mäße ihm schlechte Folgerungen bei, und er wolle nur allein den Schluß ziehen, weil viele alte Bücher voll fabelhafter Wunder wären, so müßte man, um die in den Evangelien zu glauben, darthun, daß sie von dieser Art nicht wären."

„Da diese Verhandlung nicht durch ein Gespräch zu endigen war, welches schon einige Zeit gedauert hatte, so verwies ich Herrn Toland auf die vortrefflichen Bücher, die zur Rechtfertigung des Zeugnisses der heiligen Schriftsteller geschrieben worden. Weiter fragte ich ihn, ob er einen Gott glaube: er schien durch diese Frage wie beleidigt, und als er sich darüber unwillig ausließ, sagte ich ihm, es sei wenigstens wichtig zu wissen, ob wir dieselben Vorstellungen von der Gottheit hätten; ich meinestheils glaubte einen weisen und freien Gott, sehr bestimmt unterschieden von dem Stoffe des Weltalls, ich glaubte gleicherweise eine freie Vorsehung, Ursache einer mit Klugheit und Wahl gemachten Einrichtung; wenn wir in diesen Grundsätzen einig wären, so habe er nachzuweisen, daß die im Neuen Testamente berichteten Thatsachen einen Widerspruch in sich trügen, oder der Vollkommenheit Gottes entgegen träten: in diesem Falle würde auch ich sie als Fabeln behandeln müssen, weil nichts, was der Natur der Dinge selber, oder der Vollkommenheit Gottes, zuwider sei, wahr sein könne: eben dies sei das erste Kennzeichen, vermöge dessen wir von Fabeln urtheilen könnten; es gäbe noch ein zweites, das der Geschichtschreiber, welche die Thatsachen berichten; aber ich glaubte nicht, daß er bei den Aposteln Jesu Christi, den Zeugen der Thatsachen, die sie gepredigt, und besonders in der Auferstehung des Herrn, einen der Fehler zu finden vermöchte, welche ein Zeugniß entkräften, und daß ich mich anheischig machte, darin im Gegentheil alles zu finden, was ihre Aufmerksamkeit und ihre Fähigkeit im Prüfen, und ihre Redlichkeit im Erzählen rechtfertigen könne."

„Herr Toland brachte Zweifel über die Auferstehung Jesu Christi vor, und führte mir die Abweichungen an, welche über mehrere Umstände sich in der Erzählung der Evangelisten finden. Ich antwortete ihm, was man hierauf zu antworten pflegt, und setzte hinzu, ich wolle ihm einen Zug bemerklich machen, der seiner Forschbegier entgangen zu sein schiene, daß Wort Sankt Matthäi nämlich: «Und gehet eilend hin, und saget es seinen Jüngern, daß er auferstanden sei von den Todten. Und siehe, er wird vor euch hingehen in Galiläa, da werdet ihr ihn sehn. — Und da sie ihn sahen, fielen sie vor ihm nieder; etliche aber zweifelten,» — und ich bemerkte ihm sogleich, das dies Wort ein sprechender Beweis für die Redlichkeit Sankt Matthäi sei, und daß niemals ein Betrüger solch eine Bemerkung würde hinzugefügt haben."

„Ich weiß nicht mehr, bei welchem Anlaß ich den berühmten Brief des Plinius an Trajanus die Christen betreffend erwähnte. Ich muß eine bedrängende Folgerung daraus gezogen haben, denn mein Gegner wählte kurz und gut den Ausweg, den Brief untergeschoben zu nennen. Hierüber brachte ich ihn noch mehr in's Enge, er hatte sich auf einen Posten zurückgezogen, wo keine Vertheidigung möglich war. Ich forderte von ihm etwas höhnisch die Beweise dieser Unächtheit. Er hatte deren keine, als die Verse der Sibyllen, und einige entschieden falsche oder verdächtige Bücher; da jedoch seine Antwort unsicher war, und ich ihm mit festem Ton wiederholte, in dem Briefe selbst müßten die Kennzeichen der Unächtheit und eben solche, wie sich in den Sibyllinischen Büchern fänden, nachgewiesen werden, so war der Streit, welcher anfing bitter zu werden, schon beendigt, indem die Königin ihn unterbrochen hatte."

Unsere Leser werden der Königin Dank wissen, welche ihnen, wie dem bedrängten Gaste, glücklich zu Hülfe kommt, und ihren klaren und gültigen Sinn hier abermals bewährt.

Beausobre gesteht, daß ein Anderer die Sache der heiligen Schriftsteller besser geführt, er selbst sie aber minder gut vertheidigt haben würde, wenn er nicht gerade zu jener Zeit mit den Apokryphen des Neuen Testaments eifrig beschäftigt gewesen wäre. Wir überlassen den Theologen zu beurtheilen, wiefern solche Streitfragen heutiges Tages mit anderen Gründen und stärker und kräftiger zu behaupten wären, bemerken aber noch insbesondre, daß wir über dieses Gespräch keinen Bericht von Toland haben, wo der Verlauf und Ausgang vielleicht etwas verschieden gelautet hätte. Er meinte wenigstens, nicht beschämt noch mißvergnügt sein zu müssen, sondern freute sich des seltnen Glückes, dergleichen Gegenstände ohne Schärfe und Gehässigkeit in Gegenwart einer tiefbenkenden Königin erörtert zu sehen. Auch wurde er fortwährend vortrefflich behandelt, und wie mißfällig seine Ketzereien auch blickten, so ließ man ihn als Menschen dies doch keineswegs fühlen oder gar entgelten; solche Gespräche waren eine harmlose Geistesübung, deren Freimüthigkeit stets durch Anmuth und Feinheit gemildert wurde. Toland war entzückt von diesem Verkehr, und rühmte den preußischen Hof und überhaupt Berlin als den angenehmsten und befriedigendsten Aufenthalt. Seine Eindrücke, und die Absicht, sie öffentlich mitzutheilen, muß er lebhaft zu erkennen gegeben haben, denn Leibnitz schrieb am 27. Dezember 1701 an die Kurfürstin: „Herr Toland bedroht uns mit einer Schrift, die französisch und englisch zugleich erscheinen soll; wahrscheinlich eine Erzählung seiner Reise. Wir werden auch die Unterredungen Ew. Kurfürstlichen Durchlaucht mit ihm haben, wie er schon gedroht hat. — Was ist zu thun; man muß die Leute reden lassen, zumal die Engländer." Wir sehen hieraus, daß die Veröffentlichung persönlicher Merkwürdigkeiten nicht so neu ist, als man bisweilen aus Unkunde der früheren Zeiten, angeben möchte, und daß bereits vor hundert Jahren hohe und weise Personen sich mit Gleichmuth in dies Unvermeidliche zu fügen wußten; denn was kann wohl natürlicher sein, als daß ein belebter Sinn die persönlichen Vorgänge, die ihm selbst wichtig dünken, und die er Anderen wenigstens merkwürdig glaubt, in kleinerem oder größerem Kreise mittheilt, sei es nun gesprochen, oder geschrieben, oder gedruckt, welches nur dem Grade nach und wenig verschiedene, stets in einander übergehende, und in ihrem letzten Erfolge völlig gleichwerdende Ueberlieferungsarten sind! Toland indeß übereilte sich nicht, und gab im Jahre 1704 nur erst Briefe an Serena heraus, von denen es nach der Königin Tode hieß, es seien Briefe, welche wirklich an sie geschrieben und abgesandt worden, was jedoch wenig glaubhaft ist. Im folgenden Jahre ließ er in der That seine Reiseschilderungen drucken, und zwar zugleich französisch und englisch; aus der deutschen Uebersetzung, welche bald nachher 1706 erschien, entlehnen wir in Betreff Sophie Charlottens die nachfolgenden Stellen, als welche zugleich die Auffassung und Sprache damaliger Zeit uns unmittelbar vorführen. Toland berichtet folgendergestalt: „Die Königin bringet ihre meiste Zeit in einem Pallaste zu, der bei dem Dorfe Lützelburg an der Spree eine Meile von Berlin lieget, und noch nicht völlig ausgebaut ist, daher er auch von dem Dorfe seinen Namen hat; von Berlin kann man bis dahin durch einen Park oder Thiergarten auf einer Treckschute und kleinem Kahn zu Wasser fahren. — Der Garten, welcher zwischen dem Schlosse und dem Flusse mitten inne lieget, wird mit der Zeit, seiner Größe nach, einer von den allerschönsten in Teutschland werden. — Lützelburg wird in kurzer Zeit ein sehr angenehmer Ort werden: und zwar durch Anordnung und Einrichtung Sophie Charlottens, der allerschönsten Prinzessin ihrer Zeit, und die keinem Menschen an richtigem Verstande, an netten und wohlgesetzten Worten, wie auch an Annehmlichkeit der Konversation und Umganges etwas nachgiebet. Sie hat gar überaus viel gelesen, und kann mit allerhand Leuten von allerhand Dingen reden. Man admiriret sowohl ihren scharfen und geschwinden Geist, als ihre gründliche Wissenschaft, so sie in denen schwersten Stücken der Weltweisheit erlanget hat. Ja, ich muß frei bekennen, daß ich in meinem ganzen Leben niemand gehöret, welcher geschicktere Einwürfe hätte machen, oder die Unzulänglichkeit und Sophisterei eines vorgebrachten Arguments und Schlusses hurtiger entdecken, oder auch die Schwäche und Stärke einer Meinung leichter penetriren können, als eben sie. Kein

Mensch hat jemals besser die Kunst gelernet, wie man sich bei allem seinem Thun und Lassen mit Nutzen eine zuläßliche Ergötzlichkeit machen könne, als eben sie. Allein ihr angenehmster Zeitvertreib ist die Musik, und wer sie in eben so hohem Grade lieben will, muß sie auch so wohl verstehen, als Ihre Majestät, welches nichts Leichtes ist. Sie spielet vollkommen auf dem Cymbal, welches sie alle Tage thut; sie singet auch wohl, und der berühmte Bononcini, einer von den größesten heutigen Meistern, sagte mir einst, daß ihre Kompositiones und verfertigte musikalische Stücke überaus akkurat gesetzet wären. Sie siehet gerne, wenn Fremde ihr aufwarten, und von allem, was in ihren Landen merkwürdig ist, Unterricht geben. Ja, sie hat eine so genaue und rechte Erkenntniß von denen Regierungen, daß man sie in ganz Teutschland nur zu nennen pfleget die republikanische Königin, oder die es nicht mit der absoluten unumschränkten Monarchie hält. Alles, was lebhaft und polit ist, kommt an ihren Hof, und siehet man allda zwei Dinge, nämlich Studiren und Lustbarkeiten, in vollkommner Einigkeit beisammen. — Was ihre Person anlanget, so ist sie eben nicht so gar lang und schmal, sondern vielmehr etwas stark von Leibe; ihre ganze Bildung ist überaus regulair, und ihre Haut sehr weiß und lebhaft; sie hat blaue Augen und kohlschwarze Haare; sie hat sehr gerne schöne Damen um sich, wie dann ihr ganzes Frauenzimmer davon voll ist. Der Kronprinz, als ihr einziges Kind, logiret auf dem Schloß zu Berlin in einem besondern Zimmer."

Es ereignete sich die Merkwürdigkeit, daß Toland den Druckbogen, worin von der Königin die Rede ist, aus der Druckerei an eben demselben Tage zur Durchsicht empfing, an welchem auch die Nachricht von der Königin Ableben an ihn gelangte, daß er aber nichts Erhebliches abändern mochte, sondern meinte, was bei ihrem Leben vielleicht hätte Schmeichelei scheinen können, dürfe nun um so gewisser als die bloße Wahrheit auftreten. Toland war später im Jahre 1707 nochmals in Berlin, und rühmte wiederholt die dortige Lebensart und Bildung, besonders aber die vollkommene Gewissensfreiheit, welche in den preußischen Ländern mehr als selbst in England zu finden sei. Er starb im Jahre 1722 zu London im zweiundfünfzigsten Lebensjahre.

Wir müssen hier einen Augenblick verweilen, um den Hof Sophie Charlottens und dessen innere Lebensgestalt etwas näher zu betrachten. — Nach dem Willen des Königs war der Hofstaat seiner Gemahlin von jeher äußerst reich und glänzend, jedes Hofamt wohlbesetzt, und eine prächtige Dienerschaft jeder Art und Gattung zu allen Leistungen bereit. Auf die Wahl dieser Personen hatte Sophie Charlotte immer mehr Einfluß gewonnen, und dieselbe zuletzt fast ganz nach ihrem Sinne gelenkt, wobei sie doch das Nahestehende und Herkömmliche billig im Auge behielt. Geistige Lebhaftigkeit, edle Bildung, Kenntniß und Talent, waren die Vorzüge, welche am meisten berechtigten, ihrer Umgebung anzugehören. Auch eine schöne Gestalt kam wesentlich in Betracht; in den geringsten ihrer Diener liebte sie wohlgebildete und muntre Leute zu sehen. Besonders waren die beiden Kammertürken, welche nach damaliger Sitte bei Hofe nicht fehlen durften, durch ihr stattliches Aeußere ausgezeichnet, und von dem Könige deßhalb dem Hofe seiner Gemahlin beigefügt worden; sie hatten dem muhamedanischen Glauben entsagt, und bei der Taufe die Namen Friedrich Ali und Friedrich Hassan erhalten. Selber ungemein lebhaft und munter, und bei dem großen Drange tiefen Nachdenkens auch der Neigung zu Scherz und Fröhlichkeit ergeben, erhielt die Königin alles um sich her in freudiger Bewegung und Heiterkeit. Sie stellte sich mit ihrer Gesellschaft gern auf gleichen Fuß, legte jede äußere Hoheit ab, und strahlte nur um so heller in der innern, die mit ihrem Wesen verbunden war. Durch ihre Herablassung und Milde, durch ihre leutselige Vertraulichkeit, litt ihre Würde nie, man huldigte ihr nur um so eifriger und ehrerbietiger, je mehr man sich menschlich von ihr angesprochen fühlte. Den Reichthum und die Ueppigkeit eines begünstigten Lebens, welche ganz auf Wohlthun und Milde zu lenken nicht in ihrer Macht gestanden hätte, suchte sie wenigstens durch Bildung und Schönheit zu veredeln, und die herrlichen Tage voll Reiz und Vergnügen, die Spazirgänge und Lustfahrten, Tanz- und Musikfeste, Bühnenspiele und Maskenaufzüge, welche sie in Lützenburg auf einander folgen ließ, entzückten mehr noch durch Einigkeit und Geschmack, als durch die reichen Hülfsmittel, welche dabei verwendet wurden. In diesem Kreise zu leben, dahin eingeladen zu werden, rechnete man als Glück und Annehmlichkeit; der Zutritt war auch nicht erschwert, und besonders wurden Fremde mit Zuvorkommenheit empfangen, jedoch gehörte wohl einiges Selbstgefühl dazu, um da mitgelten zu wollen, wo der feinste Ton und Geschmack und die geistreichste Unterhaltung herrschten, für welche die Kenntniß der französischen Sprache, und gewissermaßen der italiänischen nicht zu entbehren war.

An den meisten Höfen, in allen Kreisen vornehmer Bildung, war damals das Uebergewicht der französischen Sprache unbestritten. Der Hof Ludwigs des Vierzehnten hatte hiezu als mächtiges Vorbild eben so mitgewirkt, wie die Eigenschaften der französischen Sprache selbst, welche sich gleichzeitig in Geselligkeit und Litteratur zu seltner Vollkommenheit entwickelt hatten. Von der nationalen Seite betrachtet, erscheint es als ein Nachtheil, daß nun das Leben der Höfe und der Vornehmen von denen des Volkes auch durch die Sprache sich entschieden trennte. Doch ist dabei der Gewinn für die Bildung überhaupt, für das Zusammenleben Europa's, nicht zu übersehen. In ihrem damaligen Zustande war namentlich die deutsche Sprache ein kümmerliches Werkzeug, und ihre Ausbildung zu betreiben oder abzuwarten, hätte mehr als Eine Geschlechtsfolge sich opfern, und inzwischen auf den Gebrauch und Genuß eines schon fertigen, bequemen und reizenden Hülfsmittels verzichten müssen. Zudem gewährt schon die Kenntniß und Uebung jeder anderen, als der Muttersprache, eine Art Ueberlegenheit, deren die hohen und begünstigten Stellungen sich gern versichern, so sehr, daß an Orten, wo eine fremde Sprache fehlt, die Vornehmen auch in der eignen stets eine neue, dem Volk unverständliche, anzuklingen suchen. Jetzt, da deutsche Könige und Prinzen in deutscher Sprache dichten, und in ihr der höchste Geist schon ausgeprägt ist, können wir es ohne Gefahr sagen, die französische Sprache war damals ein Bedürfniß, und ihre Ausbreitung eine Wohlthat. Freilich wäre es für die deutsche Sprache ein großer Vortheil geworden, hätte Leibnitz seine Hauptschriften deutsch verfaßt; allein Sophie Charlotte, ja Leibnitz selber, wären zu bedauern gewesen, hätten sie nur deutsch ihre Gespräche führen sollen. Durch die französischen Flüchtlinge, welche, zum Theil aus den höchsten Ständen, die Blüthe französischen Geistes und Umgangs ächt und frisch herübergebracht, war in Berlin das Französische gewissermaßen einheimisch, und der Kreis dieser Bildung gar nicht mehr auf den Hof beschränkt. Wer hätte damals gegen diese Nothwendigkeit und gegen diesen Anreiz ringen können! Neben dem Französischen erhielt sich das Italiänische geltend, hauptsächlich mit der Musik in Verbindung, welche in Opern, Festspielen, Gesang- und Tanzkünsten einen großen Bereich ausfüllte. Die strenge Wissenschaft bediente sich des Lateins, dem geschäftlichen Verkehr drängte sich das Holländische und Englische an; dem armen Deutsch blieb unter diesen Umständen nur ein kleiner Raum. Vergebens kämpften einige schöne Geister gegen diese Ungunst; die Dichter Canitz und Besser ahmten in ed... ihren Anstrengungen doch selber nur die Franzosen u... Der letztere hatte wohl im Stolze der deutschen Dichtku... die er zu vertreten meinte, einen Vorwurf gegen Sophie Charlotte, als sie noch Kurfürstin war, auszusprechen gewagt, daß sie mehr von ausländischen Sprachen hielte, und wir theilen seine Verse um so lieber mit, als sie sich in der That fein und schmeichelhaft genug wenden; der dichterische Ceremonienmeister spricht:

    Noch hat die deutsche Poesie
    Vor dir, durchlauchtigste Sophie,
    Sich nimmer dürfen sehen lassen,
    Noch hat ihr Lied sich nicht gewagt,
    Was man in allen Sprachen sagt,
    Vor dir in einen Reim zu fassen.

    Dies würd' auch heute nicht geschehn,
    Allein, nachdem sie wohl gesehn,
    Daß das, was ihr scheint zu gebrechen,
    Auch andern Sprachen noch gebricht,

So denkt sie: Warum soll ich nicht
Auch einmal unvollkommen sprechen?.

Dies unterfängt sie sich nun heut.
Du fragst: Hat sie mehr Lieblichkeit,
Als sie bisher gehabt, zu singen?
Nein! sie kennt ihren rauhen Ton,
Und weiß, daß unser Helikon
Nicht kann vor deinen Ohren klingen.

Allein, was sie verwegen macht,
Ist, daß sie aller Sprachen Pracht
Für dich doch mangelhaft gefunden.
Sie sieht, daß keiner möglich ist,
Es auszusprechen, wie du bist,
Drum hat sie sich's auch unterwunden.

Sie spricht: Ei, steht es Fremden frei,
Was trag' ich dann, ich Deutsche, Scheu,
Sophiens Lob herauszustreichen?
Weicht jede Sprache gleich nicht mir,
So muß, o deutsche Fürstin, dir
Doch aller Völker Schönheit weichen.

Sophie Charlotte erkannte die Artigkeit dieser Zeilen an, und belobte den Dichter auch wegen anderer, welche den bedenklichsten Stoff behandelten, aber in der feinen Schicklichkeit der Behandlung wohl einer so geistesfreien Fürstin durften vorgelegt werden; allein zur Verdrängung des Französischen konnten solche Einzelheiten ihre Wirkung keineswegs erheben.

Französisch war also die Sprache, in welcher die Königin eigentlich lebte. In ihr fanden die ernsten und vertraulichen Gespräche Statt, die Unterhaltung mit ihren Damen, der Briefwechsel mit ihrer Mutter. Die ganze Lebensart, Hoffitte und Kleidertracht, alles hatte den Zuschnitt vom Hofe zu Versailles, und der dortige Wechsel der Moden bedingte den zu Berlin. Auch der französische Gottesdienst wurde neben dem deutschen häufig besucht, und die Refugiés waren eifrig bedacht, in ihren Predigten den Ruf ihrer mitgebrachten Beredsamkeit und ihres guten Ausdrucks zu behaupten.

Die Königin hatte das Glück, in ihrer Umgebung einige Personen zu besitzen, mit denen sie in geistiger Freundschaft und selbst in vertraulicher Herzensnähe leben konnte. Als eine der seltensten Erscheinungen ist hier vor Allen Fräulein von Pöllnitz zu nennen. Sie war eine der sechs Kammerfräulein, welche Sophie Charlotte schon als Kurprinzessin hatte, und deren Zahl nachher auf zwölf erhöht wurde. Dieses Fräulein, gleich der Königin ausgezeichnet an Geist und Schönheit, stimmte mit derselben in jugendlichem Sinn und munterer Neigung überein, hatte gleich ihr ein für Freundschaft empfängliches Herz, und gewann die volle Neigung und das rückhaltlose Vertrauen ihrer Herrin, der sie hinwieder eine gränzenlose Ergebenheit widmete. Der Kammerherr von Pöllnitz, dessen Denkwürdigkeiten leichter zu tadeln als zu entbehren sind, macht von seiner trefflichen Kousine eine Schilderung, die, zufolge der thatsächlichen Zeugnisse, nichts weniger als übertrieben ist. Sie hatte eine lebhafte Einbildungskraft, raschen Witz, fröhlichen Sinn, und einen an Kenntnissen und Einsichten so reichen Geist, wie man bei Frauen selten findet und ihnen kaum gestatten will. Sie besaß die Gabe des Anordnens und Erfindens, und durch ihre Leitung und Fürsorge gewannen die Vergnügungen und der tägliche Tageslauf in Lützenburg einen großen Theil des Reizes und der Annehmlichkeit, wodurch sie sich auszeichneten. Die rohe Beschuldigung, sie habe allzufreie Sitten gehabt, und sogar das Spiel und den Wein geliebt, scheint nur auf der Nachsucht derer zu beruhen, die von dem Uebergewicht ihres scharfen Geistes litten, und ihr die Freiheit ihres Wesens mißgönnten. Nach der Krönung der Königin war auch Fräulein von Pöllnitz in den höheren Rang einer Hof- und Staatsdame getreten, und nun in jedem Betracht eine Hauptperson am Hofe. In fast gleicher Gunst stand Frau von Bülow, geborne von Krosigk, welche schon als Kammerfräulein mit von Hannover gekommen war, und nachher Oberhofmeisterin wurde. Beide Frauen hatten, wie Pöllnitz sagt, den Zauber der Rede fast in solcher Weise, wie man es in Frankreich vom Kardinal von Richelieu und dem Marschall d'Ancre gerühmt, und es scheint, daß ihre Gemüthseigen=

schaften nicht weniger edel als die ihres Geistes waren. Außer diesen werden noch die Hofdamen von Busch, von Schlippenbach und von Sonsfeldt in der Umgebung der Königin als solche genannt, deren Schönheit und Liebenswürdigkeit hervorstrahlten.

Wie vertraulich, wie geistesinnig das Verhältniß zwischen der Königin und Fräulein von Pöllnitz war, bricht sich am vollständigsten durch die Ueberbleibsel eines Briefwechsels aus, der sehr lebhaft gewesen sein muß, da selbst in Zeiten täglichen Zusammenseins, bei dem geringsten Hindernisse des Augenblicks, die Königin das Bedürfniß eines unmittelbaren Austausches gefühlt und durch schriftliche Mittheilungen befriedigt zu haben scheint. Diese Ueberbleibsel kennen wir durch Erman, welchem sie der König Friedrich Wilhelm der Zweite, wie schon gesagt, aus dem geheimen Staatsarchiv zur Veröffentlichung zustellen ließ. Ein Brief ohne Datum, aber deutlich schon dieser späteren Zeit angehörig, lautet:

„Ma chère Pöllnitz, vous m'avez pris sans vert, car je ne puis répondre à tant de gentillesses: et j'aime mieux toutefois que vous doutiez de mon intelligence que de mon amitié. Votre mère dit que dans huit jours vous sortirez. Que mon coeur ressentira de joie — J'en sens déjà un plaisir anticipé. — Je n'ai pas même le plaisir de pouvoir rire des sottises qui se font autour de moi: avec qui? La Bülow a de ce gros bonsens qui ne marche qu'en bottes fortes. Certaines finesses, de ces riens que vous saisissez si bien, échappent à sa pénétration, et les autres sont des enfans. Comme ma chère Pöllnitz est l'âme de mes occupations, elles sont fort languissantes. L'abbé dit qu'il a beau éperonner Pégase, ce n'est qu'une rosse. A propos de rosse, celle qui à ce qu'on suppose a l'honneur de servir B., vint hier parée comme un autel, mais de ces autels infernaux consacrés au diable.

Certain philosophe abhorre le vide, et moi, chère Pöllnitz, le plein. J'avois hier à ma cour deux dames, la B. et la Y., grosses jusqu'aux dents, maussades jusqu'au sommet, et sottes jusqu'aux talous. Mais, ma chère, soupçonnez-vous que Dieu en créant de pareilles espèces, les forma à son image? — non, il fit un moule tout exprès et très-différent, pour nous apprendre le prix des grâces et de la beauté par comparaison. Si vous trouvez ceci méchant, je sais à qui je m'adresse: à bon chat, bon rat. — Comme mon esprit est monté aujourd'hui méchamment, il faut poursuivre. J'ai vu deux beautés d'étrangers: si l'or, le galon et les franges dénotoient le mérite, rien n'égaleroit le leur. Mais comme je respecte peu l'opulence, j'ai apprécié leur juste valeur. Je comprends que l'aspect des grands peut intimider, et ôter à l'esprit la facilité de briller et de paroitre, et alors j'encourage. Mais lorsque la fatuité s'en mêle, et que la présomption et la sottise veulent usurper l'approbation dûe au vrai mérite, je suis impitoyable et je ne fais grâce sur rien. — Que la défiance sur ce que nous valons est estimable, mais que cette vertu est rare! Ne croyons-nous pas toujours valoir quelques carats de plus que d'autres? La vilaine chose que l'orgueil, et pourtant ce sentiment est notre plus fidèle compagnon. Grand Leibnitz! que tu-dis sur ce sujet de belles choses! Tu plais, tu persuades, mais tu ne corriges pas. — Je suis en train de moraliser, et le concert commence. Le nouveau chanteur doit chanter. Sa réputation l'a précédé: s'il la soutient, que je vais passer agréablement mon tems! Adieu, adieu, quoi vous m'arrêtez quand la musique m'attend? Je sacrifie l'amie aux talens. Adieu, vous dis-je, et cela sans appel.

Deux mots, ma chère Pöllnitz, envoyez ces diamans pour mon brasselet à la Liebmann. Je lui ai déjà donné mes ordres pour la façon; je n'ai guères de tems. Madame l'électrice est arrivée; que d'étiquettes à observer! ce n'est pas que je haïsse le faste, mais je le voudrois indépendant de la gêne ... mais que ne voudrois-je pas, et surtout vous qui me manquez essentiellement! On nous promet certain prince: tant pis ou tant mieux; je me jette dans mon lit. Adieu, bon soir, qu'on tire le rideau. Votre reine, votre amie s'endort."

Gewiß, mehr Natürlichkeit, Geist, Laune, Freiheit, Herzlichkeit und Anmuth ist schwerlich auf so wenigen Seiten zu vereinigen, und ein Brief, dessen sich eine Sévigné nicht zu schämen hätte, wird uns noch merkwürdiger und wunderbarer, wenn wir bedenken, daß eine Königin an ihre Freundin so geschrieben hat, ein Phänomen, das nur in Friedrichs des Großen Freundschaftsbriefen seines Gleichen hat, von einer Königin aber einzig ist. Auf einem anderen Blatte, vom Jahre 1702, schreibt Sophie Charlotte ihrer geliebten Freundin fast noch vertraulicher. Es war Gebrauch, wenn der König die Königin noch am späten Abend besuchen wollte, daß dies durch Vorausfendung von Kissen angedeutet wurde; von solcher Sendung beim Schreiben überrascht, schließt sie eilig ihren Brief mit den Worten: „Il faut finir, ma chère amie: les coussins formidables arrivent. Je vais à l'autel. Qu'en pensez-vous? La victime sera-t-elle immolée? Votre maladie m'ennuie. Rétablissez-vous, ma chère."

Der Oberhofmeister von Bülow galt für ausgezeichnet unter den Hofleuten; er war ein redlicher und feiner Mann, der zwischen steifer Etikette und freier Laune billige Vermittelung zu treffen wußte. Er war eben so wie seine Gemahlin, Fräulein von Krosigk, mit Sophie Charlotte von Hannover nach Berlin gekommen. Ein Herr d'Aussson de Villarnoul war Kammerherr und Oberstallmeister; der Stallmeister von Bodelschwing, auch mit von Hannover gekommen, war wegen eines Zweikampfs, in welchem er seinen Gegner, den Schwager des Oberpräsidenten von Dankelman, todtgestochen, deßhalb entfernt worden. Unter den Kammerherren waren noch Ernst von der Marwitz und Otto Graf von Schwerin ausgezeichnet. Der Legationsrath von Larrey hatte als Vorleser der Königin seine Wohnung im Schlosse von Lützenburg, und wurde viel in ihre Gesellschaft gezogen. Er war als französischer Schriftsteller geschätzt, und lieferte, unterstützt durch ein starkes Gedächtniß, selbst ernsthafte und langwierige Werke mit außerordentlicher Leichtigkeit. Manches artige Stück in Versen und in Prosa führte er nach dem Auftrage der Königin glücklich aus. Seine Geschichte der Eleonore von Guyenne las er der Königin noch in der Handschrift vor. Sein Karakter war zuverlässig, sein Geist ungemein lebhaft, und trotz mancher Ungleichheit gesellig angenehm. Von dem Grafen von Dohna haben wir früher schon gesprochen; er gehörte nicht zu dem Hofe Sophie Charlottens, doch führte sein Amt und seine Ergebenheit ihn fast täglich in ihre Nähe.

Der heitre Sinn und die frische Lebenslust Sophie Charlottens ergingen sich wohl am freiesten in ihrem geliebten und ganz eignen Lützenburg, aber sie fanden auch sonst, wo nicht Ceremoniel und Etikette zu stark entgegentraten, mehr oder minder Raum und Gelegenheit. Besonders war dies in Hannover der Fall, wo die geistreiche Mutter, bei ihren hohen Jahren wunderbar kräftig und liebenswürdig, in den Neigungen der geliebten Tochter, welche als strahlende, angebetete Königin die Heimath besuchte, nur die eignen wiederfand, und nichts unterließ, was derselben den Aufenthalt ergötzlich machen konnte. Im Herbste des Jahres 1701 und bis in den Winter hinein hatte das geistigbewegte und geselligfrohe Leben in Lützenburg fortgedauert, noch am 27. Dezember schreibt Leibnitz aus Berlin an den berühmten Philologen Johann Albert Fabricius nach Hamburg, die Friedenssache — womit die Einigung der verschiedenen Glaubensbekenntnisse gemeint ist — werde nicht vernachlässigt, er aber wisse nicht genau, was gethan worden, abwesend und zerstreut wie er jetzt sei. „Denn die Königin", sagt er, „hält mich hier allergnädigst auf, mit ihr auch hoffe ich nach Hause zurückzukommen." Mit dem Anfange des Jahres 1702 aber reiste die Königin, in Gesellschaft der verwittweten Herzogin von Kurland, Schwester des Königs, und des Markgrafen Friedrich Albrecht, Bruder des Königs, nach Hannover, und auch Leibnitz, der bis dahin ihr Gast gewesen, begleitete sie. Als eine Sonderbarkeit wird angemerkt, daß der Markgraf durchaus den Wagen der Königin als Kutscher habe führen wollen, und von Berlin bis Hannover, ungeachtet aller Bitten der Königin, auf dem Bock, in seidnen Strümpfen, gesticktem Sammtrock und großer Perrücke, trotz Unwetter und Frost, die Zügel geführt habe. Freilich hatte er dieselbe Grille auch schon auf der letzten Reise von Preußen, und auch bei gewöhnlichen Ausfahrten unter den Augen des Königs ausgeführt, der solcherlei Einfälle nicht gut hieß, aber seinen

Bruder nicht hatte davon abbringen können. Von den Festen und Vergnügungen, welche dort nun begannen, von der glänzenden Gesellschaft, welche sich zusammenfand, wurde weit und breit gesprochen, am meisten jedoch von einem Maskenfest, wobei schon die Wahl des Gegenstandes eine große Lustigkeit voraussetzte. Ein Neffe der Kurfürstin Sophie, halbbürtiger Sohn ihres Bruders des Kurfürsten Karl Ludwig von der Pfalz, der Raugraf Karl Moritz genannt, zweiunddreißig Jahr alt, geistvoll, wild und humoristisch, Frau von Winkingerode, Hofdame der Kurfürstin und bei ihr fast in gleicher Gunst und Geltung wie Fräulein von Pöllnitz bei der Königin, der Abbate Mauro, und Fräulein von Pöllnitz selbst, scheinen die Anordnungen des Ganzen geleitet zu haben, wie sie auch die Hauptrollen in der Ausführung spielten. Wir können von diesem Feste den zuverlässigsten Bericht abermals von Leibnitz entlehnen, der darüber an die Fürstin von Hohenzollern-Hechingen, geborne Gräfin von Sinzendorf, welche nebst ihrer Tochter öfters dem Kreise in Lützenburg anzugehören pflegte, nach dem Wunsche der Königin am 25. Februar 1702 aus Hannover Folgendes schrieb:
„Madame, ayant été à Berlin ou à Lutzenbourg l'automne passé et le commencement de l'hiver jusqu'à ce que la reine est venue ici, j'ai entendu plus d'une fois, combien Sa Majesté étoit touchée de la maladie et des incommodités de Votre Altesse Sérénissime, tant à cause de l'affection, qu'elle vous porte, Madame, que parceque cela la privoit de l'avantage de vous voir. Maintenant espérant sur les nouvelles qu'elle a reçues de votre part, que Votre Altesse sera remise ou achevera bientôt de se rétablir entièrement, elle se flatte de vous posséder l'été qui vient, et s'en fait une joie par avance.

Elle a voulu cependant, Madame, que je vous fisse un petit récit de ce qui se fait ici, où elle ne se divertit pas mal, aussi bien que madame la duchesse de Courlande. Les masques et bals, le jeu, la comédie, se relèvent l'un l'autre; il y a quelquefois des intermèdes qui servent à varier les plaisirs. On fit un festin dernièrement à la romaine, qui devoit représenter celui du célèbre

Trimalcion, dont Pétrone a fait la description. Le Trimalcion moderne étoit monsieur le raugrave, et sa femme Fortunata étoit représentée par mademoiselle de Poellnitz qui disposoit toutes choses, comme l'ancienne Fortunata dans la maison de son Trimalcion. Il y avoit des lits pour les conviés, dont les principaux étoient la reine, monseigneur l'électeur et monseigneur le duc Erneste Auguste. Mais madame l'électrice, monseigneur le duc de Zell et d'autres principautés n'y vinrent que pour voir. On voyoit les trophées d'armes de Trimalcion, c'étoient des bouteilles vuidées. Il y avoit aussi quantité de devises qui marquoient ses belles qualités, surtout son courage et son esprit. Lorsque les conviés entroient dans la salle, un esclave crioit: le pied droit devant. On étoit déjà placé des les lits, et Eumolpe (Mauro) récitoit les louanges en vers du grand Trimalcion, lorsqu'il arriva lui-même, porté sur une machine, précédé des chasseurs, tambours, musiciens, esclaves, et tout cela faisoit bien du bruit. On chantoit des vers à sa louange, comme par exemple:

> A la cour comme à l'armée
> On connoit sa renommée;
> Il ne craint point les hasards
> Ni de Bacchus ni de Mars.

Ses grandes actions de Pescaret, de Vienne et d'autres lieux, et particulièrement la manière dont il s'étoit pris pour amollir le cœur de madame de Wintzingerode, comme Annibal les rochers des Alpes, étoient les sujets de vers. En cette manière ayant fait plus d'une fois le tour de la salle, comme en triomphe, il se plaça sur son lit et se mit à manger et à boire, invitant les conviés fort gracieusement à l'imiter. Son ecuyer tranchant s'appelloit monsieur Coupé, afin que disant „coupé" il pût l'appeller et commander en même tems. C'étoit comme le Carpus dans Petrone, à qui le maître disoit carpe, ce qui signifie autant que coupez. On vit une poule dont les œufs lorsqu'on les ouvrit furent sur le point d'être jettés, car on crut qu'il y avoit des poussins, mais c'étoient des ortolans. On vit des petits enfants portant des pâtés, et des oiseaux s'envolant d'un autre pâté, que les chasseurs reprirent. Un âne portant des olives, et plusieurs autres figures extraordinaires, qui diversifioient le festin et surprenoient les spectateurs; le tout à l'imitation de l'original romain. Il y avoit même un Zodiaque avec des mets qui repondoient aux douze signes, et Trimalcion se mit à débiter là-dessus une fort plaisante astrologie. Fortunata fut appellée plusieurs fois avant que de se vouloir mettre à table, car tout rouloit sur elle. Trimalcion, étant en humeur de cracher érudition, fit apporter le catalogue de sa bibliothèque burlesque, et à mesure qu'on nommoit les livres en lisant le catalogue, il en disoit les beaux endroits, ou en faisoit la critique. On ne but que du Falerne, et Trimalcion, qui préfère celui de Hongrie à tout autre, se ménagea pourtant assez pour l'amour des conviés. Il est vrai, qu'à l'égard de ses nécessités il ne se contraignit point. Car se trouvant pressé, il sortit et rentra en cérémonie. D'ailleurs un pot de chambre de grandeur énorme, où il auroit pu se noyer la nuit, le suivoit partout. Il disoit que c'étoit celui que Bacchus avoit jetté à la tête d'un géant pour le terrasser, dans la gigantomachie, quand le grand Encélado voulut escalader le ciel. Enfin contemplant sa félicité et la vanité en même tems des grandeurs de ce monde, il fit apporter et lire son testament; où il ordonnoit comme il vouloit être enterré, et quel monument on lui devoit dresser, et faisoit des legs, le tout d'une manière assez drôle. Il affranchit ses esclaves, qui pendant la lecture du testament faisoient des grimaces et des exclamations lamentables. Mais dans le festin même il donna sur le champ la liberté à celui qui s'appelloit Bacchus, faisant le fier de ce qu'il avoit des dieux en sa puissance. L'esclave alla prendre d'abord le chapeau, marque de la liberté. Lorsque le maître buvoit, ces mêmes esclaves faisoient un bruit qui ressembloit au bruit de canon, ou plutôt au tonnerre de

Jupiter, qui étoit de bonne augure s'il venoit de côté gauche. Mais au milieu de la réjouissance la déesse de la discorde y jetta une de ses pommes. Une querelle s'éleva entre Trimalcion et Fortunata, il lui jetta un verre, et on eut de la peine à les accorder. On en vint pourtant à bout, le tout se termina le plus agréablement du monde. La procession avec les cors de chasse, tambours, instruments de musique et chants, finit comme elle avoit commencé. Et pour ne rien dire de Fortunata, on peut dire que Trimalcion s'est surpassé lui-même.

Je voudrois qu'on en fît une description plus complette pour réjouir Votre Altesse Sérénissime. Pour moi j'ai voulu me servir de cette occasion afin de marquer au moins combien je souhaite de me conserver l'honneur de ses bonnes grâces, étant avec respect etc." Das Fest hatte, wie man aus diesem Schreiben sieht, allerdings einige Züge, denen die Freiheit des Karnevals zur Entschuldigung dienen mußte; allein sowohl die gewiß aufrichtige Schilderung, die wir gelesen, als auch die Würde und die Bezüge der Personen, welche sich diese Ergötzlichkeit gefallen ließen, dürfen hinreichend verbürgen, daß diese freien Scherze dem herkömmlichen Anstande durchaus gemäß geblieben. Bei den am Hofe zu Berlin üblichen Maskenfesten, Wirthschaften genannt, für welche Canitz und Besser ihren Witz in Versen aufwendeten, wurde der Scherz nicht selten weit derber ausgeführt. Doch gingen bald über das zu Hannover gehaltene Fest mißwillige Reden umher, man erzählte Dinge, die nicht vorgefallen waren, und brachte solche Gerüchte mit böser Absicht auch an den König. Dieser nahm es sehr übel, daß Gelegenheit zu solchen Mißreden war gegeben worden, und grollte deßhalb mit der Königin fast ein Jahr lang. Die Göttin der Zwietracht hatte sich also in der Wirklichkeit eine größere Rolle genommen, als ihr in dem Feste zugetheilt war. Jedoch Sophie Charlotte besaß die große Eigenschaft, über äußere Widrigkeiten stets erhaben zu sein, und Neid und Mißwollen nicht zu beachten; sie ließ bei der Reinheit

ihrer Gesinnung, bei der Hoheit ihrer Gedanken, sich durch
untergeordnete Klatsch= und Tadelsucht in ihrer Neigung und
Lebensweise nicht irre machen, und nahm den Maßstab ihres
Betragens, wie billig, fortwährend aus dem eignen Geiste.
Wo hätte sie einen richtigeren finden können, besonders da
sie weniger nach außen bestimmend einwirkte, als ihrem eig-
nen Dasein den zugestandenen, und großentheils unversagbaren
Raum wahrte.

Im Jahre 1702 wurde der Feldmarschall Graf von
Barfus, nachdem sein Ansehen schon lange geschwächt war,
aus den Geschäften völlig entfernt, und Wartenberg trat nun
förmlich an seine Stelle. Der Hofmarschall von Wensen,
der ihn zu verdrängen den kühnen Versuch wagte, fiel selbst
in harte Ungnade, in welche auch die Grafen von Dohna
und von Dönhof verwickelt wurden, und da er sich auf die
Königin stützen wollte, die zwar selber keine gute Meinung
von ihm hatte, aber ihn doch bedauerte, so mehrte dies nur
die Kälte, welche zwischen ihr und Wartenberg längst wieder
eingetreten war. Wensen hatte des jungen Pöllnitz Mutter
geheirathet, und dieser, der in seiner frühen Jugendzeit oft
in Lützenburg bei seiner Kousine und bei der Königin war,
schien besser für seinen Stiefvater wirken zu können, als seine
Kousine und die Königin selbst. Bei einem Besuche des
Königs in Lützenburg wagte Pöllnitz, ihn um die Freilassung
des Gefallenen anzusprechen, der König, dem jungen Menschen wohlgeneigt, hörte ihn gnädig an, und gewährte die
Bitte, jedoch mit der Bedingung, daß Wensen das Land ver-
ließe. Nachdem der König sich entfernt hatte, ließ die Königin den jungen Pöllnitz in ihr Kabinet rufen, und er mußte
erzählen, wie die Sache gegangen war. Sie lag auf einem
Ruhebette, Fräulein von Pöllnitz saß am Fuß desselben auf
dem Boden. Die Königin bezeigte die menschenfreundlichste
Theilnahme, freute sich der guten Wendung, und ermahnte
den jungen Mann, sich der Gnade des Königs immer würdiger zu machen, sie wolle ihrerseits alles thun, ihn darin
zu befestigen, und er könne ihres bleibenden Schutzes versichert sein. Wartenberg herrschte nun fast unbeschränkt, und
seine Frau trat am Hofe nur stolzer und anmaßender auf;

so daß Sophie Charlotte sich um so mehr und lieber auf Lützenburg beschränkte, wo sie nach ihrer Weise lebte, ohne die Anderen in der ihnen beliebigen zu stören.

Ihre Sorge zog ein anderer Gegenstand an, der ihren Geist wie ihr Herz ernstlich und immerfort beschäftigte. Der Kronprinz Friedrich Wilhelm war nun schon in seinem vierzehnten Jahre, und die Mutter konnte sich nicht verhehlen, daß dieser Prinz sich in ganz anderer Weise entwickelte, als die sorgsame Erziehung, die man ihm zu geben bemüht war, beabsichtigte. Ihre große Liebe zu ihm verblendete sie nicht über die große Abweichung seiner Sinnesart von der ihrigen. Wenn er auch die Zärtlichkeit der Mutter nicht unerwiedert ließ, so theilte er doch ihre Neigungen gar nicht; dem Vater aber schien er durchaus abgewendet, und gegen dessen feierliche und prunkhafte Richtung entschiedenen Widerwillen zu haben. Ohne Lust und Liebe zu den Wissenschaften, ohne Geschmack für Kunst und feinere Bildung, ging sein ganzes Trachten auf soldatische Uebung, und während seine Sitten mehr und mehr in roher Derbheit sich befestigten, brachen seine heftigen Leidenschaften oft in den gewaltsamsten Ungestüm aus. Er wohnte auf dem Schlosse zu Berlin, besuchte aber regelmäßig, andere Gelegenheiten nicht gerechnet, zweimal wöchentlich seine Mutter in Lützenburg. Sie bemühte sich, durch Gespräche auf ihn zu wirken, ihn zum Lesen guter Bücher anzureizen, ja sie sorgte dafür, daß er bisweilen an ihren Schauspielen und Balletten Theil nahm. Doch selbst sein Gehorsam bewies nur, daß nicht seine Neigung bei diesen Dingen war. Eine ausführliche Unterhaltung, welche die Königin einst mit ihrem Sohn über Fénélon's Telemach hatte, den zu lesen ihm eifrigst war empfohlen worden, ist uns, wahrscheinlich durch den Legationsrath von Larrey, schriftlich aufbewahrt, und bezeugt allerdings, daß für einen jungen wilden Prinzen ein besseres Verfahren wäre zu finden gewesen, falls wir nicht lieber das Langweilige und Peinliche dieser ganzen Erörterung dem ungeschickten Darsteller zurechnen, der es offenbar darauf anlegt, seine zierliche Beredsamkeit in schmeichelhafter Auffassung recht glänzend leuchten zu lassen, wie denn auch sein Machwerk alsbald gedruckt, und häufig — zuletzt noch sogar von Ernan — gelobt wurde. Es ist kein Wunder, wenn der lebhafte Prinz von solchen Unterweisungen, die einem jugendlichen Herzen nur bezugslose Allgemeinheiten darboten, sich zu seinen soldatischen Spielgenossen sehnte. Ihm war nämlich gestattet worden, aus adeligen Knaben seines Alters, unter denen sich auch der junge Pöllnitz befand, zwei Kompanieen Kadetten zu errichten, deren eine er selbst, die andere der junge Herzog von Kurland befehligte; sie hatten ihre besondre Uniform, wurden an bestimmten Tagen geübt, und brachten es bald zu großer Fertigkeit, sowohl in den Waffen, als im übrigen Dienst. Dieses Soldatenwesen war dem Kronprinzen die liebste Beschäftigung, er faßte eine wahre Leidenschaft für die kleine Truppenschaar, und war immer unermüdet, sie zu exerziren und herauszuputzen. Die Königin, um ihrem Sohne auch in seinen Neigungen nachzugeben, und ihn dadurch mehr zu gewinnen, pflegte wohl diesen Uebungen zuzusehen, und bezeigte ihr Wohlgefallen, wenn sie gut gelangen. Gewiß war eine solche Schauleistung dem Prinzen angenehmer, als wenn er selber zur Schau stehen, und seine zugelernten Kenntnisse, wie alljährlich geschah, im Beisein des Hofes mußte prüfen lassen, ein leerer und in seinem Zwecke ganz verfehlter Prunk, der ihm alle Studien noch mehr verleidete! Die kleine Geldsumme, welche er bei solchen Gelegenheiten, so wie zu Neujahr und an Geburtstagen geschenkt erhielt, wandte er vorzugsweise für seine Kompanie an; übrigens konnte man bemerken, daß er mit dem Gelde sparsam umging, und Aufwand und Gepränge ihm zuwider war. Es war nichts damit gewonnen, daß man dem Prinzen schriftlich ausgearbeitete Aufzählungen seiner Fehler und Vergehungen abpreßte, die mit feierlichen Zusagen endigten, sich künftig den Erwartungen seiner Eltern gemäß zu betragen, besonders artiger und rücksichtsvoller, und sich alles vertraulichen Umgangs mit geringeren Hofdienern zu enthalten. Mit Ceremonien und urkundlichen Schriften sogar in der Erziehung aufzutreten, war gewiß das unglücklichste Beginnen, und die gesunde, kraftvolle Natur des Prinzen mußte unter solchen Zumuthungen entweder zerstört werden, oder sich um so mehr in den Gegensatz flüchten.

In der That wurde Friedrich Wilhelm, bei aller Reue und Besserung, die man ihn ausbrüten ließ, in seiner Heftigkeit nur stets unbändiger. Sophie Charlotte kam einesmals dazu, wie er wüthend den Prinzen von Kurland bei den Haaren schleppte, ein anderesmal, wie er den Kammerjunker von Brandt eben die Treppe hinunter gestoßen hatte. Daß die Königin ihm bei solcher Gelegenheit nur kalt gesagt, er habe nicht wohlgethan, wird jetzt niemand ihr als unzeitige Weichheit oder gar Gleichgültigkeit auslegen; was sollte sie, in ihrer Bestürzung und Betrübniß, mit dem kraftvollen Jüngling beginnen? Daß sie aber tief und heftig empfand, dem Sohne scharfen Tadel nicht ersparte, und durch keine Vorliebe ihren klaren Blick blenden ließ, beweist deutlich ein Briefblatt an ihre geliebte Freundin, welches ohne Zweifel in diese Zeit gehört. Sie schreibt: „J'ai du chagrin, ma chère Poellnitz, il faut que je me soulage en vous le communiquant. Outre d'autres sujets que vous pénétrez, j'en ai un que votre amitié pour moi a pressenti. Le jeune homme, que je ne croyois que vif et impétueux, a donné des preuves d'une dureté qui surement tire son origine d'un très-mauvais cœur. Non, dit la Bülow, ce n'étoit que par avarice. — Dieux, tant pis! avare dans un âge si tendre. On se corrige d'autres vices, mais celui-là augmente: et puis, de quelle importance n'est-ce pas par les suites que cela entraîne? la compassion et la pitié peuvent-elles trouver accès dans un coeur que l'intérêt domine? Dohna est honnête homme; il a de la probité et de la noblesse dans les sentimens; mais son défaut est aussi un esprit d'économie, et on corrige mal un défaut qu'on approuve intérieurement. — Je l'ai fort chapitré, et comme cela n'arrive pas souvent, j'ai appuyé surtout et me suis rappelé toutes ses mauvaises façons d'agir en plusieurs occasions. A cela joint les plaintes que les dames m'ont faites qu'il eur dit des sottises: ma colère est allé jusqu'à l'emportement. Est-ce-là le ton des belles âmes? Y a-t-il de la grandeur à offenser? Quelle grossièreté dans l'esprit, de tenir de mauvais propos à un sexe formé pour être l'objet au moins de la politesse des hommes? L'abbé entra tandis que je sermonnois. — Que ceci est auguste, dit-il; il me semble voir Agrippine qui parle à Néron. — Indignée de la comparaison et frémissant de l'augure, je le reçus fort mal: il s'en alla en tremblant, — et j'ai reçu ces vers ou, plutôt l'élégie ci-jointe qui a fait sa paix. J'ai tous les symptômes d'une fièvre de fluxion; il y a un peu de bile; mais tout ce qui porte au cœur ne peut qu'être sensible. Venez bientôt partager mes peines et mes plaisirs. J'en ai un bien grand à apprendre que vous vous remettez. Adieu, adieu, ma chère. Charlotte, R."

Was hier von dem Gefühl annahender Krankheit gesagt ist, verwirklichte sich alsbald; die Königin wurde im Frühjahr 1702 von einem hitzigen Fieber befallen, das jedoch schnell eine gute Wendung nahm, und kaum einige Schwäche hinterließ. Die Königin sah bald ein, daß der Prinz einer ganz veränderten Umgebung bedürfe und eine glücklichere Entwickelung seines Karakters nur zu erwarten sei, wenn er von Berlin fortkäme, und in der Fremde die ihm angemessene Thätigkeit und Erfrischung fände. Hiezu schien eine günstige Aussicht eröffnet, als mit dem Tode des Königs Wilhelm von Großbritannien am 19. März 1702 das Haus Nassau-Oranien erlosch, und der König von Preußen, um seine Ansprüche auf die oranische Erbschaft geltend zu machen, im Frühjahr eine Reise nach Wesel und dem Haag unternahm. Die Königin meinte, diese Erbschaft sei weniger werth, als der Anlaß, der sich daraus ergebe, dem Kronprinzen eine Reise nach Holland auszuwirken. Sie war ihrerseits zu dem Opfer bereit, und wollte ihrem Herzen diese Trennung auferlegen, die sie zum Besten ihres Sohnes nöthig hielt. Ihr Schreiben deßfalls vom 2. Mai 1702 an den preußischen Gesandten im Haag, Herrn von Schmettau, der zuerst diesen Gedanken geäußert hatte, sagt hierüber: „Je vous ai tant plus d'obligation, monsieur, des marques de votre souvenir, vous sachant fort occupé des affaires du roi dans une occasion où l'on trouve plus de contestation qu'on n'avoit cru. Je sais que vous employez tous les soins imaginables pour y remédier, mais je crains bien que nous n'obtiendrons pas tous les avantages que nous nous étions proposés de l'héritage du roi; pour moi je le considère assez grand, soit dit entre nous, si cela peut servir de prétexte à faire aller mon fils en Hollande, et je vous ai obligation, monsieur, d'y avoir pensé le premier. Si vous le pouvez mettre en exécution sans que je paroisse y avoir part, je vous en aurai encore davantage; car il vous souvient de ce que je vous dis devant votre départ: vous comprendrez aisément que ni moi, ni le comte de Dohna, n'oserions parler de cette affaire, et après tout je trouve fort nécessaire pour l'éducation de mon fils, qu'il soit quelques années hors d'ici, ce qui lui fera bien plus de bien que des espérances chimériques." Allein das Vorhaben fand Schwierigkeiten, und die bei dem Könige deßhalb versuchten Anregungen mißglückten. In einem zweiten Schreiben der Königin an Schmettau, vom 16. Mai, heißt es wenigstens: „Puisque vous ne me dites rien de mon fils, je crains que vos représentations n'ayent pas été reçues à Wesel." Zwei Jahre später erst kam der Plan zur Ausführung, der aber nun minder fruchtbar sein mußte.

Daß einer kräftigen und dabei schlichten Natur, wie der des Kronprinzen, nicht unbedingt eine andere Richtung könne aufgezwungen werden, sah Sophie Charlotte sehr wohl ein. Sie glaubte, daß den entschiedenen Anlagen einiges Recht zuzustehen sei, und selbst aus den schlimmen sich Gutes gewinnen lasse. Die gewaltsame Heftigkeit, welche von Willenskraft und Muth zeugte, konnte in wirklichen Kriegskämpfen zu ruhmvoller Tapferkeit werden; ja die Verwickelungen selbst, in welche der leidenschaftliche Ungestüm fortriß, durften dem letzteren zur Heilung dienen, sofern nur eine fremde, nicht allzurücksichtsvolle Umgebung diesen Erfahrungen genugsamen Raum zuließ. In dem Gedanken, aus dem Unvermeidlichen wenigstens Vortheil zu ziehen, mißbilligte daher die Königin auch, daß der Graf von Dohna die stärksten Jugendtriebe, welche in dem Kronprinzen erwacht waren, mit unerbittlicher

Sittenstrenge unterbrücken wollte. Sie erkannte, daß diese Gegenwehr doch endlich brechen und das Uebel dann nur um so größer sein würde, und sie hoffte, einige Nachgiebigkeit in diesem Betreff werde sich durch Milderung der Sitten reich belohnen. In solchem Sinne finden sich von der Königin folgende, an Fräulein von Pöllnitz gerichtete Worte, in Ermangelung von Papier, das gerade nicht zur Hand war, eiligst auf ein Kartenblatt geschrieben: „Dites au comte de Dohna, qu'il ne s'oppose pas aux galanteries du prince-royal; l'amour polit l'esprit, et adoucit les mœurs. Mais qu'il dirige son goût: qu'il ne porte sur rien de bas. — Pas un chiffon de papier ne me tombe sous la main. Adieu, ma chère Pöllnitz: votre amie Sophie."
Wer hieraus der Königin einen Vorwurf machen, oder gar ihre Grundsätze in Zweifel ziehen wollte, der würde nur sein Urtheil als sehr unreif bekennen, sowohl hinsichtlich der menschlichen Natur überhaupt, als auch dieser schwierigsten Lebensverhältnisse insbesondre.

Nachdem der König von seiner Reise zurückgekehrt war, ging in Berlin das gewohnte Leben weiter. Von Hannover kam die Kurfürstin Sophie zum Besuch, und war um so erwünschter, als sie nach allen Seiten begütigend und erheiternd einwirkte. Das gute Einverständniß der Höfe von Berlin und Hannover war oft zum Nachtheil beider durch Eifersucht und Mißtrauen unterbrochen, und die Königin hatte nicht die Gabe, solche Schwierigkeiten aufzulösen; vielmehr war ihr eignes Verhältniß oft sehr ungünstig, und nur ihr hoher Sinn hielt sie empor, der sich über Aeußerlichkeiten leicht hinwegsetzte, unangenehme Vorgänge schnell vergaß, und sich gern damit begnügte, in dem eignen Lebenskreise frei zu schalten, aus dem sie dann jederzeit heiter und harmlos wieder hervortreten, und mit anmuthiger Gelassenheit erfüllen konnte, was ihr als Throngefährtin oblag. In den Hof- und Staatsangelegenheiten herrschte Wartenberg, der hinwieder ganz von seiner eigenwilligen und anmaßenden Frau abhing, nach dieser Seite war kein gutes Vernehmen dauerhaft, es schwankte auf und nieder, und Sophie Charlotte konnte nur Großmuth und Zartsinn, nicht aber Staatsklugheit ausüben.

Da war denn die Anwesenheit der Mutter eine glückliche Vermittelung. Die treffliche Kurfürstin verstand ihren Schwiegersohn zu behandeln, und zugleich seine Minister in gute Stimmung zu setzen, ihre Tochter folgte ihr willig, und selber die Gräfin von Wartenberg, durch kleine Aufmerksamkeiten geschmeichelt, fand sich nachgiebiger. Die Einladung zum Besuch nach Hannover, und später die gute Aufnahme dort, gewannen die stolze Frau noch mehr, und ihr Gemahl wußte seine Dankbarkeit nicht oft genug zu wiederholen. So wirkte die Kurfürstin versöhnend und vermittelnd für alle Partheien. Der Minister von Fuchs äußerte hierüber in einem vertraulichen Schreiben an den hannöverschen Minister von Ilten, wem das Wohl des Königlichen Hauses am Herzen liege, der könne nur wünschen, die Kurfürstin immer am Hofe zu Berlin zu sehen, dies würde unendlich viel Gutes bewirken, denn der König habe offenbar mehr Hochachtung und Zutrauen für sie, als für irgend jemand. Wartenberg schrieb von ihr an denselben Minister von Ilten, sie sei zuverlässig die wohlthätigste Fürstin auf der Welt, habe ein großmüthiges Herz, und auf der rechten Stelle; er fühle sich beglückt, daß diese anbetungswürdige Fürstin, von so großem Verstand und Scharfblick, bei ihrem Aufenthalt in Berlin auch ihm ihre Billigung gewährt habe. In der That wußte sie die verschiedensten Menschen für sich einzunehmen, und jedem nach seinen Ansprüchen, ohne sich das Geringste zu vergeben, gefällig und freundlich zu sein. Daß in Hannover jeder Gast und Fremde vortrefflich aufgenommen sei, und den dortigen Hof nur ungern wieder verlasse, war als ihr Verdienst anerkannt.

In eifriger Thätigkeit erscheint auch Leibnitz fortwährend, sowohl um die politischen Gesinnungen zu vereinigen, und den Wünschen seiner hohen Freundinnen förderlich zu sein, als auch insbesondre den geistigen Anforderungen zu entsprechen, welche von der Königin nur immer lebhafter an ihn gemacht wurden. Wirklich scheint gerade in dieser Zeit ihre philosophische Forschung den höchsten Flug genommen zu haben; ihr scharfes Denken wollte nicht auf halbem Wege ruhen, sondern eilte kühn zu den letzten Ergebnissen, welche der Mensch erreichen kann. Mündlich und schriftlich erörterte sie mit dem großen Lehrer und Freunde die tiefsten Gegenstände der Wissenschaft, und für ihre Zweifel und Fragen mußte des Meisters dialektische Kunst nicht selten unzureichend bleiben. Sophie Charlotte fand in seinen Erklärungen oft nur neue Schwierigkeiten, Leibnitz hinwieder warf ihr vor, sie wolle das Warum des Warums wissen. Besonders führten die Werke von Bayle, welche die Königin gern und fleißig las, und besten Zweifel sie widerlegen zu können wünschte, zu gründlichen Verhandlungen über die Religionserkenntniß, und die hierüber gewechselten Gespräche und Briefe sind der Keim und wesentliche Bestand, wie Leibnitz in einem Briefe an den Abbé Bignon vom Jahre 1708 bekennt, eines seiner späteren Werke, der berühmten Theodicee, so daß wohl niemals die Geistesarbeit einer Königin in edlerer Fassung aufbewahrt sein kann! Wie sehr Sophie Charlotte mit diesen Gegenständen beschäftigt und von ihnen erfüllt war, sehen wir von ihr selbst anmuthig und lebhaft ausgesprochen in einem Briefe, den sie am 7. August 1702 aus Wusterhausen, wohin sie dem Könige gefolgt war, an Fräulein von Pöllnitz schrieb: „Ma chère Poellnitz, voici une lettre de Leibnitz que je vous envoie. J'aime cet homme; mais j'ai envie de me fâcher de ce qu'il traite tout si superficiellement avec moi. Il se défie de mon genie, car rarement il me répond avec précision sur les matières que j'agite." In demselben Briefe sagt sie auch noch: „Dernièrement Leibnitz m'a fait une dissertation sur les infiniment petits: qui mieux que moi, ma chère, est au fait de ces êtres?" Aus der großen Welt ihrer Gedanken durfte sie wohl mit gerechtem Mißfallen auf die kleine herabblicken, die sie umgab.

... Nicht immer waren diese Erörterungen streng und wissenschaftlich; sie gingen heiter in gesellige Unterhaltung über, und dienten, gleich anderen Gegenständen, auch zum Zeitvertreib. Die folgende Erzählung ist zwar irrthümlich nach Lützenburg verlegt, und auf Sophie Charlotten bezogen worden; sie gehört nach Herrenhausen und zu der Kurfürstin Sophie; jedoch, indem sie zeigt, was hier vorging, giebt sie auch ein Beispiel dessen, was dort geschehen konnte, und so theilen wir das Geschichtchen unbedenklich mit. Eines Tages, da Leibniz mit der Kurfürstin Sophie und einigen anderen Personen im Garten zu Herrenhausen lustwandelte, kam der Satz zur Sprache, daß zwei Dinge nie ununterscheidbar gleich seien, und weil die herrlichen Bäume mit der Fülle des Laubes vor Augen waren, so bemerkte die Kurfürstin, selbst in dieser unzählbaren Menge ähnlicher Gestalten würden sich zwei vollkommen gleiche nicht finden. Ein Herr vom Hofe, nicht ohne Geist und mit Leibnitz befreundet, glaubte dies doch nicht allzuschwer, die Kurfürstin nahm ihn beim Wort, und er selbst und andere Herren und viele Diener eilten, ganze Körbe voll Blätter herbeizuschaffen. Nun ging es an ein Aussuchen und Vergleichen, und die ganze Gesellschaft war voll Eifer damit beschäftigt, einen philosophischen Satz sehr unphilosophisch erweisen oder bestreiten zu wollen. Indeß konnte Leibnitz die Unterscheidbarkeit auch der ähnlichsten Blätter immer leicht darthun. In später Zeit pflegte Kant bei seinen Vorträgen über die Logik dieses Geschichtchens gern zu erwähnen, und dann lächelnd zu bemerken, sein großer Vorgänger hätte sich die Mühe sparen und nur kurz sagen dürfen, daß die Verschiedenheit zweier sonst völlig gleicher Dinge schon dadurch erwiesen sei, daß jedes in seinem und nicht in des anderen Raume sich befände. Gewiß aber war es dem Anlaß entsprechender und für die Gesellschaft unterhaltender, daß Leibnitz auch auf den Versuch einzugehen nicht verschmähte, und den Einfall, der dem Gedanken durch Erfahrung begegnen wollte, an dieser selbst vergeblich sich abmühen ließ.

Die Philosophie, selbst nur Freude und Genuß für die erhabene Denkerin, störte auch sonst in keiner Weise die Vergnügungen, welche ein edler Geist und fröhlicher Sinn hervorrufen und empfangen konnte. In Sophie Charlottens Nähe waren die schönen Künste, was sie wirklich sein sollen, der Schmuck des Lebens. Besonders hatte Musik für sie den lebendigsten Reiz, und ihre Ausübung durfte nie lange fehlen. Der König unterhielt eine bedeutende Kapelle, nahm ausgezeichnete Tonkünstler in Dienst, und die berühmtesten Sänger und Sängerinnen aus Italien kamen nach Berlin. Seiner

Prachtliebe waren Schauspiele und Opern sehr willkommen, und über dem Reithause in der breiten Straße hatte er ein Theater einrichten lassen, wo mancherlei Vorstellungen gegeben wurden. Der Ruf der italiänischen Oper hatte auch den jungen Händel nach Berlin gezogen, in seinem fünfzehnten Jahre war er 1698 von Halle dorthin gekommen. Seine Meisterschaft erregte die Aufmerksamkeit des Buononcini und des Attilio Ariosti, der Letztere wurde sein Lehrer und Freund. Sophie Charlotten blieb er nicht unbekannt, er spielte mehrmals am Hofe; die günstigen Anträge desselben ließ aber die Bedenklichkeit seines Vaters ihn versäumen, und er verließ Berlin, ehe er noch die ganze Macht des Genius, die in ihm lag, hatte entwickeln können.

Sophie Charlotte selber, wie wir schon aus früheren Angaben und auch aus Toland's Bericht wissen, übte die Kunst mit Meisterschaft, komponirte ausgezeichnet, und spielte und sang mit Fertigkeit und Anmuth die Werke der verschiedensten Meister, besonders aber die Kompositionen eines damals berühmten Tonsetzers Corelli. Der Schatz ihrer Musikalien wurde eine Tonne Goldes werth geachtet. Kein Tag verging, ohne daß sie selbst am Klavier gesessen, oder musikalische Aufführungen angehört hätte. Dieser Eifer war auf ihre nächste Umgebung übergegangen, hatte sich dem Hofe, ja der Stadt mitgetheilt. Der Oberbürgermeister von Hessig, gewesener Kammerdiener des Königs, errichtete in seinem Hause in der Königsstraße mit höchstem Beifall eine kleine Opernbühne. Alle jüngere Personen des Hofes waren mehr oder minder musikalisch, für alle Instrumente und Gesangstimmen fanden sich bildsame Fähigkeiten. Als die Königin ein eignes Theater in Lützenburg errichtet hatte, welches im Sommer 1702 fertig wurde, konnte sie ganze Opern und Ballette durch solche vornehme Liebhaber und Liebhaberinnen aufführen lassen. Auch die besten Stücke der französischen Bühne kamen auf diese Weise zur Vorstellung. Daneben hatte Sophie Charlotte aber auch ihre eigne Kapelle, der berühmte Tonsetzer Attilio Ariosti stand in ihrem Dienste, und fortwährend berief und belohnte sie fremde Künstler. Zur Einweihung der neuen Schloßbühne wurde am Geburtstage des Königs die Oper „i trionfi dei Parnasso" aufgeführt. Neben den fremden Sängern und Sängerinnen Antonio Tosi, Paolina Fridelin und Regina Schönaes, spielten darin die verwittwete Herzogin von Kurland, deren Tochter die Prinzessin Maria, und der junge Prinz ihr Sohn. Das nächste Jahr 1703 war besonders reich an Kunstgaben und Festlichkeiten. Wir erwähnen der Aufstellung der Reiterstatue des großen Kurfürsten, dieses herrlichen Werkes von Schlüter, das im Guß der Stückgießer Jacobi ausgeführt. Die Vermählung der verwittweten Herzogin von Kurland veranlaßte Feste, die nicht so fröhlich als glänzend waren. Die liebenswürdige Fürstin hatte einflußreiche Widersacher am Hofe, welche ihr mißgönnten, mit der Königin verbunden ein so heitres Dasein zu führen. Da sie von Kurland, wegen des Krieges im Norden, seit langer Zeit keine Einkünfte zog, so war sie ganz von dem Könige abhängig, und man dachte durch ihre Wiedervermählung Ersparnisse zu machen. Dem sechzigjährigen Markgrafen von Baireuth, der um sie warb, wurde sie genöthigt ihre Hand zu geben. Sie wurde in Lützenburg vermählt, aber nur mit größtem Widerwillen folgte sie ihrem Gemahl, und fast gewaltsam mußte man sie von dem theuren Aufenthalt fortreißen. Ihre Tochter, die Prinzessin Maria, durfte bei der Königin zurückbleiben, wo ihre Lieblichkeit und Sanftmuth ihr allgemeine Zuneigung erworben, aber auch das Herz des Markgrafen Albrecht, Bruder des Königs, zur höchsten Leidenschaft entflammt hatte. Nach großen Schwierigkeiten erlangte der Markgraf vom Könige die Erlaubniß zur Heirath. Auch diese Hochzeit wurde in Lützenburg gefeiert, doch ohne Gegenwart des Königs, der mißvergnügt die Sache ganz der Königin überließ; die angestellten Lustbarkeiten waren deßhalb nicht weniger glänzend, und verhüllten keine geheime Trauer. Ein anderes großes Fest vereinigte den ganzen Hof in Lützenburg, als bei Anwesenheit des Komponisten Giovanni Buononcini daselbst dessen Oper „Polifemo" aufgeführt wurde; unter den vornehmen Sängern und Sängerinnen, welche dabei mitwirkten, befand sich auch die Erbprinzessin von Hessen-Kassel, die Königin aber saß in der Mitte des

Orchesters am Klavier, und die übrigen Instrumente wurden alle nur von den größten Meistern gespielt.

In dasselbe Jahr mit diesen Ergötzlichkeiten fällt ein Briefwechsel, der uns die Königin wieder in ganz anderer Beschäftigung zeigt. Mit der Kurfürstin Sophie und mit Leibnitz war schon längere Zeit der Jesuit Bota, Beichtvater des Königs Johannes Sobieski von Polen, in brieflicher Verbindung, und dieser geistvolle und weltkluge Mann, welcher neben politischen Geschäften auch an höheren Forschungen Theil nahm, war Sophie Charlotten natürlich nicht unbekannt geblieben. Als er nach Berlin kam, ließ ihn die Königin mehrmals einladen und fand Geschmack an seiner Unterhaltung. Er hatte viel Witz und Beredsamkeit, ausgebreitete Kenntnisse fast in allen Fächern, und dabei eine Lebhaftigkeit, die auch bei einem jüngeren Manne aufgefallen wäre, um so mehr bei ihm, der schon hoch in Jahren war. Gespräche über Religions- und Glaubenssachen waren damals sehr in Anregung; man glaubte die protestantischen Lehrbegriffe noch mit einander ausgleichen, und für sie denn auch mit der katholischen Kirche eine Annäherung finden zu können. Sophie Charlotte veranlaßte auch den Pater Bota zu solchen Erörterungen, und da er sich mit ihr nicht ernstlich genug einzulassen schien, setzte sie ihm ihre französischen Hofprediger von Beausobre und Lenfant entgegen. Der Letztere rühmt von der Königin, sie habe ihr größtes Vergnügen an solchen Gesprächen gefunden, und sei durch ihren außerordentlichen Geist, ihren eindringenden Scharfsinn und vielfaches Wissen wohlbefähigt gewesen, mit den bedeutendsten Männern dergleichen zu führen, besonders aber habe sich dabei ihr Geschmack und sicheres Urtheil, so wie ihr edles und feines Benehmen stets im schönsten Lichte gezeigt. Nicht immer jedoch scheint ihr Beispiel in diesem Betreff von den Anderen nachgeahmt worden zu sein. Die beiden Hofprediger, deren sie bald den einen, bald den anderen, zuweilen auch beide zusammen rufen ließ, wollten gegenüber dem Jesuiten, der seinerseits rüstiglich seinen Boden behauptete, und seine Gegner als Abtrünnige behandelte, auch ihrer Kirche nichts vergeben, und bestritten seine Sätze mit Heftigkeit, so daß die Königin mehrmals über den Eifer des Kampfes lächelte, und ihn zu mäßigen veranlaßt war. Ueber diese Streitverhandlungen, und über die Bitterkeit, zu welcher sie gestiegen, schrieb der Pater Bota nach seiner Abreise an die Königin, klagte sich selbst, aber mehr noch seine Gegner an, und meinte, für den Fall der Fortsetzung eine glimpflichere Weise hoffen und versprechen zu dürfen. Sein Brief ist aus Stargard vom 23. März 1703: „Madame, je me sers de l'occasion de monsieur le lieutenant-colonel de Massow pour me présenter par cette lettre aux pieds de Votre Majesté, et lui réitérer les témoignages de ma reconnoissance éternelle pour les grâces infinies dont elle m'a comblée. Je lui demande pardon que j'ose sitôt lui renouveler mes importunités, après l'avoir si longuement ennuyée par mes discours interrompus par une si desagréable toux, que la présence de Votre Majesté m'a pourtant quasi entièrement guérie, lorsque la dispute la plus échauffée la devoit irriter.

Mais à propos de disputes, j'avouerai à Votre Majesté que parmi tant de contentemens dont sa royale cour m'a été si libérale, il m'est resté un chagrin assez sensible, que l'engagement de défendre l'honneur des premiers pères de l'église et des quatre grands conciles œcuméniques auxquels toute la chrétienneté catholique et non catholique porte tant de respect, ait attiré sur ces messieurs, que d'ailleurs j'estime et j'honore, des réponses proportionnées au grand tort qu'on faisoit à toute l'ancienne église, non encore divisée en partis.

Si j'ai l'honneur de retouner aux pieds de Votre Majesté comme elle m'a fait la grâce de me le commander, j'espère qu'ils conviendront avec moi de ne pas provoquer des expressions aigres par des termes injurieux aux plus grands saints de l'antiquité et aux luminaires les plus éclatans de l'église. Une semblable rencontre ne m'est jamais arrivée en quarante années de controverse avec les premières têtes, à Rome, à Paris et ailleurs, où la civilité et la courtoisie ont toujours été de pair avec la doctrine. Je me flatte que ces dignes personnages voudront bien demeurer mes bons amis, comme je suis leur sincère et estimateur incapable de conserver la moindre rancune, comme effectivement j'en fus exempt dans le plus fort même de la dispute. Et quand nous nous verrons ensemble à la presence de Votre Majesté, nous nous accorderons dans la recherche paisible et édifiante de la vérité, suivant le mouvement que le grand génie et le merveilleux esprit de Votre Majesté en tant de sortes, voudront bien nous donner.

Au reste, Madame, je me console dans la solitude de ce voyage, par me raconter à loisir à moi-même les incomparables prérogatives de Votre Majesté et ses bontés généreuses qu'elle m'a témoignées. Ce seront mes plus doux entretiens, et le récit que je ferai au roi et à toute la Pologne, des vertus d'une reine qui fait l'admiration de l'Europe, en priant Dieu qu'il la conserve andelà des siècles. Je suis, Madame, avec la plus grande soumission de Votre Majesté le plus humble, plus obéïssant et plus obligé serviteur Vota."

Die Königin theilte den Brief des gewandten Jesuiten dem einen seiner Gegner mit, und forderte von diesem einiges theologische Rüstwerk, um den guten Pater auch noch in der Ferne die unbesiegte Stärke der Protestanten erfahren zu lassen. Der Aufforderung wurde überschwänglich entsprochen, und Penfaut gab einen weitläufigen Aufsatz voll kirchengeschichtlicher Gelehrsamkeit und dialektischer Gründe, welchen die Königin ihrem Antwortschreiben einverleibte. Sie bekennt selbst, daß sie sich auf dieses theologische Meer nur im Vertrauen auf ihre Steuerleute wagen dürfe, und hofft, wenn diese sie irrführen sollten, durch Vota wieder in die rechte Bahn gebracht zu werden. Der Anfang und der Schluß dieses Briefes sind ohne Zweifel von der Königin selbst, oder doch unter ihrer Aufsicht und nach ihrer bestimmten Angabe verfaßt; mit der zwischenliegenden Auseinandersetzung aber finden wir uns in Verlegenheit, wir können unseren Lesern nicht zumuthen, gleiche Aufmerksamkeit dafür zu haben, wie für die eignen Worte Sophie Charlottens, und doch sind die letzteren nicht wohl aus diesem Zusammenhang abzuschneiden.

Uns bleibt daher nur übrig, es mit ein paar Blättern nicht zu genau zu nehmen, und das ganze Schreiben, das doch einmal den Namen der Königin führt, günstiger Nachsicht hier anzubieten. Dasselbe beginnt: „Vous êtes toujours le même, Monsieur, c'est à dire l'homme du monde le plus obligeant, et vous ne recevrez jamais nulle part tout l'accueil que vous méritez. Quoiqu'il soit fort mal-aisé d'être insensible aux louanges d'une personne de votre goût et de votre poids, je vous avoue pourtant, que ce qui m'a le plus touché dans votre lettre, c'est la délicatesse sur les petites escarmouches que vous avez eues avec nos théologiens pendant votre séjour en cette ville. Je reconnois la-dedans un caractère d'honnête homme et de chrétien, qui relève beaucoup les rares qualités de votre esprit. Je puis bien vous en offrir autant de la part de ces messieurs, et je vous réponds qu'il n'y aura point de controverse entre nous à cet égard. Ce qui se dit d'un peu fort de part et d'autre dans ces occasions-là, ne sert qu'à rendre la conversation plus vive, et ne doit point altérer l'estime que l'on se doit mutuellement et que personne ne refuse à vos grands talens.

Au reste, je ne suis pas surprise qu'en un fort petit espace de tems vous ayez ouï dire, en pays de liberté, quantité de choses qu'on n'entendroit pas pendant quarante ans en pays d'autorité, car ce sont deux pays où l'on parle des langues bien différentes. Mais je puis vous en dire ma pensée: je comprends à-peu-près ce qui engagea insensiblement ces messieurs à sortir un peu du decorum de la fraternité dans leurs expressions sur le sujet des pères. Comme on est accoutumé à regarder parmi nous l'écriture sainte comme la seule règle de la foi, sur laquelle il faut examiner et pères et conciles, ils n'étoient pas sans doute trop conteus de voir que vous lui donnassiez si peu de part dans toute cette affaire, et que vous parlassiez si désobligeamment de la raison, dont la seule autorité devroit régner dans ce monde et à laquelle vous avez même tant d'obligation. Cependant, comme on peut être bons amis, et soutenir chacun son sentiment, ils se font forts de prouver qu'ils n'ont rien avancé sur le sujet des pères et des conciles, qui n'ait été dit et publié plus d'une fois, non seulement par des auteurs de notre communion, que vous n'êtes pas obligé de reconnoitre, mais même par des auteurs catholiques, et ce qui m'a le plus surprise, par des jésuites.

Comme le plus fort de vos conversations roula sur l'autorité des pères de l'église latine, et en particulier sur celle de Saint-Augustin et de Saint-Jérome, c'est par là qu'il faut commencer; car pour les pères grecs, autant qu'il m'en souvient, il en fut peut parlé dans vos diverses conférences. Je me souviens seulement qu'un jour vous parûtes scandalisé d'une proposition qui fut avancée, seulement en passant, par l'un de ces messieurs, au sujet de l'église grecque. C'est que plusieurs d'entre ces pères étoient grands Origénistes, la plûpart Platoniciens fort adonnés à des allégories à perte de vue, très-peu versés dans le style du nouveau testament, qui est un grec de synagogue et tout rempli d'hébraïsmes. Ce discours vous parut extrêmement paradoxe, et ne manqua pas d'exciter ce zèle et cette vivacité qui m'a si souvent charmée, et que ces messieurs admiroient eux-mêmes, puoiqu'ils en fussent la butte. Mais ils m'ont assuré encore depuis, qu'ils n'ont rien avancé là-dessus qui ne s'accorde avec le sentiment des plus habiles critiques de ce siècle.

Je reviens donc à Saint-Augustin. Il ne faudroit pas, disent ces messieurs, aller plus loin que le dictionnaire de monsieur Bayle, pour trouver des auteurs de votre société qui ont parlé de ce grand évêque avec plus de liberté qu'ils n'on fait et qu'ils ne voudroient faire. Si vous prenez la peine de lire les articles Adam [Jean Adam, jésuite] et Augustin de ce dictionnaire, vous serez convaincu qu'ils n'ont rien avancé là-dessus que de très-soutenable.

Mais ces messieurs n'en demeurent pas là, car ils m'ont assuré que le cardinal Noris, qui ne peut être inconnu à Votre Révérence, a été obligé de publier une apologie de Saint-Augustin, particulièrement contre les jésuites, où il se plaint qu'ils ont accusé Saint-Augustin d'une obscurité affectée dans les matières de foi, de contradictions, d'inconstance, et quelquefois même d'erreurs formelles et très-importantes. Le père Adam, jésuite célèbre dans le dix-septième siècle, a avancé des choses si fortes contre Saint-Augustin, que le cardinal Noris dit là-dessus, qu'il faut avoir un coeur de pierre pour entendre ces paroles si injurieuses, non seulement sans indignation, mais même sans horreur. Le père Annat, aussi jésuite, qui a été le confesseur de Louis XIV et provincial de son ordre, a été un des plus hardis de tous sur ce sujet, et j'ai été, je vous avoue, tout épouvantée d'apprendre qu'il avoit bien osé alléguer plus de trente docteurs, de compte fait, papes, cardinaux, évêques et autres théologiens de France, d'Italie, d'Allemagne, „il devoit dire aussi du Japon“, ajoute le cardinal Noris, qui ont accusé Saint-Augustin d'un grand nombre d'erreurs. Mais ce qui m'a frappée surtout, c'est que le père Annat a prétendu faire voir que ces accusations contre Saint-Augustin ne rouloient pas seulement sur les matières de la grâce, de la prédestination et du franc-arbitre, mais sur les articles les plus fondamentaux au jugement de l'une et de l'autre communion. Ce jésuite allègue même là-dessus l'autorité de deux grands hommes, l'un du treizième, l'autre du seizième siècle, ce qui fait voir, pour le dire en passant, que ce n'est pas d'aujourd'hui qu'on n'a pas épargné Saint-Augustin.

Le premier de ces auteurs est un certain Jean Scot, qu'ils disent qu'on appeloit de son tems le docteur subtil. Il dit, en parlant de Saint-Augustin, qu'il faut bien examiner contre quels hérétiques les saints ont parlé; car, ajoute-t-il, quand Saint-Augustin écrit contre Arius, il semble presque pencher vers Sabellius, et quand il écrit contre Pélage, il semble incliner du côté des Manichéens. L'auteur c'est Cornelio Musso, évêque de Bitonte, célèbre au seizième siècle, et qui parut avec beaucoup d'éclat au concile de Trente. Il parle de Saint-Augustin à-peu-près dans les mêmes termes que Jean Scot. Sur quoi le cardinal Noris fait une réflexion, que ces messieurs trouvent essentielle au sujet dont il s'agit entre vous et eux. C'est que Jean Scot et Cornelio Musso disent seulement que Saint-Augustin sembloit pencher vers l'erreur opposée à celle qu'il réfutoit; au lieu que le père Annat franchit ce pas en disant que ce père s'y jetoit entièrement. Il ne s'agit pas, disent ces messieurs, de savoir si ces accusations sont justes ou non; c'est au cardinal Noris et à vous, monsieur, qui en êtes autant capable que qui que ce soit, à justifier Saint-Augustin. Mais ce qu'ils en concluent, c'est que les ministres ne sont pas les premiers téméraires à cet égard, s'il y a de la témérité, puisque l'église catholique et surtout la société leur en a donné l'exemple.

De Saint-Augustin je passe à Saint-Jérôme. Ces messieurs soutiennent encore, comme ils l'ont fait en votre présence, qu'on ne peut pas se rapporter sur le sens de l'écriture, à des auteurs qui l'ont expliquée aussi négligemment, et qui ont même parlé des apôtres avec aussi peu de respect, qu'a fait Saint-Jérôme. Le malheur est qu'ils citent, et qu'ils veulent absolument en venir à la vérification des faits que vous leur contestiez. Voici le fait. Il est trop mémorable pour ne l'avoir pas retenu. Ils disent donc que Saint-Jérôme, dans son commentaire sur le chapitre II. de l'épître aux Galates, accuse Saint-Pierre et Saint-Paul de simulation et même d'hypocrisie; que Saint-Pierre, pour plaire aux Juifs, faisoit semblant de vouloir qu'on observât la loi cérémonielle, et que Saint-Paul pour complaire aux Gentils fit semblant de quereller Saint-Pierre à ce sujet, qu'ainsi l'hypocrisie de Saint-Paul lève le scandale de l'hypocrisie de Saint-Pierre. Saint Augustin en fait des reproches à Saint-Jérôme, et voici ce que Saint-Jérôme lui répond pour s'excuser: „J'ai, dit-il, suivi les commentaires d'Origène (notez, m'ont-ils fait remarquer, que Saint-Jérôme a été depuis un des grands adversaires d'Origène), de Didyme, d'Apollinarius de Laodicée, qui est depuis peu sorti de l'église, d'Alexandre ancien hérétique etc. Et, pour vous avouer franchement la vérité, continue Saint-Jérôme, j'ai lu tout cela, et après avoir ramassé bien des choses dans ma tête, j'ai fait venir mon secrétaire, et je lui ai dicté tantôt mes pensées, tantôt celles d'autrui, sans me souvenir ni de l'ordre, ni quelquefois des paroles, ni même du sens." Le même Saint-Jérôme dit encore dans son commentaire sur le chapitre III. de l'épître aux Galates: „Je n'écris pas moi-même, je fais venir mon secrétaire, et je lui dicte tout ce qui me vient dans la bouche. Que si je veux un peu rêver, pour dire quelque chose de meilleur, il fronce le sourcil, et toute sa contenance me dit assez qu'il s'ennuie d'être là."

Je vous prie, mon Révérend Père, j'en appelle à votre équité, à quelles gens voudroit-on nous renvoyer, pour l'intelligence de l'écriture et de la religion? Qui croirai-je, de Saint-Jérôme Origéniste, ou de Saint-Jérôme ennemi d'Origène et de sa doctrine? Comment pourrai-je démêler ce qu'il a pris d'un hérétique ou d'un orthodoxe, puisqu'il cite l'un et l'autre à tort et à travers, sans aucune marque de distinction? Le moyen que je puisse deviner, si ce sont ses propres pensées ou celles d'autrui qu'il nous débite! puisqu'à peine le sait-il lui-même? Et à quoi connoîtrai-je, si son secrétaire étoit de belle humeur, ou si ayant quelqu'autre affaire en tête, il falloit que l'écriture sainte et la religion cédassent à son impatience? A vous dire la vérité, si cela est, je ne trouve pas mieux mon compte à Saint-Jérôme qu'à Saint-Augustin, et je ne suis pas trop surprise qu'en certains momens, où l'on ne fait pas toute l'attention qu'on devroit à ce que les noms de père et saint ont de vénérable, on s'émancipe à s'expliquer un peu librement sur ces grands docteurs de l'église.

Comme vous faites aussi mention des conciles dans votre lettre, et que vous trouvez que ces messieurs n'en ont pas parlé avec assez de respect, il faut que je vous rapporte ce qu'ils m'en ont dit: car ils ont tant d'estime pour vous, qu'ils seroient bien fâchés que vous crussiez qu'ils ont rien avancé légèrement. Ils disent donc, que si les conciles étoient comme ils devroient être, des assemblées libres, où l'écriture sainte et la raison fussent écoutées uniquement, au lieu des passions, des préjugés et des intérêts humains, ce seroit la meilleure voie de décider ces controverses. Mais ils soutiennent en même tems, que depuis le premier concile de Jérusalem l'expérience a toujours montré le contraire. J'ai même été presque scandalisée d'un mot qu'ils font dire a Saint-Grégoire de Nazianze, qui pourtant étoit, comme vous le savez beaucoup mieux que moi, un père fort orthodoxe. Il disoit que jamais assemblée ecclésiastique n'avoit eu un heureux succès, et il prit même la résolution de ne se trouver plus dans ces assemblées de grues et d'oies qui se font une guerre cruelle. Il lâcha ce terrible mot à l'occasion du second concile écuménique, qu'il compare à un cabaret et à d'autres lieux que la pudeur empêche de nommer. Nos ministres n'en ont jamais tant dit à beaucoup près, et ils en seroient bien fâchés. Ils admettent les quatre conciles écuméniques, non pas veritablement à cause de leur autorité, qu'ils ne reconnoissent point pour infaillible, mais parce que leurs décisions leur ont paru conformes à l'écriture sainte. Théodoret n'avoit pas grande opinion du concile de Nicée, puisqu'il l'alléguoit pour prouver qu'on ne devoit rien attendre de bon des conciles, si Dieu ne renversoit les machines du démon. Il y eut tant de chaleur et de précipitation au concile d'Ephèse, qu'il doit plutôt être regardé comme un brigandage que comme une assemblée ecclésiastique. Le second concile d'Ephèse cassa ce qu'avoit fait le premier, et il fut lui-même cassé par celui de Chalcédoine, ce qui n'est pas une grande marque d'infaillibilité.

Mais pour finir cette longue tirade que j'ai retenue des discours de ces messieurs, j'ai été bien surprise d'apprendre d'eux, qu'un de vos auteurs nommé le père Halloix, jésuite de Liège, parlant dans son apologie pour Origène du cinquième concile écuménique, a bien osé dire que Justinien, inspiré par le diable, avoit été l'auteur et le fauteur de ce pernicieux concile, assemblé malgré le pape, et qu'il vaudroit mieux que ce concile n'eût jamais été et qu'il ne subsistât plus, après quoi il ajoute que le sixième et le septième conciles œcuméniques ont été entrainés dans l'erreur par le cinquième aussi bien que les papes Pelage II. et Grégoire le Grand qui l'ont approuvé.

Mais que direz-vous de moi, monsieur, de m'être ainsi embarquée sur l'océan ecclésiastique? C'est sur la bonne-foi de mes pilotes; s'ils m'ont fait égarer je vous crois assez de mes amis pour me remettre dans le bon chemin. Je souhaite au reste, que Dieu vous conserve la vie et la santé, pour reprendre quelque jour celui de Berlin, où vous trouverez toujours des esprits disposés à la recherche de la vérité, de la manière que vous le proposez si bien à la fin de votre lettre." Dieses Schreiben, welches Lenfant nach der Königin Tode französisch bekannt gemacht hatte, gab Toland im Jahre 1711, unter dem Titel: „A letter against popery", in englischer Uebersetzung heraus, und erzählte in der Vorrede den Anlaß, welcher dasselbe hervorgerufen.

Schon den Staatshändeln fremd, mußte Sophie Charlotte noch weniger zu dem Kriegswesen sich hinneigen können. Zu ihrer Geistes- und Geschmacksbildung stand die Rauhigkeit des damaligen Waffenhandwerks im schroffsten Gegensatz; wo Philosophie und Kunst und froher Lebensgenuß im Besitz waren, konnten Schlachten, Belagerungen und Truppenmärsche nicht leicht zur Unterhaltung dienen. Das Unglück des Krieges fühlte die Königin lebhaft in den Verlusten, welche sie nah betrafen. Zwei ihrer Brüder fanden, wie schon erwähnt, in demselben Jahre den Heldentod gegen die Türken. Einen neuen Verlust brachte ihr der Sommer des Jahres 1703; ihr fünfter Bruder, Herzog Christian, gleichfalls im Heere des Kaisers dienend, ertrank am 31. Juli bei Ulm, indem er als Generalmajor an der Spitze seiner Truppen den Uebergang über die Donau gegen die Franzosen erzwang. Der Krieg zeigte sich Sophie Charlotten von keiner Seite in reizender Gestalt. Doch wurde dem Ruhme, den die Preu-

hen burch ihre Waffenthaten erwarben, in dem Kreise der
Königin jede Würdigung zu Theil, und den geliebten Sohn
sah sie sogar mit Wohlgefallen in dieser Richtung thätig.
Aber das Ergebniß mußte hier über die Mittel oft hinweg-
sehen lassen. Denn mit den eigentlichen Werkzeugen dieses
Ruhmes finden wir Sophie Charlotten kaum in Berührung,
und die gleichzeitige Entwickelung zweier so verschiedenen
Lebenskreise, wie der Königin und des Fürsten Leopold von
Anhalt-Dessau, eng neben einander an demselben Hof, sollte
man kaum für möglich halten, ohne beider wechselseitige Störung; allein sie blieben völlig getrennt, und selbst die Ent-
gegensetzung konnte, wie es scheint, hier keinen Bezug hervor-
bringen.

Ein anderer angesehener Engländer, George Burnet von
Kemnay, verwandt mit dem berühmten Bischof Burnet, kam
im Sommer 1704 ebenfalls nach Berlin, und wurde von
der Königin nach Lützenburg eingeladen, wo er auf dem
Schlosse wohnte. Daß die ehrenfeste Tüchtigkeit dieser Landes-
genossen schon damals, wie noch heute, sich fremder Sprach-
äußerung nicht wohl bequemte, und in ihr leicht einigem
Lächeln bloßstand, ersehen wir ans einem Briefe Sophie
Charlottens an Leibnitz, wo sie von dem Obengenannten
sagt, seit seinem früheren Besuch in Berlin habe er sich sehr
zu seinem Vortheil verändert, aber französisch rede er noch
wie sonst, nnd habe unter anderen von seiner Reise erzählt,
qu'il avoit *fait trois couches* en chemin, worüber viel ge-
lacht worden sei.

Die Königin lud auch in diesem Sommer Leibnitz bringend
nach Lützenburg ein, seine Arbeiten in Hannover scheinen ihn
aber verhindert zu haben. Er verfolgte dort auch ein persönliches Anliegen, den Wunsch, die erledigte Abtei von
Ilefeld, so wie auch die Stelle eines Vicekanzlers zu erhalten; da nun der Einfluß der Kurfürstin Sophie gerade damals etwas gehemmt war, so schrieb diese zugleich mit Leibnitz an die Königin, um deren für den Augenblick wirksameres
Fürwort anzuregen. Sie versprach sogleich, ihrem Bruder
dem Kurfürsten die Sache mitzutheilen, bemerkte aber in
ihrer Antwort au Leibnitz, sie handle darin gegen ihren

Vortheil, „car si l'affaire réussit", sagt sie, „je n'aurai plus le plaisir de vous voir ici: mais je crois qu'en bonne amie je dois mettre vos intérêts devant les miens."

Im November 1704 kam der Herzog von Marlborough nach Berlin, um als Abgesandter Großbritanniens die Theilnahme Preußens an dem Kriege gegen Frankreich stärker in Anspruch zu nehmen. Dieser Held, mit dem Prinzen Eugen von Savoyen in gemeinsamen Siegesthaten wetteifernd, war zugleich ein feiner Hofmann, der dem Geiste, wie der Schönheit der Königin wohl zu huldigen verstand; wie er auch schon am Hofe zu Hannover sich gewandt, ehrerbietig und verbindlich gezeigt, und den vollen Beifall der Kurfürstin Sophie gewonnen hatte. Er blieb in Berlin nur fünf Tage, wohnte einem Hofball und einer Thierhetze bei, besah das Zeughaus und andere Gebäude, und speiste zweimal mit dem Könige allein zu Mittag, Einmal mit der Königin zu Nacht. Die Hofdamen aber, sagt Burnet, waren sehr unzufrieden mit seinem Benehmen, und fanden den Ruf seiner höflichen Feinheit nicht bewährt, denn er würdigte keine der Damen eines Wortes, sondern sprach nur mit der Königin und den Prinzessinnen. Seine Briefe und Gespräche verbreiteten in England nur noch mehr den Ruhm Sophie Charlottens, der durch frühere englische Reisende, welche den Hof von Berlin besucht hatten, schon fest begründet war.

Burnet, der in Lützenburg an einem heftigen Fieber erkrankte, genoß daselbst bis zum Herbst aller sorgsamen Aufmerksamkeit; die Königin ließ sich täglich mehrmals nach seinem Befinden erkundigen. Er folgte ihr später, als sie den Landaufenthalt verließ, nach Berlin, von wo er am 5. Dezember 1704 an seine edle und geistvolle Freundin, Miß Katharine Trotter, die nachher als Mrs. Codburn berühmt gewordene philosophische und poetische Schriftstellerin, vertraulich schrieb: „I was attacked with a most violent and searching fever, which seized me all on a sudden about the last days of August last. I continued in my little chamber of court at Lutzenbourg, not being able to come to town hither in that condition. And the queen thought it would be of no continuance, and send so often to see where I was, that upon the least ceasing of this fever, I was willing to creep down stairs to the low apartments, where the queen and the court where, to present myself. — The queen is come to her apartments in town since Saint-Martin's. They are all reformed and new built almost. The palace is great, spacious, and magnificent, but the architecture not beautiful, except it be to a German goust. — I have no delight in the hearing or seeing any woman, since I came abroad, like the queen, who, never, I believe, spoke, but with satisfaction to the hearer. Her concern for me is so great, that I am ashamed thereof. I have made me many open flatterers, and it may be hidden enemies. The other day she sent a footmann to the lodging to come to supper; but I was already in bed in a hot fever four hours before. The morrow after she sent another in the morning, telling me, if I pleased to come exactly at twelve, I might eat with her maids (for at dinners, she dines publicly with the king every day, when he is in town, where only princes and princesses were admitted), and after dinner, I might come and read, or talk with her. I could not well go to dinner, being invited elsewhere; but about two o'clock. I went and passed the time till four. Her majesty would have given me chocolate: I prayed rather tea, of which I took three tasses only. But upon my coming home, I found myself in a shivering, had the fever till after midnight, and so could not return to sup at court, nor hear the excellent music, that was to be that night, of which her majesty had acquainted me graciously before." Diese an sich unerheblichen Nachrichten gewähren doch einen Blick in Gemüthsart und Sitten.

Wir nähern uns schon dem Zeitpunkte, der ein so edles und schönes Dasein uns in seinem allzufrühen Scheiden zeigt: das Jahr 1704 ist das letzte, das für Sophie Charlotte noch zum vollen Abschluß kommt. Ihr reiches Leben stand in höchster Blüthe, die Güter der Welt und des Geistes umgaben sie; was früher noch im Kampfe sich dargeboten, hatte als Freiheit oder Entsagung ruhige Gestalt gewonnen; Liebe zu Mutter und Sohn, Glück der Freundschaft, Hoheit der Gedanken, Genuß der Musik, menschliches Wohlwollen und Theilnehmen, erfüllten diesen Lebensherbst, der noch einem Frühling gleich erschien. Doch trübte ihn auch heißer Schmerz, als endlich die Trennung von dem geliebten Sohne Statt finden mußte. Der Kronprinz war schon seit einiger Zeit der Aufsicht Dohna's entzogen, und dieser auf seine Güter nach Preußen geschickt worden. Die Königin war hiemit nicht zufrieden, wiewohl sie gegen den Generalmajor von Finck, welcher nunmehr dem Prinzen beigegeben wurde, persönlich nichts einzuwenden hatte; er kam aus dem Kriege, und war gleichwohl sanfter und freundlicher, als Dohna. Für ihren Sohn hatte die Königin lange gewünscht, daß er vom Hof entfernt würde und auf Reisen ginge. Jetzt, da ihr Wunsch, für ihre Gründe schon zu spät, in Erfüllung ging, und der Kronprinz im Herbste gleich nach dem Herzog von Marlborough abreiste, erst nach Hannover, und von da nach Holland, um dort einen Theil des Winters zuzubringen, und dann nach England überzuschiffen, — jetzt empfand es die Mutter zwar schmerzlich, den Anblick und die Nähe des Sohnes missen zu sollen; aber sie wußte ihr Gefühl zu bemeistern, und willigte in alles, was ihr als des Prinzen Wohl erschien; sie war es hauptsächlich, welche darauf bestanden hatte, daß er nach England überschiffen sollte, wozu der König nur ungern stimmte. Wie tief aber im Innern sie von Zärtlichkeit erfüllt gewesen, wie wehmüthig im Stillen sie ihren Gefühlen nachgehangen habe, läßt sich aus dem einen Zeugniß erkennen, daß man nach der Abreise des Kronprinzen in Lützenburg ein Blatt auf ihrem Schreibtische fand, das ein von ihrer Hand hingezeichnetes Herz und dabei die Worte enthielt: „Il est parti!"

Mutter und Tochter hatten sich bisher fast jedes Jahr, und in manchem mehrmals gesehen, indem jene nach Berlin, oder diese, was häufiger geschah, nach Hannover zu reisen pflegte. Diese lebhaft unterhaltene Gemeinschaft war für beide Fürstinnen ein Theil ihres Lebensglückes, für die gesellschaftliche Annehmlichkeit beider Höfe ein reicher Gewinn, und selbst den Staatsverhältnissen oft vortheilhaft. Dennoch waren diese hohen und kostbaren Besuche von mancherlei Umständen abhängig, und die wibrigen zu überwinden bedurfte es nicht selten hülfreicher Klugheit und Anstrengung. Im Herbste 1704 stellten sich der Reise, welche Sophie Charlotte wieder nach Hannover zu machen wünschte, große Schwierigkeiten entgegen, doch scheinen diese weniger in der Sache selbst, als in den persönlichen Gesinnungen begründet gewesen, welche auf die Entscheidung des Königs einwirkten. Wir haben gesehen, daß die Gräfin von Wartenberg, durch die freundliche Behandlung, welche die Kurfürstin Sophie ihr angedeihen ließ, eine Zeitlang ihr bisher gegnerisches Betragen verändert hatte; allein es lag weder in der Königin Art noch in ihrem Willen, das so gewonnene bessere Vernehmen mit einer Frau, die in allem Betrachte so tief unter ihr stand, und die ihr weder achtungswerth noch sonst anziehend erschien, durch fortgesetzte und wohl gar gesteigerte Aufmerksamkeiten immer auf's neue zu erkaufen. Sophie Charlotte, sobald sie wieder allein ohne die praktisch heitre Mutter war, zeigte sich wie vormals kalt und zurückgezogen, sie hatte nicht die Gabe, sich irgendwie nach außen anders zu stellen, als ihr von innen klar geboten war, und in dieser Wahrheit und Aechtheit ihrer Natur entbehrte sie der größten Vortheile, welche durch geringscheinende Opfer zu erlangen gewesen wären. Dies war kein Trotz und Stolz, im Gegentheil, ihr Sinn war mild und nachgiebig, ihr Gemüth fügte sich leicht, aber es bedurfte dazu der Nothwendigkeit oder leichter Vermittelung; wo diese fehlten, folgte sie ihrem natürlichen Zuge, sie stellte sich nicht entgegen, sie tadelte nicht hart und streng, aber sie wandte sich ab, wenn ihr eine Richtung mißfiel und ihr Geist sich nicht angesprochen fand. Dies mußte auch die Gräfin nothwendig erfahren, und da sie im Gegentheil die statigehabte Annäherung nur hätte steigern mögen, so war bald aus der verfehlten Rechnung neue Bitterkeit entstanden. Die Reise der Königin schien jetzt davon abhängig, daß die Gräfin ebenfalls wieder nach Hannover eingeladen würde. Sophie Charlotte that nichts dazu, sich eine solche Begleitung auszuwirken. Die Kurfürstin Sophie nahm aber die Sache praktischer. Sie sah die Nothwendigkeit, persönlich wieder vermittelnd einzutreten, und besuchte die Königin, um sich nur dadurch deren Besuch in Hannover für das Karneval zu sichern. Auch in die Bedingung rücksichtlich der Gräfin ergab sie sich, und schrieb an Leibnitz, sie wolle doch lieber, daß ihre Tochter mit der Gräfin, als gar nicht käme. Drei Wochen blieb die Kurfürstin Sophie in Lützenburg, unter steten Festlichkeiten und Vergnügungen, und kam während dieser Zeit gar nicht nach Berlin, außer Einmal, um einer prächtigen Gasterei beizuwohnen, zu welcher der prunkliebende englische Gesandte Lord Raby sie und die Königin geladen hatte.

Die Reise nach Hannover wurde jedoch den dringenden Wünschen der Königin nicht ohne Zögern zugestanden, und nach vielen Schwierigkeiten endlich auf den 12. Januar 1705 festgesetzt. Zwei Tage vorher schrieb sie noch eigenhändig an den Kronprinzen, der sich im Haag befand, und ihre Zuneigung und Klarheit drückt sich auch hier einfach und gerabsinnig aus; der Brief lautet: „A Berlin ce 10 de janvier 1705. Je ne vouz dirai que deux ou trois mots, mon cher fils; car je suis fort occupée avec mon voyage d'Hannovre, pour lequel je pars lundi de Lützenbourg; j'y attendrai, si le roi va encore en Hollande, pour aller avec lui, car il me l'a permis, et avoir le plaisir de vous embrasser; cependant je doute encore un peu qu'il se fasse, car il peut arriver bien des choses entre ci et là. Nous avons eu une grande nouvelle de Vienne, c'est que toute l'armée des rebelles a été défaite par le général Heister le jour du nouvel an; quand le roi des Romains alloit à l'église, le courrier est arrivé avec je crois dix drapeaux des rebelles; tout cela est bon, mais je crains pour le monsieur Désaleurs. Vouz n'avez pas besoin de me faire des présens, mon cher fils, votre amitié me suffit; cependant je vous remercie de ce témoignage de votre souvenir; monsieur Adelsheim ne me l'a pas apporté. Je suis toute à vous. Sophie Charlotte." Am Tage der Abreise fühlte sie sich unwohl, allein sie verschwieg es, damit nicht der König davon den Anlaß nähme, die ganze Reise zu verhindern. Sie reiste daher ab; ihr Uebel — eine Geschwulst im Halse — verschlimmerte sich aber unterwegs, und sie blieb deßhalb in Magdeburg bis zum 16. Im Augenblick einiger scheinbaren Besserung setzte sie dann die Reise wieder fort, und kam den 18. in Hannover an. Ihre Geistes- und Gemüthsstärke wollte der Krankheit überlegen bleiben, und suchte dieselbe fortwährend zu verläugnen. Anstatt zu ruhen und sich zu pflegen, erschien sie öffentlich am Hof, und ihr starker Willen schien wirklich einige Tage ihr Leiden niederzuhalten. Sie besuchte sogar den Ball, welchen ihr zu Ehren der Kommthur von Reden veranstaltet hatte; sie wollte um so weniger diesem Feste fehlen, als dasselbe schon durch die Abwesenheit der Kurfürstin Sophie gestört war, die durch eine Unpäßlichkeit in ihren Zimmern zurückgehalten wurde. In der darauf folgenden Nacht aber wurde die Königin ernstlich krank: die Zufälle schienen zwar nicht bedenklich und einigen leichten Mitteln zu weichen; aber am 23. Januar trat ein starkes Fieber mit heftiger Entzündung des Halses ein, und am 28. erfolgte abermals eine Verschlimmerung. Erst jetzt wurde der hannöversche Leibarzt Couerbing herbeigerufen, der zuerst auch nur leichte Mittel versuchte, am folgenden Tag aber, nach dem eignen Verlangen der Königin, einen Aberlaß verordnete. Die darauf eintretende Erleichterung war indeß nicht von Dauer. Des wohlthätigen und sehr empfohlenen Schweißes wollte die Kranke nicht gehörig achten, es kamen Beklemmungen und Erstickungsanfälle. Ein auf ihr sehnliches Verlangen nochmals versuchter Aberlaß war fruchtlos. Sie erkannte selbst, daß keine Rettung mehr zu hoffen sei. Mit größter Gelassenheit und ohne alle Todesfurcht ergab sie sich in ihr Schicksal; sie bat den Arzt, wenn keine Hülfe mehr sei, möchte er ihr doch etwas Wein zur Stärkung gestatten, und da dies gewährt worden, so wandte sie die schwindenden Kräfte noch zu letzter Thätigkeit. Sie schrieb einen Brief an den König ihren Gemahl, und dankte ihm für die Liebe, welche er ihr stets bewiesen, dann empfahl sie ihm auch ihre Dienerschaft. Sie bezeigte keinerlei Angst noch Unruhe, nur war sie bekümmert um Nachrichten von ihrer Mutter, die gleichfalls darniederlag. Sie ließ ihren jüngern Bruder Ernst August rufen, und tröstete ihn, der verzweifeln wollte, mit den in ruhigster Fassung gesprochenen Worten: „Der Tod erschreckt mich nicht, schon allzulange betracht' ich ihn als unvermeidlich." Nach anderem Bericht wären ihre Worte gewesen: „Es ist nichts so natürlich als der Tod; er ist unvermeidlich, und obgleich mein Alter mich hätte sollen hoffen lassen, noch einige Jahre länger zu leben, so empfinde ich doch keine Betrübniß darüber, daß ich sterben muß." Sie sprach hierauf eine lange Zeit mit ihm insgeheim, und man bemerkte darauf, daß sie sehr eifrig im Stillen betete. Als ihr älterer Bruder, der Kurfürst, herbeikam, sagte sie diesem mit geisteskräftigem Ton: „Ich sterbe eines glücklichen und gemächlichen Todes." Auch mit diesem Bruder hatte sie vieles heimlich zu besprechen.

Pöllnitz, den andere Nachrichten hier unterstützen und ergänzen, erzählt nun weiter, der französische Prediger von La Bergerie, dem sie immer wohlgeneigt gewesen, sei hereingetreten, um ihr in ihren letzten Stunden beizustehen; sie habe ihn mit den Worten begrüßt: „Man erkennt seine Freunde in der Noth; Sie kommen, mir Ihre Dienste anzubieten in einer Zeit, wo ich nicht mehr im Stande bin, etwas für Sie zu thun; ich danke Ihnen dafür!" Und als er einiges Tröstliche zu sagen versucht, habe sie ihm bald erwiedert: „Ich habe seit zwanzig Jahren der Religion ein ernstliches Studium gewidmet, und mit Aufmerksamkeit die Bücher gelesen, die davon handeln; mir ist kein Zweifel übrig. Sie können mir nichts sagen, was mir nicht bekannt wäre, ich kann Ihnen versichern, daß ich ruhig sterbe." Der anwesende Wundarzt l'Estoc erinnerte sie, daß sie durch Sprechen ihr Uebel verschlimmere. „So leben Sie denn wohl, Herr von La Bergerie!" sagte sie noch zuletzt, „l'Estoc schilt, er will nicht, daß ich spreche. Ich sterbe als ihre gute Freundin." Sie wiederholte auch mehrmals die Versicherung, daß sie mit Gott sehr wohl stehe. Nachdem sie darauf einige Stunden still verbracht, nahm sie wieder das Wort, und sagte zu Fräulein von Pöllnitz: „Ach, wie viele unnütze Ceremonien wird man für diesen Körper anstellen!" Und als sie ihre Freunbin in Thränen zerfließen sah, fuhr sie fort: „Was weinen Sie? dachten Sie, ich sei unsterblich?" Sie segnete hierauf Alle, welche, ihrem Dienst angehörig, in Thränen ihr Bett umstanden, und sagte ihnen Lebewohl; noch zuletzt rief sie den beiden Kammerthürken zu: „Adieu Ali! Adieu Haßan!" Einige Augenblicke später reichte sie ihrem Bruder dem Her= zog die Hand, und sagte: „Adieu, mein lieber Bruder! Ich ersticke." Das Geschwür, das sich im Halse gebildet hatte, war aufgegangen, und sie gab den Geist auf.

Wir haben neben diesem gewiß glaubwürdigen Bericht über die letzten Stunden der Königin einen etwas abweichen= den, welchen der französische Prediger, der übrigens nur wegen zufälliger Abwesenheit des deutschen Hofpredigers dessen Stelle versah, selbst aufgesetzt hat, und der so lautet: „In der Nacht vom letzten Januar auf den 1. Februar 1705, zwischen 1 und 2 Uhr morgens, wurde ich zu der Königin von Preußen gerufen, welche gefährlich krank lag. So wie ich eintrat, warf ich mich gleich zu Füßen ihres Bettes hin, und bezeigte ihr, wie schmerzlich es für mich sei, sie in die= sem Zustande zu sehen. Ich nahm nun alsbald Gelegenheit, ihr zu sagen, sie könne jetzt erkennen, daß die Könige und Königinnen nicht mehr noch minder sterblich sind als die übrigen Menschen, und daß sie vor dem Throne der Maje= stät Gottes erscheinen müßen, um daselbst Rechenschaft von ihren Handlungen zu geben, so gut wie der Geringste ihrer Unterthanen; worauf Ihro Majestät antworteten: „Ich weiß es wohl." Ich fuhr fort: „Ihro Majestät müßen auch jetzt die Eitelkeit und das Nichts der Dinge hienieden erkennen, zu welchen Sie vielleicht nur zu sehr hingeneigt gewesen, und die Wichtigkeit der himmlischen Dinge, welche Sie viel= leicht vernachläßigt und verachtet haben." Die Königin er= wiederte hierauf: „Das ist wahr." „Haben jedoch Ihro Majestät", sagte ich weiter, „nicht wahrhaft Ihr Vertrauen in Gott gesetzt? Bitten Sie ihn nicht recht ernstlich um Ver= zeihung für alle Sünden, welche Sie begangen haben? Neh= men Sie nicht Ihre Zuflucht zu dem Blut und Verdienste Jesu Christi, ohne den es uns unmöglich ist vor Gott zu bestehen?" Die Königin antwortete: „Ja." Mittlerweile war ihr Bruder, der Herzog Ernst August, in das Zimmer getreten. Da er und die Königin zusammen zu reden hatten, so zog ich mich auf Befehl zurück. Nach einiger Zeit stellte ich mich wieder vor dem Bette der Königin ein, um zu sehen, ob ich die Gelegenheit wahrnehmen könnte, mit ihr von ihrem Heil zu sprechen. Aber da sagte mir Herzog Ernst August, das sei nicht nöthig, die Königin stehe gut mit ihrem Gott. Der Herzog sagte mir am folgenden Tage, er habe, als er mich am Bette der Königin gesehen, sie gefragt, ob sie wolle, daß ich noch mit ihr spräche; sie habe jedoch geantwortet, das sei gar nicht nöthig, sie wisse wohl alles, was man ihr bei solchem Anlasse sagen könne, sie habe sich schon alles selbst gesagt, und sage es sich noch, sie hoffe gut mit ihrem Gott zu stehen. Als endlich eine Ohnmacht eingetreten war, dieselbe, in der das Leben der Königin endigte, warf ich mich an der anderen Seite ihres Bettes, dessen Vorhänge geöffnet waren, auf die Kniee, und bat Gott mit lauter Stimme, er wolle seine guten Engel rings um diese große Fürstin ausstellen, um sie vor den Angriffen des Satans zu bewahren; er wolle sich ihrer Seele erbarmen; er wolle sie mit dem Blute Jesu Christi, ihres himmlischen Gemahles, reinwaschen, und sie, nach Vergebung aller ihrer Sünden, in seiner Herrlichkeit aufnehmen, und in diesem Augenblicke starb sie." Der Bericht des Arztes sagt, sie sei sanft und ohne einige Ungebärden mehr eingeschlafen als gestorben. Wir müssen die Erzählung des Geistlichen noch durch einen Nebenzug ergänzen. Als La Bergerie sich über die Eitelkeiten der Welt, über Hoheit, Krone und Zepter zu sehr verbreitete, und gerade hierauf den größten Nachdruck legte, sah die Königin ihre Oberhofmeisterin Frau von Bülow lächelnd an, und diese sagte dann laut: „Dies ist der Königin Sünde nicht gewesen!"

Friedrich der Große spricht über den Tod und die Religiosität dieser herrlichen Frau, die er sich auch dem Geiste nach verwandt fühlte, in folgender Art: „Sophie Charlotte", sagt er, „hatte eine starke Seele. Ihre Religion war geläutert, ihre Gemüthsart sanft, ihr Geist geschmückt durch das Lesen aller guten französischen und italiänischen Bücher.

Sie starb zu Hannover im Schooß ihrer Familie. Man wollte einen reformirten Geistlichen bei ihr einführen. Sie sagte ihm: «Lassen Sie mich sterben, ohne daß wir uns streiten.» — Eine ihrer Damen, die sie sehr liebte, zerfloß in Thränen. «Beklagen Sie mich nicht», sagte sie zu dieser, «denn ich gehe jetzt, meine Neugier befriedigen über die Urgründe der Dinge, die mir Leibnitz nie hat erklären können, über den Raum, das Unendliche, das Sein und das Nichts, und dem Könige meinem Gemahl bereite ich das Schauspiel eines Leichenbegängnisses, welches ihm neue Gelegenheit giebt, seine Pracht darzuthun.» — Sie empfahl sterbend ihrem Bruder dem Kurfürsten die Gelehrten, welche sie begünstigt hatte."

Wir finden in diesen drei Berichten, besonders wenn wir die Standpunkte derselben gehörig beachten, mehr Uebereinstimmung als Widerspruch. Sie können alle drei buchstäblich wahr sein, und recht gut neben einander bestehen. In dem Verlaufe weniger Stunden, gegenüber verschiedenen Personen, können die Stimmungen und Ausdrücke sehr wechseln, und alle im Wesentlichen dennoch ein und demselben Seelenzustand angehören. Von welcher Art dieser bei Sophie Charlotten war, und welche Geistessicherheit sie damit verband, läßt auch La Bergerie's Nachricht uns deutlich genug einsehen, und es spricht für seine Wahrhaftigkeit, daß er in einem Falle, wo die Farben so leicht zu verstärken waren, sich mit den unscheinbarsten begnügt hat, in denen gleichwohl Sanftmuth und Lieblichkeit der edlen Fürstin nicht minder wie ihre Geisteshoheit ausgedrückt sind.

Die Bestürzung, den Schmerz und die Trauer über diesen unerwarteten, raschen und frühen Verlust schildern die Zeitgenossen uns mit den stärksten Farben. Ganz Hannover war von dem großen Schlag erschüttert; die Stadt und das ganze Land waren immer stolz gewesen, die schöne und geistreiche Königin mit so vielem Recht als ihnen angehörig zu betrachten. Die Kurfürstin Sophie, welche schon drei ihrer Söhne überlebt hatte, mußte auch die geliebte Tochter und Freundin in das Grab sinken sehen, dieses Kleinod ihres Hauses, den damaligen höchsten Gipfel desselben in weltlicher

Hoheit und geistiger Größe! Sie war selber krank, und ganz untröstlich; die besonderen Umstände, daß die Krankheit durch die Reise, durch die Beeiferung zu diesem Besuch, durch den Wunsch, nur Freude zu bringen, offenbar verschlimmert worden, und daß in solcher Nähe die Tochter dennoch getrennt von der Mutter Armen und Blicken hatte sterben müssen, erhöhten nur der Letzteren Schmerz. Der Jammer des Fräulein von Pöllnitz läßt sich aus dem Verhältniß ermessen, in welchem wir sie gesehen haben. Sie blieb in Hannover bei der Kurfürstin Sophie, der gebeugten Mutter zum Trost. Sie war schon früher dem hannöverschen Hofe angehörig, und schloß sich ihm gern wieder an.

Die Trauerbotschaft wurde durch den Oberhofmeister von Bülow nach Berlin überbracht. Der König sank in Ohnmacht, und man mußte ihm zur Ader lassen. Er empfand den innigsten Schmerz, und verbrachte mehrere Tage ohne jemanden sprechen zu wollen. Er schien die ganze Größe des Verlustes zu erkennen, und die Umstände ihres Todes, so wie ihr Abschiedsbrief an ihn, rührten ihn tief. Den Kronprinzen, der im Begriff war, nach England überzuschiffen, traf die unglückliche Nachricht noch im Haag, und er kam sogleich eiligst nach Berlin zurück. Außerordentlich war die Bestürzung unter den Bürgern in Berlin, alle Stände, das ganze Land bewies durch die innigste Theilnahme, wie sehr die Königin geliebt worden war, wie sehr ihre Tugenden und hohen Eigenschaften auf das Volk gewirkt hatten; man pries laut ihre menschenfreundliche Leutseligkeit, ihr Mitgefühl für das Volk, ihr Wohlthun, wie sie Freude und Anmuth überall verbreitet und nur Gutes und Schönes gepflegt habe. Als der König wieder zu einiger Fassung gekommen war, ging sein ganzes Sinnen einzig darauf aus, das Andenken der Dahingeschiedenen zu verherrlichen. Ihrem Lieblingsaufenthalte Lützenburg gab er den Namen Charlottenburg, ertheilte dem Orte die Rechte einer Stadt, förderte deren Aufnahme, und wandte auf das Schloß und die Gärten fortgesetzte Sorgfalt. Die ganze Dienerschaft der Königin wurde beibehalten und regelmäßig fortbesoldet. Von den Ceremonien aber, die für ihre Hülle

Statt finden, und von der zerstreuenden Sorge, welche die Anordnungen des Leichenbegängnisses ihrem Gemahl geben würden, hatte die Königin richtig geweissagt. Der Leichnam wurde mit großem Trauergepränge am 9. März von Hannover nach Berlin abgeführt. Aller Orten, wo der Zug durchkam, waren dieselben Ehrenbezeigungen angeordnet, die man der Königin im Leben zu erweisen pflegte. Glockengeläut, Geschützfeuer, Truppenaufstellung, Bürgerwachen, Geistlichkeit und Behörden in tiefer Trauer, nichts durfte fehlen; der Sarg wurde jedesmal abends in der Hauptkirche des Orts auf einem Katafalk ausgestellt, der vornehmste Prediger hielt eine Rede, und die Kirche blieb die ganze Nacht erleuchtet. So kam die Leiche der Königin am 22. März, abends um 10 Uhr, nach Berlin, und wurde in der alten Schloßkapelle vorläufig niedergesetzt. Hier blieb sie volle fünf Monate stehen, denn so viele Zeit bedurfte es, um mit den Anstalten des feierlichen Leichenbegängnisses fertig zu werden. Dieses wurde endlich am 28. Juni mit dem wundervollsten Gepränge ausgeführt. Pracht und Aufwand waren ungeheuer. Der Katafalk im Dom kostete allein über achtzigtausend Thaler; die innere Bekleidung der Kirche mit reichstem Sammet über zweimalhunderttausend; in gleichem Verhältnisse waren alle übrigen, mit angestrengter Erfindung vervielfachten Zurüstungen und Vorgänge. Die ganze Feierlichkeit wurde nachher in einem großen Prachtwerke beschrieben und bildlich dargestellt.

Wir kehren zurück zu dem Eindrucke, den Sophie Charlottens Tod verursachte. An allen Höfen war die ungewöhnlichste Theilnahme rege, besonders aber im Haag und in London. Der Kaiser legte Trauer an, noch ehe ihm von preußischer Seite die förmliche Anzeige zugekommen war. Nur der französische Hof legte keine Trauer an, weil, wie Saint-Simon anmerkt, der König von Frankreich in keiner Verwandtschaft mit der Verstorbenen gewesen. Der genannte Schriftsteller führt als besondere Auszeichnung dieser Fürstin an, daß sie niemals des Kurfürsten Annahme der Königswürde gebilligt habe; in welcher Einschränkung dies zu nehmen sei, brauchen wir nicht zu sagen. „Den empfindlichsten

Verlust", sagt Pöllnitz, „erlitt die preußische Hofwelt; niemand verstand besser, als die Königin, die edleren Vergnügungen zu genießen und anzuordnen; sie kannte jederman, wußte genau die Geburt und das Verdienst eines jeden, und ihr Benehmen drückte sorgsam die angemessenen Unterscheidungen aus. Stolz und verbindlich zugleich, verstand sie es, wie niemand sonst, den Hof um sich her zu gestalten und zu beleben; und tugendhaft, ohne kleinlich zu sein, wußte sie der galanten Artigkeit, durch welche allein sich ein Hof angenehm und fein erhält, stets die richtigen, oft schwer bestimmbaren Schranken vorzuschreiben. Dies alles änderte sich jetzt, und der Hof bekam eine steife, freudenlose Gestalt."

Jeder unserer Leser hat ohne Zweifel schon längst an Leibnitz gedacht. Er war noch in Berlin, durch Geschäfte dort zurückgehalten, als die Königin nach Hannover abreiste, und wahrscheinlich sollte er dorthin bald nachkommen. Noch am 31. Januar hatte er an sie geschrieben, und ihr gedankt, daß ihre Verwendung bei dem Könige ihm wegen seiner Bemühung mit der Akademie ein Geschenk von tausend Thalern ausgewirkt; da schon üble Nachrichten von ihrem Unwohlsein ihn beunruhigten, so hatte er seinen Brief so geendigt: „J'espère que les voeux des peuples auront plus de force, et qu'en me mettant bientôt aux pieds de Votre Majesté je la trouverai entièrement guérie." Die Kurfürstin Sophie, unfähig die Feder selbst zu führen, ließ ihm durch den Abbate Mauro schreiben, und trug ihm auf, wenn ihm, wie sie vermuthe, ihre Briefe an die Königin vor deren Abreise zu verwahren gegeben worden, so möchte er sie, wiewohl für niemanden etwas Nachtheiliges darin stände, doch nicht in andere Hände kommen lassen. Das schöne Verhältniß des Vertrauens und der Anhänglichkeit, welches auch in diesem Zuge ehrenvoll für Leibnitz bezeugt ist, war öffentlich so anerkannt, daß er in Berlin von den Gesandten und anderen hohen Personen förmliche Beileidsbesuche empfing. Er schrieb am Tage des Empfanges der Todesnachricht, am 2. Februar, aus Berlin an den Freiherrn von Goritz: „Votre Excellence peut juger, combien la triste et fatale nouvelle de la mort de la reine me doit avoir frappé. Tout le

frappée de près du commun malheur. C'est ce qui m'encourage à vous écrire et à entreprendre de vous prier de modérer votre douleur s'il est possible, afin qu'elle ne soit nuisible. Ce n'est pas d'un noir chagrin que vous honorerez la mémoire d'une des plus accomplies princesses de la terre: c'est en l'admirant que nous le pourrons faire, et le monde raisonnable sera de moitié avec nous. Ma lettre est plus philosophe que mon coeur, et je ne suis pas en état de suivre exactement mes propres conseils; mais ils n'en sont pas moins raisonnables. J'attends M. d'Ilten avant que de partir, et jo suis avec respect, mademoiselle, votre Leibnitz. P. S. Le roi paroit inconsolable, toute la ville est dans une espèce de consternation. Je n'ose point écrire à madame l'électrice ne sachant point l'assiette de son esprit."

Späterhin, als er an die Prinzeffin von Ansbach, gleichfalls seine Freundin und Schülerin, die nachmals als Königin Karoline den englischen Thron zierte, einen Brief über die wahre Frömmigkeit schrieb, versicherte er, daß die Königin, im Bewußtsein einer solchen Frömmigkeit, mit ruhigem Gemüthe gestorben sei. Pöllnitz merkt noch an, daß Leibniß der Königin die Grundsätze der natürlichen Religion beigebracht, und sie diese mit gewissenhafter Sorgfalt ausgeübt habe, wie ihr denn gewiß nicht vorzuwerfen sei, irgend Ungerechtigkeiten begangen zu haben: indem wir das letztere vollkommen gelten lassen, dünkt uns das erstere doch der Erklärung zu bedürfen, daß Philosophie und Christenthum in Leibnitz durchaus nicht entzweit waren, vielmehr in ihren tiefsten Grundlagen und höchsten Ergebnissen ganz übereinstimmten, und somit die Frömmigkeit und Gewissensruhe der Königin eben so christlich als philosophisch zu nennen sind. Wenn der Landgraf Ernst von Hessen-Rheinfels schon im Jahre 1624 an Leibniß in einem Briefe geäußert, Sophie Charlotte habe große Gleichgültigkeit in der Religion gehabt, und Friedrich Wilhelm der Erste später einmal zu Morgenstern gesagt hat: „Meine Mutter war gewiß eine kluge Frau, aber eine böse Christin," so können wir auch hiebei nur auf den Standpunkt hinweisen, aus dem diese für uns ungültige

Worte hervorgehen. Der Bischof Ursinus von Bär wußte ihre Religiosität besser zu würdigen. Er sagt in der auf die Königin gehaltenen Leichenpredigt, sie habe geglaubt, daß die Religion, wie sie auch auf den Münzen der alten Heiden vorgestellt werde, am besten verhüllt erscheine. In der That, sie vermied sorgfältigst, ihre ächte Frömmigkeit allzuscheinbar hervortreten zu lassen. Doch ging sie auch im Verbergen nicht zu weit. Sie versäumte den eingeführten Gottesdienst nie, und liebte gute Predigten, wie sie denn auch die beiden Prediger Lenfant und Beaufobre verpflichtet hatte, abwechselnd jeden Sonntag in der Schloßkapelle zu Lützenburg zu predigen, wofür sie dieselben aus eignen Mitteln besoldete.

Noch oft in der Folge kommt Leibniß in seinen Briefen auf diesen Tod und den Verlust zurück, der ihn dadurch betroffen, und immer spricht er in den ruhmvollsten und rührendsten Ausdrücken von dem Geiste, dem Gemüth und dem Wirken Sophie Charlottens. An die Markgräfin von Ansbach schreibt er am 18. März 1705 aus dem noch so nahen schmerzlichen Anlaß folgende Betrachtungen, aus denen zugleich hervorgeht, welcherlei Frömmigkeit ihm und seiner Schülerin beizumessen ist: „Je suis persuadé, non par des conjectures légères, mais par des démonstrations nécessaires, que tout est réglé par une substance, dont la puissance et la sagesse sont du suprême degré et d'une perfection infinie: de sorte que si dans l'état présent nous pouvions entendre l'ordre, que Dieu a mis dans les choses, nous verrions, qu'on ne sauroit rien souhaiter de mieux, non seulement en général, mais même en particulier, pour tous ceux qui ont un véritable amour de Dieu et toute la confiance qu'il faut avoir en sa bonté. Et c'est ce que nous enseigne la Sainte Écriture conformement à la raison, en disant, que Dieu fait tout tourner au bien de ceux qui l'aiment. Or il est bien visible, que l'amour n'est autre chose que l'état où l'on trouve son plaisir dans les perfections de l'objet aimé. Et c'est ce que font ceux, qui reconnoissent et goûtent ces perfections divines, et la justesse, justice et beauté accomplies en tout ce qui plaît à Dieu. Si nous étions assez pénétrans déjà, pour voir cette merveilleuse beauté des choses, ce seroit une science, qui feroit la jouissance de notre béatitude. Maintenant que cette beauté est cachée à nos yeux, et que même nous sentons mille choses qui nous choquent, qui causent de la tentation aux foibles, et du scandale aux malinstruits, notre amour de Dieu et notre espérance ne sont encore fondées que dans la foi, c'est-à-dire dans une assurance de raison, mais qui n'est pas encore accompagnée du visible, ni vérifiée par l'expérience des sens. Voilà en quoi consistent les trois vertus chrétiennes. Foi, espérance et amour, prises dans leur généralité et constituant l'essence de la piété que Jésus-Christ nous a divinement bien enseignée conformement à la souveraine raison et où la nôtre ne parvient gueres sans la grace divine quoiqu'il n'y ait rien de si raisonnable." So schreibt er am 10. Juli 1705 an Wilhelm Wotton, Doktor der Theologie zu Cambridge, folgende, aus dem Lateinischen hier deutsch wiedergegebene Stelle: „Die Bestürzung, in welche mich der Tod der Königin von Preußen verfetzt hat, ist Ursache gewesen, daß ich meinen Briefwechsel mit Ihnen und mit andern Freunden in diesem Jahre nicht wie gewöhnlich fortsetzen gekonnt. Diese Fürstin erwies mir solche Gunst und Gnaden, daß meine Hoffnungen und Wünsche weit überboten wurden. Niemals hat man eine klügere und seelseligere Fürstin gesehen. Sie verlangte, daß ich oft um sie wäre, würdigte mich oft ihres Gesprächs, und da ich zu dieser Glückseligkeit gewöhnt war, so ist mir die allgemeine Trauer aus einer besondern Ursache noch empfindlicher gewesen. Als sie in Hannover die Welt verließ, war ich in Berlin, weil ich ihr nicht gleich hatte folgen können. Je weniger wir nun eine so traurige Nachricht vermuthelen, je schmerzlicher wurden wir gerührt. Wahrlich, ich bin einer gefährlichen Krankheit sehr nahe gewesen, und ich habe mich mit Mühe wieder erholt. Diese große Königin besaß eine unglaubliche Wissenschaft höherer Dinge, und die außerordentlichste Begier immer mehr zu erforschen; ihre Unterredungen mit mir gingen dahin, ihre Wißbegier immer mehr zu befriedigen, und die Welt würde dereinst großen Nutzen davon gesehen haben, hätte nicht der Tod sie uns so früh geraubt."

Die Königin starb in ihrem siebenunddreißigsten Jahre. Nach ihren körperlichen Anlagen hätte sie, gleich ihrer Mutter, ein hohes Alter erreichen können. Das Aeußere ihrer Person haben wir aus der Schilderung Toland's ersehen können. Alle Zeitgenossen stimmen überein, daß ihre Schönheit außerordentlich gewesen, und Ehrfurcht und Bewunderung geboten, der Ausdruck aber ihrer seelenvollen klaren Züge nur Zuneigung und Vertrauen eingeflößt habe. Wiewohl klein von Gestalt, und zuletzt etwas stark, hatte sie doch ein hohes, würdevolles Ansehn. Einen eignen Zauber gab es ihrem Gesicht, daß aus den reinsten blauen Augen liebliche Sanftmuth blickte, während das dunkelschwarze Haar Stärke und Fülle andeutete, im Gegensatze wechselseitig gehoben und gemildert. Ihren Geist und Karakter sehen wir in allen mitgetheilten Thatsachen unverkennbar ausgedrückt, und brauchen keine besondere Schilderung davon hier nachzuliefern. Die Liebenswürdigkeit und Güte ihres Wesens wird, wie uns dünkt, glücklich zusammengefaßt in den Worten, die wir über sie gesagt finden: „Sie war in einem hohen Grade Meisterin von ihren Leidenschaften, und das so weit, daß sie auch ihre Ungnade niemanden, als auf eine einnehmende Weise anzeigte; hiernächst auch so bescheiden, daß wenn sie jemanden Gutes gethan hatte, sie sehr ungern den Dank dafür annahm." Wir fügen hinzu: sie gehörte zu den seltnen Menschengebilden, an denen der Blick sich ungetrübt weidet, und die man so lange als möglich auf der Erde verweilen zu sehen wünscht, denen aber gerade dann oft nur eine kurze Erscheinung vergönnt ist. Selbst die höchste Lebenssphäre war für Sophie Charlotte nur eine niedere, aus der ihr ganzes Dasein emporstrebte.

Als eine Eigenheit wird von ihr bemerkt, daß sie an einem Sonntage zur Welt gekommen, und vieles Wichtige ihr auch ferner am Sonntag begegnet sei, am Sonntage wurde sie getauft, vermählt, am Sonntage starb sie, ja sogar

die Beisetzung erfolgte an diesem Tage. Der Aberglaube
hat auch noch als eine Vorbedeutung des ihr in Hannover
bestimmten Todes den Umstand aufgefaßt, daß kurz vor ihrer
Abreise dahin ein Armband mit den Haaren ihres Gemahls
und mit dessen Namenszug und Kurhut, welches sie immer
am Arme trug, unvermuthet zur Erde fiel, indem ein Oehr
ausgebrochen war.

Der König hatte seine Gemahlin, auf deren Schönheit
und Ruhm er auch in den Zeiten kalter Zurückziehung den
größten Werth setzte, alle Vierteljahr mahlen lassen. Von ihren
Bildnissen befindet sich ein größeres in Charlottenburg, als
dessen Mahler Weidemann genannt wird; drei kleinere sind
auf der Kunstkammer in Berlin, ein Emailbild von Samuel
Blesendorf, ein Reliefbrustbild von Elfenbein, und ein
Miniaturbild auf einer Bernsteindose. Ein Gemählde von
Leygebe, welches eine schon von König Friedrich dem Ersten
gestiftete Tabacksgesellschaft vorstellt, zeigt auch Sophie
Charlotten, die einen brennenden Fidibus in der Hand hält,
und dem Gemahl, der sich zu ihr hinbeugt, mit gefälliger
Anmuth die Pfeife anzündet. Wir sehen die Königin hier
durch hohe Schönheit und edle Haltung ausgezeichnet. Nach
damaliger Sitte, welche sie überhaupt, wie es scheint, sehr
wohl kleidete, trägt sie Stirne und Brust sehr frei, die schönen
schwarzen Haare aber, trotz der Sitte, ohne Puder. Auf
vielen Denkmünzen ist sie abgebildet. Eine derselben, vom
Jahre 1691, zeigt auf der Rückseite eine Biene, mit der
Beischrift: „Mon devoir fait mon plaisir." Eine andere,
vom Jahre 1694, durch den berühmten Künstler Raimund
Faltz geprägt, giebt den Spruch von Claudianus: „Nec in
ulla sede morantur majestas et amor" — in dieser Veränderung: „In una sede morantur majestas et amor."
Dieser Denkmünzen erwähnt auch Leibnitz, und zwar bei
Gelegenheit eines Sinngedichtes, welches bei dem Tode der
Königin jenen Spruch in seine ursprüngliche Gestalt wieder
einsetzt. Diese von Leibnitz angeführten Verse sind wahrscheinlich von ihm selbst verfaßt; ihr Ton und Ausdruck
widerspricht dieser Annahme nicht, und deßhalb schalten wir
sie hier ein:

„Vor diesem sah ich zwar den Dichter Claudian
Vor eitel und bethört in dem Gedanken an,
Daß er frei ausgesagt, wie Majestät und Liebe
Niemalen vorgestellt auf einem Throne bliebe;
Die große Königin der Preußen, fiel mir ein,
Könnt' uns ein Gegensatz bei seiner Regel sein;
Ich fand auch, daß ein Falb von ihr dergleichen Gaben
Mit aller Billigung in harten Stahl gegraben.
Doch, da der Himmel sie, sein Unterpfand, entreißt,
So seufz' ich: Claudian hat leider recht geweißt,
Daß Huld nebst Majestät zwar dann und wann beileibe,
Doch niemals lange Zeit allhier beisammen bleibe."

Auf den Tod der Königin sind acht Denkmünzen geprägt worden, in der Ausführung ungleich, aber alle in der Erfindung schwach.

Wir schließen hier noch die schöne Briefstelle Burnet's an, der am 6. Juli 1705 aus Hannover an seine Freundin Miß Trotter schrieb: „Mons. Leibnitz tells me, he has sent a monumental inscription, short and expressive, after the ancient Roman way; but he would not communicate it to any, not knowing yet, if it will be made use of, though it was demanded of him. The best thing I have seen on this sad occasion, is an elegy in Latin, of Abbé Hortense, which, though it be very long, yet is most just in the thoughts over all, and here and there hath most lively sallies of wit and fancy. Master Rumpton, the duke of Zell's secretary to the dispatches abroad, hath writh another elegy in French, which is pastoral, and pleasant enough, but inferior to such a noble subject. A stately mausolée would last longer, and be thought magnificent enough, to lay up her ashes in. A Phidias, or Apelles, might (if alive) cut her statue, or paint her features of body lively enough; but the best representation of her mind will be but imperfect. This is one of the pictures, which are still to be left unfinished; which with the want of more room, makes me leave off also."—

König Friedrich schritt nach dreijährigem Wittwerstande zur dritten Ehe mit einer Prinzessin von Mecklenburg-Grabow, und lebte nach Sophie Charlotten noch acht Jahre. Ihr Sohn der Kronprinz bestieg im Jahre 1713 als König Friedrich Wilhelm der Erste den preußischen Thron; im folgenden Jahre ihr Bruder Georg Ludwig als König Georg der Erste den großbritannischen, und in demselben Jahre, am 8. Juli 1714, starb ihre Mutter die Kurfürstin Sophie, welche die geliebte Tochter noch neun Jahre überlebt hatte; ihr Tod war leicht und sanft, ohne Arzt und Geistlichen, wie sie stets gewünscht hatte; im vierunbachtzigsten Lebensjahre noch rüstig im Garten zu Herrenhausen spazirengehend, fiel sie plötzlich der Gemahlin ihres Enkels, der ihr geistverwandten Prinzessin Karoline, entseelt in die Arme. Leibnitz starb im Jahre 1716 am 14. November zu Hannover.

Fräulein von Pöllnitz lebte daselbst viele Jahre von einem Jahrgehalte des Königs von Großbritannien, und macht im Jahre 1722 einen Besuch in Berlin, bei welcher Gelegenheit die Markgräfin von Baireuth in ihren Denkwürdigkeiten sehr übel von ihr spricht, aber zugleich die persönlichen Unannehmlichkeiten erzählt, welche das offenbar ungerechte Urtheil verursachten.

Von Sophie Charlottens Nachlaß hat sich wenig erhalten. Das erwähnte Armband ist auf der Kunstkammer. Ein Klavier, welches ihre Kousine, die Herzogin von Orleans, ihr als Geschenk zugesandt, wurde lange verwahrt. Ein Flakon mit goldnen Stäben überkreuzt, welches sie viel gebraucht haben soll, befindet sich in Privatbesitz. Ihre Handbibliothek wurde der Königlichen Bibliothek einverleibt. Aus ihren Musikalien machte späterhin Friedrich Wilhelm der Erste eine Auswahl, und gab diese auf die Königliche Bibliothek. Zufolge eines Befehls von Friedrich dem Großen erhielt seine Schwester, die Prinzessin Amalia, sie von daher ausgeliefert. Von ihr hätte sie, gleich ihren anderen Büchern und Schriften, das Joachimsthal'sche Gymnasium erben sollen, sie fanden sich aber nicht, sondern nur die Verzeichnisse. Aus diesen sieht man, daß in der Sammlung die besten Werke der damals berühmtesten italiänischen Meister waren, des Corelli, Abbate Stefani, Attilio Ariosti, Strabella, Cesarini, Alessandro Melani, Scarlatti, Bonaventura, Narbini,

Monja, Luigi bi Mantua Pistochi, Buononcini, Gasparini, Gianellini und vieler Anderen. Wohin diese gekommen, so wie die vom Könige damals nicht ausgewählten, ist unbekannt.

Die Handschrift der Königin ist merkwürdig; große, schwungvolle Züge, gerundet und frei, ordnen sich in feste Klarheit, leicht lesbar, dem Ueberblick angenehm. Sie muß sehr viel geschrieben haben, ohne deßhalb gern die Feder zu führen, die ihr mehr hinderlich als bequem gewesen scheint. Die Rechtschreibung ist, wie in jener Zeit bei fast allen Nichtgelehrten, und oft auch bei Gelehrten, sehr vernachlässigt. Von ihren zahlreichen Briefen sind einige noch in den Archiven vorhanden, die meisten aber verbrannt, welches Leibnitz in einem Briefe vom 7. Juli 1707 an Johann Albert Fabricius bitter beklagt; in deutscher Uebersetzung lautet diese Stelle: „Hätten die Leute nicht aus übelverstandener Vorsicht die meisten der von der Königin geschriebenen oder an sie gerichteten Briefe verbrannt, so dürften wir sie denen der Königin Christina von Schweden leicht gegenüberstellen. Eine Anzahl derselben sind jedoch wohl hin und wieder aufbewahrt, und unter diesen auch einige an mich selbst, in denen sich die Geisteskraft der fürstlichen Frau und ihr wunderbar zu den Wissenschaften emporgerichtetes Gemüth erkennen läßt." Die Briefe der Königin an Leibnitz kamen nach dessen Tode in den Besitz des Philosophen und Mathematikers Ludwig Bourguet zu Neufschatel, der sie herauszugeben dachte, jedoch diesen Vorsatz nicht ausführte.

Die gleichzeitigen Reden und Gedichte auf Sophie Charlottens Tod vermag jetzt niemand zu lesen. Der damals berühmte Benjamin Neukirch und der sonst nicht unbegabte Johann von Besser lieferten nur geschmacklosen Schwulst, der gar oft in Plattheit verfiel. Auch die holländischen Verse von Andreas Hollebeck zu Dordrecht, sind nicht anders zu bezeichnen, und die französischen von Larrey haben nur gute Stellen. Es wäre der heutigen Kunst würdig, der großen Königin ein Denkmal zu setzen, das in demselben Charlottenburg sich erhöbe, wo sie selber sinnig und froh gelebt, und wo der anderen Königin von Preußen, welche ein Jahrhundert später ebenfalls durch Schönheit und Seelenhoheit ein Vorbild weiblicher Vollkommenheit geworden, ein herrliches Grabmal gestiftet ist. Den Preußen gereicht es zum gerechten Stolz, in der Reihe ihrer Fürstinnen zwei solche Frauen zu zählen, deren Auszeichnung und Bedeutung weit über die Gränzen des Vaterlandes leuchtet und wirkt. — Daß solche Tugend und Gaben uns fortwirkend vor Augen stehen, und sich vielfach erneuern, dürfen wir getrost erkennen, und mit Zuversicht verheißen. —

Nachweisung der gebrauchten Hülfsmittel.

Paul Flemming.

Geistl- und weltliche Poemata Paul Flemming's, Med. D. et Poet. Laur. Caes. Jena, 1652. 8.
 Wird für die beste Ausgabe gehalten, ist aber keineswegs eine gute. Sehr beklagenswerth bleibt, daß Triller, der Herausgeber des Opitz (Frankfurt am Main, 1746), eine schon vorbereitete Ausgabe der Gedichte Flemming's nicht zu Stande gebracht. Er hatte vielleicht noch Hülfsmittel, die uns jetzt fehlen; zwar nahm er sich in Betreff der Lesarten bei Opitz manche Freiheit, zeigte dieselbe aber doch jedesmal getreulich an; daß er dem Dichter noch fast um ein Jahrhundert näher war, als wir, kommt hier als ein nicht geringer Vortheil gleichfalls in Betracht.

P. FlemmingI Rubella seu suaviorum liber I. Lipsiae, 1631. 4.

Paulli Flemmingii promus miscellaneorum epigrammatum et odarum, omnem nuperorum dierum historiae penum abundanter extradens. Lipsiae, 1631. 4.

Taedae Schönburgicae, Paulli FlemmingI. 1631. 4.

Frülings-Hochzeit Gedichte, welches auf derer Wohlgebornen Herrn Christianen und Fräulein Agnesen, beider von Schönburgk, ꝛc. herrliches Beilager zu Hartenstein von Leipzig übersendet Paull Flemming. Leipzig, 1631. 4.

Davids, des hebräischen Königs und Propheten, Bußpsalme, und Manasse, des Königs Juda, Gebet, als er zu Babel gefangen war. Durch Paul Flemmingen in deutsche Reime gebracht. Leipzig, 1631. 4.

Paul Flemming's Klagegedichte über das unschuldigste Leiden und Tod unsers Erlösers Jesu Christi. Leipzig, 1632. 4.
Diese Drucke gehören zu den größten Seltenheiten.

Paul Flemming's erlesene Gedichte. Aus der alten Sammlung ausgewählt und mit Flemming's Leben begleitet von Gustav Schwab. Stuttgart und Tübingen, 1820. 8.

Auserlesene Gedichte von Paul Flemming. Herausgegeben von Wilhelm Müller. Leipzig, 1822. 8.
Näheres über diese empfehlungswerthe Auswahl ist im Buche selber schon angemerkt.

Des weltberühmten Adami Olearii colligirte und vielvermehrte Reisebeschreibungen, bestehend in der nach Mußkau und Persien, wie auch Johann Albrechts von Mandelslo morgenländischen, und Jürgen Andersen's und Volq. Yversen's orientalischen Reise u. s. w. Hamburg, 1696. Fol.
Der Werth dieses trefflichen Buches ist hinreichend bekannt.

Kurzer Begriff einer holsteinischen Chronik von 1448 bis 1663. durch A. O. Schleswig, 1663. 12.
Von Adam Olearius.

Sam. de Pufendorf de rebus suecicis libri XXVI. Ultrajecti, 1686. fol.

Der Gesellschafter. Blätter für Geist und Herz. Berlin, 1817 ff. 4.
Im Jahrgange 1819 ist ein Aufsatz über Otto Brüggemann, von Ludwig Achim von Arnim.

Voltaire histoire de Pierre le Grand.

Lettre à M. le rédacteur du Globe au sujet de la prétendue ambassade en Russie de Charles de Talleyrand. Par le prince A. Labanoff. Paris, 1828. 8.

Les historiettes de Tallemant des Réaux. Paris, 1834. 8. Tome 3. Article Jacques Roussel.
Ueber Karl Talleyrand.

Réponse de M. Varnhagen d'Ense à la lettre du prince A. Labanoff. Paris, 1828. 8.

Freiherr Friedrich von Caniz.

Des Freiherrn von Caniz Gedichte, nebst dessen Leben, ausgefertigt durch Joh. Ulr. König. Berlin und Leipzig, 1750. 8.
Eine sorgfältige, trefflich ausgestattete Ausgabe.
Des Herrn von Besser Schriften. Von Joh. Ulr. König. Leipzig, 1732. 2 Thle. 8.
Sam. de Pufendorf de rebus gestis Friderici Wilhelmi Magni, Electoris brandenburgici, libri XIX. Berolini, 1695. fol.
Mémoires de Brandebourg, par Frédéric II.
Mémoires de Poellnitz.
Mémoires pour servir à l'histoire des réfugiés français etc. Par M. M. Erman et Reclam. Berlin, 1782—1799. 9 Vols. 8.
Ritratti della casa elettorale di Brandenburgo. Da Gregorio Leti. Amsterdam, 1687. 2 Vols. 4.
Theatrum europaeum. T. 12. 13.
Gaben der Milde. Von F. W. Gubitz. Berlin, 1817. 4 Bändchen. 8.
   Darin: Fragmente zur Erinnerung an Doris Freifrau von Caniz. Von Franz Horn. Lobrednerisch, aber nicht genau.
Erzählungen und kleine Romane. Von F. Kind. Leipzig, 1822. Im Bd. 4. eine Skizze: Doris von Caniz.

Johann von Besser.

Des Herrn von Besser Schriften. Nebst dessen Leben und einem Vorberichte ausgefertigt von Joh. Ulr. König. Leipzig, 1732. 2 Thle. 8.

Besser's Leben ist hier vortrefflich erzählt, nur nach damaliger Weise weltschweifig und lobrednerisch, daher für unsere Leserwelt, ungeachtet aller Vorzüge nicht mehr genießbar.

J. von Besser's Lobschrift auf Freiherrn J. D. von Mahdel. Zerbst, 1739.

Des Herrn von Loen gesammelte kleine Schriften. Frankfurt und Leipzig, 1753. 4 Thle.

Thl. 1. S. 254 ff. „Der Herr von Besser." S. 203 ꝛc.

Des Freiherrn von Canitz Gedichte u. s. w. Von König.

Des Herrn von Königs Gedichte, aus seinen von ihm selbst verbesserten Manuscripten gesammelt und herausgegeben. Dresden, 1745. 8.

Von König's entschiedenem Talente finden sich hier die reichsten Zeugnisse. Einiges auf Besser Bezügliche kommt vor.

Sam. de Pufendorf de rebus gestis Friderici Wilhelmi Magni.

Mémoires de Brandebourg, par Frédéric II.

Mémoires de Poellnitz.

Mémoires des réfugiés français.

Theatrum europaeum. T. 11.

Königin Sophie Charlotte von Preußen.

Handschriftliche Notizenblätter des verstorbenen Professors Wippel. Deßgleichen von Herrn Professor Preuß und Herrn Dr. Guhrauer.

Mémoires pour servir à l'histoire de Sophie-Charlotte, Reine de Prusse. Par M. Erman. Berlin, 1801. 8.

Die Behandlung ist in breiter Redseligkeit verworren und geschmacklos; schmeichlerischer Schwulst hebt alles Scharfe und Eigenthümliche auf. Aber daß König Friedrich Wilhelm der Zweite aus eignem Antriebe die Briefe der Königin Sophie Charlotte dem Verfasser zum Druck gegeben, verleiht der Schrift den größten Werth. Erman ist übrigens nur genau, wo es Sachen der französischen Kolonie gilt, sonst ununterrichtet und oberflächlich. Daß er nichts vom Abbate Mauro wissen und auf gut Glück ihn Moro nennen will, bezeugt, daß er sich bei Leibnitz nicht umgesehen.

Zur Jugendgeschichte der Königin von Preußen Sophie Charlotte. Nach französischen Berichten. Von G. Guhrauer. Abgedruckt in Th. Mundt's Freihafen. Altona, 1838. 8. Heft 3. Gründliche Forschung, die uns wesentliche Berichtigungen gegeben.

Merkwürdigkeiten aus der brandenburgischen Geschichte. Erstes Stück, von Daniel Heinrich Hering. Breslau, 1798. 4. Darin: „Einige Anekdoten und Karakterzüge von der Königin in Preußen Sophie Charlotte." Der Verfasser hat auch handschriftliche Nachrichten benutzt.

Neue Berlinische Monatsschrift, von Biester. Berlin und Stettin, 1799. Zweiter Band. Dezember. 8. Enthält die Geschichte der letzten Krankheit der Königin, und Bemerkungen des Professors Markus Herz darüber; daß die Königin nicht gehörig behandelt worden, scheint gewiß; doch dürfte auch mancher, von Markus Herz hier ausgesprochene Tadel noch zu beschränken sein.

Ein Band Trauerschriften auf den Tod der Königin Sophie Charlotte. (Königliche Bibliothek zu Berlin.) Folio.

Beschreibung des Mausolei, so Seine Majestät der König in Preußen zur Ehre des immerwährenden Andenkens vor deren Gemahlin Sophie Charlotte allhier in Ruhm aufrichten lassen. Berlin, 1705. Folio.

Christ-Königliches Trauer- und Ehrengedächtniß der allerdurchlauchtigsten Frauen Sophien Charlotten Königin von Preußen. Cölln an der Spree. o. J. Folio.

Rehtmeier's braunschweigische Chronik. Theil 3. Kap. 90. Leben des Herzogs Ernst August Bischofs von Osnabrück.

Sophie Churfürstin von Hannover im Umriß. Von Johann Georg Heinrich Feder. Hannover, 1810. 8. Außer dem Verdienste, viele bis dahin ungedruckte Briefe zu liefern, hat die kleine Schrift auch das einer klaren und ruhigen Darstellung. Aber die Geschichtskenntniß ist mangelhaft; wie denn der Verfasser durch sein Fragezeichen bei dem Worte „Wirthschaft" (eine Art von Hoffesten bezeichnend) nur sichtbar werden läßt, daß er nie die Schriften von Canitz und von Besser aufgeschlagen hat.

Sam. de Pufendorf de rebus gestis Friderici Wilhelmi Magni, electoris brandenburgici libri XIX. Lipsiae et Berolin., 1733. Fol.

Sam. de Pufendorf de rebus gestis Friderici III. clectoris brandenburgici. Fragmentum. Berolini, 1784. Fol.

Friedrich der Dritte, Kurfürst von Brandenburg, erster König in Preußen, dargestellt von Franz Horn. Berlin, 1816. 8.
Bei allem gutgemeinten deutschen Eifer nicht immer genau. Herzberg hatte den Pufendorf, von dem hier die Rede ist, längst herausgegeben. Der Abschied Sophie Charlottens vom Kronprinzen ist irrig ꝛc.

Johannis Friderici Crameri historiae divi Friderici I Borussorum regis e numismatibus fragmentum.
In: Collectio opusculorum historiam Marchicam illustrantium, das ist: Sammlung von allerhand ꝛc. Nachrichten und Schriften. (Von Küster.) Berlin, 1730. 8. Stück 8 und 9.

Chr. H. Günther, Leben und Thaten Friedrichs des Ersten, Königs in Preußen. Breslau, 1750. 4.

Histoire de Frédéric Guillaume I Roi de Prusse. Par M. de M. (Mauvillon). Amsterdam et Leipzig, 1741. 2 Vols. 12.

Friedrich Wilhelm I König von Preußen. Von Friedrich Förster. Potsdam, 1834, 1835. 3 Thle. 8.

(David Faßmann's) Leben und Thaten des Allerdurchlauchtigsten und Großmächtigsten Königs von Preußen Friderici Wilhelmi. Erster Theil. Hamburg und Breslau, 1735. Zweiter Theil, Frankfurt und Hamburg, 1741. 8.

Ueber Friedrich Wilhelm I. Ein nachgelassenes Werk vom Hofrath und Professor Morgenstern.. s. l. 1793. 8.

Mémoires de Brandenbourg par Frédéric II.

Lettres de Frédéric II à M. de Voltaire.

Mémoires de Frédérique Sophie Wilhelmine, margrave de Bareith, soeur de Frédéric le grand. Brunswick, 1810. 2 Vols. 8.

Mémoires de Charles Louis baron de Poellnitz. Liège, 1734. 3 Vols. 12.

Nouveaux mémoires du baron de Poellnitz. Francfort, 1738. 2 Vols. 12.

Mémoires pour servir à l'histoire des quatre derniers souverains de la maison de Brandebourg royale de Prusse. Écrits par Charles Louis baron de Poellnitz. Berlin, 1791. 2 Vols. 8.

Mémoires originaux sur le règne et la cour de Frédéric I roi de Prusse. Par Christophe comte de Dohna. Berlin, 1833. 8.

Ritratti della casa elettorale di Brandenburgo. Da Gregorio Leti. Amsterd., 1687. 2 Vols. 4.

Relation von den Königlichen Preußischen und Chur-Hannöverischen Höfen, an einen vornehmen Staats-Minister in Holland überschrieben von Mr. Toland. Aus dem Englischen ins Teutsche übersetzt. Frankfurt, 1706. 8.

Anekdoten vom französischen Hofe. Aus Briefen der Madame d'Orleans Charlotte Elisabeth. Straßburg, 1789. 8.

Briefe der Prinzessin Elisabeth Charlotte von Orleans an die Raugräfin Louise 1676—1722. Stuttgart, 1843. 8.

Mémoires pour servir à l'histoire des réfugiés français. Par M. M. Erman et Reclam. Berlin, 1782—1799. 9 Vols. 8.

(Friedrich Nicolai's) Beschreibung der Königl. Residenzstädte Berlin und Potsdam. Berlin, 1786. 3 Thle. 8.

Altes und Neues Berlin. Von G. G. Küster. Berlin, 1737. ff. 4 Thle. Fol.

Versuch einer historischen Schilderung der Residenzstadt Berlin. Dritter Theil. Berlin, 1795. 8.

Zur Geschichte von Berlin und seinen Bewohnern unter der Regierung des Königs Friedrich I und des Königs Friedrich Wilhelm I. Von Fr. Willen.

Im Berliner historisch-genealogischen Kalender für 1822 und 1823.

Leben und Denkwürdigkeiten Johann Matthias Reichsgrafen von der Schulenburg. Leipzig, 1834. 2 Thle. 8.

Vom Hrn. Grafen von Schulenburg-Klosterroda.

Des Herrn von Besser Schriften. Herausgegeben von Johann Ulrich König. Leipzig, 1732. 2 Thle. 8.

Des Freiherrn von Canitz Gedichte. Von Johann Ulrich König. Berlin, 1765. 8.

Benjamin Neukirch's Gedichte. Berlin, 1710. 12.

Karl Friedrich Pauli's allgemeine preußische Staatsgeschichte. Halle, 1760 ff. 8 Thle. 4.

Samuel Buchholtz Geschichte der Churmark Brandenburg. Berlin, 1765 ff. 6 Thle. 4.

Geschichte Preußens von Ludwig von Baczko. Sechster Band. Königsberg, 1800. 8.

L. T. Spittler's Geschichte des Fürstenthums Hannover seit den Zeiten der Reformation bis zu Ende des siebzehnten Jahrhunderts. Göttingen, 1786. 2 Bde. 8.

Ausführlicher Entwurf einer vollständigen Historie der Leibnitzischen Philosophie, von Karl Günther Ludovici. Leipzig, 1737. 2 Thle. 8.

Nachweisung der gebrauchten Hülfsmittel.

Leben des Freiherrn Gottfried Wilhelm von Leibnitz, an das Licht gestellt von Lamprecht. Berlin, 1740. 4.

Johann Erhard Kapp's Sammlung einiger vertrauten Briefe zwischen Leibnitz und Jablonski ꝛc. Leipzig, 1745. 8.

Commercii epistolici Leibnitziani selecta specimina edidit Joannes Georgius Henricus Feder. Hannoverae, 1805. 8.

Gottfried Wilhelm Freiherr von Leibnitz. Eine Biographie von Dr. G. E. Guhrauer. Breslau, 1843. 2 Thle. 8.

Leibnitzens geschichtliche Aufsätze und Gedichte, aus den Handschriften der Königlichen Bibliothek zu Hannover, von Georg Heinrich Pertz. Hannover, 1847. 8.

    Hiezu die Anzeige dieses Buches von Guhrauer in der Allg. Preuß. Zeitung. 1847. No. 320. Beilage.

Magazin für das Kirchenrecht, die Kirchen- und Gelehrten-Geschichte. Von Georg Wilhelm Böhmer. Göttingen, 1787. 2 Bde. 8.

Georg Friedrich Händel's Lebensbeschreibung, übersetzet vom Legationsrath Mattheson. Hamburg, 1761. 8.

The works of Mrs. Catharine Cockburn. By Thomas Birch London, 1751. 2 Vols. 8.

Mémoires du duc de Saint-Simon. Paris, 1829. 20 Vols. 8.
    Im vierten Theil eine Stelle.

Mémoires de Gourville. Maestricht, 1782. 2 Vols. 12.

Oeuvres diverses de M. Thomas. Amsterdam, 1768. 2 Vols. 12.
    Im zweiten Theile: Eloge de René Descartes.

Oeuvres complètes de Descartes, publiées par Victor Cousin. Paris, 1824. 8. Tom 1 et 3.

Bibliothèque germanique ou histoire littéraire de l'Allemagne etc. Amsterdam, 1720 sqq. 8.
    Im ersten Band: Mémoire abrégé sur la vie et les ouvrages de feu M. de Larrey.

Theatrum europaeum. fol.

Neues Hannoversches Magazin. 1808 ff. 4.

Hallische Allgemeine Litteraturzeitung. 1805 ff. 4.

Göttingsche gelehrte Anzeigen. 1810 ff. 8.

Leipziger Litteraturzeitung. 1811. 4.

Der Freimüthige. Berlin, 1812, 1818. 4.

Der Preußische Hausfreund. Berlin, 1810. 4.

Wabjecks-Blatt. Berlin, 1810. 4.

www.ingramcontent.com/pod-product-compliance
Lightning Source LLC
Chambersburg PA
CBHW020108010526
44115CB00008B/741